权威·前沿·原创

皮书系列为

“十二五”“十三五”国家重点图书出版规划项目

山东社会科学院创新工程重大项目

山东社会形势分析与预测（2018）

THE ANALYSIS AND FORECAST OF SHANDONG'S SOCIETY (2018)

主　编／侯小伏
副主编／毕伟玉　姜玉欣

社会科学文献出版社
SOCIAL SCIENCES ACADEMIC PRESS (CHINA)

图书在版编目(CIP)数据

山东社会形势分析与预测.2018 / 侯小伏主编. --
北京：社会科学文献出版社，2018.7
（山东蓝皮书）
ISBN 978-7-5201-2632-8

Ⅰ.①山… Ⅱ.①侯… Ⅲ.①社会分析-山东-2017②社会预测-山东-2018 Ⅳ.①D668

中国版本图书馆CIP数据核字（2018）第086143号

山东蓝皮书
山东社会形势分析与预测（2018）

主　　编 / 侯小伏
副 主 编 / 毕伟玉　姜玉欣

出 版 人 / 谢寿光
项目统筹 / 宋月华　韩莹莹
责任编辑 / 韩莹莹　孙以年

出　　版 / 社会科学文献出版社・人文分社（010）59367215
地址：北京市北三环中路甲29号院华龙大厦　邮编：100029
网址：www.ssap.com.cn
发　　行 / 市场营销中心（010）59367081　59367018
印　　装 / 三河市龙林印务有限公司

规　　格 / 开 本：787mm×1092mm　1/16
印 张：20.5　字 数：339千字
版　　次 / 2018年7月第1版　2018年7月第1次印刷
书　　号 / ISBN 978-7-5201-2632-8
定　　价 / 99.00元

皮书序列号 / PSN B-2014-405-2/5

《山东社会形势分析与预测（2018）》
编　委　会

《山东社会形势分析与预测（2018）》
专家咨询委员会

（以姓氏笔画排序）

主要编撰者简介

侯小伏 女，山东威海人，研究员。山东社会科学院省情与社会发展研究院院长。主要研究领域：农村社会学、发展社会学、组织社会学。主要研究成果：《打开另一扇门：中国社团组织的现状与发展》（专著）、《英国环境管理的公众参与及其对中国的启示》（论文）、《国家能力建设与社会组织统战工作》（论文）、《以资源整合服务下沉推动社会治理创新》（论文）、《社会项目与民主、平等及经济增长》（论文）、《山东省扩大内需提升消费的社会支持条件》（论文）、《集体消费理论视角下基本公共服务供给侧改革的着力点》（论文）、《山东省城乡结合部社区建设调查》（研究报告）等。

毕伟玉 女，山东济南人，副研究员。山东社会科学院省情与社会发展研究院研究人员。主要研究领域：收入分配与社会分层、社会调查研究方法。主要研究成果：《妇女教育与就业相关分析》（论文）、《山东省中产阶层发育的基本状况及其政策分析》、《农村社会分层中显现出的问题及解决对策》（论文）、《山东省收入分配制度中存在的问题与解决对策》等。

姜玉欣 女，甘肃金昌人，副研究员。山东社会科学院省情与社会发展研究院研究人员。主要研究领域：发展社会学、社会治理。主要研究成果：《从生产型社会向消费社会转型的困境及破解》（论文）、《制约农村消费的制度性因素分析》（论文）、《新农村建设中的组织依托问题研究》（研究报告）、《山东省合村并居及其后续推进路径研究》（研究报告）、《传统农业村庄乡村治理的路径研究》（研究报告）、《合村并居的运行逻辑及风险应对——基于斯科特“国家的视角”下的研究》（论文）、《我国乡村治理的趋势、问题及其破解路径》（论文）等。

李　爱　女，山东蓬莱人，研究员。山东社会科学院省情与社会发展研究院研究人员。主要研究领域：社会保障学、发展社会学、人口社会学。主要研究成果：《农村劳动力转移中的政府行为》（专著）、《新时期我国农村社会结构变迁研究》（论文）、《统筹发展城乡社会保障制度研究》（论文）、《我国农村剩余劳动力的转移与问题》（论文）、《农村新型合作医疗体系建设问题研究》（论文）、《山东省深化医药卫生体制改革绩效研究》（研究报告）、《我国老年长期护理服务体系建设研究》（论文）等。

陈建伟　男，山东蒙阴人，博士。山东社会科学院省情与社会发展研究院研究人员。主要研究领域：社会分层与流动、就业与工作质量。主要研究成果：《当代社会学中的阶级分析——理论视角和分析范式》（论文/合著）、《权威阶层体系的构建——基于工作状况和组织权威的分析》（论文/合著）、《以结构调整提升就业水平》（论文）、《时空结构中的资源、权力与实践》（论文）、《我国城市新区义务教育服务设施配置研究》（论文/合著）、《从工作质量角度推动就业研究》（论文）等。

吴　真　女，山东济南人，博士。山东社会科学院省情与社会发展研究院助理研究员。主要研究领域：教育社会学、家庭社会学、青少年社会学。主要研究成果：*Les changements de l'éducation familiale dans la société chinoise contemporaine：adolescence en Chine*（专著）、《欧洲各国家庭现状差异比较研究》（论文）、*Between the Individualism and the Collectivism：Dilemma in the Socialization of Today's Chinese Adolescents*（论文）、*Les changements dans l'éducation pour les adolescents chinois d'aujourd'hui*（论文）、*Existe-il un véritable apprentissage mutuel dans les familles chinoises des parents-adolescents*?（论文）等。

摘 要

本书是山东社会科学院2018年蓝皮书系列之一，以山东社会科学院省情与社会发展研究院研究人员为主体撰写，个别分报告邀请山东省高校学者合作完成。

本书总报告以“深化基本公共服务供给侧改革，满足人民群众美好生活新期待”为主题，分析了2017年山东省社会发展的形势，指出了2018年山东省实施新旧动能转换重大工程、经济发展更加注重质量效益、经济发展稳中向好局面继续延续的同时，仍面临着诸多问题和挑战。

报告认为，2017年山东省经济呈现平稳发展、稳中有进、进中向好的趋势，但是经济增速由高速增长过渡到中高速小幅波动增长，中小微企业生产经营困难、金融安全和社会安全潜在风险集聚的问题不可忽视。供给侧结构性改革对淘汰压缩过剩产能的要求，环境污染防治和生态保护力度的加强使一批中小企业限产、关停和倒闭，都给劳动力就业带来影响。面对摩擦性失业和结构性失业的风险上升，如何真正实施“就业优先战略”，在改变对中小企业环境污染治理简单的“限罚关”，积极扶持中小企业进行技术更新，维护员工利益，保护生态环境的同时，就业服务工作如何满足民众对政府扩大就业、提高公共就业服务质量的新期待，提高劳动力市场匹配水平和就业质量，确保社会稳定是就业服务工作者必须认真对待的问题。虽然居民收入稳定增长，但城乡收入差距缩小的趋势存在被反转的风险。财政收入增速放缓而民生需求刚性增长，是未来可能要面临的问题。居民消费近年呈现新亮点，但文化消费层次不高，居住支出对消费挤占过大，电商爆发式增长对零售和生态环境也提出严峻挑战。普惠性学前教育阶段资源短缺问题突出，高质量、特色化的高中教育资源供给不足。居民健康指标、医疗资源配置和医疗服务能力改善显著，但医药控费力度仍需加大，慢性病防控任务更加艰巨。社会保障安全网进一步织密扎牢，但城镇务工人员、自营职业者等群体仍有一部分游离在社会保障之外，社会保障的公平性和可持续性有待加强。脱贫攻坚战进入关键期后任务仍很艰巨，扶贫长效机制尚待建立。以城镇外来务工人员、城中村城边村原有居民和农村地区就地转移就业人口“三类人”为重点的人口市民化，还须以差异化服务精准回应差异化诉求。虽然公共文化服务致力于建阵地办实事，但城乡基本公共文化服务仍不均衡，促进公共文化服务的保障机制仍不健全。全省重发展、轻保护的问题仍然突出，产业结构和能源结构不合理给环境问题的解决带来严重挑战。社会服务机构仍面临着制度环境进一步优化和加强自身能力建设的问题，基层社会治理还须理念、体制和机制的进一步创新。基本公共服务供给的制度安排和配置方式，也影响了基本公共服务配置效率的提高。

报告认为，在全省推进新旧动能转换重大工程，经济发展稳中有进、进中向好趋势继续延续的有利环境下，2018 年社会领域建设将更加聚力补齐短板，保障和改善民生将会提升到一个新的高度，民生的一些重要议题在政府工作推进中将会更加细化、更加具体。十九大报告提出中国特色社会主义进入新时代，科学标注了中国发展新的历史方位，开启了全面建设社会主义现代化国家新征程，也为山东经济文化强省建设进一步指明了前进方向。2018 年，山东要注重在发展中保障和改善民生，在全面推进新旧动能转换、更加注重强化创新引领作用、推动经济高质量发展的同时，应抓住人民群众最关心、最直接、最现实的利益问题，一件接着一件办，不断满足群众需求，实现更高质量、更有效率、更加公平、更可持续的发展。报告特别提出：要着力破解就业结构性矛盾，实现更高质量和更充分就业；要创新收入分配机制，实现技高者、多劳者多得，拓宽居民劳动收入和财产性收入渠道；要多领域培育新的消费增长点，着力提升农民的消费能力；要创新学前教育普惠性健康发展体制机制，基础教育均衡发展重点要从硬件建设逐步转向内涵发展，加快提升高中教育的普及水平，推动高中教育由标准化、规范化向高质量、特色化发展；要加快医药卫生体制改革的整体性和协同性，培育健康文化、发展健康产业；要着力在社保制度的公平性、可持续性和流动性上推进改革，满足群众对社会保障制度的新期待；要聚焦深度贫困地区和特殊贫困群众，确保脱贫攻坚质量；要提升基本公共文化服务惠民水平，促进文化事业文化产业融合发展；要提高新型城镇化质量，以城镇化更强有力地支撑乡村振兴和区域协调发展；要以全力抓好中央环保督察反馈问题的整改为契机，打好生态环境保护攻坚战；要进一步优化社会服务机构发展的制度环境，围绕群众对公共服务的需求，创新基层社会治理体制机制，提升治理能力。

本书各篇分报告，以山东省统计局、山东省直相关部门提供的统计数据和2017年山东社会科学院山东省经济社会综合调查数据为依据，分别研究了山东省2017年的就业形势和未来趋势，对劳动力供求状况、劳动力素质、工作环境和保障、农村生产经营与就业等多方面进行了充分讨论；研究了山东省近年来深化收入分配制度改革的主要举措及其对收入分配的影响，用详细数据讨论了山东省收入分配领域总体概况和存在的主要问题；分析讨论了山东省消费领域的总体情况，总结了消费领域出现的新热点和存在的问题，对2018年的居民消费趋势做了简要预测；从教育资源的“供需”平衡角度分析了全省基础教育阶段的城乡、地市和不同学校类型之间教育资源配置情况，针对“入园难”“择校热”“民办弱”“职业冷”等问题进行了深入讨论；分别从山东省居民健康状况、医疗资源配置状况、医疗服务能力水平、居民健康生活方式方面分析了“健康山东”推进状况，指出了山东省医疗卫生事业发展仍需重点解决的突出问题；梳理了2017年山东省社会保险领域的新制度、新举措，揭示了社会保障工作在稳经济、促民生方面发挥的作用，并用详细的调查数据分析了社会保障的实际覆盖情况、公平性和城乡居民的实际感受，讨论了现有社会保障制度存在的公平性、流动性和可持续性不足问题；探讨了山东省产业扶贫、就业扶贫、健康扶贫、教育扶贫、社会救助等扶贫政策措施及其效果，通过调研数据分析了群众对扶贫制度和政策的感受；分析了全省文化惠民的新举措及其作用，根据调查数据探讨了城乡基本公共文化服务发展不平衡、不充分问题以及群众对公共文化服务的新期待；从主要环境质量、环保法规政策建设、居民环保意识和环保行动、环保重点工作等方面分析了全省环境保护现状，用详细调查数据讨论了环保基础设施和服务需求情况，提出了环保领域仍存在大气污染、水污染、环境监管和环境执法不力等突出问题；分析了全省社会组织及社会服务机构数量、分类及发展特点，探讨了社会服务机构面临的发展环境、内部治理、人才、资金等问题；分析了全省城市基层社会治理的现状，提出了城市基层社会治理存在行政化倾向严重、社区社会组织发育不足、社会成员参与水平不高、治理结构有待完善等问题。针对上述这些问题，各分报告提出了具有较强针对性的对策建议。

前　言

本书是山东社会科学院第 19 本分析和预测山东社会形势的年度蓝皮书。2018 年“山东蓝皮书·社会”有如下三个突出特点。

1. 对2017年山东社会形势进行了全面分析

2017 年山东省认真贯彻中央决策部署和十九大精神，启动实施新旧动能转换重大工程，经济质量和效益稳定提升，省级财政收入平稳增长，财政支出向民生项目、推进供给侧改革和新旧动能转换倾斜。劳动就业形势基本稳定，创业创新活力进一步激发。居民收入增长与经济增长同步，收入分配结构更趋合理。消费品价格温和上涨，居民消费呈现新的亮点。基础教育“乡村弱”和“城镇挤”得到缓解，县域义务教育“硬件”实现均衡发展。健康山东建设稳步推进，为全省人民提供全方位全周期的卫生健康服务能力显著增强。职工基本养老金、城乡居民基本养老金标准和医保补助标准均有提高，社会保障安全网进一步织密扎牢。以省内深度贫困地区和重点贫困群体为主攻方向，九大工程奋力打赢脱贫攻坚战。以城镇外来务工人员、城中村城边村原有居民和农村地区就地转移就业人口“三类人”为重点的新型城镇化加速推进。公共文化服务建阵地办实事，文化惠民消费季打造了文化消费的“山东模式”。深入开展环境保护突出问题综合整治攻坚，生态环境明显好转。社会服务机构发展的制度环境进一步优化，能力建设和服务水平进一步提升。加强和创新基层社会治理，百姓安居乐业，社会安定有序。

2. 对全省基本公共服务和民生建设需要应对的若干难题和挑战提出了对策建议

2018 年全省在加快推进新旧动能转换，经济保持稳定增长、发展更加注重质量效益、经济稳中向好的基本面不会改变的同时，仍面临着经济增速放缓、中小微企业生产经营困难、潜在安全风险聚集等问题。供给侧结构性改革和新旧动能转换要求产业结构升级而劳动力素质偏低，将导致结构性和摩擦性失业增多。过剩产能加速出清和环保约束更加严格的要求，对职工分流安

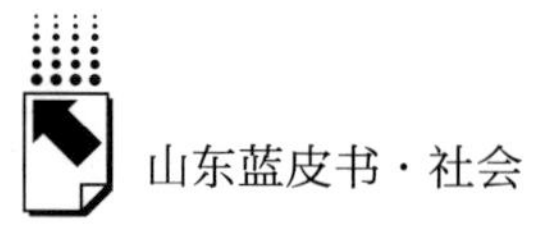

置提出了更迫切的任务。部分企业经营困难将导致劳资纠纷和社保欠缴案件增多，收入增速放缓而民生需求刚性增长，这些都对民生建设提出了严峻挑战。

2018 年的基本公共服务和民生建设要更加聚力补齐制度短板，努力解决人民群众对美好生活需求与发展不平衡不充分之间的矛盾。要深入实施就业优先战略和积极就业政策，着力破解就业结构性矛盾，聚焦重点就业群体，深入开展多种形式的培训，以创业带动就业，培养新型职业农民队伍，实现更高质量和更充分就业。创新收益分配机制，让科技人员以自己的发明创造合理合法富起来，提高技术工人待遇，实现技高者、多劳者多得，深入实施就业创业促进计划，完善支持政策促进农民增收，健全困难群体收入保障机制。要多领域培育新的消费增长点，着力提升农民的消费能力，更好地发挥消费对经济增长的支撑作用。要创新学前教育普惠性健康发展体制机制，扩大学前教育资源，着力解决群众反映的“入园难”“入园贵”问题，义务教育均衡发展重点要从硬件建设逐步转向内涵发展，努力满足人民群众对更高质量教育的需求。要加快推进医药卫生体制改革的整体性和协同性，坚持以问题为导向进一步深化医药卫生体制改革，进一步完善公立医院长效补偿、绩效考核政策，探索公立医院薪酬制度和医保支付方式改革，推进医疗、医保、医药三医联动。要着力在社保制度的公平性、可持续性和流动性上推进改革，将“全民参保登记计划”向“全民参保计划”拓展升级，参保工作重点向农民工、非公经济组织从业者、灵活就业者和新兴业态从业者转移，积极探索推进网络就业、创业等新型业态群体参保，推进失业保险和工伤保险的公平发展，满足群众对社会保险的新期待。扶贫攻坚进入关键阶段，要聚焦深度贫困地区和特殊贫困群众，建立扶贫脱困的长效机制，确保脱贫攻坚的质量。要以抓好中央环保督察反馈问题的整改为契机，继续推进大气污染综合整治攻坚，实施重要生态系统保护和修复重大工程，全面推进水污染综合整治攻坚，探索建立有效的环境保护责任落实机制，推进生产生活方式绿色化，打好生态环境保护攻坚战。要进一步加强对社会组织的规范和引导，促进社会服务机构的专业能力建设。加强社会协同，解决基本公共服务供给的行政化和回应性问题，让公众成为基本公共服务政策制定和监督管理的相关者。加强基层社会治理体制机制创新和能力建设，实现党的领导与社会自治的有机统一。

3. 分析讨论和意见建议建立在大量省情调研而获得的数据基础之上

本书涉及大量统计和调查数据，这些数据除了部分来源于山东省统计局和相关省直厅局网站发布的数据外，主要来源于课题组成员完成的 2017 年山东省经济社会综合调查和对省直 8 个厅局的座谈调研。

山东省经济社会综合调查是山东社会科学院实施创新工程以来启动的一项覆盖全省的连续性社会调查。其目的在于定期系统地收集全省经济社会方面的数据，全面客观地反映分析山东经济社会发展的基本状况，探究社会变迁趋势，为政府制定政策提供科学的依据，并推进相关理论及政策研究的不断深化。2017 年度调查由山东社会科学院省情与社会发展研究院组成山东省经济社会综合调查课题组，联合全省 9 所大学共同组织实施。课题组负责调查设计、样本选取、调查员培训、调查质量控制、数据录入、清理分析等工作。中国石油大学（华东）、济南大学、山东师范大学、山东青年政治学院、山东农业大学、山东理工大学、曲阜师范大学、山东大学威海分校、鲁东大学 9 所高校组成调查团队，具体负责选拔调查员和督导员、入户调查和对问卷的初审。

2017 年山东省经济社会综合调查以基本公共服务供给为核心，全面考察山东城乡居民收入与消费、就业、教育、医疗卫生、社会保障、扶贫、公共基础设施、环境与安全、公众参与的状况，深入了解城乡居民对政府基本公共服务供给的满意度，为满足全省城乡居民对美好生活的新期待、共享发展成果提供决策依据。经济社会综合调查的就业部分，主要考察受访者基本就业状况、就业意愿、就业经历、职业状况，了解其职业流动状况及影响因素，及其对当地失业保险、再就业促进计划、创业环境的评价与判断。收入与消费部分，主要考察受访者的收入构成及消费情况，收入分配状况、消费支出及生活水平的提升程度，及其对政府促进增收和扩大消费政策的评价。基础教育部分，主要考察教育资源供给方面的改善状况及城乡居民相关的需求和满意度。医疗卫生部分，主要考察城乡居民的身心健康状况以及医疗卫生服务政策措施与群众需求的契合度。社会保障部分，主要了解城乡居民参与各类社会保障的状况及其对现有保障政策的满意度和未来需求。公共文化服务与基础设施部分，主要了解城乡基础设施和公共文化服务供给情况以及城乡居民相关的诉求和满意度。环境与安全部分，主要了解城乡居民对环境状况的判断和环保意识，及其对社会安全问题的评价。公众参与部分，主要了解城乡居民对于社会公共事务的参与程度，以及目前社会参与渠道和参与平台的建设状况。

调查以多阶段系统抽样进行数据收集，调查总体为山东省范围内家庭户内的18周岁以上的全体城乡居民。抽样分四个阶段进行。第一阶段抽样通过聚类分析及简单随机抽样，结合各县（市、区）经济与产业发展特点、城镇化水平、区位特征，在全省137个县（市、区）抽取10个。它们是：青岛（黄岛区、莱西市）、威海（文登区）、潍坊（青州市）、济南（历下区、平阴县）、泰安（新泰市）、滨州（博兴县）、枣庄（滕州市）、聊城（临清市）。第二阶段抽样继续用上述标准，在每个样本县（市、区）中抽取两个街道（乡、镇），再通过简单随机抽样在各个样本街道（乡、镇）抽取5个村（居）。前两个阶段的样本抽取由山东省经济社会综合调查课题组组织实施。第三阶段抽样采取随机起点的等概率系统抽样，在每个样本村（居）抽取30个家庭作为家庭户样本。第四阶段用kish选样表确定每个样本家庭户的户内访问对象。通过上述四阶段抽样，共抽取样本3000个，有效回收2957份问卷，有效率为98.6%。具体样本结构分布为：男女比例分别为49.8%和50.2%，城乡比例分别为59.9%和40.1%，60岁及以上人口占20.6%。经检验，样本具有较高的代表性。

为了丰富分析内容，了解全省宏观层面上的民生工作，并对经济社会综合调查数据进一步求证，由课题组统一组织，先后赴山东省环保厅、教育厅、住建厅、卫计委、人社厅、文化厅、民政厅、社保基金理事会8家省直单位进行调查，与58位相关处室工作人员进行座谈交流和研讨。调研获得了大量第一手资料和感性认识，为本书的写作提供了丰富的素材。没有这些通过艰苦奔波、汗流浃背、挑灯夜战、反复核对、凝聚大量心血得来的调查数据，这本书的完成难以想象，即使完成，其含金量也是不可同日而语的。在此，对全省9所高校的调查团队和8个省直部门的58位处室领导和工作人员表示诚挚的谢意。

调研和出版得到山东社会科学院创新工程的资助，山东社会科学院党委书记唐洲雁和院长张述存对本书的写作提出了重要的指导意见。社会科学文献出版社为本书的出版做了大量的工作，在此一并表示感谢。

编　者

2018年1月4日

目　录

Ⅰ　总报告

Ⅱ　分报告

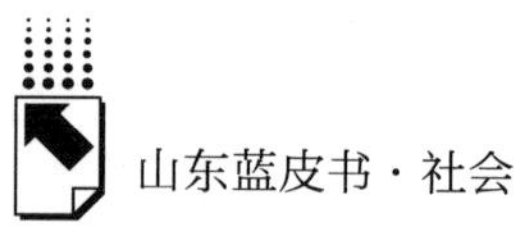

皮书数据库阅读**使用指南**

总 报 告

General Report

B.1

深化基本公共服务供给侧改革，满足人民群众美好生活新期待

——2017～2018年山东社会形势分析与预测

山东社会科学院“山东省经济社会综合调查”课题组

侯小伏 执笔*

摘 要： 2017年山东省认真贯彻中央决策部署和十九大精神，牢牢把握走在前列的目标定位，把推进新旧动能转换作为统领全省经济发展的重大工程，集中力量打好安全生产、生态环保、脱贫攻坚、金融风险防控、社会稳定五大“攻坚战”，将经济结构性改革与推进高质量基本公共服务紧密结合。全省转型调整加快升级，经济增长提质增效，民生领域的投入和改革力度不断加大，劳动就业形势基本稳定，城乡居民收入稳

* 侯小伏，山东社会科学院省情与社会发展研究院院长，研究员。主要研究领域：农村社会学、发展社会学、组织社会学。

定增长，义务教育均衡发展快速推进，社会保障安全网进一步织密扎牢，省标以下83.2万贫困人口实现脱贫，环境保护突出问题综合整治攻坚使生态环境明显好转，社区治理体系逐步健全。然而，在经济文化强省建设中，也存在若干风险和需要重点解决的问题。

关键词： 基本公共服务　就业　生态环保　脱贫攻坚

基本公共服务是一个内涵丰富的概念。中国特色社会主义进入新时代，基本公共服务呈现出新特征、新要求。

基本公共服务供给是以发展为前提的，发展是基本公共服务供给的重要基础和不竭动力。没有经济发展成果，需求的供给和“获得感”便无从谈起，必须坚持“在发展中保障和改善民生”。但只讲求经济的单方面突飞猛进将造成地区间、群体间、行业间的不均衡、不全面，不仅会滋生社会矛盾，引起社会动荡，也将影响群众的“获得感”，造成整体发展的不可持续。所以，必须以“共享”为导向，让社会全体成员特别是在以往的发展过程中未能充分享有发展红利的群体共享发展机遇、发展成果，推进经济发展与改善民生的良性互动。

基本公共服务内涵丰富。它影响广大群众的生活水平、生活质量和“获得感”的满足。新时代下高质量的基本公共服务，不仅可满足人民群众对更加充分和高质量的就业服务的需求，对更满意的收入和多样化消费环境的需求，对均等化、高质量的基础教育服务的需求，对更高水平医疗卫生服务的需求，对更公平、全覆盖、高水平社会保障体系的服务需求，对更完善、舒适的居住条件和基础设施的需求，还可为广大群众提供丰富的精神食粮，满足他们对公共文化服务的需求，以及对绿水青山的生态环境和公共安全的需求。

基本公共服务需求的满足和“获得感”以人民群众政治权利的实现为保障。人民群众对所在社区和国家事务有知情权、参与权、表达权、监督权等民主权利，并通过有效的机制得到实现和保障，从而有效表达自己的需求，以自己的智慧和力量参与到发展中，从而实现参政议政、管理自己周边事务和国家事务。这是人民群众基本公共服务需求得到满足和“获得感”的重要内容，也是民生目标得以实现的根本保障。

根据上述特征和要求，本报告以“深化基本公共服务供给侧改革，满足人民群众美好生活新期待”为主线，对 2017 年山东省社会发展总体形势和基本公共服务的主要方面进行分析，在此基础上提出若干风险和需要重点解决的问题，并进一步对 2018 年全省社会发展提出方向性的对策建议。

一 2017年山东省社会发展总体形势

2017 年以来，山东省认真贯彻中央决策部署和十九大精神，以习近平新时代中国特色社会主义思想为指导，牢牢把握走在前列的目标定位，坚持稳中求进工作总基调，把推进新旧动能转换作为统领全省经济发展的重大工程，集中力量打好安全生产、生态环保、脱贫攻坚、金融风险防控、社会稳定五大“攻坚战”，将经济结构性改革与推进民生发展紧密结合，不断加大民生领域的投入和改革力度，有效解决全省城乡居民美好生活需求与发展不平衡、不充分的矛盾。全省民生保障和社会建设进一步加强，经济文化强省建设迈出新的坚实步伐。

（一）省级财政收入平稳增长，财政支出向民生项目、推进供给侧改革和新旧动能转换倾斜

在经济平稳发展、稳中有进、进中向好的大环境下，全省财政继续保持平稳增长，收支结构不断改善，总体运行情况良好。2017 年 1～10 月，全省一般公共预算收入完成 5286 亿元，同比增长 8.3%。其中，完成税收收入 3860 亿元，同比增幅达 10.6%。同期一般公共预算支出 7820 亿元，增幅达 9.1%。省财政资金安排着力向扶贫开发、医疗卫生、教育文化、农业和环保领域倾斜，支持基本公共服务和重大民生项目；向财政困难县倾斜，支持其扶助重点贫困村推进县域基本公共服务均等化；向“三去一降一补”倾斜，支持推进供给侧结构性改革和新旧动能转换。

从实际财政支出情况看，2017 年 1～10 月，全省医疗卫生与计划生育支出

同比增长12%，住房保障支出同比增长19.6%，城乡社区支出同比增长10.4%，社会保障和就业支出同比增长16.7%，社会发展领域的财政支出显著增长。

（二）劳动就业形势基本稳定，创业创新活力进一步激发

2017年以来，山东坚持就业优先原则，积极克服影响就业的各种不利因素，千方百计扩大就业规模，通过采取各种措施，调整就业结构，稳定就业岗位，加强政策创新，优化创业环境，确保就业形势基本稳定。

一是加强经济发展、宏观经济政策与就业的联动统筹。促进产业结构调整、区域发展战略与扩大就业的协同促进，促进宏观经济政策与就业政策的统筹协调。大力培育发展新产业、新业态，不断拓展就业增长新空间。积极支持劳动密集型产业和小微企业发展，努力扩大就业规模。大力建设现代化农业，促进一、二、三产业融合发展，不断创造就业新岗位。根据历年政府统计年鉴和2017年山东社会科学院山东省经济社会综合调查数据分析，2017年山东省农业的人力资本总量进一步减少，传统工业和传统服务业的人力资本总量增速缓慢，现代服务业加速成长。二是加强就业、创业政策的创新和落实。山东省紧紧围绕实施新旧动能转换重大工程，推出了一系列促进就业、创业的新举措，以创业带动和促进就业。通过出台创业补贴、创业担保贷款贴息等扶持政策，鼓励扶持大众创业，连续三年每年发放10亿元创业担保贷款进行创业扶持。2017年前三季度，发放创业担保贷款118笔共计2.8亿元，132家企业得到611万元的贴息支持。为使创业者和求职者更好地享受政策红利，就业、创业工作聚焦政策落实中的难点，加大宣传、督导和考核力度，强化跟踪问效。同期全省实现创业23.4万人，同比增长23.7%。三是加强化解过剩产能企业职工安置问题。鼓励去产能企业拓宽分流安置渠道，加强对转岗再就业人员的帮扶。实行稳岗补贴和技能提升补贴政策，引导钢铁、煤炭等去产能企业或困难企业灵活工时、培训转岗、稳定岗位，顺利分流了去产能和产能调整企业的职工。四是加强对重点就业群体的就业帮扶。针对高校毕业生，引导多渠道就业，开展了就业促进、创业引领和基层成长计划，鼓励高校毕业生积极创业和到基层工作，全省高校毕业生总体就业率达到90%。深入实施促进农民工就业三年行动计划，提高农民工就业质量。面向就地、就近就业的贫困人口，开展就业扶贫，打造“就业扶贫车间”，使无法外出转移就业的贫困人口能够在家门口就业；面

向就近就业贫困人口，组建“劳务合作社”，将有劳动能力者组织起来统一培训、统一务工；面向托底安置就业贫困人口，实施“公益岗位互助扶贫”，设置互助养老、互助照料等公益扶贫岗位，实现“脱贫”与“济困”双赢；面向有创业意愿的贫困人口，实施“创业扶贫工坊”，发展电商经济、庭院经济等创业扶贫形式。五是加强就业、创业的培训和服务。山东省高度重视职工培训，全年进行职业技能培训达100万人次。2017年山东社会科学院山东省经济社会综合调查数据显示，工作者参加过至少一种培训的占51.76%，岗前培训和在职培训工作成效显著。加强就业、创业服务，举办“山东—名校人才直通车”等各种人才引进活动，开展“公益招聘联盟推进计划”“百企万岗进重庆”等招聘活动，促进跨区域劳务对接合作。开展创业创新大赛，多部门多渠道举办高等学校创新创业师资培训、退役士兵就业创业教育培训、新型职业农民创业培训等多种形式的创业培训，公共就业、创业服务能力进一步提升。

2017年前三季度，全省实现城镇新增就业106.66万人，同比增长4.83%；城镇登记失业率3.39%，同比下降0.06个百分点，保持在4%的调控范围内。

（三）居民收入稳定增长，收入分配结构更趋合理

居民收入增长与经济增长同步。2017年前三季度，山东城镇、农村居民人均可支配收入分别为27656元和12328元，同比增幅达8.2%和8.3%，扣除价格因素实际增幅达6.6%和6.8%，分别较上年同期提高0.8个百分点和基本持平。农民收入增长幅度，超过城镇居民收入增长幅度。自2010年开始，山东省已经连续7年保持居民收入增长与经济增长同步的态势。

收入分配结构更趋合理。从城镇居民可支配收入结构看，人均工资性收入17386元，同比增长6.6%，占人均可支配收入的比重为62.9%，是城镇居民收入的最主要来源；人均经营净收入4033元，同比增长8.6%，占人均可支配收入的比重为14.6%；人均财产净收入2267元，同比增长12.1%；人均转移净收入3970元，同比增长13.2%。从农村居民收入结构看，人均工资性收入4958元，同比增长9.2%，占人均可支配收入的比重为40.2%，是农村居民收入增长的最主要拉动力量；人均经营净收入5569元，同比增长7.1%，占人均可支配收入的比重为45.2%，是农村居民收入的最主要来源；人均财产净收

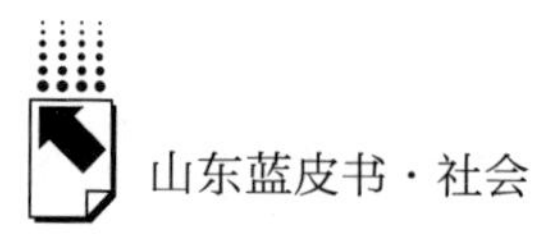

入 291 元，同比增长 8.6%；人均转移净收入 1510 元，同比增长 10.1%。城乡收入差距进一步缩小。垄断收入得到进一步抑制，行业差距继续缩小。初次分配中劳动者报酬份额过低的状况得到扭转，由 2012 年的 38.5% 提升至 43.4%，城乡居民收入增长获得了更广泛的空间。

（四）消费品价格温和上涨，居民消费呈现新亮点

消费价格涨幅平稳。2017 年前三季度，居民消费价格同比上涨 1.4%。其中，服务项目的价格上涨 3.1%，消费品价格上涨 0.4%。分城乡来看，城市居民消费价格上涨 1.5%，农村上涨 0.4%。食品价格自 2010 年来首次同比下降，下降 2.0%。其中，鲜菜、猪肉、鸡蛋价格分别下降 8.8%、11.3% 和 9.4%。粮食价格上涨 2.9%，鲜瓜果价格同比上涨 7.7%，成为食品类价格涨幅最大的品种。在非食品类消费价格中，涨幅最大的是医疗保健价格和居住价格，分别是 6.3% 和 2.4%。同期全省实现社会消费品零售总额 24028.2 亿元，同比增长 10.0%。分城乡来看，城镇市场实现零售额 19129.5 亿元，同比增长 9.7%，增速比上年同期回落 0.3 个百分点；农村市场实现零售额 4898.7 亿元，增长 10.8%，增速同比持平。餐饮收入额增长较快，增长 11.2%，实现 2480.4 亿元。实物商品网上零售额 283.1 亿元，同比增长 39.7%，增速高于限额以上零售额 31.6 个百分点。

2017 年前三季度，居民人均生活消费支出 9424 元，同比增长 9.7%。其中城镇居民人均生活消费支出 16224 元，同比增长 6.2%。从支出结构上看，增幅最快的是医疗保健、教育文化娱乐和居住类消费。城镇居民生活用品及服务支出 1162 元，同比增长 8.0%。农村居民人均生活消费支出 7367 元，同比增长 9.0%，增速比城镇居民低 0.7 个百分点。其中，农村居民的交通通信支出增长最快，排在第二、三位的分别是医疗保健支出、教育文化娱乐。居民消费呈现三大亮点：网络消费增长迅速，“餐饮 +”和小微型特色餐饮住宿成为消费新热点，体验式消费模式日渐成为消费的主导模式。

（五）基础教育“乡村弱”和“城镇挤”得到缓解，县域义务教育“硬件”基本实现均衡发展

2017 年，山东省继续全面实施城乡义务教育发展一体化战略，强化顶层

设计，坚持标准先行，深化体制机制改革，统筹推进两项工程，实现三个突破，严把四个关口，切实解决基础教育“乡村弱”和“城镇挤”的问题，推进了全省义务教育均衡发展。

两项工程指“全面改薄”和“解决大班额问题”。前者聚焦农村地区的薄弱学校，大力改善农村学校的办学条件，以底部的抬高实现全省教育水平的整体提升；后者针对全省尤其是城镇的平均班额超标，解决大班额比例过大问题。三个突破，指围绕着制约上述两项工程开展的“人、地、钱”三大难题，推出多项切实管用政策。实行三级联动，省、市、县（市、区）政府强化主体责任，逐级建立领导推进机制，纳入工作考核。加强部门协调，编办、财政、人社、国土、住建等部门积极配合、优先保障，确保了组织领导、目标责任和工作保障机制的落实。围绕着解决“人”的问题，实行职称制度改革，将中小学中高级教师岗位更多地向农村薄弱学校倾斜。通过“乡村学校特级教师岗位计划”，示范引领农村教师的专业成长。足额均衡配置师资，建立中小学教师临时周转编制专户，补充专任教师。推进中小学教师“县管校聘”改革，强化县级教育行政部门对教师资源统筹配置和管理功能，促进县域内学校师资均衡化。围绕着解决“地”的问题，省、市、县（市、区）在安排年度土地利用计划和编制土地供应计划时，优先安排这两项工程的建设项目用地。调整完善普通中小学布局，城建住房等建设规划和土地利用总体规划确保教育设施的配套建设。围绕着解决“钱”的问题，制定出台了免收、减免一系列收费项目的配套政策，最大限度地降低学校建设成本。增加大额长期信贷资金和政策性贷款规模，鼓励商业银行为两项工程提供金融服务。四个关口是标准关、程序关、问题关、巩固关。各级严把这四个关口，强化督导评估，并建立了义务教育入学管理平台，加强对学校招生行为的监管。

截至 2017 年 11 月，“全面改薄”工程累计投入资金 484 亿元，校舍开工建设面积达 2423 万平方米，竣工率达到 99%。“解决大班额问题”工程累计完成投资 1074 亿元，新建、改扩建中小学 2427 所，新增中小学教学班 4.13 万个，新增中小学学位 189.19 万个，中小学起始年级基本消除了大班额。2017 年 11 月，全省 137 个县（市、区）全部高标准通过国家义务教育发展基本均衡县（市、区）评估验收，意味着全省县域义务教育的“硬件”基本实现了均衡发展。

（六）健康山东建设稳步推进，全方位、全周期的卫生与健康服务能力显著增强

2017年，山东省的卫生与健康工作始终围绕着该领域关键性问题，抓预防、守红线，保重点、优格局，强基层、提服务，重预防、提素养，为全省人民提供全方位、全周期的卫生健康服务能力显著增强。

一是居民健康指标显著提高。人均期望寿命达78.5岁，婴儿死亡率、5岁以下儿童死亡率分别降至4.53‰、5.58‰，孕产妇死亡率降至12.62/10万，主要健康指标居全国前列。疾病防控效果明显，传染病疫情总体平稳，法定报告传染病发病率连续多年处于全国较低水平，没有重大传染病暴发流行。老年人健康管理、妇女儿童健康服务、残疾儿童抢救性康复救助项目深入开展，重点人群健康服务水平稳步提升。居民心理健康意识不断增强，城乡居民心理健康状况稳定。二是医疗资源配置趋向合理。公立医院综合改革全面推开，药品实行零差率销售，药品加成已全部取消；基本药物制度基本确立，创新性开展了公立医院常用药品集中采购，基层用药品种不断扩大；健康资源配置继续优化，双向转诊、医联体建设不断完善，全省17市分级诊疗制度有效推进，覆盖城乡的基层医疗卫生服务体系基本建成；中医药特色优势逐渐彰显，健康产业发展势头良好。三是医疗服务能力明显提升。2017年全省基本公共卫生服务经费人均提高到50元，农村地区基本实现了“一乡一院、一村一室”，均等化水平和服务质量持续提升。医疗卫生信息化建设加速推进，城乡居民预约诊疗、远程会诊更加便捷。生育政策稳步调整完善，妇幼健康服务水平和机构基础设施加快扩张。建立健全打击涉医违法犯罪和医患纠纷化解沟通机制，医患关系趋向和谐。四是健康生活方式逐步形成。随着健康促进、健康教育工作全面推进和健康支持性环境不断完善，城乡居民健康素养显著提升，居民健康行为逐步养成。

（七）提高基础养老金和医保补助标准，社会保障安全网进一步织密扎牢

2017年，山东省社会保障坚持“全覆盖、保基本、多层次、可持续”的方针，以增强公平性、适应流动性、保障可持续性为重点，社会保障制度改革

努力实现由制度碎片化、发展不平衡向更加公平可持续转变。

一是全省社会保障覆盖面进一步扩大。截至 2017 年 9 月底，全省城镇职工基本养老保险、城乡居民基本养老保险参保人数分别达到 2636.3 万人、4520.4 万人，分别比 2016 年底增加 59.9 万人、减少 18.5 万人。城乡居民基本养老保险参保人数减少，主要缘于农村人口的非农就业和向城市转移，部分人员将居民养老保险转移为职工养老保险。城镇职工基本医疗保险、城乡居民基本医疗保险参保人数分别达 1996.0 万人、7257.7 万人，分别比 2016 年底增加 36.0 万人、29.0 万人；失业保险、工伤保险、生育保险参保人数分别达 1254.2 万人、1552.2 万人、1168.0 万人，分别比 2016 年底增加 31.3 万人、41.4 万人、28.9 万人。全民参保登记工作基本完成，城乡居民基本养老保险、城乡居民基本医疗保险参保人数均排全国第二位。二是社保基金规模稳步扩大，基金运行总体平稳。2017 年 1～10 月，全省社会保险基金总收入 3264.1 亿元，比上年同期增加 267.4 亿元，增长 8.9%；总支出 3091.3 亿元，比上年同期增加 380.2 亿元，增长 14.0%；当期结余 172.8 亿元，累计结余 4529 亿元，比上年底增加 166.6 亿元，增长 3.8%。三是社会保障待遇水平稳步提升。退休人员基本养老金调整，将制度的统一性与化解历史矛盾防止产生新的利益不平衡相结合，退休养老金总体月人均增加 164 元左右。全省城乡居民基础养老金标准提高到每人每月 100 元。城乡居民基本医疗保险政府补助标准人均增长 30 元，平均每人每年达到 450 元。调整基本医保药品目录，将 18 种抗肿瘤分子靶向药物和特效药纳入大病报销范围，职工医保政策范围内住院报销比例达 80%，居民医保政策范围内住院报销比例达到 70%。四是跨省异地就医实现直接结算。截至 2017 年 10 月底，省内异地就医累计结算 98.2 万人，定点医疗机构达到 383 家。全省 17 市及省本级全部接入了国家异地就医平台，开通跨省定点医疗机构 345 家，跨省就医实现直接结算。五是职工长期护理保险制度试点在全省范围内推开。在全国率先开展职工长期护理保险制度试点的基础上，2017 年在全省范围推开，5.9 万名重度失能人员享受到这项改革成果。2017 年山东社会科学院山东省经济社会综合调查数据显示，群众对政府社会保障工作的满意度较高，认为社会保障做得“很好”和“比较好”的比例达到 82.3%。社会保障工作有效地发挥了稳经济、促民生的作用。

（八）以深度贫困地区和重点贫困群体为主攻方向，九大工程奋力打赢脱贫攻坚战

打赢脱贫攻坚战是2017年山东省委、省政府工作重大任务。脱贫攻坚以菏泽和临沂2个市20个贫困县200个贫困乡镇2000个贫困村和黄河滩区的"深度贫困地区"为重点，聚焦贫困老年、残疾和长期患病者等重点群体，精准施策、精准脱贫。脱贫攻坚采取超常规措施，举全省之力，实施产业、就业、基础设施建设、易地搬迁、教育、健康、生态补偿、社会保障兜底、社会帮扶九大工程，以89.6万人的脱贫摘帽为总目标。

在脱贫措施上，一是进一步完善政策框架。在前两年省委、省政府出台的23个工作意见和25个专项实施方案的基础上，2017年又有针对性地提出了26项扶贫政策措施。二是加大资金投入。省财政设立专项扶贫资金、特色产业发展扶贫基金、小额贷款扶贫担保基金和公益事业扶贫基金，不断加大对扶贫工作支持力度。截至2017年10月底，各级安排财政专项扶贫资金57.88亿元。三是精准摸清贫困底数，精准施策。严格按照贫困人口的认定标准和条件（2017年山东省定扶贫标准为农民人均纯收入3509元），落实到具体人并实施动态调整。因地制宜、因人因村施策，围绕贫困人口的需求下"菜单"，针对致贫原因开"药方"。四是深入实施脱贫攻坚九大工程。因地制宜地开展特色产业扶贫、就业帮扶、易地搬迁、基础设施建设帮扶、教育扶贫、健康扶贫、社会保障兜底、生态补偿和社会帮扶。以产业扶贫为主攻方向，着力发展特色产业、乡村旅游、农村电商、光伏发电和资产收益等五大产业，通过发展生产脱贫一批。以就业、创业扶贫作为重要举措，加大就业扶贫、创业扶贫和技能扶贫力度。面向农村贫困人口、托底安置就业贫困人口、跨区域转移就业贫困人口，分别实施"就业扶贫车间"一次性奖补政策、公益性岗位补贴政策和一次性交通补助政策，对其脱贫就业给予就业补贴。设立5.1亿元的创业扶贫担保基金，对符合条件的自主创业农村贫困人口和符合条件的单位，提供贴息支持。针对转移就业贫困劳动力和贫困家庭子女，实施免费培训政策，通过转移就业脱贫一批。实施库区、滩区、湖区搬迁和农村危房改造，以土地增减挂钩节余指标跨市县流转使用，支持黄河滩区脱贫迁建和脱贫攻坚，通过易地搬迁脱贫一批。教育扶贫实施"323"工程，实施贫困地区义务教育薄弱学校改

造计划、贫困地区学前教育普及计划和贫困地区教师队伍提升计划3项行动计划，构建城乡学校结对帮扶网络和高校科技扶贫网络2个网络，完善建档立卡贫困家庭学生资助体系、贫困农村留守儿童关爱服务体系和职业教育精准扶贫体系3个体系，努力实现对建档立卡贫困家庭学生，从学前教育到高等教育实行资助全覆盖，通过教育扶贫脱贫一批。医疗健康扶贫方面，对患病贫困人口全部实行“两免两减半”和“先诊疗，后付费”政策。加强医疗救助与扶贫政策、大病保险的统筹衔接，针对贫困人口的大病保障，实行起付线减半、每段报销比例提高5个百分点，最高支付限额提高到50万元，使用18种抗肿瘤分子靶向药物和特效药取消起付线的政策；对建档立卡农村贫困人口实行医疗救助，政策范围内医疗费用报销比例达到80%以上，比普通居民高了10个百分点，资助其参加城乡居民基本医疗保险。为山东省242.4万贫困人口购买“扶贫特惠保险”。截至2017年9月底，山东省137个县（市、区）中有106个建立了“救急难”工作机制。强化农村贫困人口集中区域的生态环境保护和治理，加大对贫困人口的生态补偿力度，通过生态补偿脱贫一批。激发贫困群众内生动力，引导贫困人口通过辛勤劳动、艰苦奋斗实现光荣脱贫、稳定脱贫。针对养老问题解决难状况，综合运用邻里互助、结对帮扶、志愿服务、医养结合、养老扶贫基金、实物化供给等方式，着力改善老年人生活状况。截至2017年10月底，山东省聘请1.45万贫困人口照顾9.29万贫困老年人，同步解决贫困老年人解困与贫困人口脱贫问题。

（九）以“三类人”为重点，加快推进以人为核心的新型城镇化

以城镇外来务工人员、城中村城边村原有居民和农村地区就地转移就业人口这“三类人”为重点，以户籍制度改革、农业转移人口权益保障、土地制度改革和农村集体资产改革作为制度保障，分类推进农业转移人口的市民化，是山东省推进以人为核心的新型城镇化的重要特点。

2017年以来，围绕着解决“三类人”市民化中遇到的重点、难点问题，山东省各市对外来务工人员在住房、就业、社会保障、子女教育、公共服务等方面，制定和实施了一系列“均等化”政策措施。全面实施居住证制度，保证居住证持有人享有基本公共服务的权利，缩小其与户籍人口的差异。建立“购租并举”的住房制度，培育和发展住房租赁市场，鼓励新市民通过租房解

决住房需求。扩大公租房保障覆盖范围，向城镇中低收入家庭、新就业无房职工及在城镇稳定就业的外来务工人员等住房困难群体提供公共租赁住房。进一步完善随迁子女教育政策，保障随迁子女平等受教育权。实施治理拖欠农民工工资行动计划，提高农民工劳动合同签订率。建立健全财政资金对农业转移人口先进地区资金奖补、基础设施和公共服务设施建设支持、城镇建设用地规模增长等“三挂钩”机制，激励农业转移人口市民化。这些举措有效保障了农村转移人口在城市的权益，缓解了其在住房、看病、子女教育、融入城市社区等日常生活方面的压力，提高了他们的生活预期。将城中村、城边村的社区化改造纳入棚户区改造和城乡危房改造三年计划的政策支持范围，加速了这些社区的改造速度，其基础设施、住房条件和社区环境得到明显改善。加快农村集体产权制度改革并基本完成，城中村、城边村农村产权流转交易中心数量增多，农村土地经营权有序流转，城中村、城边村居民的土地权益得到落实。不断完善农村新型社区基础设施，小城镇、农村新型社区等就地市民化载体的承载能力显著增强。2017 年山东省投入 1700 亿元推进村镇建设，300 万户农村改厕任务超额完成，新建农房 20 万户。17 个县试点冬季清洁供暖，新增清洁供暖面积 814 万平方米。86% 的建制镇和全部建成入住的农村新型社区建有污水处理设施，7 个全国垃圾分类示范县（市、区）31 个乡镇（街道）785 个行政村实施了农村生活垃圾分类和资源化利用试点，更多的农村居民过上了城市人的生活。农村新型社区纳入新型城镇化统计范围，城中村、城边村和农村新建社区的治理模式得到优化。

（十）公共文化服务建阵地办实事，文化惠民消费季打造文化消费的“山东模式”

2017 年，山东省公共文化服务围绕着文化小康和扶贫攻坚，强化问题导向和目标导向，在广泛调研基础上确定了“文化惠民、服务群众”的 13 件实事。这些实事的落实，使群众精神文化生活的获得感更强，文化需求得到进一步释放。

一是公共文化设施网络进一步完善。省、市、县、乡、村五级公共文化服务设施网络基本覆盖，75855 个村已建成综合性文化服务中心，覆盖率达 95%。中央专项彩票公益金建设的 76 所乡村学校少年宫已建成投入使用，

1826 个乡镇综合文化站配备了多功能数字服务终端。二是贫困地区公共文化建设得到大力扶持。贫困村文化活动室补助资金 1 亿元，为 2000 个贫困村每村补助 5 万元用于购置村文化活动室设备。对财政困难县 10000 个村每村给予 1 万元设备购置补助，建设行政村综合性文化服务中心。安排 600 万元，为 30 个省财政困难县文化馆配备流动文化服务车。实施农村儿童阅读工程，投入经费 1467 万元为 7005 个省定贫困村配送少儿类出版物及数字化设备。三是“乡村文明行动”有力地推进了美丽乡村建设。开展第五批省级“乡村文明家园”示范村（社区）的建设，建成 296 个示范村（社区），为推动全省乡村环境整治、移风易俗发挥了重要示范作用。四是公共文化服务多元化、社会化参与局面正在形成。积极扶持文化类社会组织发展，营造公平竞争的市场环境。充分发挥财政资金的杠杆作用，以省级以上财政资金 4. 19 亿元，带动各级财政和社会资金 12. 14 亿元投入文化建设。吸引社会组织开展文化惠民活动，参与到公共文化服务中来。五是创新模式使优秀传统文化得以传承弘扬。深入实施“乡村记忆”工程，“记得住乡愁”“留得住乡情”，全省各地民居维修 690 多栋（处）2200 多间。扶持 1000 位“非遗”传承人、民间艺人“收徒传艺”，开展“非遗”下乡演出，促进民间文化艺术发展。积极扶持省级爱国主义教育基地网上平台建设，使爱国主义、红色文化成为时代主流。六是文艺创作和演出进一步繁荣。加强文艺创作工作力度，征集新创群众文艺作品，并进行重点打造和提升。丰富公共文化活动，支持省直院团送戏下乡，为城乡基层免费送戏、放映公益电影。七是文化惠民消费季打造文化消费的“山东模式”。历时 100 天的文化惠民消费季，六大特色板块精彩纷呈，丰富多彩的文化消费活动进基层。其探索建立的“一券、三平台”文化消费促进机制，直接拉动文化消费超过 3 亿元，搭建了覆盖全省的线上线下文化消费网络。这场规模宏大的文化盛宴，既扩大了文化惠民，又促进了文化消费，形成了文化消费的“山东模式”。

（十一）深入开展环境保护突出问题综合整治攻坚行动，生态环境明显好转

2017 年，山东省深入贯彻“绿水青山就是金山银山”的理念，认真落实中共中央、国务院关于生态文明建设和环境保护的决策部署，把“生态环境优”作为经济文化强省建设的四个目标之一，扎实推进环境保护突出问题综

合整治攻坚行动。8 月 10 日至 9 月 10 日，中央第三环境保护督察组对山东的环境保护督察，有力地推动了山东生态环境保护工作。

一是把治理大气污染摆在更加突出的位置。努力控制煤炭消费总量，淘汰违规违法和低端落后产能，完成列入京津冀大气污染传输通道 7 个城市清洁取暖“气代煤”“电代煤”工程 41.5 万户改造。全面整治“散乱污”企业，对“散乱污”企业停产限产，加大排查整治力度，淘汰燃煤小锅炉，实施燃煤锅炉超低排放改造。二是开展重要饮用水水源及南水北调沿线水质保障专项行动计划，坚持“一河一策”和“一单元一策”，分年度、分单元逐一明确水质目标和重点任务，水环境质量主要指标持续改善，南四湖水质稳定为Ⅲ类。三是生态保护工作有序开展。清查自然保护区，一些重要湿地、饮用水水源地等环境敏感区被划入保护范围。湿地建设加快推进，一批人工湿地项目相继建成，海洋生态修复工程开始推进，自然生态环境得到明显改善。四是积极探索构建生态环境损害赔偿制度体系。健全公安环保联动执法机制，及时应对并妥善处理了 6 起环境突发事件，针对菏泽、德州等地环保违法企业撕毁封条擅自生产行为严肃追责问责，完善网格化监管责任体系，环境监管和安全防控得到明显改善。

这些行动和努力，使全省大气、水、土壤污染防治成效显著，生态环保领域的突出问题得到一定程度解决。2017 年 1 ~ 10 月，规模以上工业煤炭消费同比减少 1252.6 万吨，细颗粒物、可吸入颗粒物含量下降 11.5% 和 10.5%，二氧化硫、二氧化氮的平均浓度也下降了 32.4% 和 2.8%。山东省 PM2.5 改善幅度位居京津冀大区域的首位，“蓝天白云，繁星闪烁”天数同比增加 12.8 天，达到了 232.4 天。“气质”“水质”大为改观，群众对环境的满意度明显提升。

（十二）社会服务机构发展的制度环境进一步优化，能力建设和服务水平进一步提升

2017 年，山东省出台了《关于改革社会组织管理制度促进社会组织健康有序发展的实施意见》，进一步细化了中办发〔2016〕46 号文件，结合山东实际对社会组织的扶持政策进行了较多的创新，拓展了重点培育、优先发展的社会组织类型，细化了社会组织发挥作用的措施，进一步完善了社会组织的扶持政策，加大了政策创制力度：支持社会组织提供公共服务，“对民生保障、社

会治理、行业管理等公共服务项目，同等条件下优先向社会组织购买”；省财政设立社会组织发展专项资金，加大对社会组织的财政金融支持力度；全面落实公益慈善捐赠等相关税收优惠政策、从人才工作体系和专业技术人才职称评审等方面支持社会组织人才队伍建设。这些政策进一步优化了社会服务机构发展的制度环境。同时加强了对社会组织的登记审查、管理监督、内部治理和党的建设。严格管理与大力扶持并举，为社会组织规范健康发展提供了制度保障。

截至2017年12月，山东省（不包括青岛市）在民政部门登记的社会组织有41577家，其中社会服务机构25452家，占社会组织总数的61.2%。在社会服务机构中，数量最多的是教育组织，其次是社会服务组织、文化组织和其他组织。2017年，山东省社会服务机构的发展在呈现出与全国发展趋势不一致、类型发展不平衡、区域分布不均衡特点的同时，还呈现令人可喜的局面：新型社会服务机构如养老机构、社会工作服务机构、面向社区的服务机构发展迅速，民办学校、民办医院等传统机构稳定发展；大部分社会服务机构形成了规范的内部治理体系，现代治理体系基本建立；社会服务机构人员的结构、素质、能力有较大提高，人才队伍快速成长；服务质量不断提升，不少民办教学机构通过合格评估，有的服务机构跻身“全国百强社会工作服务机构”和“全国社会工作服务示范单位”；社会影响不断扩大，依托高校举办的民办机构，已成为社会工作服务领域的领航者和开拓者。

（十三）加强和创新基层社会治理，百姓安居乐业、社会安定有序

为解决基层社区治理难题，山东省各地积极探索基层社会治理创新，涌现出大量优秀案例，一批典型经验正在山东省各地推广实施。这些基层社会治理创新的探索，呈现如下特点。

一是创新社区治理的体制机制，推进制度化、法治化治理。例如，费县构建“3+4”农村治理保障体系，通过制度化建设把抽象口号具体化，复杂工作简单化，让全县农民拥有充分的获得感。“3”是创新农村基层班子建设长效机制、农村财务有效监管机制和农村基层社会矛盾有效调处化解机制三项社会治理机制，“4”是筑牢农村基层班子运转保障线、农村特困群众救助保障线、农村公益事业和基础设施建设投入保障线，以及村级群众事务代办保障线

四条民生保障线。二是更加注重人民调解组织网络和人民调解队伍建设。山东省城乡社区呈现出一大批加强村规民约、社区公约建设，注重建立城乡基层社区矛盾纠纷解决长效机制的典型案例。这些案例进一步完善了基层人民调解工作机制和多元纠纷解决机制，基层普法依法治理工作机制和公共法律服务体系，矛盾预防和纠纷解决的保障机制。三是更加注重完善社会矛盾排查预警和调处化解综合机制。山东省在农村实行“一村一警务助理”模式，警务助理在社区民警的指导下，负责化解矛盾纠纷、协控治安、举报违法线索，成为守护农村平安的新生力量。截至 2017 年底，8.2 万余名警务助理活跃在山东省 7.5 万多个行政村，基本实现了行政村庄的全覆盖。“一村一警务助理”模式夯实了群防群治基础，激活了农村社会管理的末梢神经，预防了一大批“民转刑”案件的发生。在城市社区实行“1+2+N”警务模式，1 名民警+2 名辅警+N 名社区网格员，在加强社区警务室规范化建设和社区民警专职化建设的同时，拓展基层警务管理服务模式，依托社区居委会、社区工作站，建设平安社区、平安楼院，为平安城市建设夯实了根基。山东省治安稳定类的社区网格和行政村分别达到了 2.64 万余个和 7 万余个，分别占全部社区网格/行政村的 92.5%和 93.8%。四是创新社会治理方法手段，推进现代化、智能化治理。山东省普遍建立起网格化管理体系，不断延伸拓展服务管理内容。推进现代科技与社会治理的深度融合，很多社区开设了手机微信热线，为社区群众提供便捷服务，将群众诉求与建言献策结合，畅通了群众诉求新渠道。很多县（市、区）将“110”报警服务平台与“12345”热线等社会求助服务平台进行对接，建立了规范高效的联动服务工作体系，社会治理的预见性、精准性、高效性进一步提高。五是在基层社会治理中突出强化党组织的作用。各市在基层社会治理中把领导班子建设摆在突出位置，通过加大经费和人员保障，强化基层党组织建设；通过党员践行承诺和加大量化考核，督促党员发挥先锋模范带头作用。强化党组织对基层社会治理的政治引导，通过主动搭建治理平台、完善沟通机制，引导居民有效参与社区事务管理和化解矛盾，努力探索党建引导下的社区自治新模式。

二　2018年山东省社会发展面临的问题和挑战

结合宏观经济形势、省直有关职能部门提供的数据和 2017 年山东社会科学院山东省经济社会综合调查数据分析，我们认为2018年山东省在经济稳中向好的基本面不会改变，经济保持稳定增长，发展更加注重质量效益的同时，仍面临诸多问题和挑战。

（一）供给侧结构性改革和环境治理对就业产生较大影响，劳动力市场匹配水平和就业质量有待提高

第一，从劳动力供给看，山东省就业人口增速趋缓，劳动人口年龄结构老化严重，中老年劳动力所占比重远高于全国平均水平，农村劳动力老化问题尤其严重。尽管普通高校毕业生占近年新增就业人员的39%左右，但新增农民工占比仍高于高校毕业生。第二，从劳动力需求方面看，自2008年至今山东省二、三产业吸纳就业存在较强的替代性。与全国平均值比较，山东省第二产业对就业的带动效用相对较强，第三产业对就业的带动效应相对较弱，第三产业的带动作用还有很大潜力可挖。第三，在劳动力素质方面，工作者的平均受教育年限为8.07年，与产业结构调整、新旧动能转换所需求的劳动力素质差距较大，农业、工业和传统服务业的人力资本总量仍然很高，现代服务业人力资本增速尽管不断加快但总量仍然不足。中老年劳动力接受职业培训的比例较低，难以适应劳动力市场对工作技能的要求。第四，在劳动关系方面，群众对工资收入和晋升发展的满意度最低。相对于体制内就业人员，非公经济就业人员和临时务工人员的工作满意度相对较低。劳动合同签订率为39.23%，略低于全国平均值。劳动争议多是超时加班和劳动报酬不合理，而得到解决的只占34.2%。第五，农业生产仍以粮食和经济作物种植为主，农产品加工或直销等产业链延伸不足，全省农民所掌握的技术仍以农作物种植管理技术和砖瓦木工等建筑技术为主，农村电商、休闲农业、乡村旅游等新业态新模式亟待发展壮大。第六，摩擦性失业和结构性失业的风险上升，使民众对政府扩大就业提供公共就业服务寄予更高期望。在对政府提供的基本公共服务满意度评价上，排名位置相对靠后的是“扩大就业，增加就业机会”。面对供给侧结构性改革、环境污染防治和生态环境保护力度的加强，一批落后产能遭到淘汰，一批中小企业被限产、关停或倒闭，使大批员工失去工作岗位，社会不稳定因素增加。面对摩擦性失业和结构性失业的风险上升，如何真正实施“就业优先战略”，在改变对中小企业环境污染治理简单的“限罚关”，积极扶持中小企业进行技

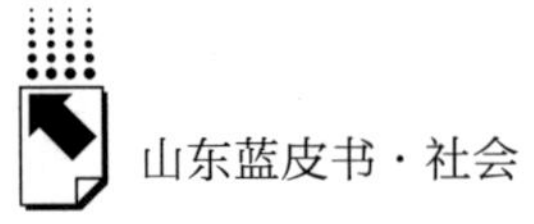

术更新，维护员工利益，保护生态环境的同时，提高劳动力市场匹配水平和就业质量，是就业工作必须面对的问题。

（二）城乡收入差距缩小的趋势存在被反转的风险，财政收入增速回落影响其分配调节功能

在产业转型升级、新旧动能转换阶段，多种不确定因素的存在使山东仍然面临经济下行的风险和压力，这将对城乡居民收入增长产生一定抑制作用。一是自2013年以来，城乡居民收入增长速度的差距开始不断收窄，农民收入增速下滑明显，再加上新旧动能转换背景下传统产业面临淘汰和调整，农村居民在传统产业就业的比例较大，城乡收入差距随时面临继续扩大的风险。二是东西部城镇居民收入差距已经出现持续扩大的状况，2017年山东社会科学院山东省经济社会综合调查数据显示，2016年东部青岛、烟台、威海三市城镇居民人均可支配收入是西部聊城、德州、济宁、菏泽四市城镇居民的1.65倍，区域发展不平衡问题再度显现。三是财政收入增长近些年来呈现滑落态势，2017年前三季度出现一般公共预算收入增速低于城乡居民人均可支配收入增速的状况。收入增速放缓而民生需求刚性增长，将是山东在今后一定时期面临的重要问题。

（三）文化消费层次有待提高，居住支出对消费挤占过大，电商对零售和生态环境提出严峻挑战

当前山东消费领域存在的主要问题有五个方面。一是文化消费层次有待提高。文化产业发展不成熟和文化产品市场化程度不高，文化产品定价机制不健全，农村的文化消费多停留在传统空间，这些都影响了文化消费层次的提高。二是农村的消费水平仍有待提升。农村居民的生活用品和服务支出相对较低，农民的收入水平不足以支撑其较高品质的文化消费。三是居住支出对城乡居民消费挤占过大。居住支出占全省城乡居民生活消费支出的20.5%，所占比重仍然较大。四是汽车消费推进过快，给城市发展带来交通拥堵、尾气污染、事故频发等难题。五是电子商务的爆发式增长在给城乡居民带来生活便利的同时，也给传统的零售模式带来巨大挑战；电商包装所用的塑料编织袋、封套胶带和内部缓冲物等快递垃圾污染，也给生态环境保护带来严峻挑战。

（四）公办学前教育资源短缺问题突出，高质量、特色化的高中教育资源供给不足

尽管全省基础教育总体水平不断提高，教育事业稳步发展，但仍存在如下不足。一是公办学前教育资源短缺问题突出。学前教育阶段公办幼儿园数量有限，民办幼儿园收费高且教学水平总体偏低，群众满意度较低，“入园难”问题困扰不少家长。尤其是农村地区园均教师数、生师比和各项服务质量均弱于城镇幼儿园，应是未来重点帮扶对象。二是小学择校问题仍难完全解决。虽然小学阶段实行严格的划片入学，但不少家长还是会借助找熟人帮忙、交额外费用、在学区买房、迁户口等多种方式争取让子女进入“重点学校”。调查显示，不同学校在素质教育、课业负担、教师素质和校园安全等“软指标”上的差距，导致“择校”现象依然难以通过单一的强制性划片予以消除。三是教育资源的精细化配置仍有待改善。从不同区域来看，鲁西和鲁南地区的整体教育发展仍较薄弱，学前教育阶段幼教队伍亟待扩充。就义务教育与高中阶段而言，潍坊无论是“硬件”还是“软件”上均优于其他地市，鲁西、鲁南地区在“硬件”上偏弱，济南、青岛等地居民对“软件”水平提升抱有更高期待，需要根据各地市居民的不同需求进行细致调配。四是高质量、特色化的高中教育资源供给不足。由于就业市场对学历要求不断提高，普通高中仍是大多数家庭的第一选择，中等职业教育机构数量和在校生人数逐年递减，中等职业教育在优化资源和吸纳生源两方面都面临着巨大挑战。随着城乡居民教育需求不断提升，高质量、特色化的高中教育资源供给不足的问题日益突出。

（五）医药控费力度仍需加大，慢性病防控任务更加艰巨

“健康山东”建设亟待解决的问题：一是医疗卫生事业的重心仍在“治已病”而非“治未病”上，虽然“以预防为主”是山东省卫生工作的基本方针，但目前还缺乏完善的制度保障，支持政策较为分散，标准欠规范。二是部门协作力量仍需加强，监督管理职能分散在多个部门，协调难度大。医改办机构各地设置不统一，人员配置不充足且流动性大，影响了改革政策的推进和落实。三是医疗保险对就诊秩序的引导作用较弱，虽然居民到基层医疗机构就诊的意愿性强，但遇到大病急病时，差距不大的报销比例和差异巨大的医疗技术水平

促使人们更愿到大型医院就诊。四是慢性病防控任务比以往更艰巨，潜在慢性病患病人数增加，已患病人口基数大，已管理人口比例低，患病者年龄更趋年轻化。五是医药控费力度仍需加大，“看病难，看病贵”的问题虽有所缓解但仍然存在。六是精神障碍及心理健康群体性差异大，缺乏针对老年人和女性群体的心理健康支持服务。七是医疗信息化建设覆盖面有限，信息化平台已有用户活跃度不高。八是健康素养整体水平较低，呈现明显的地区和职业群体差异，农村地区健康促进和健康教育的工作力度不足。

（六）仍有一部分人游离在社会保障之外，社会保障的公平性和可持续性有待加强

一是社会保险的覆盖面仍有待扩展。基本养老保险与基本医疗保险制度的城乡统筹和制度全覆盖，并不代表人员的全覆盖。尽管城乡参加这两类社会保险的比例差异不大，但从雇佣状况、工作单位类型和单位所有制性质看，无固定雇佣关系的零工、散工、自雇职业者、民营单位就业人员，没有参加养老保险和医疗保险的比例相对较高。如何在制度全覆盖的基础上，实现人员的全覆盖，推进“全民参保登记计划”及时向“全民参保计划”拓展升级，是社会保障建设面临的重要问题。二是社会保险制度的公平性仍有待加强。2017 年山东社会科学院经济社会综合调查数据显示，在对社会保障政策满意度的评价中，在给予“一般”水平以下评价的较低满意度评价者中，参与职工养老保险和城乡居民养老保险的比例显著高于参与机关事业单位养老保险和医疗保险的比例。在参加的险种方面，大多数居民参加的是水平相对较低的城乡居民养老保险和城乡居民医疗保险，缴费的档次和享受的待遇都较低。制度的不公平，影响了部分群体对养老保障政策的整体满意度。三是社会保险的持续性必须引起足够的重视。现行社会保险制度尽管有责任分担机制和权利义务相结合意识，但权责关系依然不清，个人责任依然不足。社会保险主要由政府主导，来自市场与社会方面的作用发挥不够。现有社会保险政策尽管有现实保障能力，但可持续性不足。

（七）脱贫攻坚进入关键期，任务仍很艰巨，长效机制尚待建立

扶贫工作进入关键期，任务仍然艰巨。虽然山东省建档立卡贫困人口总量已经有所下降，但据统计还有 242.4 万人，越往后到脱贫攻坚的最后阶段，脱

贫攻坚任务难度越大。一是受人口老龄化影响，社会服务成本增加、医疗费用增长，导致脱贫攻坚进入最后关键阶段后的进展可能较缓慢，因病致贫返贫的风险高，给扶贫工作带来严峻挑战。二是脱贫攻坚长效机制尚未完全建立。贫困地区基础设施建设覆盖面还不广泛，部分地区基础设施建设功能仍不健全。贫困地区的产业项目还存在着简单雷同、结构单一、利润不稳定、收入受影响的问题。贫困地区的医疗、教育、养老设施等投入力度仍不够，已经脱贫的贫困人口仍需要继续帮扶以持续巩固脱贫成果。社会救助体系不完善，存在覆盖范围不广、政策执行不公平等问题。社会力量参与扶贫的主动性不强，其扶贫的参与机制、运行机制和激励机制仍有待加强和提升。

（八）城乡基本公共文化服务不平衡，促进公共文化服务的保障机制仍不健全

一是基本公共文化服务资源在城乡之间的分配严重不均衡，山东省东、中、西部地区公共文化服务水平差距较大。二是基本公共文化服务社会化水平不高。鼓励支持社会力量参与公共文化服务的政策性措施落实难，社会力量主动参与的积极性尚未得到充分调动。三是数字文化服务能力不高。数字资源总量偏少，资源布局分散，利用率不高，服务能力亟待加强。四是促进公共文化服务的保障机制仍不健全。公共文化服务的法规体系层级较低、多头分散、配套不全，文化事业经费占财政支出的比例偏低。

（九）“三类人”市民化面临着不同的问题和困难，以差异化服务响应差异化诉求有待加强

制约外来务工人员在城镇生活的主要因素是就业稳定性差、收入水平低、城乡政策差别和城市居民的歧视，这使他们难以很好地融入“别人”的城市生活。2017 年山东社会科学院山东省经济社会综合调查数据显示，山东省外出农民工签订劳动合同的比例较低，月平均工资明显低于城镇在岗职工，养老保险、医疗保险、失业保险、工伤保险的参与率相对较低。高企的房价和生活成本，导致农民工在城镇购房相对困难。城中村、城边村原居民面对土地的快速升值，尽管有很强的拆迁改造意愿，但由于担心外来人员落户影响其集体资产收益分配，因此融入城市社区的动力不足，加上受自身素质限制，就业愿望

不高，市民化的后劲不足。小城镇、农村新型社区等市民化载体存在数量多、规模小、产业基础弱、人口承载能力不强等问题，影响了农村社区就地转移人口的市民化意愿。如何以差异化服务响应这些人群的差异化诉求，是山东推进以人为核心的新型城镇化所必须面对的问题。

（十）重发展、轻保护的问题仍然比较突出，产业结构和能源结构给环境问题的解决带来严重挑战

环保工作虽然收效明显，但任重道远，环境保护力度和成效与群众期盼仍有较大差距。一是重发展、轻保护的意识仍然存在。一些地方政府在落实国家环保决策部署时工作不到位，对有些决策部署采取有选择的变通方法执行，一些部门对自身的环保责任认识不到位，一些地方在上项目时仍沿用“先上车，后补票”的模式让环保给项目让路，一些地方对国家减少煤炭消费、压缩钢铁电解铝等过剩产能工作部署推进不到位。二是以重化工为主的产业结构和以煤为主的能源结构，给环境问题的解决带来严峻挑战。一些地方化工行业仍然无序发展，由此引发的环境污染和风险问题没有引起足够重视。煤炭在能源消费结构中占比仍较大，燃煤锅炉数量多，治污设施不健全，污染排放问题突出。三是“散乱污”问题仍普遍和大量存在。在有些产业集群中，仍然有相当部分企业没有办理环保手续，污染治理难以达到规定标准。部分加油站仍以普通柴油替代车用柴油，油品质量偏低及生产销售环节监管乏力导致车船尾气污染严重。四是海洋环境及重要生态功能区保护力度不够。不少海域在未经合法审批下被违规填占，大部分被关停的露天开采矿山未完成地质环境恢复治理，一些重要滨海湿地存在大量无证养殖项目。五是垃圾污染和水污染问题亟待解决。全省生活垃圾处理能力缺口严重，生活垃圾填埋场和生活垃圾焚烧厂大多超负荷运行，垃圾渗滤液处理能力不足，直排、雨污混排导致部分河流污染，环境隐患问题不可忽视。

（十一）社会服务机构面临着重新定位和进行分类，基层社会治理还须理念、体制和机制创新

社会服务机构目前面临的最现实、最直接的问题是已有机构的重新定位和分类。“非营利性”和“营利性”的定位和分类管理，将直接影响现有大多数

社会服务机构的稳定和未来的发展。其长期健康发展，还须从相关法律法规和政策体系的完善、公平对待公私机构的体制机制、社会服务机构内部治理规范化、人才队伍建设专业化、资金来源渠道多样化等方面协同改革、共同推进。

基层社会治理存在的问题主要有以下几个方面。一是社区治理的行政化倾向严重。社区居委会和村民委员会承担了过多的上级部门部署的任务，但没有按照“费随事转”原则获得相应经费，权责不对等。政府与基层社区组织的合作关系在实践操作中也往往被重新界定。二是社区社会组织发育不足，农村社区社会组织的数量极其有限，城市社区虽然有社会组织的服务，但其服务领域较窄，经费来源有限，服务能力不强。三是社区成员参与社区治理的水平不高，参与多浮在表层，对社区事务的管理、决策和监督参与不多或者没有机会参与。四是社区治理结构有待完善。基层党组织、政府、村（居）委会、社区社会组织、社会公众之间还没有形成良性互动机制，社区居委会与业主委员会、物业公司、驻区单位、社区组织、社区居民等不同主体之间还没有构建起有效的沟通渠道。五是基本公共服务供给的制度安排和配置方式，也影响了基层社区基本公共服务配置效率的提高。

三　2018年山东省社会发展态势与政策建议

2018 年是站在新的历史起点的第一年。可以预见，2018 年山东省经济稳中向好的基本面不会改变。经济保持稳定增长，发展更加注重质量效益。新旧动能转换加速实施，增长动力由要素驱动向创新驱动转换。投资效率将有所提高，扩大内需的作用会更加明显。简政放权强力推进，改革举措更加强调落地生根；金融领域风险隐患将被高度重视，并严加防控。在全省经济发展稳中有进、进中向好趋势继续延续的有利环境下，社会领域的建设将更加聚力补齐短板，保障和改善民生将会提升到一个新的高度，关系民生的一些重要工作在政府工作议程中会更加细化、更加具体地呈现。十九大报告提出中国特色社会主义进入新时代，科学标注了中国发展新的历史方位，开启了全面建设社会主义现代化国家新征程，凝聚起推动发展的强大正能量，为山东经济文化强省建设进一步指明了前进的方向。2018 年山东省上下应同心协力埋头苦干，注重在发展中保障和改善民生，在加快推进新旧动能转换、更加注重强化创新引领作用、推动经济高质量发展的同时，着力解决关系人民群众切身利益的问题，统筹做好就业、收入分配、教育、医疗卫生、社会保障、精准扶贫、公共文化服务等方面的工作，努力解决人民群众对美好生活的新需求与发展不平衡、不充分之间的矛盾，实现更高质量、更有效率、更加公平、更可持续的发展。

（一）着力破解就业结构性矛盾，实现更加充分、更高质量就业

要深入实施就业优先战略和积极就业政策，着力破解就业结构性矛盾，努力满足人民群众对更加充分和更高质量就业的新需求。一要适应新经济、新业态蓬勃发展，完善用工就业服务。适应分享经济、平台经济等新经济、新业态等快速发展的形势，针对新的“零工经济”的特点和需求变化进行政策跟进和调整，努力探索建立适应新兴就业和创业业态特点的政策服务体系。二要优化全方位创业服务，以创业促进带动就业。打造高标准、法治化、低负担的优良营商环境，促进创业创新。通过省级创业示范平台的建设、评估和认定，加大为初创型小微企业发展提供专业化、便利化、全过程的创业服务力度。三要大规模开展职业技能培训，着力解决结构性就业矛盾。针对“就业难”和“招工难”并存的结构性矛盾，全面加强职业技能培训，大力提高劳动者素质。要聚焦新旧动能转换重大工程，加强重点产业的职业培训和职业技能等级评定。改革目前就业培训机制，加大培训投入，推动劳动者终身职业培训体系建设。四要做好重点群体就业工作，以就业稳定确保社会稳定。围绕高校应届毕业生、往届未就业毕业生、走向市场的中职生和回国留学人员等毕业生群体，加强对长期失业青年的就业指导和就业服务，促进青年多渠道就业、创业。要围绕过剩产能行业的企业职工安置、分流和再就业工作，探索失业保险、技能培训补贴、保费征缴补贴等政策措施，帮助企业稳定岗位、分流安置。落实失业动态监测、预测预防和宏观调控，防止发生区域性失业风险，确保社会稳定。

（二）创新收入分配机制，实现技高者、多劳者多得，拓宽居民劳动收入和财产性收入渠道

收入分配改革应综合运用多种激励手段，聚焦重点，分类施策，建立城乡居民收入持续增加、低收入者收入水平显著提高、中等收入群体持续扩大的长效机制。一要创新收入分配机制，实现技高者、多劳者多得。推行差别化的收

入分配激励政策，以增收潜力大、带动能力强的科技人员、技能人才为重点，让科技人员以自己的发明创造合理合法富起来，提高技术工人待遇，增强其职业荣誉感和获得感。二要完善支持政策，促进农民增收。加快推进农村集体资产股份制改革，激活沉睡的农村资产，增加农民财产性收入。支持农民及返乡、下乡人员创业创新，深入挖掘农业内部增收潜力，推进农村一、二、三产业融合发展，促进乡村振兴，增加农民的经营性收入和工资性收入。充分发挥新型城镇化辐射带动作用，以农村新型社区和产业园区的“两区同建”模式，带动农村产业发展和农民增收。三要健全困难群体收入保障机制。坚决打好扶贫攻坚战，因地制宜，精准施策，以产业、就业、易地搬迁、教育和健康扶贫、社保兜底等措施，多管齐下，全面提高贫困人口的收入水平。完善最低工资保障制度，保障低收入者的收入水平。健全困难群体社会救助体系，通过教育救助、医疗救助、就业救助、大病救助和临时困难救助，让低收入人群生活得幸福有尊严。

（三）多领域培育新的消费增长点，着力提升农民的消费能力

尽管当前国内外经济运行环境、厉行节约政策等对山东省消费品市场的潜力释放有一定的制约，但就消费自身的刚性需求而言，2018 年山东消费品市场仍会延续平稳增长的良好发展势头。尤其是十九大报告重申完善促进消费的体制机制，增强消费对经济发展的基础性作用，在多个领域培育新的增长点，增加新动能，这将为山东省促增收、扩内需注入新的动力。2018 年，山东在继续加快城乡居民收入水平提高、增强居民支付能力的同时，一要加快推进城乡基本公共服务均等化，将消费政策的制定与民生改善联系起来，正确把握拉动消费与促进民生之间的关系；二要高度重视消费动能特别是新消费为主体的新动能的培育，加大对文化、健康、养老、旅游、体育产业发展的扶持力度，努力拓展服务、信息、绿色、时尚、品质、农村六大领域的消费，挖掘消费潜力，促进消费升级，更好地发挥消费对经济增长的支撑作用；三要着力提升农民消费能力，重视农民工资性收入增长，形成农民收入稳定增长的机制。

（四）创新学前教育普惠性健康发展体制机制，基础教育均衡发展重点从硬件建设逐步转向内涵发展

随着“全面改薄”和消除“大班额”的推进，以及国家规定的县域义务

教育均衡发展目标通过评估，人民群众对整体提升基础教育发展水平和教育质量提出了新要求。为满足人民群众对更加公平、更有质量的基础教育的需求，建议2018年教育改革从以下几个方面着力破解教育发展不平衡、不充分的深层次矛盾和问题。一要创新学前教育普惠性健康发展体制机制。发展学前普惠性教育是办好人民满意教育、保障和改善民生的必然要求，应进一步提高认识，将其摆在更加重要的位置。要扩大学前教育资源，明确财政对学前教育的投入，鼓励多元化多渠道投入，扩大普惠性学前教育资源总量，着力解决群众反映的入园难、入园贵的问题。加强幼儿教师队伍建设，健全完善对学前教育的管理、评估、督导、问责机制。强化幼儿园安全监管，提高幼儿园保教质量。调整学前教育结构，促进普惠性学前教育城乡均衡发展。二要将基础教育均衡发展重点从硬件建设逐步转向内涵发展。在大班额问题初步解决和“全面改薄”工程完成后，应加大对“无形”教育资源的投入，加大优秀教师的培养力度，建立教师流动制度，推动远程教育与教育信息化建设。三要加快发展高质量、特色化的高中教育。要适应初中毕业生接受良好高中教育的需求，加快普及高中教育，推动高中教育由标准化、规范化向高质量、特色化发展。四要完善职业教育和培训体系。加大对职业教育的扶持力度，继续完善职业教育体系，让中等职业教育产生魅力，吸引更多的城乡孩子主动就读、学有专长。

（五）加强医药卫生体制改革的整体性和协同性，培育健康文化，发展健康产业

党的十九大对实施“健康中国”战略提出了更加具体的要求。2018年山东的卫生与健康工作，应以解决该领域发展不平衡、不充分问题为导向，加快推进“健康山东”建设，努力实现与“率先建成全面小康社会”目标相匹配的全民健康。一要注重顶层设计，加强系统的整体性和协同性。要强化医疗服务合理分工和医疗资源空间合理布局，改变医疗资源集中流向二、三级医院的“倒金字塔”格局，推动优质服务资源下沉。坚持以问题导向进一步深化医药卫生体制改革，进一步完善公立医院长效补偿、绩效考核政策，探索公立医院薪酬制度和医保支付方式改革。加快政府职能转变，准确界定政府与医疗机构的权责关系，全面落实公立医院独立法人地位，维护医疗服务市场的公平竞争环境。强化部门间协作与联动，加强领导体制机制建设，推进医疗、医保、医

药三医联动。进一步明确不同级别医疗机构的功能定位和诊疗范围，建立优势互补、分工协作的服务机制。加快分级诊疗制度落实，探索发展责任与利益共担的紧密型医联体或医疗集团模式，吸引优质资源真正下沉到基层。从群众需要出发，改革完善仿制药供应保障和使用政策，更好地保障群众用药需求。二要拓展健康理念，培育健康文化。促进全民健康素养提升，拓展健康内涵，开展全民健康素养促进活动。普及心理健康教育，逐步建立精神障碍患者社区康复服务体系。升级养老服务业，发展居家养老和社区养老服务，引入专业化的社会组织开展多样化的养老服务项目。全面推进医养结合，逐步建立涵盖治疗、康复、生活照料和安宁疗护的养老服务体系。弘扬中医药文化，加快中医药传承创新，提高中医药成果利用效率。三要加强科技和人才支撑，发展健康产业。强化对健康服务产业市场的规范，支持健康知识传播和普及的公益机构发展。加大健康领域科研投入，发展优势健康产业。建立灵活的人才招聘和培养模式，形成人才下沉和上升的良性循环。推进“互联网＋医疗”背景下的资源整合，提高信息支撑能力。

（六）着力在社保制度的公平性、可持续性和流动性上推进改革，满足群众对社会保障的新期待

山东省经济运行的稳中向好和宏观经济环境的日益改善，为进一步深化社会保障制度改革创造了有利的基础条件。2018 年山东社保工作应按照十九大报告提出的“兜底线、织密网、建机制”要求，通过强有力的改革措施促进社保制度公平发展，打破群体利益固化的樊篱，提高制度运行的效率，使社会保障不仅能为群众提供稳定安全的预期，也能为山东省经济社会创新发展、持续发展和领先发展做出积极贡献。一要着力在社保制度的“公平性”上推进改革，加强弱势群体、弱势领域、新兴行业、新兴群体的社会保障制度建设。要将“全民参保登记计划”向“全民参保计划”拓展升级，参保工作重点向农民工、非公经济组织从业者、灵活就业者和新兴业态从业者转移，积极探索推进网络就业、创业等新型业态群体参保，进一步提高社会保险参保覆盖面。推进养老保险和医疗保险制度公平性改革。建立城乡居民基本养老保障待遇确立和基础养老金正常调整机制，确保城乡居民基本养老金待遇标准随着经济发展而提高。调整退休人员养老保险待遇，努力形成兼顾公平与效率、企业与机

关事业单位相统一的待遇调整机制。深化基本医疗保险支付方式改革，加大推进按病种付费、职工门诊统筹、职工医保个人账户使用管理改革，切实解除人民在疾病医疗方面的后顾之忧。推进失业保险和工伤保险的公平发展。进一步扩大失业保险的覆盖率，参加失业保险的农民合同制职工与城镇职工同等参保缴费应该同等享受失业保险待遇。启动工伤保险基金省级统筹，在深入推进高风险行业的建设项目参加工伤保险的基础上，尽快启动交通运输、铁路、水利、能源、机场等建设项目的参保工作，完善各类企业参加工伤保险的长效机制。进一步规范完善企业职工基本养老保险省级统筹，逐步提高居民养老保险统筹层次。二要着力在社保制度的“可持续性”上推进改革。建立更加科学合理的待遇确定和调整机制，进一步深化基本医疗保险支付方式改革，全面实施医保基金预算管理，升级医保基金支出总额控制制度。构建多层次社会保障体系，积极支持个人储蓄性养老保险和商业养老保险加快发展，发挥企业年金长期养老保险的作用，强化对商业保险公司的考核评估，加强医疗保险与医疗救助的衔接。要进一步落实完善国有股权充实社保基金，做好山东政策与国务院《划转部分国有资本充实社保基金实施方案》的衔接，不断深化相关改革做法。三要着力在增强社会保障的“流动性”上推进改革。进一步研究细化城乡、地域、企业与机关事业单位之间的养老保险转接办法，统一全省养老保险关系转移接续规程。适应移动平台、数字平台的出现而催生的“零工经济”蓬勃发展，加强对自雇型、多雇主的新型劳动契约关系的社会保障制度建设的研究，及时出台相关社保政策。加强省级医保就医结算、医保监管的系统建设，实现跨省异地就医联网即时结算，加快建设山东省社会保障大数据平台，推进“社保卡”的广泛应用。

（七）聚焦深度贫困地区和特殊贫困群众，确保脱贫攻坚质量

2018 年是山东省脱贫攻坚的最后阶段。一要聚焦深度贫困地区，进行精准帮扶。要继续聚焦建档立卡贫困人口比较多的菏泽和临沂 2 市 20 个贫困县 200 个贫困镇 2000 个贫困村。所有的扶贫政策措施，包括新增的扶贫资金、扶贫项目、扶贫举措等，都要集中用于这些地区的贫困人口，集中攻坚。对有劳动能力的贫困人口，实行产业就业扶贫，使每个贫困村都有 1～2 个特色产业，确保每个有劳动能力和致富愿望的建档立卡贫困户至少有 1 个增收项目。

通过发展生产转移就业，编织坚实的扶贫网络。二要聚焦“老、残、病”等特殊贫困群体，进行精准帮扶。针对老年人、残疾人、重病患者等特殊贫困群体，以民政低保的兜底方式，解决其生活难题。完善贫困家庭中各学龄段学生的资助政策，确保贫困家庭的学生不因贫困而上不起学。完善并实施医疗保险、大病保险、医疗救助、扶贫“特惠保”等多种医疗保障政策措施，切实有效地解决因病致贫和因病返贫问题。实施易地扶贫搬迁、危房改造，加快黄河滩区居民脱贫和迁建。三要以“精准”为标准，聚焦贫困人口准入退出机制。严把产业扶贫项目的论证关、审批关和管理关，加强与市场需求的对接，努力提高项目效益。要因户因人精准施策，全力做好贫困人口信息动态调整，对其致贫原因、家庭成员的年龄结构和健康状况进行精准把握，对症下药。严把脱贫退出的审核关，严格按标准验收，逐户销户。

（八）提升基本公共文化服务惠民水平，促进文化事业、文化产业融合发展

2018 年，山东省要继续促进城乡基本公共文化服务设施建设均等化，提升基本公共文化服务效能，进一步扩大文化消费，促进文化事业、文化产业融合发展。一要加大基本公共文化服务设施建设，促进城乡基本公共文化服务均等化。在坚持省、市、县、乡、村五级体系同步建设、同步发展的同时，将工作重点放在城乡基层社区，把更多的资源配置向基层社区倾斜，着力加强村（社区）基层综合性文化服务中心建设。二要创新服务方式和手段，提升基本公共文化服务效能。要充分利用互联网等现代信息技术的优势，利用公共数字化技术和资源，为基层群众提供及时健康的数字阅读、文化娱乐和各种公共信息。三要实施文化惠民提升工程，继续深入开展文化惠民季活动，广泛动员文艺工作者、志愿者开展“六进”等文化品牌活动。四要实施乡村文明行动第二个五年计划。在城乡环卫一体化全覆盖、重点整治村庄环境的基础上，以移风易俗为切入点，传播乡村文明风尚，推行喜事新办、厚养薄葬，推动“乡村文明行动”由着力改善人居环境向优化家庭环境、提升人的文明素养延伸，助力乡村振兴。五要积极推进文化事业、文化产业的融合发展。健全完善促进文化消费的内在机制，启动省级文化消费示范县（市、区）创建工作。优化文化产品和服务供给，实施山东省文化产业园区转型升级工程，推动文化产业

尤其是文化创意和设计服务与相关产业的深度融合，促进文化产业高质量发展。加强人才培养和引进，根据文化产业链条内的结构布局、各产业融合和产业集聚的需求统筹规划，促进复合型人才和关联型产业的集聚共生，更好地发挥文化产业在优化升级产业结构、改善群众生活品质、推动全省新旧动能转换方面的重要作用。

（九）提高新型城镇化质量，更强有力地支撑乡村振兴和区域协调发展

推进人口市民化，应在已有基础上，按照十九大提出的区域协调发展战略，统筹推进户籍、教育、土地、社会保障、财政、社区治理等相关领域的制度改革，创新农业转移人口市民化的体制机制，促进三类转移人口共享城镇基本公共服务，更好地发挥新型城镇化对乡村振兴和区域协调发展的促进作用。一要充分尊重不同群体的市民化意愿，分类推进农业转移人口落户。进一步消除在城镇稳定就业的外来务工人员的落户障碍，推动农村大中专学生入学落户，继续保留其在农村的权益；推进城中村、城边村原有居民完全市民化，为其补齐基础设施和公共服务“短板”；尊重农村新型社区和小城镇周边居民市民化意愿，合理安置拆迁居民，保障其权利。推进就业服务、住房、教育、医疗、社保、养老等基本公共服务，全部覆盖三类转移人口。二要优化产业结构，带动就业转型。积极调整产业结构，因地制宜地发展文化、旅游等各类特色产业，创造就业机会，提升农业转移人口的就业质量。三要进一步创新市民化推进机制，提高资源配置效率。围绕“三挂钩”机制建立合理的市民化成本分担机制和多元投融资机制，建立健全由政府、企业、个人共同参与的市民化成本分担机制。加大各级财政对农村新型社区建设的投入力度，落实将农村新型社区纳入城镇化管理的各项标准，健全完善工作推进机制，强化对市民化工作的组织领导，统筹解决市民化推进中的重大问题。四要充分发挥新型城镇化对乡村振兴的助推器作用，建立健全城乡融合发展体制机制和政策体系。大胆创新，以城乡结合部为切入口，引导一、二、三产业深度融合发展。充分发挥市场在资源配置中的决定性作用，推动城市的资本、企业、科技、管理要素下乡。深化户籍、医疗和社会保险、就业创业等制度改革创新，促进人才自由流动，激励和吸引农村外出务工人员返乡创业，实现城乡要素的自由流动、平

等交换和合理配置。推动燃气、上下水、污水垃圾处理等城市基础设施向乡村延伸，在保持乡村文化和风情的基础上，提升乡村生活品质和发展质量。把独具特色、承载产业与人口的特色小镇融合到乡村，增强乡村的内生发展能力。借助城乡要素流动之趋势，盘活乡村闲置建设用地，发展田园综合体等，实现城镇发展和乡村振兴的协同共进。

（十）全力抓好中央环保督察组反馈问题的整改，打好生态环境保护攻坚战

党的十九大报告提出了关于生态文明建设的新理念、新要求、新目标、新部署。2018 年，山东环保工作应以落实中央环保督察组反馈问题及整改方案为契机，持续改善环境质量，加快推动山东绿色发展。一要继续推进大气污染综合整治攻坚。坚决改变粗放的发展方式，抢抓环保机遇，倒逼企业转型升级，主动作为、攻坚克难，加快去除落后产能，进行动能转换和产业结构调整。大力开发利用清洁能源，持续推进煤炭消费减量替代，加快气代煤、电代煤工程和对“散乱污”企业清理整治工作力度。完善对车用油品的监督管理，加大对黑加油站的打击力度，打赢蓝天保卫战。二要实施重要生态系统保护和修复重大工程。推进土壤污染治理与修复，抓好土壤污染状况详查，加快构建全省土壤环境信息化管理平台，强化土壤污染管控和修复，加快修复自然保护区。进一步探索建立生态环境损害的修复和赔偿制度，破解“企业污染、群众受害、政府买单”的难题，推动生态系统保护修复。三要大力推进造林绿化，通过政策引导、资金补贴等方式，鼓励企业和社会力量积极投身于植树造林，使生态建设再上一个台阶。四要全面推进水污染综合整治攻坚。要继续落实水污染防治行动计划实施方案，健全完善河长制，持续推进省级及以上工业集聚区水污染集中治理，加快开展十大重点行业清洁化改造。开展山东省水环境质量生态补偿，狠抓入海排污口排查整治，加强近岸海域污染防治。积极探索技术成熟可靠、适用于农村实际的污水处理技术，努力解决农村生活污水无序排放问题。五要着力推进生产生活方式绿色化。实行低碳能源倍增行动计划、节能环保产业壮大行动计划、低碳建筑推广行动计划、低碳交通创建行动计划和全民低碳行动计划。不断完善地方环境标准体系，全面推行清洁生产，培育绿色环保产业，推广绿色供应链环境管理，实行政府绿色采购，鼓励公众

绿色消费。六要探索建立有效管用的环境保护责任落实机制。全力抓好中央环境保护督察组反馈问题整改工作，完善环保部门的统一监督管理，各部门各司其职、各尽其责；强化企业的环保主体责任，进一步推进实施排污许可制；提高公众环保意识，畅通公众参与渠道，形成政府主导、企业主体、社会组织和公众共同参与的环境治理格局。

（十一）进一步加强社会服务机构专业能力建设，围绕群众公共服务需求创新基层社会治理

党的十九大报告提出“加强社区治理体系建设，推动社会治理重心向基层下移，发挥社会组织作用，实现政府治理和社会调节、居民自治良性互动”，为社会组织发展和基层社区治理指明了方向。应切实落实最近两年国家和山东省已发布的有关政策，进一步优化社会服务机构发展的制度环境，加强对社会服务机构的规范和引导。社会服务机构重在不断努力，加强产品研发，拓展服务市场；优化内部治理，加强战略研究和计划管理，防控风险；强化与政府、利益相关者的信息交流，形成战略合作关系，形成核心竞争力。要围绕群众对基层公共服务需求的变化，创新基层社会治理和公共服务。一要创新政府基本公共服务供给制度。进一步放开基本公共服务市场准入，政府在全揽社会治理资源配置、通过主管主办等方式直接介入基层社会治理和公共服务事务时，给市场和社会让渡必要的空间，在食品药品安全、公共安全、社会矛盾化解、环境保护、社会治安防控、社会服务和社区治理等方面，充分发挥民间和基层社会组织的作用，推动基本公共服务提供主体的多元化、提供方式的市场化，加强对基本公共服务供给方的监督，实现基本公共服务共建共治共享。二要创新基本公共服务群众需求和利益表达机制。加强社会协同，解决基本公共服务供给的行政化和回应性问题，使人民群众的需求及其优先次序通过恰当的机制充分表达出来，成为政府决策的参考依据和行动目标，实现基本公共服务供给与需求有效对接。三要创新城乡基层社区协商制度。在社区公共事务、群众共同关心的涉及切身利益的重大事项上，建立群众参与、表达、对话的机制，通过平等对话、共同商讨、公开审议，切实维护城乡居民的合理诉求和合法权益。四要创新社会矛盾有效调处化解机制。注重群众调解组织网络和调解队伍建设，加强村（居）规民约建设，完善基层人民调解工作机制和多元纠

纷解决机制。五要创新基层社会治理方法手段。推进现代科技与社会治理的深度融合，开设手机微信热线等，将群众诉求与建言献策结合，畅通群众诉求新渠道，推进现代化、智能化治理。

参考文献

《前 10 个月山东省一般公共预算收入 5286 亿元》，http：//www. sdcz. gov. cn/Article/ShowInfo. jsp？ aid = 21990。

《全省卫生健康事业在新起点上实现新的跨越》，http：//www. sdwsjs. gov. cn/xwzx/xwtt/201706/t20170608_ 73737. html。

山东省发展和改革委员会：《山东县域义务教育全面实现均衡发展》，http：//www. sdfgw. gov. cn/art/2017/11/20/art_ 450_ 298599. html。

"满足人民新期待，保障改善民生" 记者招待会，http：//cpc. people. com. cn/19th/GB/414745/414855/index. html。

姜洋：《2017 山东 13 件文化惠民实事基本完成，第三方中介评价为良》，http：//sd. dzwww. com/sdnews/201712/t20171228_ 1684429。

张丽：《让文化走进生活——"首届山东文化惠民消费季" 百姓考察纪实》，《人民政协报》2017 年 12 月 11 日，http：//www. sdwht. gov. cn/html/2017/xwsd _ 1211/44888. html。

邢飞龙：《中央第三环保督察组向山东省反馈督察情况》，《中国环境报》2017 年 12 月 27 日。

山东省统计局综合处：《10 月份山东经济继续保持平稳向好发展态势》，http：//www. stats - sd. gov. cn/art/2017/11/21/art_ 303_ 199861. html。

王若兵、孙丽丽：《山东打造共建共治共享的社会治理格局》，《人民公安报》2017 年 12 月 15 日，http：//www. mps. gov. cn/n2255079/n4242954/n4841045/n4841055/c5947058/content. html。

分 报 告

Topical Reports

B.2 2017年山东省就业形势分析及2018年趋势预测

陈建伟*

摘　要： 党的十八大以来，山东省委、省政府围绕促进就业、鼓励创业，深入实施就业优先战略行动，全省就业形势保持基本稳定，就业工作取得较大成绩。但人口老龄化的不断加剧，造成山东劳动力无限供给局面逐渐消失，劳动人口年龄结构老化问题较为突出。同时，在推动新旧动能转换重大工程的过程中，山东的劳动力素质有待进一步提升，农村新业态新模式也亟待壮大。本文利用历年的政府统计年鉴和2017年山东社会科学院山东省经济社会综合调查数据，从劳动力供求状况、劳动力素质状况、工作环境和保障、农村就业和生产经营等方面分析了山东省近年来的就业形势和未来趋势，最后

* 陈建伟，社会学博士，山东社会科学院省情与社会发展研究院助理研究员。主要研究领域：社会分层与流动、就业与工作质量。

对加强山东的就业工作提出了一些意见和建议。

关键词： 劳动力供求　人力资本　工作环境和保障　农村就业

就业是民生之本，也是经济最好的底色。山东积极贯彻落实党中央、国务院关于就业创业工作的一系列部署要求，围绕促进就业、鼓励创业，实施就业优先战略行动，近年来就业形势基本稳定，新增就业人员数量稳中有升。高校毕业生、过剩产能行业职工、农民工等重点群体就业工作不断推进，创业扶持和职业技能培训取得积极成效。但是，随着人口老龄化的加剧，山东就业人口增速持续下降，劳动力无限供给的局面逐渐消失，同时，劳动力素质与推动经济转型升级和新旧动能转换的需要之间还有较大差距。本文利用历年的政府统计年鉴和2017年山东社会科学院山东省经济社会综合调查数据，从劳动力供求状况、劳动力素质状况、工作环境和保障、农村就业和生产经营等方面分析了山东省近年来的就业形势和未来趋势，最后对加强山东的就业工作提出了一些意见建议。

一　山东省就业工作的基本情况

2013年以来，围绕促进就业、鼓励创业，山东省先后出台了《关于促进创业带动就业的意见》（鲁政办发〔2013〕25号）、《关于进一步做好新形势下就业创业工作的意见》（鲁政发〔2015〕21号）、《关于印发山东省实施就业优先战略行动方案的通知》（鲁政办发〔2015〕37号），2017年又出台了《关于助推新旧动能转换做好当前和今后一个时期就业创业工作的意见》（鲁政发〔2017〕27号），政策含金量走在全国前列。目前，山东省已经形成了“1+8”就业创业政策体系。“1”是2004年颁布实施、2009年修订完善的《山东省就业促进条例》。该条例通过法制化的手段，明确了各级政府、公共就业服务机构和相关部门促进就业责任，规定了就业支持、创业扶持、就业服务、就业援助、教育和培训等方面的具体要求，为做好就业工作提供了法治保障，也为制定完善就业政策提供了法律依据。“8”指的是8方面政策，包括公平就业政策、基层就业政策、就业援助政策、创业扶持政策、职业培训政策、预防失业政策、公共服务政策和资金管理政策等。

在促进公平就业方面，针对国有企业招聘存在的问题，出台《关于进一步规范国有企业招聘行为的意见》《关于做好国有企业招聘信息公开的通知》，将公开招聘作为国有企业进人的主要渠道，严格落实回避制度，实行信息公开、过程公开、结果公开，强化监督检查，有效规范了国有企业招聘行为。在基层就业方面，有关部门组织实施“三支一扶”计划、“社区就业计划”，每年招募2500名左右高校毕业生到基层社区服务。在就业援助方面，规定对招用就业困难人员的小微企业、灵活就业的就业困难人员，给予最长不超过5年的社会保险补贴。对公益性岗位安置或单位招用的就业困难人员，给予一定岗位补贴。在创业扶持方面，制定出台了《山东省实施大学生创业孵化基地和大学生创业园区项目管理办法》《山东省实施创业孵化基地和创业园区项目管理办法》《山东省实施省级留学人员创新创业示范园项目认定和管理暂行办法》，每年组织一次评估认定，被认定为省级示范的，给予300万元至500万元的资金补助，分两年拨付到位。目前，山东省省级示范平台达到161家。在职业培训方面，探索建立创业大学，开展省级示范创业大学评估认定，符合条件的，给予最高300万元的奖补。目前，山东省17市均已建成创业大学，认定了11家省级示范创业大学。在预防失业方面，制定出台了《山东省失业动态监测工作实施方案》《山东省失业预测预警工作实施方案》《山东省失业调控应急工作实施方案》，在全国率先建立起失业动态监测、预测预警、预防调控“三位一体”的工作机制。在公共服务方面，允许各市在就业资金中专门拿出一块，作为就业创业服务补助，用于加强服务能力建设，向社会购买基本就业创业服务成果。在支持人力资源服务业方面，每年安排2000万元，培育人力资源服务机构，支持建设人力资源服务产业园，实现与公共服务互补，提升全域就业服务能力。在资金管理政策方面，出台了《山东省就业补助资金管理暂行办法》《山东省创业带动就业扶持资金管理暂行办法》，规范资金的申领发放流程，明确资金管理责任，扎紧资金使用的笼子，防范资金使用风险。

推动实施就业优先战略，关键在于将市场就业导向、经济转型升级需求和劳动者就业创业意愿有机结合起来，推动就业发展动力转换、就业增长方式转型和就业体制机制创新。目前，山东已建立了省市县三级就业和农民工工作联席会议制度、就业目标责任考核制度，强化各级政府的促进就业责任，凝聚各部门工作合力。在中央和省委、省政府坚强领导下，山东省的就业工作充分发扬创新精神，努力走在全国前列。在全国首创“创业大学”培训模式，整合创业教育、创业培训、创业实训、创业服务，培养创业创新人才。在全国首创“就业扶贫车间”模式，促进贫困人口就地就近就业，累计吸纳10万余贫困人口就业，就业扶贫做法入选中央政治局集体学习典型案例。健全完善省、市、县、乡、社区五级公共就业服务体系，深入开展满意服务、精准服务、品牌服务、标准服务、智慧服务，打造“半小时就业服务圈”。探索就业大数据分析利用，推动政策实施、就业管理、招聘服务全程信息化。

当前，山东各级政府和有关部门正按照就业优先战略行动方案，努力实现就业与全面深化改革互动融合、与产业转型升级互动融合、与企业发展互动融合、与新型城镇化互动融合、与创业创新互动融合、与人才培养互动融合、与信息化互动融合。因此，客观准确地分析山东目前的劳动力市场状况和未来发展变化趋势，对于科学制定就业政策具有重要意义。

二　劳动力供求状况

（一）劳动力供给

随着我国经济社会发展进入新常态，劳动力市场供求状况也在发生深刻变化。从经济活动人口数量上观察山东的劳动力供给状况可以发现，2000年以来，山东省的经济活动人口和就业人口持续增长，其中经济活动人口从5533万增加到6775万，年均增长1.4%，就业人口从5441万，增加到6647万，年均增长1.38%。但从增长速度来看，在经历了大概7年的逐年上升之后，从2007年开始，经济活动人口和就业人口的增长速度逐年下降。近4年来就业人口增长速度更是降低到0.5%以下（2016年山东增速为0.3%，同期全国平均增速为0.2%）。随着人口老龄化的加剧，人口红利逐渐减少，预计山东的就业人口增速仍会持续降低（见图1）。

除了经济活动人口总量变化之外，劳动力供给局面发生变化的另外一个重要标志就是劳动人口年龄结构的变化。山东是较早进入人口老龄化阶段的省份

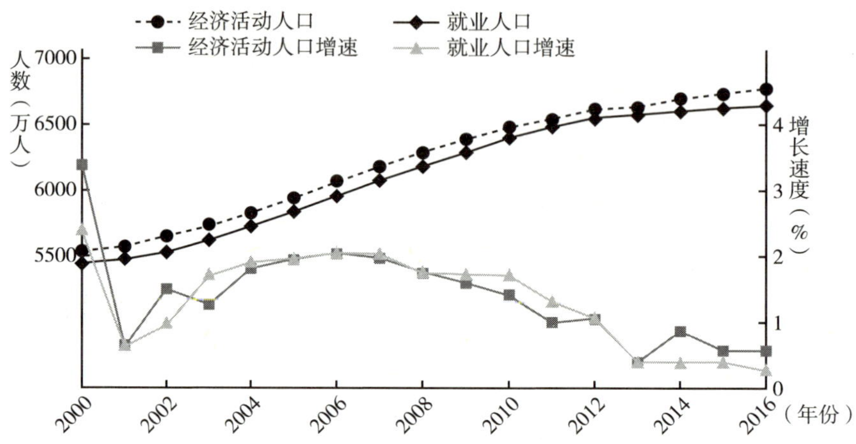

图1　山东省经济活动人口和就业人口增长情况（2000～2016年）

之一，人口老龄化的发展对就业人员年龄结构的影响已经显现（见图2）。从调查数据来看，有工作的人平均年龄为50.2岁，没有工作的人平均年龄为59岁，此外，有工作但目前处在临时停工、歇业状态的人平均年龄为45.2岁。在有工作的人中，45岁以下劳动力占33%，45岁及以上劳动力占67%，中老年劳动力所占比重远高于全国平均水平（根据一些研究，2014年我国45岁及以上的中老年劳动力占比接近40%，参见许召元、胡翠，2017：100）。分城乡来看，城镇有工作的人中，45岁以下劳动力占46.8%，45岁及以上劳动力占53.2%；农村有工作的人中，45岁以下劳动力占21.6%，45岁及以上劳动力占78.4%，这个结果与根据第六次人口普查的估算是基本一致的（蔡昉，2017：159）。在退休年龄后继续从事有酬工作的比例方面，在农村，55岁之后仍然从事有酬工作的占51%，60岁之后仍然从事有酬工作的占38%，城镇中的这两个比例分别仅为23%和14%。从这些数据来看，农村的就业人员年龄结构老化问题已然非常严重。

新增就业人员数及其来源结构在一定程度上能够反映劳动力供给的变化趋势和劳动力的世代更替模式。从2005年以来，山东城镇累计新增就业人数年均114.5万人，除2009年、2014年和2015年等个别年份外，新增就业人员数量保持了稳中有升的势头。而在同一时期，山东普通高等学校年均毕业生人数为41.7万，在不考虑就业率的情况下，高校毕业生占每年新增就业人员

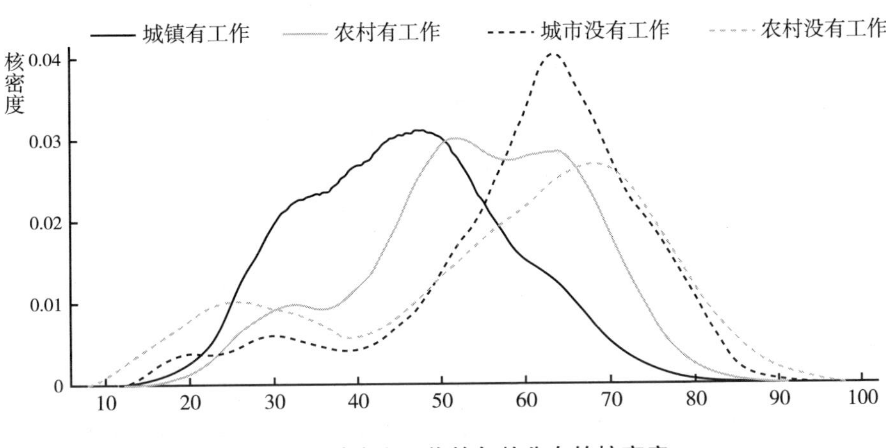

图 2　分城乡和工作的年龄分布的核密度

数的比例从 21% 上升到 42%。根据 2010 年以来山东省非师范类高校毕业生总体就业率计算（不考虑在外省市就业和继续升学等情况），山东省普通高校毕业生占每年新增就业人员数的比重从 2010 年的 32.7% 上升到了 2016 年的 39.5%，年均增长 0.97 个百分点（见表 1）。虽然目前没有关于山东历年新增农民工数量的准确数据，但可以预计，山东新增农民工占每年新增就业人员数的比重仍高于高校毕业生的所占比重。由此观之，山东新增就业人员的来源结构要从以农民工为主转向以高校毕业生为主的格局，还有较长的一段道路要走。

表 1　山东普通高校毕业生占新增就业人员比重（2010～2016 年）

年份	城镇新增就业人员数(万人)	普通高校毕业生数(万人)	高校毕业生总体就业率(%)	毕业生占新增就业人员比重(%)
2010	115.3	44.4	85.0	32.7
2011	118.7	47.3	86.6	34.5
2012	119.9	47.4	88.7	35.1
2013	120.0	47.6	90.2	35.7
2014	118.5	46.4	91.4	35.8
2015	116.8	47.4	92.4	37.5
2016	121.0	50.9	93.8	39.5

最后，从失业人员情况来看，2000 年以来，山东的登记失业率长期维持在 3.4% 的平均水平上。一些学者认为，由于很多失业人员不去相关部门登记等原因，登记失业率并不能准确地反映失业状况。国家统计局从 2005 年开始统计的城镇调查失业率还没有正式使用，也不对外发布。但通常来说，调查失业率会比登记失业率高 1 个百分点左右。2017 年山东社会科学院山东省经济社会综合调查询问了被访者目前的工作状况。在该次调查的全部 2957 个被调查对象中，有工作的人占 54%，没有工作的人占 44%，有工作但目前临时停工、歇业的占 2%。在没有工作的最主要原因中，离休或退休占 39%，料理家务占 16%，丧失劳动能力占 14%，因本人原因离职占 12%，承包土地被征用占 5%，其他占 14%。总体来看，在没有工作的人中，排除离退休和正在上学等年龄因素，由于非年龄因素（指未到退休年龄）而导致的没有工作者大概占目前没有工作者总人数的 58% 左右。在回答因丧失劳动能力而没有工作的人中，有部分可能是因为年龄偏大造成的，如果将这部分人计入年龄因素，则保守估计非年龄因素而导致的没有工作者占目前没有工作者总人数的 44% 左右。这部分人群存在摩擦性失业、临时性失业等各种不同情况，如何分类施策，提高就业参与率，挖掘劳动供给潜力，是我们面临的一个重要课题。

（二）劳动力需求

随着产业结构的调整和劳动生产率的提高，劳动力的需求结构也在发生变化。山东历来是农业大省，第一产业就业人数长期居于高位。改革开放以来，山东农村劳动力持续向第二产业和第三产业转移。但直到 2012 年，山东第二产业就业人数才首次超过第一产业就业人数，到 2013 年，第三产业就业人数首次超过第一产业就业人数。目前，山东三次产业的就业人数各占到总就业人数的 1/3 左右。与同期的全国平均值相比较，山东的第二产业就业比重相对较高，第三产业就业比重相对较低。2015 年全国的第二产业就业比重为 29.3%，山东为 35.2%，比全国平均值高 5.9 个百分点；全国的第三产业就业比重为 43.5%，而山东只有 35.2%，比全国平均值低 8.3 个百分点。另外，从增速上来看，虽然山东第二产业和第三产业的就业比重都在上升，但第二产业就业比重在经过一段时间的减速后，从 2015 年开始提升，而第三产业就业比重的增速则在近 4 年里持续回落。

从2008年至今，山东第二产业和第三产业的就业比重一直在上升，其中第二产业就业比重提高3.6个百分点，累计增长382.5万人，第三产业就业比重提高了4.2个百分点，累计增长412.7万人。根据历年的地区生产总值（2010年不变价）和就业人口数据，可以计算出亿元GDP新增就业人数，这一指标反映了经济增长对就业的带动作用。从结果看，2000年至今，山东第二产业和第三产业的亿元GDP新增就业总体上呈先上升后下降的态势。第二产业亿元GDP新增就业从2002年开始上升到1000人左右，但在2006年下降到486人，在经过2007年的短暂回升之后，就一直维持在300人左右的规模。第三产业亿元GDP新增就业的趋势性变化更加明显，从2001年到2003年的4年间，一直维持上升态势，但从2004年开始下降，尤其是2006年之后，第三产业亿元产值新增就业人数下降到500人左右，并在此后基本维持在该规模（见图3）。

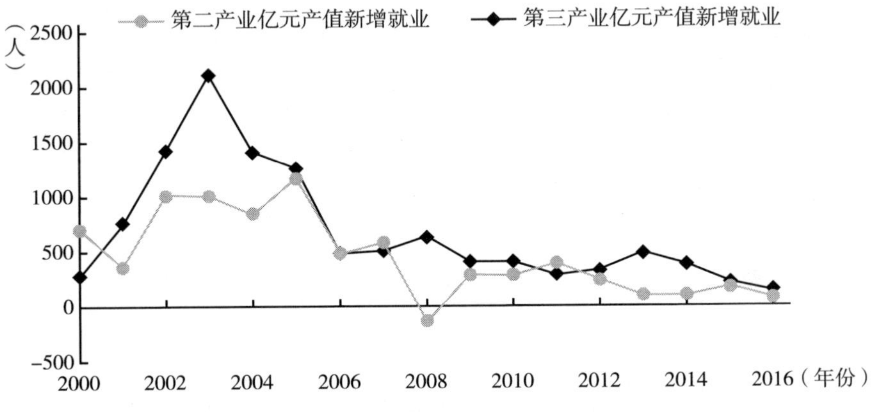

图3　山东省二、三产业亿元产值新增就业人数（2000～2016年）

通过分析第二产业和第三产业亿元GDP新增就业之间的关系，并与同期的全国平均值进行比较，可以看出山东经济增长对就业带动效应的几个特点。首先，第二产业和第三产业的亿元GDP新增就业人数之间的关系在不同时期具有不同表现。在2008年之前，第二产业和第三产业的亿元GDP新增就业人数之间总体呈同消同涨的正相关关系，但从2008年开始则呈此消彼长的负相关关系。2008年受国际金融危机影响，第二产业亿元GDP新增就业数大幅下降为负151人，第三产业亿元GDP新增就业数此时抬升，在创造就业机会上发挥了积极作用。从 2012 年到 2016 年，第二产业亿元 GDP 新增就业人数先下降后逐步上升，而同期的第三产业亿元 GDP 新增就业人数则是先上升后逐步下降，两者之间此消彼长的关系非常明显。而且，与 2008 年至今的全国同期平均值比较，山东第二产业和第三产业亿元 GDP 新增就业之间的负相关关系更加突出。在此期间，全国第二产业和第三产业亿元 GDP 新增就业的相关系数为 -0.57，而山东第二产业和第三产业亿元 GDP 新增就业的相关系数为 -0.74。这在一定程度上说明，山东第二产业和第三产业在吸纳就业方面存在较强的替代性。

其次，与全国平均值比较，山东第二产业对就业的带动效用相对较强，而第三产业对就业的带动效应相对较弱。虽然除个别年份外，山东第三产业亿元 GDP 新增就业数一直高于第二产业亿元 GDP 新增就业数，但两者的差距相对于全国平均值来说并不太大。从 2011 年至今（除了 2012 年之外），山东第二产业亿元 GDP 新增就业数远高于同期的全国平均值，从 2013 年开始，全国第二产业亿元 GDP 新增就业数出现负增长，而同期的山东第二产业亿元 GDP 新增就业数仍为正增长，并从 2015 年开始出现上升态势。在同一时期，虽然山东第三产业亿元 GDP 新增就业数一直保持正增长，但其数值仅仅是全国平均值的 30% 到 50%，不仅远低于同期的全国平均值，并且与后者的差距越来越大（见表 2）。这些数据一方面说明山东第二产业对就业的带动作用仍然较为强劲，另一方面也说明第三产业对就业的带动作用仍有很大的潜力可挖。

表 2　山东省二、三产业亿元 GDP 新增就业人数与全国平均值比较

单位：人

年份	山东省二产亿元 GDP 新增就业	全国二产亿元 GDP 新增就业	山东省三产亿元 GDP 新增就业	全国三产亿元 GDP 新增就业
2011	398	343	286	550
2012	239	393	337	255
2013	91	-39	499	1089
2014	90	-39	380	949
2015	187	-246	213	716
2016	72	-199	138	433

注：表中全国平均值引自许召元、胡翠，2017：102。

三　劳动力素质状况

在研究劳动力供给变化时，除了要考虑总量维度之外，还有考虑质量维度，后者实际就是劳动力供给中的人力资本因素。在劳动年龄人口日益老龄化、劳动力供给增速逐渐减缓的趋势下，如何提高劳动力的人力资本，将是挖掘第二次人口红利的重要手段。一般认为，人力资本主要由正规学校教育和工作经验两部分构成，本节根据相关统计资料和调查数据对这两个方面依次进行论述。

（一）受教育程度

随着 1999 年教育部出台《面向 21 世纪教育振兴行动计划》，史无前例的高校扩招在我国迅速地形成了高等教育大众化的局面。山东的高等教育也开始了大发展。从 2001 年开始，山东的普通高校毕业生人数迅速增加，2001 年至 2016 年，山东普通高等教育毕业生年均增速为 16.6%（见图 4），高于同期 14.6% 的全国平均增速水平。

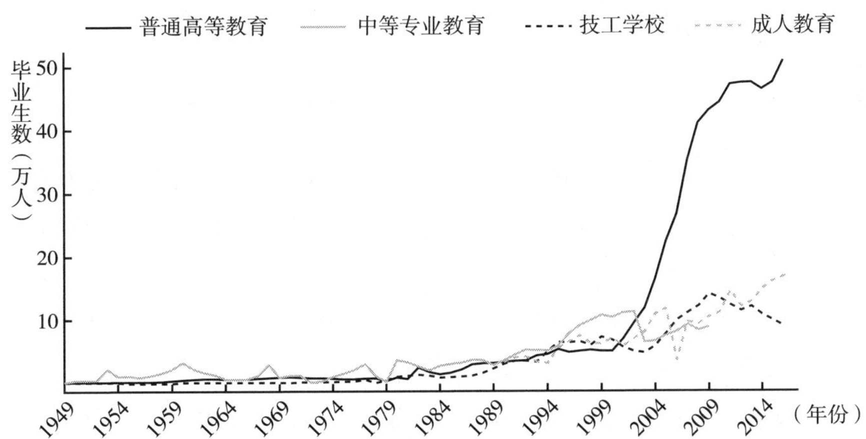

图 4　山东省普通高等教育、中等专业教育、技工学校和成人教育毕业生人数

除了普通高等教育之外，山东技工学校教育和成人高等教育的毕业生人数较之前都有很大增加。其中，自 2001 年以来，技工学校毕业生数从 5.5 万增加到8.9万，年均增速2.9%，成人高等教育毕业生数从5.7万增加到16.7万，年均增速14.5%。普通高等教育和各类职业教育的快速发展，极大地提高了全社会的平均受教育水平，同时也为企业培养了大量实用性的职业技能人才。

从2017年山东社会科学院山东省经济社会综合调查数据来看，山东有工作者的平均受教育年限为8.07年，大概相当于初中程度。就业者的平均受教育年限与其年龄呈显著负相关，相关系数为-0.53，意味着就业者年龄越大，受教育年限越短，年龄越小，受教育年限越长（见表3）。但从30岁以下年龄组的平均受教育年限来看，山东新增劳动力平均受教育年限不太理想，即使对数据进行加权处理，也还未达到13.3年的全国平均水平。

表3　不同年龄组工作者的平均受教育年限分析

年龄组	均值	标准差	最小值	最大值	25分位数	75分位数
20岁及以下	11.20	1.79	8	12	12	12
21~30岁	11.76	3.52	0	19	9	15
31~40岁	10.99	3.39	0	21	9	14
41~50岁	8.50	3.27	0	27	7	9
51~60岁	7.43	3.23	0	19	6	9
60岁及以上	5.16	3.82	0	15	2	8
总　计	8.07	4.08	0	27	6	10

分职业来看，平均受教育年限最长的是国家机关、党群组织和企事业单位负责人，然后依次是办事人员及相关人员、专业技术人员、商业及服务业人员、生产运输设备操作及服务人员。分行业来看，平均受教育年限从高到低依次是：①房地产业；②金融保险业；③教育业；④科学研究和综合技术服务业；⑤国家机关、党政机关及社会团体；⑥卫生、体育及社会福利业；⑦地质勘探业和水利管理业；⑧交通运输、仓储和邮电通信业；⑨电力、热力、燃气及水生产和供应业；⑩制造业；⑪批发和零售贸易、餐饮业；⑫社会服务业；⑬建筑业；⑭采掘业；⑮农林牧渔业。

根据各行业的就业人口数和平均受教育年限，可以对行业人力资本总量进行估算，即各行业人力资本总量等于就业人数乘以就业者平均受教育年限

（高文书，2016：279）。分行业来看，山东人力资本总量最高的仍是农林牧渔业，其次是制造业、批发零售业、建筑业、住宿和餐饮业等传统工业和服务业，比较而言，金融业、科学研究和技术服务业等现代服务业的人力资本总量相对不足（见图5）。

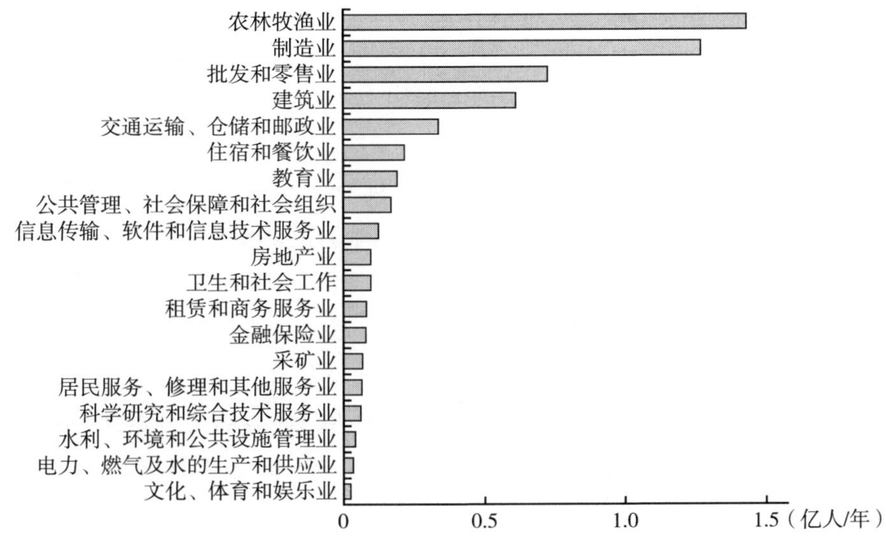

图5　山东省2016年分行业人力资本总量

与2015年相比，2016年各行业人力资本总量的主要变化体现在以下几个方面。第一，农林牧渔业的人力资本总量有所减少，这主要是农业劳动力进一步减少的后果。第二，采矿业的人力资本总量相较于上年减少了1.7%，是人力资本总量减少幅度最大的行业。第三，公共管理、社会服务和社会组织的人力资本总量也有所减少，但幅度较小（0.12%）。第四，除了上述这三个行业之外，其他行业的人力资本总量均有不同幅度的提升，其中增速较快的是水利、环境和公共设施管理业；电力、燃气及水的生产和供应业；科学研究和技术服务业；文化、体育和娱乐业；信息传输、软件和信息技术服务业；居民服务、修理和其他服务业；金融业；房地产业；交通运输、仓储和邮政业；以及卫生和社会工作行业。这些行业的人力资本总量增速均在1.9%以上。第五，值得指出的是，一些传统工业和传统服务业的人力资本增速均在1%以下，其中制造业增速为0.7%、建筑业增速为0.6%、租赁和商务服务业增速为

0.5%、住宿和餐饮业增速为0.2%、批发和零售业增速为0.1%。这些数据在一定程度上反映了山东产业转型升级的成效，即农业劳动力和人力资本总量进一步减少，传统工业和传统服务业的人力资本总量增速缓慢，现代服务业则因为吸引了越来越多的劳动力而加速成长。

（二）技能和培训

劳动者的工作经验是人力资本的重要组成部分，工作经验除了干中学之外，还包括从正式或非正式的在职培训项目中所获得的知识和技能。随着产业转型升级和新旧动能转换工作的推进，工作对劳动者的技能要求会越来越高。2017年山东社会科学院山东省经济社会综合调查中要求工作者对其所从事工作的技能要求进行评价，调查结果发现，自我评价工作需要很高专业技能的占8.7%，需要较高专业技能的占19.7%，需要一些专业技能的占26.2%，半技术半体力的占21.1%，体力劳动占23.9%。也就是说，在全部工作中，除去纯体力劳动，需要满足一定技术要求的工作占76.1%左右。虽然这一结果是被访者对工作技能要求的自我评价，但在一定程度上也说明了纯体力劳动的减少和技能型工作的不断增加。

为了提升劳动者就业创业能力，顺利实现就业创业，山东省采取多项政策措施对就业者进行职业培训。一是职业培训补贴政策。对贫困家庭子女、毕业学年高校毕业生、城乡未继续升学的应届初高中毕业生等8类人员参加培训并取得相应合格证书的，给予补助。对符合条件的企业在职职工参加新型学徒制培训、技师培训、金蓝领培训的，给予最高6000元的补贴。二是职业技能鉴定补贴政策，对通过初次职业技能鉴定并取得相应证书的，给予鉴定补贴。三是落实失业保险支持参保职工提升职业技能补贴政策，最高给予2000元一次性补贴，支持企业职工通过参加培训提高职业技能。根据2016年统计年报数据，截至2016年底，全省共有技工院校194所，年招生人数13.36万，年培训社会人员407689人次。目前省级共有职业技能鉴定所（站）60家，2012年至今，共有557万人参加职业技能鉴定，有501万人获得证书，年均通过率为90.1%。目前，全省的职业技能鉴定人数占全国6%左右，通过率总体上略高于全国平均水平。

根据2017年山东社会科学院山东省经济社会综合调查，在城镇从事非农工作的就业者中，参加过岗前培训的占全部调查者的43.21%，参加过在职培训或继续教育的占全部调查者的37.21%。将岗前培训和在职培训综合起来分析可以发现，在这些就业人员中，没有参加过任何培训的占48.24%，参加过至少一种培训的占51.76%，其中，只参加过岗前培训的占14.53%，只参加过在职培训（继续教育）的占8.65%，而岗前培训和在职培训（继续教育）都参加过的占28.58%（见图6）。这些数字表明，山东劳动者参加职业培训的状况是比较乐观的。

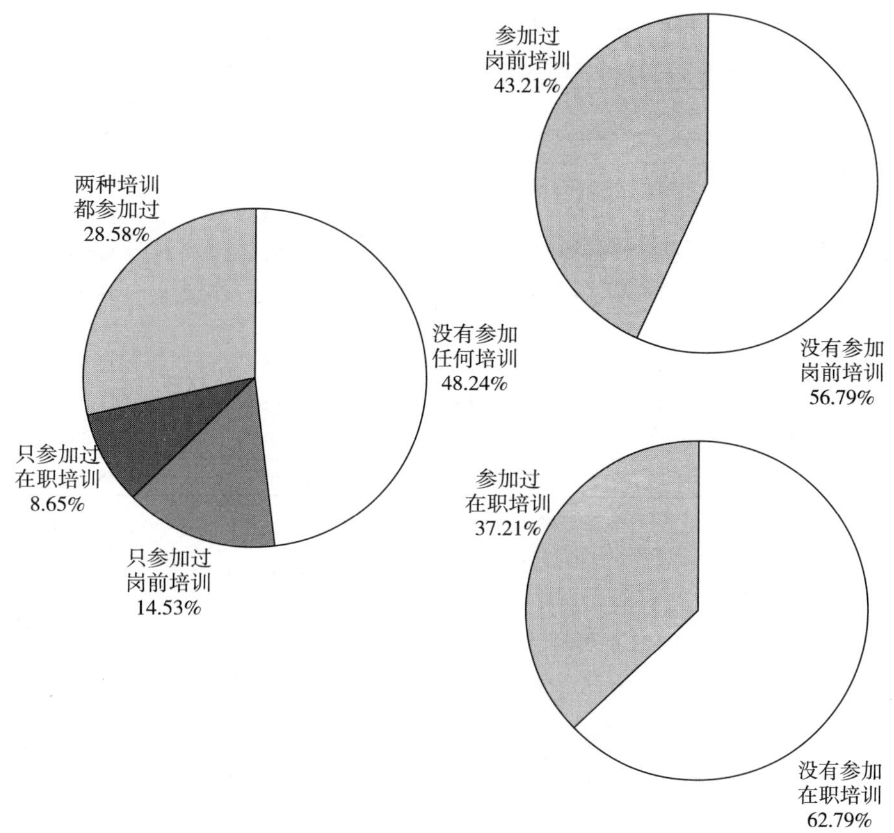

图6　工作者参加岗前培训和在职培训的比例

虽然如此，但通过分析不同年龄组工作者参加职业培训的情况可以发现，工作者的年龄与接受职业培训的机会显著相关，而且两者基本上呈现出一种U

形关系，即年龄越小参加过职业培训的比例越大，随着年龄的增加，接受职业培训的机会逐渐减少，但当年龄到达一定界限之后，受过职业培训的比例又有所增加（见表4）。60岁以上劳动者之所以有相对较高的参加职业培训的比例，在很大程度上是之前政策效应积累的结果，而且这批劳动者很快就会退出劳动力市场。因此更加值得我们注意的是位于U形曲线中间段的那部分人群，随着年龄的增大，这些人力资本不足的中老年劳动力将会更加难以适应劳动力市场对工作技能的要求。

表4　不同年龄组工作者参加职业培训的比例

单位：%

年龄组	没有参加过任何培训	只参加过岗前培训	只参加过在职培训	岗前和在职培训都参加过
10~19岁	40.00	0	0	60.00
20~29岁	27.52	23.49	7.38	41.61
30~39岁	35.79	18.06	11.37	34.78
40~49岁	42.75	16.03	7.12	34.10
50~59岁	58.43	13.86	6.47	21.25
60~69岁	57.91	9.44	9.95	22.70
70~79岁	51.45	9.83	10.98	27.75
80~100岁	57.14	21.43	10.71	10.71
平　均	48.24	14.53	8.65	28.58

注：表中10~19岁和80~100岁年龄组的样本量非常少（分别只有5人和28人）。不过在排除这两组样本后，年龄和职业培训机会之间的关联仍然是显著的。

通过分析表4中的数字可以发现，接受岗前和在职培训比例偏低的工作者集中在40~49岁和50~59岁这两个年龄组，这实际就是传统上所说的就业困难人群。由于这部分人员的受教育水平和技能水平偏低，加上参加职业培训的意愿和能力不足，因此非常容易受到结构性失业和摩擦性失业的冲击。更为严重的是，在供给侧结构性改革中受到较大影响的钢铁、煤炭等行业也集中了很多40岁以上的劳动者，这些人很多都要面临转岗分流。从2016年开始，按照中央和山东省委、省政府要求，山东有关部门积极做好化解钢铁煤炭行业过剩产能企业职工分流安置工作，明确了职工分流安置渠道和保障措施。对所有采取有效措施不裁员、少裁员，稳定就业岗位，依法足额缴纳失业保险费的企业，按照企业及职工上年度实际缴纳失业保险费总额，分别给予30%～70%的稳岗补贴。应该认识到，城镇就业困难人群的自然性失业是一个需要长期面对的问题，政府应继续采取有效措施加以应对。

四　工作环境和保障

（一）工作环境和工作质量

工作满意度反映了工作者对客观工作环境特征的评价。2017年山东社会科学院山东省经济社会综合调查涵盖了工作者对工作环境、劳动强度、工作安全性、工作稳定性、工资收入、与同事关系、与领导关系、晋升发展前途和个人能力发挥等9个方面的满意度情况。数据分析结果显示，满意度最高的是与同事的关系和与领导的关系，然后依次是对工作安全性、工作环境、工作稳定性、个人能力发挥和劳动强度的满意度，而对工资收入和晋升发展前途的满意度最低（见图7）。

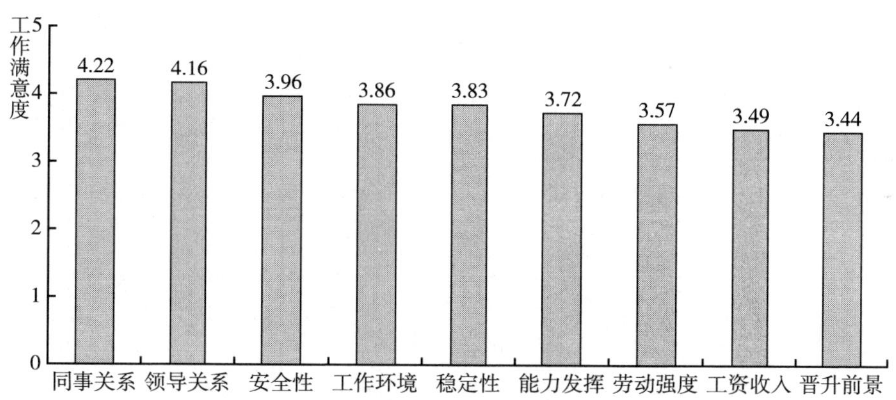

图7　工作满意度的几个方面及其排序

测量工作满意度的9个变量之间的Cronbach的α信度系数为0.89，这意味着我们可以通过原始变量加总的方式来构建一个综合的工作满意度变量。通过方差分析（ANOVA）发现，工作满意度在城乡、雇佣状况、劳动合同类型、单位所有制性质等之间均存在显著差异，而年龄、性别、教育程度、职业、行业之间的差异并不显著（见表5）。通过进一步的回归分析可以发现，在雇佣状况变量中，主要是零工和散工的工作满意度比较低；在劳动合同类型变量中，主要是编制内不需要签订劳动合同者的工作满意度比较高；在单位所有制类型变量中，主要是私有或民营企业单位的工作满意度比较低（见图8）。总的来看，在非公经济中的就业人员和临时务工人员的工作满意度较低，体制内就业人员的工作满意度相对较高，这说明组织因素对工作满意度的影响非常显著。

表5　不同变量对工作满意度影响的方差分析（ANOVA）

		均值	标准差	样本量	方差检验
城乡	城镇	34.78	6.31	1141	F = 20.61 Sig. = 0.0000
	农村	33.13	5.99	393	
雇佣状况	雇员或工薪收入者	35.13	6.04	1196	F = 28.53 Sig. = 0.0000
	零工、散工	30.06	6.08	234	
	雇主、老板	35.20	5.53	10	
	自营劳动者	35.48	5.06	58	
	家庭帮工	35.77	5.64	13	
	其他	33.75	5.94	20	
劳动合同类型	固定期限合同	34.87	5.97	438	F = 11.88 Sig. = 0.0000
	无固定期限合同	34.59	5.77	167	
	试用期合同	34.50	7.08	14	
	其他合同	31.50	6.36	2	
	没有签订合同	33.34	6.40	720	
	编制内不需签合同	37.14	5.88	176	
所有制性质	国有	35.89	6.09	470	F = 22.86 Sig. = 0.0000
	集体	35.93	5.60	322	
	私有、民营	32.50	6.07	618	
	港澳台资	31.33	4.51	3	
	外资	34.86	4.49	21	
	其他	34.02	6.27	63	

（二）劳动关系和劳动争议处理

劳动合同是保障劳动者权益的重要法律依据。从劳动合同的签订情况看，2010年以来，山东企业职工劳动合同签订率逐年提高，截至2016年底，全省企业职工劳动合同签订率达到93.5%。职工只占城镇就业人员的一部分，要

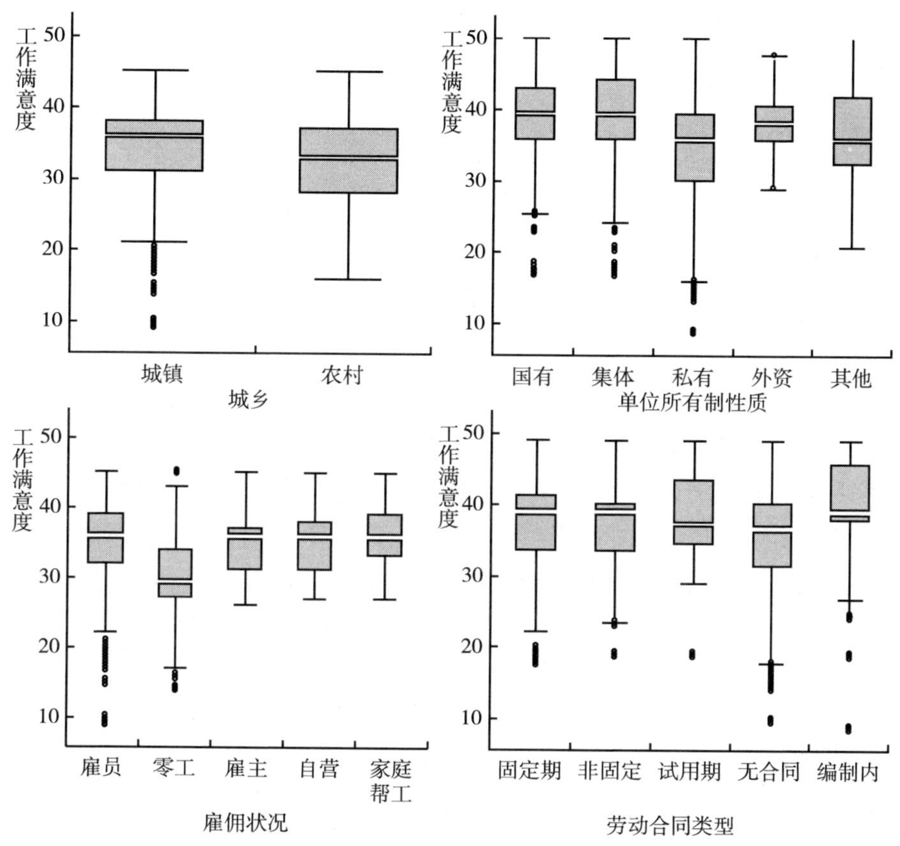

图8　城乡、单位所有制性质、雇佣状况和劳动合同类型对工作满意度的影响

想全面了解劳动合同签订率情况，还需要把城镇私营个体就业人员纳入进来。根据2017年山东社会科学院山东省经济社会综合调查相关数据可以计算，在山东的城镇就业人员中，签订了劳动合同的占39.2%，没有签订劳动合同的占34.1%，不需要签订劳动合同的占26.7%（见表6）。劳动合同签订率稍低于2016年中国民生指数调查数据所得出的签订率，没有签订劳动合同的比例相较于全国平均值低3.2个百分点，而不需要签订劳动合同者所占比例相较全国平均值高出了近4个百分点（许召元、胡翠，2017：105）。

通过分析可以发现，企业和单位的所有制性质对劳动合同的签订率具有显著影响。其中，外资企业的劳动合同签订率最高，然后依次是国有或国有控股

表 6 城镇就业人员的劳动合同签订情况（2017 年）

劳动合同签订情况	山东		全国	
	样本数	比例(%)	样本数	比例(%)
签订了劳动合同	528	39.23	3223	40.0
没有签订劳动合同	459	34.10	3003	37.3
不需要签订劳动合同	359	26.67	1824	22.7
合　计	1346	100	8050	100

注：①表中不需要签订劳动合同者，既包括公务员或事业单位编内人员，也包括雇主/老板或个体工商户等自营劳动者；②表中全国的数据来自 2016 年中国民生指数调查，且调查范围仅限于二、三产业，参见许召元、胡翠，2017：105。

企业/单位、集体所有或集体控股企业/单位，最后是私有或民营企业。而在没有签订劳动合同的比例方面，最高的是集体所有或集体控股企业/单位，其次是私有或民营企业，再次是国有或国有控股企业/单位，最后是外资企业（见图 9）。（由于港澳台资或控股企业的样本量很少，所以这里不做分析。）

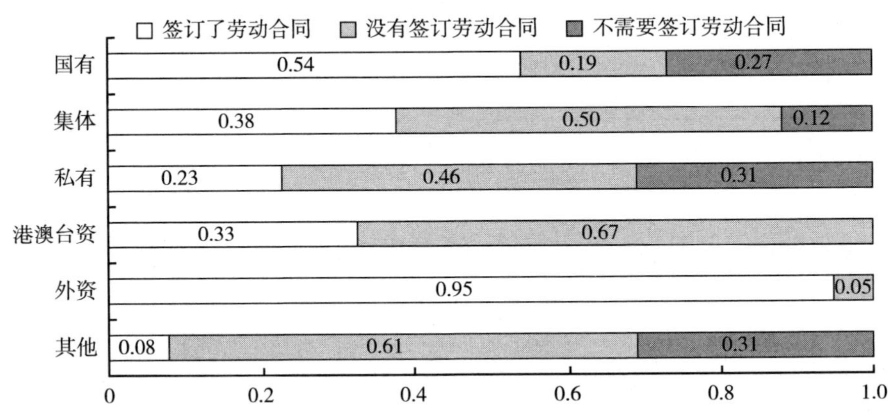

图 9 不同单位所有制性质的劳动合同签订情况比较

很长一段时间内，由于户籍制度的限制和劳动力市场制度的不健全，农民工和部分弱势就业群体的权益长期得不到有效保护。随着劳动力市场供求关系的变化，劳动关系也在发生急剧变化。工人改善工资和工作条件的要求提高，维权意识增强，局部劳资冲突不可避免（蔡昉，2017：96）。在新形势下，必须着手建立健全劳动力市场制度，充分发挥劳动争议调解仲裁作用。通过 2017 年山东社会科学院山东省经济社会综合调查数据来看，山东在劳动争议发生率方面的表现尚可。在被访者过去2年内遇到的劳动争议中，出现比较多的劳动争议是超时加班和劳动报酬不合理，分别占18%和14%，其次是拖欠工资和工作环境恶劣，均占8%，最后是工伤，占4%。在回答遇到过劳动争议的被访者中，平均有34%得到了解决，其中争议解决率最高的是工伤，有一半的工伤争议得到解决，然后依次是拖欠工资、超时加班、劳动报酬不合理和工作环境恶劣（见表7）。

表7　过去2年内遇到的劳动争议及其解决情况

单位：%

劳动争议	没有遇到过	遇到过	解决了	没有解决
劳动报酬不合理	86	14	28	72
拖欠工资	92	8	36	64
工作环境恶劣	92	8	23	77
超时加班	82	18	34	66
工伤	96	4	50	50

对劳动争议与相关结构变量进行关联度分析可以发现：①劳动报酬不合理与城乡、雇佣状况、劳动合同类型、职业类型以及技能水平显著相关；②超时加班与劳动力年龄、城乡、劳动合同类型、行业类型以及单位所有制性质等显著相关；③拖欠工资与城乡、雇佣状况、劳动合同类型、行业类型、单位所有制性质以及技能水平显著相关；④工作环境恶劣与城乡、教育程度、雇佣状况、劳动合同类型、职业类型、行业类型、单位类型、单位所有制性质以及技能水平显著相关；⑤工伤争议与教育程度、职业类型、行业类型、单位类型、单位所有制性质等显著相关。总体来看，城乡、雇佣状况、劳动合同类型和单位所有制性质等变量对于劳动争议的出现而言具有普遍性影响。

山东省委、省政府高度重视劳动争议调解和工作环境改善工作。2017年7月省人大常委会出台了《山东省劳动人事争议调解仲裁条例》，启动调解仲裁地方标准制定工作，完善多元化解矛盾纠纷工作机制。2017年前三季度，全省各级劳动人事争议调解仲裁机构共处理争议约7万件。其中，各类调解组织受理及仲裁机构案外调解争议约2.2万件，仲裁机构处理争议约4.8万件，为劳动者和用人单位挽回经济损失约13.3亿元，切实维护了争议双方当事人合法权益。除贯彻落实劳动争议调解仲裁制度外，山东还重点加强了两个方面的工作。一是大力推进同工同酬。山东重点聚焦劳务派遣用工单位、机关事业单位和农民工，组织开展了规范劳务派遣专项活动、中央省属重点企业落实同工同酬原则情况检查、实施农民工权益保障三年行动计划，制定出台了《关于维护机关事业单位未纳入正式职工管理人员劳动保障权益的通知》《改革劳动报酬制度保障农民工同工同酬实施方案》。《关于维护机关事业单位未纳入正式职工管理人员劳动保障权益的通知》是全国第一份明确提出保护机关事业单位未纳入正式职工管理人员劳动保障权益的文件。二是加大劳动监察执法力度。重点加大拖欠农民工工资治理力度，将治理拖欠农民工工资问题纳入省就业和农民工工作联席会议统一管理，制定出台山东省《治欠保支三年行动计划（2017—2019)》，建立防范拖欠农民工工资目标责任书制度，完善欠薪应急周转金制度，全面推行农民工工资支付银行卡制度，规范建设劳务用工管理，建立健全政府负责人牵头工作协调机制，力争到2020年实现农民工工资基本无拖欠。

（三）就业困难人群保障

根据《山东省就业促进条例》，目前山东就业困难人员分为9类：一是女性40周岁、男性50周岁以上的人员；二是城镇零就业家庭成员；三是农村零转移就业贫困家庭成员；四是抚养未成年子女的单亲家庭成员；五是享受最低生活保障人员；六是持有《中华人民共和国残疾人证》人员；七是连续失业一年以上的人员；八是因失去土地等原因难以实现就业的人员。以上八类人员办理登记失业，纳入就业困难群体，由政府提供就业援助。另外，设区的市人民政府规定的其他人员也可以纳入就业困难群体。近年来，山东制定多项政策措施，对40岁、50岁等就业困难人群进行多种渠道的重点帮助。对招用就业困难人员的小微企业、灵活就业的就业困难人员，给予最长不超过5年的社会保险补贴。对公益性岗位安置或单位招用的就业困难人员，给予一定岗位补贴。此外，政府还为就业困难群体提供职业培训补贴和职业技能鉴定补贴，以及免费职业介绍和职业指导等。

在预防失业风险方面，山东积极发挥失业保险作用，加强失业动态监测。根据2017年山东社会科学院山东省经济社会综合调查，在山东目前无业、失业或待业者中，平均失业时长为9.5年。在失业期间领取过失业保险金的占7.6%。被访者的年龄与失业时长呈正相关（相关系数为0.37），男性和女性的失业时长没有显著差异。被访者不同的教育程度也对应着不同的失业时长，但是各教育程度内部的差异性较大，无法满足等方差假定，因此在统计上还不能确认教育程度和失业时长之间的关系（见表8）。在失业者中，目前在找工作的占11.1%，准备自己创业的占2.4%，没有找工作也不打算自己创业的占86.5%。此外，在求职方式方面，对于被访者获得工作帮助最大的依次是找朋友或亲戚帮忙（48.2%）、参加用人单位招聘或招考（24.2%）、找职业介绍机构（11.3%）、参加人才招聘会（7.1%）、利用网络及其他媒体求职（5.4%）。

表8　不同教育程度失业者的占比和平均失业时长

教育程度	样本数(人)	占比(%)	平均失业时长(年)
文盲	93	15.9	11.6
小学	112	19.1	11.9
初中	280	47.8	9.3
高中或中专	75	12.8	6.6
大学本专科	25	4.3	4.6
研究生及以上	1	0.2	1
合　计	586	100	9.5

近几年，山东积极实施创业扶持政策，每年实现创业近50万人，带动就业130多万人，创业成为促进就业的新引擎。山东的创业扶持政策主要包括鼓励支持自主创业政策、创业担保贷款政策、创业示范平台奖补政策、创业先进典型奖补政策等。在公共服务方面，山东省允许各市在就业资金中专门拿出一块，作为就业创业服务补助，用于加强服务能力建设，向社会购买基本就业创业服务成果。根据2017年山东社会科学院山东省经济社会综合调查，在创业政策和服务方面，被访者认为最重要的是创业培训与指导（27.5%），然后依次是政府支持的优惠金融贷款（22.1%）、政策法律咨询服务（13.6%）、各类创业补贴（13.6%）、税收减免（9.3%）、创业项目推介（7.4%）、其他费用减免（4.3%）和创业孵化服务（1.9%）。

五　农村就业和生产经营

（一）生产经营情况

根据最新统计年鉴，2016 年底山东省第一产业就业人员数为 1935.1 万人，占总就业人员的比例高达 29.1%。虽然根据一些学者的意见，这一比例存在某种程度的高估（比实际比例高 10%左右），但不可否认的是，“三农”问题在今后相当长一段时间内仍极大地关系着全省经济社会发展的大局。山东省第十一次党代会提出要积极构建现代农业产业体系、生产体系、经营体系，加快培育农业农村发展新动能，不断提高农业现代化水平。做大做强新型农业经营主体、培育新型职业农民是山东推进农业现代化的必然要求。

根据 2017 年山东社会科学院山东省经济社会综合调查，在传统种养殖业生产方面，从事粮食作物种植的占 66%，从事经济作物种植的占 24%，从事渔业/水产养殖的占 1%，从事饲养业或畜牧业的占 3%，从事农产品加工或直销的占 2%。在新型经营主体和农业新业态方面，家庭农场占 5%，农民合作社占 9%，农村电子商务、农村休闲旅游和农村家政服务各占 1%（见表 9）。这些数字意味着，第一，山东的农业生产仍以粮食和经济作物种植为主，农产品加工或直销等产业链延伸不足；第二，农业规模化经营和农村集体产权股份制改革取得一定成效，这表现在家庭农场和农民合作社的占比上；第三，农村电商、休闲农业、乡村旅游等新业态新模式是山东确定的重点培育项目，但从现实情况看仍亟待壮大。

表 9　农村传统种养殖业和新型经营主体、业态的情况

单位：%

传统种养殖业	比例	新型经营主体和业态	比例
粮食作物种植	66	家庭农场	5
经济作物种植	24	农民合作社	9
渔业/水产养殖	1	农村电子商务	1
饲养业或畜牧业	3	农村休闲旅游	1
农产品加工或直销	2	农村家政服务	1

注：表中的比例为每一项目占该项目全部回答者的比例，因此不应从纵向加总为 100% 的意义上来理解。

分析发现，劳动力的教育程度与农业生产经营类型之间具有一定关联性。从事粮食作物种植的被访者，平均受教育年限为5.8年，从事经济作物种植的被访者，平均受教育年限为6.3年，而从事农村电子商务和农村休闲旅游的被访者平均受教育年限更是分别达到了8.2年和8.1年。不同农业生产经营类型的主体之间的年龄差异也比较明显，从事粮食作物种植、经济作物种植、农村电子商务和农村休闲旅游的被访者的平均年龄分别为57.8岁、56.3岁、46.5岁和41.3岁。越来越多的受过教育的年轻人从事农业新业态、新模式的生产经营，应是山东农村发展的希望所在。

（二）农民技能状况

根据2017年山东社会科学院山东省经济社会综合调查，在农民所掌握的技术技能方面，掌握农林果木等种植管理专业技术的占34%，掌握养殖、畜牧专业技术或兽医技术的占4.8%，掌握电子商务技术的占2.4%，掌握手工纺织、刺绣等手工艺技术的占7.1%，掌握农产品、食品、服装等加工技术的占4%，掌握房屋建造及其他工程技术的占8.6%（见图10）。由此可见，山东农民所掌握的技术仍以农作物种植管理技术和砖瓦木工等建筑技术为主。对问卷中所涉及的技能变量进行合并分析可以发现，在全部农业劳动力中，有53.5%不掌握任何技术技能，35.6%只掌握一项技术技能，10.8%掌握两项及以上技术技能。这三组劳动力之间在年龄上存在显著差异，其平均年龄分别为56.9岁、56.6岁和54.1岁。从这一结果上来看，农业劳动力越年轻，其所掌握的技能就越多，然而，掌握两项及以上技能者的平均年龄高达54岁，这对于农村和农业发展而言，不能不说是一种隐忧。

对农民技能和其所从事的生产经营活动进行交叉分析发现，农民的技能情况与其从事经济作物种植、饲养业或畜牧业、农产品加工或直销、家庭农场、农民合作社、农村电子商务、农村休闲旅游等之间具有显著的关联性。具体来说，①在经济作物种植中，掌握多项技能的劳动者所占比例相对较少；②在家庭农场、农民合作社和农村电子商务这三种经营类型和业态中，只掌握一项技能的劳动者所占比例要高于不掌握任何技能和掌握多项技能的劳动者所占比例；③在饲养业或畜牧业、农产品加工或直销、农村休闲旅游这三种经营类型和业态中，掌握多项技能的劳动者所占比例要高于不掌握任何技能和只掌握一

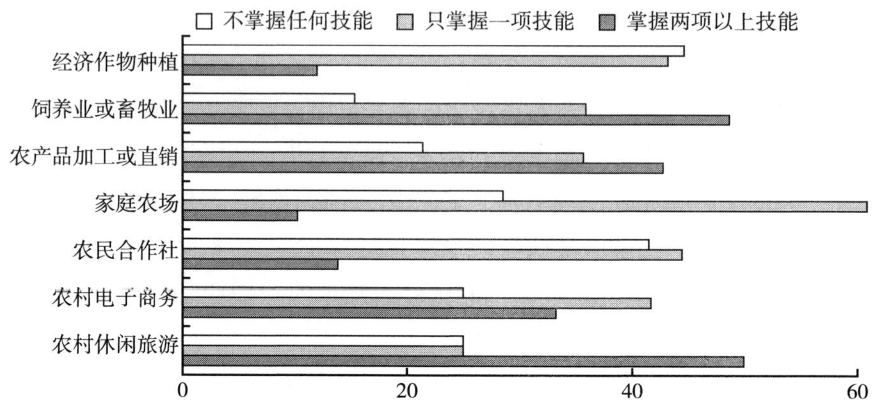

图 10 农业生产经营类型与农民技能掌握情况的关联

项技能的劳动者所占比例。虽然目前没有足够的证据证明农民的技能情况与农业生产经营的对应关系，但对各类业态和模式进行有针对性的技能培训，应该是有关部门今后要加以注意的地方。

六 对加强就业工作的建议

通过前面的分析，我们可以得出关于山东省就业形势的若干结论。

第一，在劳动力供给方面，山东就业人口增速趋缓，劳动人口年龄结构老化较为严重，中老年劳动力所占比重达到67%，远高于全国平均水平。农村中的中老年劳动力占比更高，劳动力老化问题非常严重。新增就业人员数量保持稳中有升的势头，普通高校毕业生占每年新增就业人员数的比重达到39.5%，但新增农民工占每年新增就业人员数的比重仍高于高校毕业生的所占比重。在劳动力需求方面，山东第二产业和第三产业在吸纳就业方面存在较强的替代性，与全国平均值比较，山东第二产业对就业的带动效用相对较强，对就业的带动作用仍然较为强劲；而第三产业对就业的带动效应相对较弱，对就业的带动作用仍有很大的潜力可挖。

第二，在劳动力素质方面，工作者的平均受教育年限为8.07年，相当于初中程度。就业者的平均受教育年限与其年龄显著负相关，年龄越大受教育年限越短。从人力资本总量来看，农业、工业和传统服务业的人力资本总量仍然很高，现代服务业的人力资本总量相对不足。但从增速情况来看，农业的人力资本总量进一步减少，传统工业和传统服务业的人力资本总量增速缓慢，现代服务业则正在加速成长。工作者参加岗前培训和在职培训的情况比较乐观，参加过至少一种培训的占 51.7%。此外，工作者的年龄和接受职业培训的比例基本上呈现一种 U 形关系，中老年劳动力接受职业培训的比例相对较低，难以适应劳动力市场对工作技能的要求。

第三，在工作质量和劳动关系方面，工作满意度最高的是与同事的关系和与领导的关系，对工资收入和晋升发展前途的满意度最低。组织因素对工作满意度的影响非常显著，在非公经济中的就业人员和临时务工人员的工作满意度较低，体制内就业人员的工作满意度相对较高。劳动合同签订率为 39.2%，稍低于全国平均值，企业和单位的所有制性质对劳动合同的签订率具有显著影响。出现比较多的劳动争议是超时加班和劳动报酬不合理，在回答遇到过劳动争议的被访者中，平均有 34.2% 得到了解决。城乡、雇佣状况、劳动合同类型和单位所有制性质等变量对于劳动争议的出现而言是具有普遍性影响的因素。

第四，农村就业和农业生产方面，山东的农业生产仍以粮食和经济作物种植为主，农产品加工或直销等产业链延伸不足；农业规模化经营和农村集体产权股份制改革取得一定成效，家庭农场和农民合作社得到一定程度发展，但农村电商、休闲农业、乡村旅游等新业态新模式仍亟待壮大。不同农业生产经营类型的主体之间的年龄差异比较明显，越来越多受过教育的年轻人从事农业新业态、新模式的生产经营。此外，山东农民所掌握的技术仍以农作物种植管理技术和砖瓦木工等建筑技术为主。

党的十九大报告深刻阐述了就业工作的重要意义，提出了新时代就业工作的奋斗目标，对做好新时代就业工作提出了新要求。山东要以贯彻落实党的十九大精神为统领，深入贯彻落实省政府《关于助推新旧动能转换做好当前和今后一段时期就业创业工作的意见》和省委办公厅、省政府办公厅《关于进一步引导和鼓励高校毕业生到基层工作的实施意见》等，推动就业工作创新、持续、领先发展。建议在今后的工作中从以下五个方面着手，抓好政策配套落实。

（一）推进农民工市民化，挖掘第二次人口红利

加快户籍制度和住房制度改革，推进农民工及其家属的市民化，使农民工

形成在城市长期居住、生产的稳定预期，切实提高劳动参与率。推进基本公共服务均等化，引导青壮年农民工合理流入城市，并适度向大城市集中，降低由于区别性制度造成的企业用工成本和农民工生活成本。深入实施高校毕业生就业创业促进计划，扎实开展能力提升、创业引领、校园精准服务、就业帮扶、权益保护专项行动。切实提升公共就业创业服务水平，适应劳动者多层次就业需求和劳动力市场新变化，推动公共就业创业服务提质增效。

（二）深化人力资本储备，加强职业技能培训

巩固义务教育水平，普及高中阶段教育，提高新成长劳动力的受教育水平。加快普通高等教育课程改革，适应产业结构变化要求，培养学生终身学习能力。加大人才引进力度，为各类各层次人才提供充分保障。加快构建劳动者终身职业培训体系，深入实施大规模职业技能培训计划，不断提高劳动者素质。根据离校未就业高校毕业生、去产能分流职工、农民工、就业困难人员等群体特点，深入开展多种形式的就业技能培训、岗位技能提升培训和创业培训。聚焦新旧动能转换重大工程，加强重点产业的职业培训和职业技能等级评定。发挥企业在职业培训中的主体作用，鼓励引导行业组织、社会组织积极参与职业培训。

（三）健全劳动力市场制度，做好重点群体就业工作

推动建立统一规范的人力资源市场，破除妨碍劳动力、人才社会性流动的障碍，维护劳动者平等就业的权利。深化工资收入分配制度改革，完善企业工资决定和正常增长机制，健全工资支付保障、最低工资调整机制，促进职工工资收入水平合理增长。深入实施全民参保计划，提高灵活就业人员、农民工等群体社会保险参保率。加强对就业困难人员、零就业家庭、长期失业人员就业援助。加强对化解过剩产能职工的就业创业服务，促进分流转岗职工就业创业。推进同工同酬，规范劳务派遣，构建和谐劳动关系。发挥劳动保障监察“利剑”“杠杆”作用，努力营造宜业乐业的良好就业环境。

（四）继续做好“双创”工作，大力促进以创业带动就业

发挥好创业带动就业扶持资金作用，继续加大创业扶持力度，鼓励支持以

高校毕业生为主的青年创业、返乡农民工创业、失业人员创业、留学回国人员创业。加快落实高校、科研院所等专业技术人员创业创新政策，支持专业技术人员离岗创业。大力发展创业载体，加强创业孵化基地、创业园区建设，开展省级创业示范平台评估认定，集聚更多的优质资源，为创业者、初创小微企业提供低成本、便利化的创业服务。积极应对创业担保贷款政策调整变化，采取有效措施扩大担保贷款规模。深入推进创业型城市、街道（乡镇）创建，广泛开展创业大赛，继续打造创业大学、创业齐鲁训练营培训品牌，营造大众创业的浓厚氛围。

（五）发展农业新型经营主体，培养新型职业农民队伍

贯彻落实中央精神，稳妥推进农村集体产权制度改革，稳定农村土地承包关系，推行土地所有权、承包权、经营权三权分置。推动家庭农场、农民合作社等新型经营主体发展，提高农业规模化经营水平。以科技创新引领现代农业发展，推广农业机械化，提高农业劳动生产率。加强对农民的职业技能培训和创业培训，培养造就新型职业农民队伍，壮大农村电商、休闲农业、乡村旅游等新业态新模式。

参考文献

蔡昉：《读懂中国经济：大国拐点与转型路径》，中信出版集团，2017。

高文书：《劳动力素质差距与人力资本培养》，载张车伟、蔡昉主编《中国人口与劳动问题报告 No. 17》，社会科学文献出版社，2016。

琳达·岳：《中国的增长》，中信出版集团，2015。

刘世锦主编《中国经济增长十年展望（2017—2026）：老经济与新动能》，中信出版集团，2017。

许召元、胡翠：《人力资本：L 型增长和机器换人不断发展背景下的就业》，载刘世锦主编《中国经济增长十年展望（2017—2026）：老经济与新动能》，2017。

朱之鑫、许宪春：《中国不变价国内生产总值核算方法研究》，北京大学出版社，2012。

邹至庄、帕金斯主编《中国经济指南》，清华大学出版社，2016。

B.3
2017年山东省收入分配基本状况及2018年预测

毕伟玉*

摘　要： 2017年，山东全面深化收入分配制度改革，完善积极的就业政策体系，不断优化劳动、技能、技术、知识等要素参与分配的机制，同时充分发挥财政、转移支付、社会保险等再分配手段的调节作用，收入分配秩序更加规范，收入分配结构更加合理。初次分配中劳动者报酬份额过低的状况得到扭转，城乡居民收入持续稳定增长，城乡差距进一步缩小，垄断收入得到进一步抑制，行业差距继续缩小，总体社会分配比较公平。但经济下行压力对城乡居民收入增长，尤其是农民增收具有一定抑制作用，城乡收入差距随时面临继续扩大的风险。与此同时，区域发展不平衡的问题再度显现，加上财政收入增长近些年来出现了大幅滑落的态势，在民生需求刚性增长的背景下，如何充分发挥其再分配调节作用，也是山东在今后一段时期面临的重要问题。2018年，山东收入分配改革将深入实施就业优先战略和人才优先发展战略，综合运用多种激励手段，聚焦重点，分类施策，精准发力，建立城乡居民收入持续增加、低收入者收入水平显著提高、中等收入群体持续扩大的长效机制，使全省人民在共建共享中有更多获得感。

关键词： 收入分配　初次分配　再分配　收入差距

* 毕伟玉，山东社会科学院省情与社会发展研究院副研究员。主要研究方向：收入分配与社会分层，社会调查研究方法。

收入分配是最重大的民生问题之一，它不仅是实现人民共享发展成果，不断提高居民生活质量的决定性因素，更是深化社会体制改革的核心，是促进社会公平，维护社会稳定，推进社会和谐发展的关键因素。2017 年，山东省围绕“创新、协调、绿色、开放、共享”五大发展理念，继续以供给侧结构性改革为推动力，全面实施新旧动能转换重大工程，转型调整加快升级，经济增长进一步提质增效。在经济增长开始释放新活力的背景下，民生保障和社会建设得到进一步加强。与此同时，经济新常态也带来了收入分配格局的转变，并对山东深化收入分配改革提出了新的要求。如何适应新常态，进一步理顺收入分配关系，建立公平合理的收入分配秩序，实现社会稳定和谐发展，将是现阶段山东在收入分配领域面临的重要课题。

一 2017年山东省深化收入分配制度改革的主要举措

（一）开展城乡居民增收综合配套政策试点，推进收入分配制度改革

为进一步深化收入分配制度改革，促进城乡居民实现快速增收，2017 年 10 月，国家发改委等 9 部委印发了《关于开展城乡居民增收综合配套政策试点以及专项激励计划和收入监测试点的通知》，在 20 个试点城市或单位推行收入分配制度改革，内容包括综合配套政策、技能人才激励计划等 8 个方面。青岛市、平度市和新泰市作为被选中的试点，分别开展了城乡居民增收综合配套政策试点改革、新型职业农民激励计划试点改革和企业经营管理人员激励计划试点改革。“青岛市城乡居民增收综合配套政策试点的主要任务是统筹开展面向七大重点群体的激励计划，形成协同效应。平度市新型职业农民激励计划试点的主要任务是建立完善新型职业农民培育、认定、管理办法，推动农村产业融合发展，探索鼓励新型职业农民参加城镇社保体系。新泰市企业经营管理人员激励计划试点的主要任务是合理确定国有企业负责人基本年薪、绩效年薪和任期激励收入，有序推进混合所有制企业员工持股试点。”① 这是山东深化收

① 《推进收入分配制度改革，青岛、平度、新泰率先入选试点城市》，中国发展网，http://www.chinadevelopment.com.cn/fgw/2017/10/1182067.shtml。

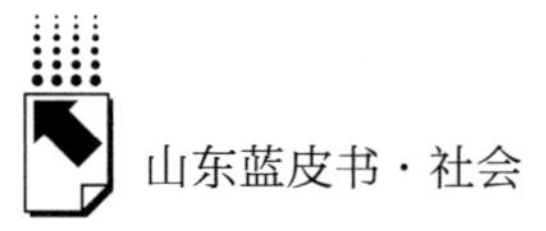

入分配制度改革、强化收入分配激励导向、激发重点群体活力以及带动城乡居民增收的重要抓手，是实现经济增长与居民增收互促共进的有力支撑。

（二）完善积极的就业政策体系，促进就业公平和劳动要素参与分配

就业是劳动者参与收入分配的前提，通过实施更加积极的就业政策，促进就业机会公平，创造平等的就业环境，是优化收入分配结构，实现公平分配的重要基础。近些年来，山东先后出台了《关于促进创业带动就业的意见》（2013 年）、《关于进一步做好新形势下就业创业工作的意见》（2015 年）、《关于印发山东省实施就业优先战略行动方案的通知》（2015 年）、《关于助推新旧动能转换做好当前和今后一个时期就业创业工作的意见》（2017 年），逐步形成了“促进就业、鼓励创业”为核心的就业创业政策体系，就业环境日趋公平平等。

1. 施行公平就业政策

通过消除性别、民族、年龄、户籍、毕业院校类型等就业限制和歧视，促进就业公平。一是健全城乡劳动者平等就业制度。继续完善落实城乡统一的就业失业登记制度，将城市就业失业服务逐步拓展到农村；继续培育扶持农民合作社、种养大户、家庭农场、建筑小微企业等生产经营主体，其中只要依法办理工商登记注册的，均可按规定享受小微企业扶持政策。二是大力推进同工同酬。重点聚焦劳务派遣用工单位、机关事业单位和农民工，组织开展了规范劳务派遣专项活动、中央及省属重点企业落实同工同酬原则情况检查、实施农民工权益保障三年行动计划，制定出台了《关于维护机关事业单位未纳入正式职工管理人员劳动保障权益的通知》《改革劳动报酬制度保障农民工同工同酬实施方案》。三是落实国有企业公开招聘制度，将公开招聘作为国有企业进人的主要渠道，严格落实回避制度，实行信息公开、过程公开、结果公开，强化监督检查，有效规范了国有企业招聘行为。

2. 以创业带动就业，推行创业扶持计划

一是鼓励支持自主创业政策。对首次领取小微企业营业执照并按规定缴纳社会保险费满 12 个月的创业人员，给予不低于 1.2 万元的一次性创业补贴。对吸纳登记失业人员、高校毕业生的，按创造岗位数量和每个岗位不低于 2000 元的标准，给予一次性创业岗位开发补贴。此外，有条件的市可以对毕

业年度高校毕业生、技师学院毕业生和就业困难人员发放一次性创业场所租赁补贴。二是创业担保贷款政策。个人创业担保贷款最高额度为10万元，小微企业创业担保贷款最高额度为300万元，最多可给予4年的支持，按规定给予贴息。三是创业示范平台奖补政策。制定出台了《山东省实施大学生创业孵化基地和大学生创业园区项目管理办法》《山东省实施创业孵化基地和创业园区项目管理办法》《山东省实施省级留学人员创新创业示范园项目认定和管理暂行办法》，每年组织一次评估认定，被认定为省级示范的，给予300万元至500万元的资补，分两年拨付到位。四是创业先进典型奖补政策。对评估认定的国家级创业型城市、省级创业型城市、省级创业型街道、省级“四型就业社区”，分别给予100万元、50万元、20万元和5万元的奖补；对山东十大大学生创业之星、山东十大返乡创业农民工，给予5万元奖励；对创业大赛获奖选手，分别给予3万~10万元奖励。

3. 对困难群体实施就业援助

针对包括女性40周岁、男性50周岁以上的人员、城镇零就业家庭成员等9大就业困难群体实施就业援助。如对招用就业困难人员的小微企业、灵活就业的就业困难人员，给予最长不超过5年的社会保险补贴；对公益性岗位安置或单位招用的就业困难人员，给予一定岗位补贴；对贫困家庭高校毕业生、残疾人高校毕业生，给予600元至1000元的求职创业补贴；对离校未就业的高校毕业生参加就业见习的，给予见习单位就业见习补贴，并鼓励见习单位在高校毕业生见习期满后留用；在扶贫方面，推动设立就业扶贫车间，对吸纳建档立卡农村贫困人口就业、签订承揽合同的，按每人1000元的标准给予扶贫车间一次性奖补。

（三）健全技能、技术等要素参与分配的机制

1. 强化职业培训，促进技能要素参与分配

加强对职业培训的补贴力度，不断完善职业培训补贴、职业技能鉴定补贴、创业培训奖补以及失业保险支持参保职工提升职业技能补贴等政策，加强职业培训，全面提升劳动者职业技能和就业创业能力，顺利实现就业创业。优化职业技能等级设置，拓宽技术工人晋升通道。提升技能要素参与分配的力度，鼓励企业对聘用的高技能人才实行年薪制、股权制、期权制等收入分配方

式。技术工人在科技攻关、技术革新、先进操作法应用等方面取得的创新成果按要素参与分配，可从成果转化收益中通过奖金、股权等形式给予奖励。鼓励企业建立高技能人才岗位津贴制度，可根据实际情况或参照企业专业技术人才收入分配政策，自主安排和设定高技能人才或特殊人才岗位津贴发放的标准和额度。继续健全和完善企业工资正常增长机制、劳资平等协商机制以及工资支付保障机制，落实产业工人参与分配决定的权利，维护劳动收入的主体地位。完善机关事业单位工人技术等级考核办法，并根据考核结果按岗聘用，兑现相应薪酬待遇。

2. 加快完善科技成果转化机制，促进技术要素参与分配

全面落实促进科技成果转化的相关政策和措施，支持科研人员通过技术开发、技术转让、技术咨询、技术服务等活动获得合理报酬，实现收入增长，规定科技人员从职务成果转化收益中可提取的部分不低于50%，对报酬收益的比例不低于5%。在2017年12月1日新修订的《山东省促进科技成果转化条例》中这一比例将进一步提高。新条例规定，“将职务科技成果转让、许可给他人实施的，可从该项科技成果转让净收入或者许可净收入中提取不低于70%的比例奖励对完成、转化成果做出重要贡献的人员；将职务科技成果作价投资的，可从该项成果形成的股份或者出资比例中提取不低于70%的比例，奖励科技人员”。① 此外，对报酬收益的比例也进一步提高至不低于10%。

3. 完善知识产权制度，加强知识产权保护

完善的知识产权制度是激励创新和促进知识、技术等要素参与分配的重要保障。2017年，山东深入推进知识产权强省战略，知识产权发展取得长足进步，发明专利量质齐升，与产业、科技和经济深度融合，产权保护得到全面加强。知识产权在促进供给侧结构性改革，加快新旧动能转换中发挥着制度供给和技术供给的双重作用。2017年前三季度，共申请发明专利53429件，同比增长25.2%。知识产权对经济社会发展的贡献度明显提高，2016年，专利密集型产业占GDP的比重达到14.68%，高于全国平均水平3.19个百分点。为加强科技创新成果转化，促进知识要素参与分配，支持企业创新发展，山东先

① 《山东：明年起成果转化收益至少7成奖励科研人员》，新华网，http://www.sd.xinhuanet.com/news/2017-12/04/c_1122051693.htm。

后制定出台了《山东省科技型小微企业知识产权质押融资暂行办法》《山东省小微企业知识产权质押融资项目管理办法》《山东省知识产权质押融资风险补偿基金管理办法》，全面开展知识产权质押融资。2016 年，山东共办理专利权质押登记 302 件，以专利权作质押获得金融机构贷款总金额达到 39.57 亿元，2017 年第一季度完成专利权质押登记 78 件，融资金额达 5.66 亿元①，有效地解决了企业尤其是科技型中小微企业的融资难题，促进了企业的创新发展。2017 年，山东深入开展“护航”“闪电”等专项行动，开展知识产权规范化市场培育，不断强化知识产权协作执法。截至 2017 年 11 月，山东知识产权局系统共办理专利案件 3123 件，其中，受理专利纠纷案件 582 件，查处假冒专利案件 2541 件②，知识产权保护得到全面加强。

（四）进一步推进工资制度改革

在经济保持平稳运行但同时面临经济下行压力的前提下，为充分体现“提低、扩中、调高”的宏观思路，优化收入分配结构，到 2017 年，山东已经连续 19 年提高企业工资指导线，连续 8 年提高最低工资标准。

1. 调整企业工资指导线，合理确定工资增长幅度

作为市场经济条件下政府宏观调控国民收入分配的一种基本方式，企业工资指导线是政府根据当年宏观经济调控目标，向企业发布的年度工资增长水平建议。2017 年，山东连续 19 年提高企业指导工资，提出以 2016 年企业在岗职工平均工资估算数 57714 元作为基数，基准线与 2017 年山东生产总值增长率的预期目标持平，调整为 7.5%；下线与居民消费价格上涨的预期目标相一致，调整为 3%；上线则主要参照目前山东经济运行态势和企业盈利能力等因素，调整为 12%。基准线、上线虽然比 2016 年有所下调，但企业指导工资线总体依旧保持上涨态势。企业在政府发布工资指导线 30 日内应当“与职工进行工资集体协商，制订职工工资调整方案，并向人力资源社会保障部门备案。其中开展工资集体协商应当根据工资指导线，分析企业经济效益、职工工资水

---

① 殷晓旭：《山东推进知识产权强省建设　各指标位居全国前列》，《中国经济导报》，http：//www.ceh.com.cn/xwpd/2017/04/1032217.shtml。

② 山东省知识产权局：《2017 年 1—11 月执法数据》，http：//www.sdipo.gov.cn/info/1125/5571.htm。

平、劳动生产率和人工成本等指标，兼顾企业的承受能力、发展目标等因素，合理确定工资增长幅度和工资水平”①。

2. 调整最低工资标准，加大对弱势群体的支持力度

2017 年，山东省最低工资标准按区域经济发展水平划分为三档，最低工资标准分别比 2016 年提高 100 元、90 元、80 元，相应调整为 1810 元、1640 元、1470 元。对于能够正常劳动的职工，企业不能以任何理由支付低于最低工资标准的工资，切实保障劳动者应得的合法权益。对于少数因生产经营困难，暂时不能正常支付工资或提供相应待遇保障，需要降低工资标准或者按照当地最低工资标准支付劳动者工资的，必须事先征求企业工会或者职工代表的意见，并报人力资源社会保障行政部门备案。当企业生产经营恢复正常后，需要及时提高工资标准和职工待遇，确保职工能够切实享受到企业经营发展带来的利润，提升普通民众特别是弱势群体在经济和社会发展过程中的获得感。

3. 推动机关事业单位工资制度改革，确保企事业单位工资平稳增长

继续完善和落实机关事业单位基本工资调整机制，提高基本工资在工资性收入中的比重。落实乡镇工作补贴政策，完善作为激励手段和收入补充的津贴补贴制度。实施地区附加津贴制度，根据地区经济社会发展、物价消费水平等差异，适当参考企业相当人员工资水平，将规范后的工作性津贴和生活性补贴纳入地区附加津贴，实现同城同待遇。推进公务员工资调整制度化，定期开展公务员和企业相当人员工资水平的调查比较。建立健全公务员绩效考核体系，考核结果与工资收入挂钩。给予公务员平时考核中“较好”以上等次人员一定物质奖励和精神激励。完善公务员奖金制度，强化省级政府统筹调控责任。赋予各市一定的考核奖励分配权，重点向基层一线人员和业绩突出人员倾斜。积极稳妥实施公务员职务与职级并行制度，充分发挥职级对基层公务员的激励作用。

（五）积极发挥财政、转移支付、社会保障等再分配手段的调节作用

1. 不断加大教育支出，促进教育公平

2016 年，山东省教育支出共计 333.57 亿元。全面改善义务教育比较薄弱

① 山东省人民政府：《山东调整 2017 年企业工资指导线和最低工资标准》，山东省人民政府网，http://www.shandong.gov.cn/art/2017/5/27/art_2443_195887.html。

的农村地区的办学条件，新建改扩建校舍面积858.4万平方米。累计新建改建学校1830所，城镇普通中小学“大班额”问题得到有效解决。不断推进城乡义务教育一体化发展，城乡义务教育公用经费标准得到统一，寄宿制学校以及农村小规模学校的公用经费得到保障。加强教育救助，落实学生资助政策，对经济困难的学生发放生活补助，免除建档立卡的困难学生学费，足额落实各项学生资助政策经费。2017年，约130万名家庭经济困难学生获得补助、资助。推进“双一流”应用型大学建设，推进高等教育综合改革，山东省高职院校生均拨款提高至11000元。60余万教师得到培训，师资队伍建设不断加强。

2. 社会保障水平不断提高

2016年，山东省公共预算内的社保和就业支出共计60.48亿元，比上年增长9.7%，包括转移支付，共支出308.58亿元。社会保障水平不断提高，再分配调节功能充分发挥。截至2017年9月底，山东省城镇职工基本养老保险、城乡居民基本养老保险、城镇职工基本医疗保险、城乡居民基本医疗保险、失业保险、工伤保险、生育保险参保人数分别达到2636.3万人、4520.4万人、1996.0万人、7257.7万人、1254.2万人、1552.2万人、1168.0万人，分别比上年年底增加59.9万人、减少18.5万人、增加36.0万人、增加29.0万人、增加31.3万人、增加41.4万人、增加28.9万人。退休人员养老金每月人均增加190元，失业保险人均月提高50元。企业退休人员基本养老金月人均达到2525元，居民基本养老金标准人均每月提高至100元，惠及约1400万老年人。持续加大特殊困难群体的保障投入，所有低保残疾人均可获得困难残疾人生活补贴，重度残疾人补贴标准增加至人均每月最低80元。最低生活保障标准继续提高，城乡最低生活保障人数分别达30.9万人和217.7万人，年人均保障标准分别达5964元和3806元，分别比上年提高300元和415元。城乡住房保障投入力度不断加大，住房保障支出68.77亿元，同比增长39.6%；全省棚户区改造和农村危房改造分别为53万套和5万户，住房货币化安置率达55.9%。全年支持城镇以及困难工矿区老旧住宅小区改造项目1727个，共计85万户居民受惠。

3. 医保体系日趋完善

2017年，居民基本医疗保险政府补助提高到450元，基本公共卫生服务人均经费保障标准增加至55元，45项基本公共卫生服务项目向城乡居民免费提供。多渠道补偿基层医疗卫生机构，政府补偿公立医院综合改革机制不断完善，患者就医负担切实减轻。

二　2017年山东省收入分配领域取得的主要进展

（一）居民收入稳定增长，居民收入满意度较高

2017 年前三季度，山东城镇居民人均可支配收入为 27656 元，同比增长 8.2%；扣除价格因素影响，实际增长 6.6%，较上年同期提高 0.8 个百分点。农村居民人均可支配收入为 12328 元，同比增长 8.3%；扣除价格因素影响，实际增长 6.8%，与上年同期持平。自 2010 年开始，山东已经连续 7 年保持居民收入增长与经济增长同步的态势。

从城镇居民可支配收入结构看，人均工资性收入 17386 元，同比增长 6.6%，占人均可支配收入的比重为 62.9%，拉动人均可支配收入增长 4.2 个百分点，是城镇居民收入的最主要来源；人均经营净收入 4033 元，增长 8.6%，占人均可支配收入的比重为 14.6%；人均财产净收入 2267 元，增长 12.1%；人均转移净收入 3970 元，增长 13.2%。从农村居民收入结构看，人均工资性收入 4958 元，同比增长 9.2%，占人均可支配收入的比重为 40.2%，拉动人均可支配收入增长 3.7 个百分点，是农村居民收入增长的最主要拉动力量；人均经营净收入 5569 元，增长 7.1%，占人均可支配收入的比重为 45.2%，是农村居民收入的最主要来源；人均财产净收入 291 元，增长 8.6%；人均转移净收入 1510 元，增长 10.1%（见图 1）。

2017 年山东省经济社会综合调查的数据结果显示，山东省居民收入满意度总体较高。40.8% 的受访者对个人收入表示“很满意”和“比较满意”，表示“不太满意”和“很不满意”的共占 27.9%；认为同自己的同事或亲朋相比，自己的收入属于“很公平”和“比较公平”的共占 42%，认为“不太公平”和“很不公平”的仅占 22.8%。图 2 显示，以 5 分制为基准，受访居民对个人收入满意度和公平性评分分别为 3.16 分和 3.22 分，其中城镇居民评分分别为 3.18 分和 3.24 分，农村居民分别为 3.11 分和 3.20 分，城镇居民对个人收入满意度和公平性评分均略高于农村居民。

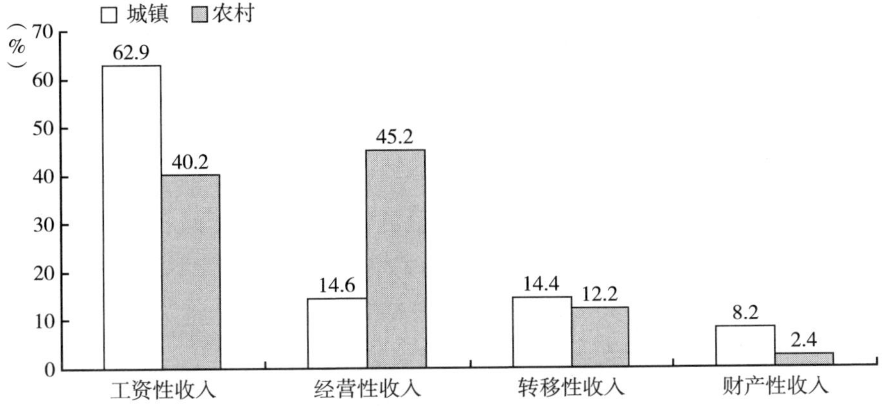

图 1 山东城乡居民可支配收入结构

数据来源：山东统计信息网，http：//www.stats - sd. gov. cn/index. html。

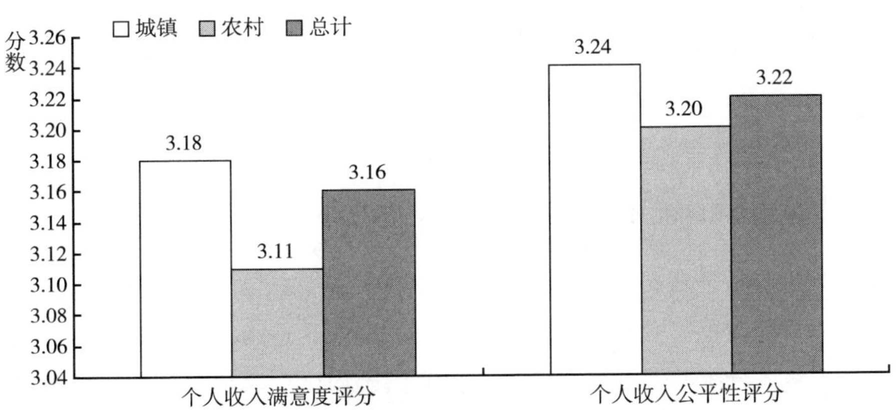

图 2 个人收入满意度及个人收入公平性评分

数据来源：2017 年山东社会科学院山东省经济社会综合调查数据。

（二）农村居民收入增长速度持续超过城镇居民，城乡收入差距不断缩小

自“十二五”以来，随着城乡一体化的加速，农业及农村经济结构的调整尤其是农业“新六产”蓬勃发展、农业产业化经营的不断深入和农业综合生产能力的加强，农民收入增长速度持续超过城镇居民收入增幅（见图 3），

城乡收入差距不断缩小。截至 2016 年，城乡居民可支配收入分别达 34012.1 元和 13954.1 元，城乡居民收入差距缩小至 2.44 倍，至 2017 年前三季度，又进一步缩小至 2.24 倍。

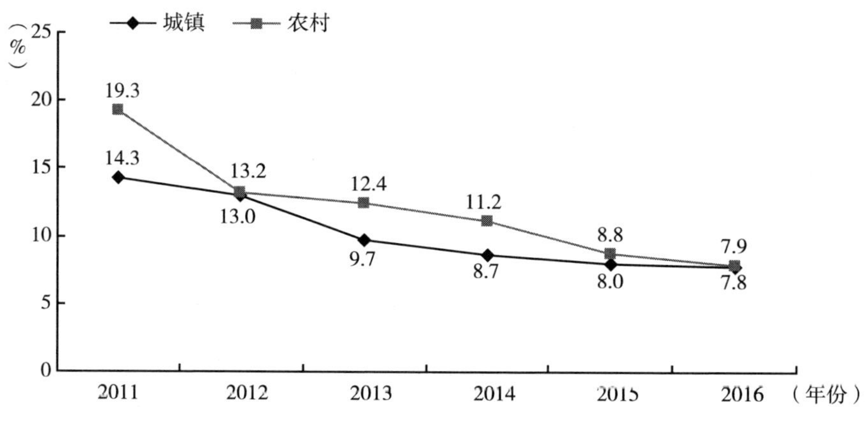

图 3 “十二五”以来山东城乡居民收入增长速度对比

数据来源：山东统计信息网，http：//www.stats－sd.gov.cn/index.html。

（三）初次分配中劳动者报酬占比较低的趋势扭转

提高劳动报酬在初次分配中的比重是 2007 年党的十七大以来提出的关于深化收入分配改革、增加居民收入的重要任务之一。一般来说，一个国家或地区的初次收入分配状况通常以收入法核算的国内生产总值（GDP）结构来解析。以收入法核算的 GDP 由劳动者报酬、生产税净额、固定资产折旧和营业盈余 4 种要素收入构成，其中劳动者报酬体现劳动者所得，生产税净额体现政府所得，而固定资产折旧和营业盈余则为企业所得。虽然劳动者报酬占比较低在短期内可以在一定程度上推动经济增长，但从长期看，这种长期以来存在的收入分配向政府和企业倾斜的状况最终将导致作为收入主体的居民收入增长滞后、消费乏力，从而削弱经济发展的动能，并进一步影响社会公平正义。

自 2002 年以来，山东劳动者报酬的增长速度始终落后于 GDP 增速以及政府生产税净额和企业营业盈余的增长。2012 年，山东省劳动者报酬总额为 19235.34 亿元，占 GDP 比重仅为 38.5%，创历史新低，仅高于吉林省，居全国倒数第二位。但此后，这种劳动者报酬占比不断下滑的趋势开始发生转变。2014 年，山东省劳动者报酬总额为 23810. 53 亿元，占 GDP 比重上升至 40. 1%。2016 年，山东劳动者报酬、生产税净额、固定资产折旧和营业盈余分别为 29536. 33 亿元、8819. 99 亿元、10311. 22 亿元和 19356. 95 亿元，生产税净额、固定资产折旧和营业盈余占 GDP 比重分别下降至 13. 0%、15. 2% 和 28. 5%，而劳动者报酬占 GDP 比重进一步上升至 43. 4%（见图 4），虽然距离世界发达国家 55% 的平均水平仍有较大差距，但长期以来收入分配向政府和企业过度倾斜的状况已经得到扭转，为居民收入进一步增长以及 2020 年实现收入倍增计划提供了较大空间。

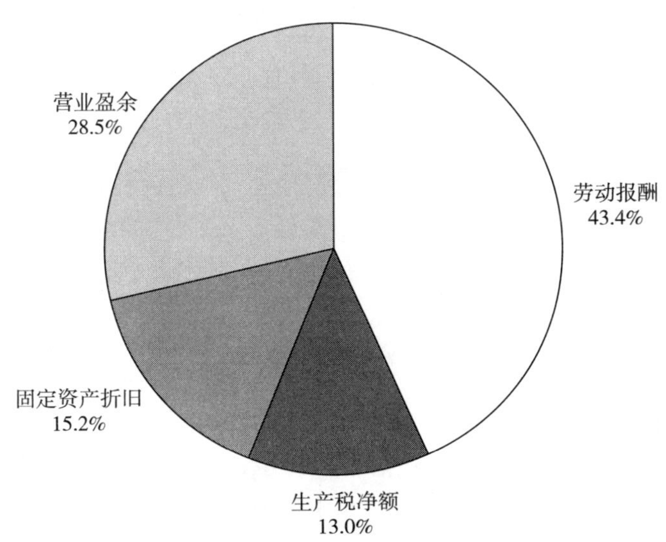

图 4　2016 年山东初次分配结构

数据来源：国家统计局网站，http：//www. stats. gov. cn/。

（四）行业收入差距进一步缩小

增加低收入者收入，调节过高收入，取缔非法收入是党的十九大关于规范收入分配秩序的重要内容。调节过高收入，最关键的是抑制金融、信息、电力等垄断行业不合理的高收入。行业收入差距大尤其是部分垄断行业收入过高是多年来山东收入分配结构不合理的重要体现。“十二五”以来，山东不断加大监管力度，垄断收入得到较好抑制，行业收入差距不断缩小。表 1 显示，2011～2016 年，山东平均工资最高和最低的行业分别是金融业和住宿和餐饮业，六年间二者之间的平均工资差距由 2.48 倍下降至 2.2 倍，金融业从业人员与全体从业人员的平均工资之比也由 2011 年的 1.63 倍缩小至 1.49 倍。

表 1　2011～2016 年山东省分行业从业人员平均工资

单位：元

	2011 年	2012 年	2015 年	2016 年
农林牧渔业	28329	31290	51003	56617
采矿业	53767	57906	61718	65309
制造业	32069	36833	48519	52255
电力、燃气及水的生产和供应业	45874	52617	70580	74333
建筑业	31101	33667	47881	52421
批发和零售业	28807	32868	44386	47572
交通运输、仓储和邮政业	46016	50097	66189	70509
住宿和餐饮业	25926	29528	39723	42496
信息传输、软件和信息技术服务业	52186	60459	81249	84346
金融业	61416	72345	90869	93405
房地产业	32966	38545	52575	57331
租赁和商务服务业	35000	39480	56970	59852
科学研究和技术服务业	52518	53319	70959	78755
水利、环境和公共设施管理业	28827	31602	42743	45799
居民服务、修理和其他服务业	45264	45588	42675	44511
教育业	41988	46176	73073	81165
卫生和社会工作	43101	47768	70385	78411
文化、体育和娱乐业	43492	48702	71453	77462
公共管理、社会保障和社会组织	39284	42914	65158	74552
平均工资	37618	41904	57270	62539

数据来源：山东统计信息网，http://www.stats-sd.gov.cn/index.html。

（五）社会收入分配状况比较公平

2017 年山东社会科学院山东省经济社会综合调查的统计结果显示，城乡居民对山东当前社会收入分配情况比较公平，其中 6.9% 的受访者认为“非常公平，社会状况良好”，56.5%的人认为“基本公平，不会引起社会不安和动荡”，认为“不太公平，成为导致社会不安的重要因素”的占28.4%，认为“非常不公平，已经影响了社会安定和谐”占8.2%（见表2）。总体而言，农村居民对社会收入分配的评价略优于城镇居民。

表2　对社会收入分配的评价

单位：%

选　项	城镇	农村	总体
非常不公平	8.3	8.1	8.2
不太公平	31.1	24.5	28.4
基本公平	54.3	59.8	56.5
非常公平	6.4	7.6	6.9

数据来源：2017年山东社会科学院山东省经济社会综合调查数据。

三　2017年山东省收入分配领域中存在的主要问题

（一）城乡收入差距缩小的趋势存在被反转的风险

城乡收入差距过大是多年来一直困扰山东经济社会发展的重要问题，进入“十二五”以来，随着城乡统筹发展和城乡一体化水平的加快，促进农民收入稳定增长，缩小城乡收入差距已经成为山东省优化收入分配结构、深化收入分配改革的主要内容。2016年，城乡居民人均可支配收入分别为34012元和13954元，比上年增长7.8%和7.9%，农民收入增长速度自2011年以来连续七年超过城镇居民收入增速，城乡收入比也由2009年最高的2.9倍缩小至2.44倍。不过从图3可以看出，自2013年以来，山东城乡居民收入增长的速度差距开始不断收窄，至2016年和2017年前三季度，二者已相差无几。今后几年，随着新旧动能转换重大工程的深入推进，山东经济结构转型升级的步伐也在不断加快，一些传统产业面临淘汰和调整，而在这些产业的从业人员中，农村居民占据较大比例，其收入状况将受到直接影响，农民进一步增收面临瓶颈，城乡收入差距缩小的趋势面临被反转的风险。

（二）城镇居民收入的地区差距正在拉大

根据表3的数据计算，2006年，青岛、烟台和威海东部三市城乡居民人均可支配收入平均为14559.0元和6453.3元，而聊城、德州、济宁、菏泽西部四市则分别为10244.5元和4074.0元，前者分别为后者的1.42倍和1.58倍；2011年，上述东部三市城镇居民人均可支配收入为26799.7元，是西部四市（19921元）的1.35倍；农村居民人均可支配收入平均12140元，为西部四市（7979元）的1.52倍。2006～2011年五年间，山东城乡居民收入的地区差异均在逐步缩小。但之后数年，虽然农村居民收入的区域差异仍在缩小，但城镇居民收入则出现了地区差距拉大的态势。2016年，东部三市农村居民人均可支配收入平均为17421元，为西部四市（11988.8元）的1.45倍，但二者的城镇居民人均可支配收入则分别达40568元和24536.5元，二者差距逐步扩大至1.65倍。

表3　2006～2016年山东省东西部城乡居民人均可支配收入

单位：元

地市	城乡	2006年	2011年	2016年
青岛	城镇	15328	28567	43598
	农村	6446	12370	17969
烟台	城镇	14374	26542	38744
	农村	6072	11716	16721
威海	城镇	13975	25290	39363
	农村	6842	12334	17573
聊城	城镇	10474	20649	23277
	农村	3947	7735	11387
德州	城镇	10257	19971	22760
	农村	4279	8350	12248
济宁	城镇	12111	22406	29987
	农村	4590	8712	13615
菏泽	城镇	8136	16658	22122
	农村	3480	7119	10705

数据来源：山东统计信息网，http：//www.stats－sd.gov.cn/index.html。

（三）财政收入增长速度持续回落，其再分配调节功能受到限制

作为初次分配中劳动报酬份额被过度挤占的结果之一，财政收入增长始终高于居民收入增长，会在一定程度上压缩居民收入增长的空间。多年来，居民收入增长速度明显低于财政收入增速，一直是山东收入分配领域存在的主要问题之一。从图5近十年城乡居民可支配收入与一般公共财政收入增速对比情况可以看出，山东2007～2015年一直保持财政收入增长快于城乡居民收入增长的趋势，不过可以看到的是，自2012年达到峰值的25.7%以来，山东一般公共财政收入增长速度开始大幅回落，并且与城乡居民可支配收入的增速差距也迅速缩小。2016年，山东一般公共财政收入增长仅6.0%，近十年来首次出现增速低于城乡居民人均可支配收入增速的状况，虽然这将在一定程度上为山东居民收入增长让度一定的空间，但不可否认的是，作为一种再分配调节手段，财政收入保持一定幅度的增长对于扩大民生投入、促进收入分配公平具有积极作用，其大幅度回落也可能在一定程度上使其再分配调节功能受到了抑制，如何调整财政收入增长与居民收入增长的关系将是山东在今后一段时间内收入分配领域中面临的重要问题。

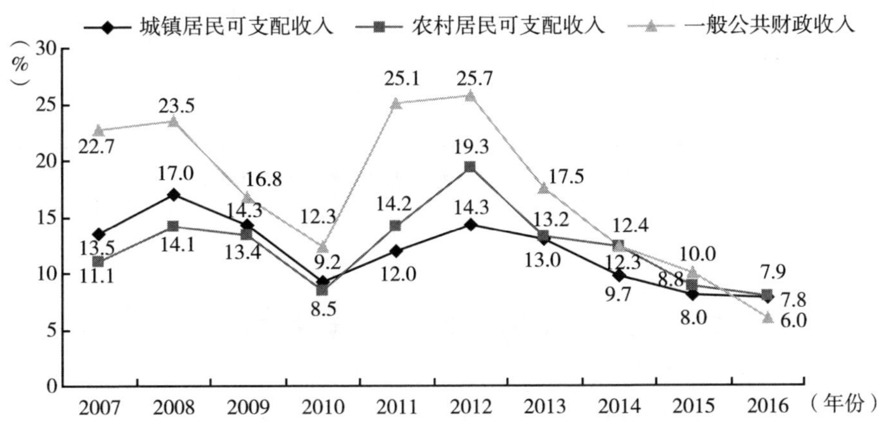

图5　近十年山东城乡居民可支配收入与一般公共财政收入增速对比

数据来源：山东统计信息网，http：//www. stats－sd. gov. cn/index. html。

（四）财产性收入占比重较低，收入结构有待优化

拓宽居民劳动收入和财产性收入渠道是党的十九大提出的城乡居民增收的重要途径。但从山东近些年的发展趋势看，在城乡居民收入结构中，工资性收入所占比重在下降，财产性收入虽然连续四年保持两位数增长，但总体比重仍然较低。表4 显示，山东2016 年居民财产性收入所占比重仅为6.6%，为四省最低。

表4　2016 年鲁、苏、浙、粤四省城乡居民收入结构对比

单位：%

		工资性收入	经营性收入	财产性收入	转移性收入
山东	城镇	64.1	14.0	8.1	13.8
	农村	39.9	44.9	2.6	12.6
	总体	57.8	22.2	6.6	13.5
江苏	城镇	60.3	11.0	10.3	18.4
	农村	49.6	30.0	3.4	1.7
	总体	58.2	14.7	9.0	18.1
浙江	城镇	56.4	15.1	13.5	15.0
	农村	62.1	24.6	2.9	10.4
	总体	57.6	17.1	11.3	14.0
广东	城镇	74.2	11.2	11.6	3.0
	农村	50.0	26.8	2.5	20.7
	总体	70.5	13.5	10.2	5.7

数据来源：山东统计信息网，http：//www.stats－sd.gov.cn/index.html。

四　2018年山东深化收入分配制度改革建议

（一）推进七大群体激励计划

推行差别化收入分配激励政策，调整分配结构，深化收入分配制度改革。以技能人才、科技人员、新型职业农民等增收潜力大、带动能力强的七大群体为重点，深入推进大众创业、万众创新，营造优良的竞争环境，扩大市场空

间，创造更多就业岗位，促进中等收入群体不断扩大，带领城乡居民持续而稳定的增收。

（二）就业促进计划

全面推进就业优先战略，充分利用新旧动能转换的契机，深度推进产业结构转型优化与就业转型融合。促进产业体系多元发展，资本、技术、知识密集型产业与劳动密集型产业协同共进，大力发展现代服务业，扩展就业空间。提高重大项目对就业拉动能力，实现招商引资、项目立项、土地征收、项目实施与就业联动。发挥小微企业就业主渠道作用。

支持创业创新。减少审批事项，规范改进审批行为，优化创业环境。完善相关用工、社会保障等制度，支持新兴业态就业创业。加大创业扶持力度。扩大创业场所租赁补贴人员范围，允许有条件的市结合实际自行制定办法。打造多元化创业载体，根据孵化效果及实际入驻实体的数量，奖补创业孵化基地。鼓励大企业向新型创业平台转型，带动内部员工与社会创业人员共同创业。打造山东创业服务云平台，为创业者提供交流和资源共享空间。拓宽融资渠道。适当放宽创业担保贷款借款人条件，提高贷款利率上限。鼓励金融机构和担保机构降低反担保要求或取消反担保，加大对创业企业的融资支持。

优化人力资源供给。一是释放高校毕业生人才红利。吸纳高校毕业生就业的社会组织，可同等享受企业吸纳就业扶持政策。围绕新旧动能转换重大项目设立一批就业见习基地，放宽就业见习补贴使用范围。二是提高教育培训质量。根据新旧动能转换的要求，定期发布重点产业职业培训需求、职业资格和职业技能等级评定指导目录。根据去产能企业失业人员、建档立卡贫困人口特点，允许采取整建制购买培训项目、直接补贴培训机构等方式开展集中培训。三是优化人力资源供求关系。简化劳动者求职手续，鼓励运用就业创业的相关补贴政策支持人力资源服务机构、高校等为劳动者提供就业创业服务。

加强对重点群体及区域的就业扶持。优化平等就业制度，实施城乡一体化的就业失业登记制度，发展农民合作社、种养大户、家庭农场、建筑业小微作业企业、“扶贫车间”等生产经营主体，依法办理工商登记注册的可按规定享受小微企业扶持政策，对吸纳贫困家庭劳动力就业并稳定就业一年以上的，可给予一定奖补。合理确定就业困难人员范围，强化分类帮扶和实名制动态管理。稳妥做好新旧动能转换过程中的就业分流安置，充分挖掘去产能产业的内部潜力，尽可能地从源头上减少失业。对新旧动能转换过程中，去产能包袱重、待岗职工多、失业风险大的困难地区，开展就业援助，缓解就业压力。

（三）完善救助保障体系

完善基本生活保障制度。完善最低工资保障制度，加大转移支付力度，着力提高低收入者收入。健全低保制度，完善与居民消费支出挂钩的低保标准动态调整机制，在保障家庭基本生活的同时，兼顾促进就业。完善多层次的救助体系，积极发展医疗、教育、住房、就业等专项救助和临时救助，实施就业脱贫工程和就业援助计划，将就业困难人员纳入政府兜底就业范围。构建到校、到人的教育扶贫体系，从根本上阻断贫困代际传递。着力构建贫困人口的综合医疗保障体系。完善社会保障制度，全面推行全民参保计划。以养老保险、医疗保险为重点，积极促进和引导农民工、非公经济从业人员、灵活就业人员参保缴费；全面落实机关事业单位养老保险改革政策，完善职工养老保险关系转移接续办法。支持具备资格的商业保险机构参与全省职业年金市场化投资运营，提高养老保障水平。建立公开、便捷、高效的慈善救助对接平台，引导社会力量参与慈善事业。建立健全基本社会保障制度体系，进一步完善多层次的专项救助体系，做好困难群体、低收入群体的救助工作。对符合条件的下岗职工、失业职工等困难群体及时救助，保障下岗、失业职工基本生活。

（四）拓宽居民财产投资渠道

着力推动规模企业规范化公司制改制，奠定企业对接多层次资本市场的基础。继续完善“培育一批、改制一批、辅导一批、上市挂牌一批”的企业上市挂牌工作体系，推动企业在沪、深、港、新等境内外交易所上市融资，在“新三板”和区域股权市场挂牌，丰富居民资本市场投资渠道。加大增信支持，探索发展各类增信措施和信用风险缓释工具，推动企业通过银行间市场和交易所市场发行债券，鼓励引导企业发行项目收益债、可转换债券、绿色债券等创新产品，满足居民债券投资需求。鼓励银行业机构依法拓宽居民投资渠道，积极创新研发金融产品，不断提高投资理财、财务顾问等金融服务附加值，满足居民日益增长的财富管理需求。

（五）规范收入分配秩序

加强立法保护，积极推动制定山东省企业工资支付条例，健全完善工资支付保障机制，规范企业收入分配秩序，遏制恶意拖欠工资特别是拖欠农民工工资行为，保护劳动者劳动报酬权利。规范现金管理，推行非现金结算，推广应用银行卡、公务卡、电子商业汇票等非现金支付工具，不断完善农村支付体系。优化人民币流通环境，加大小面额货币投放力度，疏通零币流通渠道，注重保障重点行业、重点部位、重点区域现金供应。依托虚拟发行库、建立零币、新票直通车机制，搭建以助农取款点、邮政代办点、农村特约商户为主体的零币、新票供应“绿色通道”。加强管理与审计监督，深化“放管服”改革，查处并杜绝行政许可与审批过程中的寻租行为。有效规范工资外收入和隐性收入，遏制以非市场因素（权力、行政垄断等）取得收入的行为，取缔非法收入。进一步清理规范行政事业性收费和经营服务性收费，取消不合理收费。充分发挥税收的调节作用，落实好国家关于调节收入分配的税收政策，减轻中低收入群体税收负担，加强高收入群体个人所得税监管，实施增量调节。贯彻落实国家出台的鼓励技术创新、回馈社会、扶贫济困的税收政策，加大税收政策宣传力度，提高服务质量，确保政策执行到位。

参考文献

李培林、朱迪：《努力形成橄榄型分配格局——基于2006—2013年中国社会状况调查数据的分析》，《中国社会科学》2015年第1期。

郭庆旺、吕冰翔：《论要素收入分配对居民收入分配的影响》，《中国社会科学》2012年第12期。

王伯玲、李慧：《我国收入初次分配的市场困境与对策》，《税务与经济》2017年第5期。

李实、朱孟冰、詹鹏：《中国社会保障制度的再分配效应》，《社会保障评论》2017年第5期。

刘伟、蔡志洲：《完善国民收入分配结构与深化供给侧结构性改革》，《经济研究》2017年第8期。

B.4

2017年山东省城乡居民生活消费状况及2018年趋势预测

姜玉欣*

摘　要： 2017年山东城乡居民收入和消费水平都较上年有所提升，消费品市场趋好。网络消费发展迅猛，新型餐饮及酒店不断创新市场，体验式消费受到推崇，城乡消费环境趋好都成为消费领域的亮点。对目前消费领域存在的文化消费层次不高，农村消费水平有待提升，居住类消费占比过高，汽车类消费扩张带来城市发展难题，以及网络消费给零售市场带来挑战等问题进行了分析，并提出了后续的改进建议。在2017年山东消费领域总体状况分析的基础上，对2018年山东居民消费状况和发展趋势做了简要预测。

关键词： 消费　消费市场　消费亮点　消费趋势

2017年山东继续坚持稳中求进的工作基调，积极推进结构性调整和新旧动能转换，在促增收、扩内需方面不断创新思路，确保了全省经济延续上年良好的发展态势平稳运行。山东省继续贯彻落实国务院下发的《关于积极发挥新消费引领作用加快培育形成新供给新动力的指导意见》，把满足人民群众的多元化消费需求作为促进经济发展的动力，积极推动新型消费快速发展的同时，加快促进传统消费的提质升级，使得2017年新的消费热点亮点频现，消费品市场健康向好。

* 姜玉欣，山东社会科学院省情与社会发展研究院副研究员，主要研究方向：发展社会学，社会治理。

一 城乡居民生活和消费的基本状况

（一）城乡居民收入稳步增长，收入多元化趋势明显

一系列惠民政策的落实和对农村的继续扶持，保证了城乡居民收入的快速增长和生活水平的稳步提升。2017 年前三季度，山东城镇居民人均可支配收入 27656 元，同比增长 8.2%。[①] 扣除价格因素，实际增长 6.6 个百分点，比去年同期提高 0.8 个百分点，低于 GDP 增幅 0.9 个百分点。其中，人均工资性收入仍保持了上年稳定的增长态势，同比增长 6.6%，达到 17386 元；工资性收入的增长，一方面得益于就业形势的明显好转，1 ~ 10 月城镇新增就业 114.62 万人，完成年度计划的 104.2%；另一方面得益于山东省各地连续 8 年上调最低工资标准，机关事业单位津贴、补贴标准也普遍上调，这些都有效地带动了城镇居民工资性收入的快速增长。前三季度山东省城镇居民经营性收入人均 4033 元，同比增长 8.6%。经营性收入的增长主要是源于山东近年来不断加大对小微型企业的支持力度，积极鼓励大学生及农村剩余劳动力创业，为私营和个体经济发展提供了良好的经营环境和优惠政策；商事制度改革和"放管服"改革不断深化，大众创业创新环境改善，有效地促进了创业带动就业效应；同时，电商微商的快速崛起也给普通人创业提供了广阔的空间，以小微为特点的新的商业形式不断涌现，这些都为拉动家庭经营性收入实现快速增长提供了便利条件。财产性收入的快速增长是近年来城镇居民收入增长的一大亮点，财产性收入占总收入的比重逐年提升，尤其随着山东金融改革的稳步推进和金融环境的进一步改善，居民投资理财渠道不断拓宽，2017 年前三季度城镇居民财产净收入 2267 元，占总收入比重的 8.2%，同比增长了 12.1%。城镇社会保障机制的不断完善和政府对民生的日益关注促进了城镇居民转移性收入的稳步提升。自 2005 年以来，山东连续 12 年上调企业退休职工养老金，惠及全省 550 多万退休人员。同时山东不断加大对弱势群体的保障力度，这些都确保了山东省前三季度城镇居民转移净收入的稳步快速增长，同比增长了

① 本文中所用数据除特殊注明外均来自山东省统计局统计数据，部分经计算整理获得。

13.2%，达到3970元。

农村发展一直是山东各级政府的案头重任，近年来不断加大对农村的扶持力度，积极推进农村城镇化建设，确保了农村的快速发展和农民收入的稳步提高。前三季度，农村居民人均可支配收入为12328元，同比增长8.3%。其中，农村居民人均工资性收入4958元，同比增长9.2%，占可支配收入的比重为40.2%。这得益于山东近年来在治理拖欠工资、推进同工同酬、提高农民工就业能力、提高农民工劳动合同签订率和社会保险参保率、改善农民工居住条件等方面做了大量工作，使农民工就业环境和收入水平都获得了明显改善。前三季度，农村居民人均经营净收入5569元，同比增长7.1%，占可支配收入的比重为45.2%。近年来，山东提出要构建新型农业经营体系、深化农村土地制度改革、做好农村各类产权确权登记颁证等工作，赋予农民更多的财产权利，有效带动了农村居民财产性收入的快速增长。2017年前三季度，农村居民人均财产净收入达到291元，同比增长8.6%，拉动农村居民可支配收入增长0.3个百分点。农村贫困标准提升、农村低保和农村“五保”供养标准提高等各项对农资金转移力度的加大，使农村居民人均转移净收入增长较快，同比增长10.1%，达到了1510元。

（二）城乡居民的消费支出快速增长，生活水平逐步提升

2017年前三季度，山东居民人均生活消费支出9424元，同比增长9.7%。其中城镇居民人均生活消费支出16224元，同比增长6.2%。从支出结构上看，增幅最快的是医疗保健、教育文化娱乐和居住类消费。2017年1~9月城镇居民人均医疗保健支出1259元，同比增长11.0%。随着生活水平的提高，人们在教育文化娱乐方面的需求也在逐年提升，山东城镇居民的教育文化娱乐消费近年来一直保持着较快的增长速度，2017年前三季度，城镇居民教育文化娱乐人均支出1793元，同比增长8.8%。收入的提升势必会带来居民在文化娱乐方面的需求，尤其是随着近年来文化产业的不断发展，多样化的文化产品和服务不断推陈出新，有效地刺激了居民的文化娱乐需求。2017年前三季度，限额以上单位体育娱乐用品类、电子出版物及音像制品类、文化办公用品类、通信器材类零售额同比分别增长24.8%、8.9%、15.3%和15.6%，比上年同期分别提高26.0个、0.6个、2.5个和7.4个百分点。居住是关系到民生的重

要一环，随着国家房地产调控政策的陆续出台，商品房去库存成效明显，2017年以来，山东商品房销售增速放缓，库存规模下降，同时拉动家居家装类商品消费较快增长，在一定程度上带动了居住类消费的快速提升。2017年前三季度山东城镇居民居住支出3288元，占总支出的20.2%，同比增长8.2%。收入的增长还有效带动了人们对现代化的家庭设备及便捷化服务需求的增加，前三季度城镇居民生活用品及服务支出1162元，同比增长了8.0%。

前三季度，山东农村居民人均生活消费支出7367元，同比增长9.0%，增速比城镇居民低0.7个百分点。其中，农村居民交通通信支出增长最快，增幅11.8%，较上年提高了3.4个百分点，人均1159元，增速比城镇居民高5.8个百分点。这一方面得益于近年来网络信息服务业不断向农村延伸，以及各种智能通信类产品的日益普及，大大刺激了农村居民在信息通信方面的需求，另一方面公共交通网络的便捷和私家车的普及，有效带动了农村居民在交通方面的支出。据统计，截至2016年底，山东农村家用汽车每百户拥有量已经达到29.4辆，而2005年同期农村每百户仅拥有1.1辆家用车。[①] 2017年前三季度农村居民人均支出增幅排在第二位的是医疗保健支出878元，同比增长11.3%，增幅与上年持平。随着农民健康意识的提高和农村合作医疗制度的日趋完善，农民用于医疗健康方面的支出将会保持一个稳步提升的趋势。农村教育文化娱乐支出的快速增长主要得益于近年来农村新型社区建设中对农村文化娱乐活动的重视，相关配套设施的完善有效带动了农民文化娱乐方面支出的快速增加，同时农民对于自身和子女教育的重视程度也日益提高。前三季度山东农村教育文化娱乐方面的支出829元，同比提高10.7%，增幅比去年下降2.6个百分点。居住支出历年来都是农村消费支出的一个重要部分，新型农村社区建设的推进以及农民对居住条件的改善需求带动了农村住房及建材装修方面的支出，同比增长了9.6%，达到了1341元。

收入的增加和生活水平的提高是民众获得感和幸福感提升的两个重要变量，近年来城乡居民收入水平虽然得到了稳步上升，民众的生活质量也有了显著提升，但是也有很多民众认为由于物价及其他相关因素的影响，支出过高，

① 段婷婷：《2016年山东全省多生53万个娃娃，私家车数量破千万》，大众网，http://www.dzwww.com/yuqing/yqjj/201703/t20170301_15612772.htm，2017年3月1日。

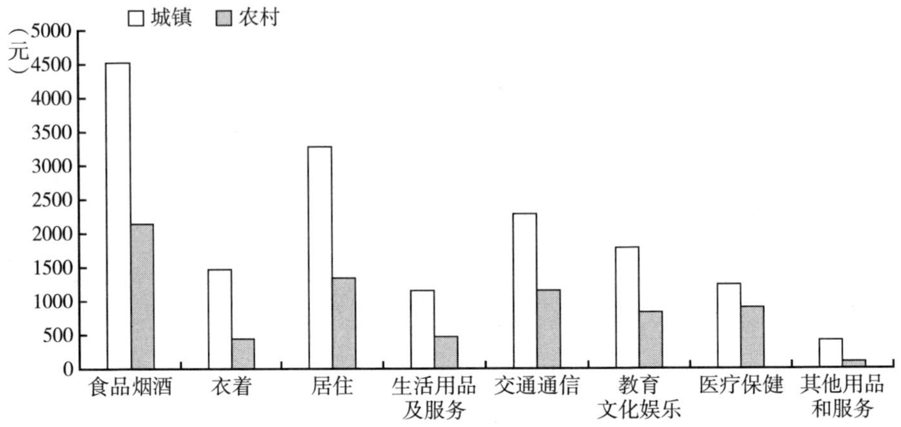

图1　2017 年城乡居民支出情况

影响了收入增长所带来的获得感。2017 年山东社会科学院山东省经济社会综合调查的数据结果显示，城乡居民超过一半的人（57.1%）都认为“支出快于收入增长”，31.1% 的人认为“收入和支出是同步增长”的，仅有 11.7% 的人认为自己的收入是快于支出增长的。通过城乡对比来看，对于此项问题城市居民和农村居民的认知也大致相同（详见表 1）。因此，对于提高民众获得感和幸福感而言，一方面要积极促进增收，另一方面也要努力使物价保持在相对稳定的区间。

表1　近三年城乡家庭收入与支出比

单位：%

		城镇	农村	总计
近三年您家庭的收入与支出比是最接近以下哪种状况	收入与支出基本同步提高	31.4	30.7	31.1
	支出增长快于收入增长	57.0	57.2	57.1
	收入增长快于支出增长	11.5	12.1	11.7

数据来源：2017 年山东社会科学院山东省经济社会综合调查。

（三）消费品市场总体平稳，消费品价格温和上涨

2017 年前三季度，山东居民消费价格总水平继续在温和的上升区间运行，

同比上涨1.4%，涨幅较上年同期缩小0.5个百分点。其中，服务项目价格上涨3.1%，消费品价格上涨0.4%。分城乡来看，城市居民消费价格上涨1.5%，农村上涨0.4%。随着新旧动能转换和消费结构升级，食品价格不再是消费价格总水平上涨的主要推手，非食品价格变动的影响日益凸显。前三季度，食品价格同比下降2.0%，自2010年来首次同比下降，影响居民价格总水平降低0.4个百分点。其中，鲜菜、猪肉、鸡蛋价格分别下降8.8%、11.3%和9.4%。但是同时与上年同期相比粮食价格上涨2.9%，这主要是受到种植、流通成本增加等因素影响；食品类价格涨幅最大的是鲜瓜果价格，同比上涨7.7%，估计增长的主要原因是成本提高、需求增加、品种改良等。医疗保健价格上涨幅度最大，达到6.3%，对于拉升居民消费价格总水平贡献了0.5个百分点；居住价格上涨2.4%，高于居民价格总水平1个百分点。前三季度，受成本上升、供需矛盾、政策调整等多重因素影响，服务项目价格同比上涨3.1%，涨幅较上年同期扩大1.5个百分点，拉升价格总水平1.2个百分点。总体来看，今年除1月受春节因素影响居民消费价格水平涨幅较高外，其余月份涨幅均保持在2%以内的平稳区间，这主要是源于一方面市场需求虽有波动，但总体平稳，价格在需求端没有大幅波动；另一方面供给侧结构性改革虽然带动上游原材料价格上涨，对价格总水平形成向上压力，但下游农产品市场供应整体充足，价格低行，上下游抵消，确保了价格总水平平稳运行。

进入2017年，山东消费品市场延续了上年的发展态势，围绕体育、文化、旅游、健康、养老五大幸福产业，通过创新消费模式来扩大有效供给、着力改善消费环境来释放消费动能，确保了经济运行平稳、消费品市场活跃、物价水平温和上涨。2017年前三季度，山东省实现社会消费品零售总额24028.2亿元，同比增长10.0%。其中，限额以上单位零售额增长8.1%，同比提高1.2个百分点。分城乡来看，城镇市场实现零售额19129.5亿元，同比增长9.7%，增速比上年同期回落0.3个百分点；农村市场实现零售额4898.7亿元，同比增长10.8%，增速持平。餐饮收入额增长较快，增长11.2%，实现2480.4亿元。信息技术引领消费模式创新，使包括餐饮业、零售业等在内的消费潜力得到进一步释放。2017年前三季度，实物商品网上零售额283.1亿元，同比增长39.7%，增速高于限额以上零售额31.6个百分点，拉动限额以上零售额增长0.9个百分点。但是整体来看，虽然近年来山东的消费稳步增长，2017年，山东全年社会消费品零售总额为33649亿元，比上年增长9.8%，总量上仅次于广东，高于江苏和浙江，但是考虑到与江浙两省人口总量的差距，山东省在人均消费方面明显低于江浙两省（见表2）。

表2　2017年鲁粤江浙社会零售总额对比

省份	零售总额(亿元)	增幅(%)	人口(万)
广东	38200	10.0	11169.0
山东	33649	9.8	10005.8
江苏	31737	10.6	8029.3
浙江	24308	10.6	5657.0

二　2017年城乡居民消费领域的亮点

网络消费增长迅速。随着移动互联网技术及智能设备的迅猛发展，网上购物、电视购物都已成为一种新的消费模式，刺激了广大民众消费需求的快速增长。仅2016年，山东限额以上商贸流通企业网上零售额就同比增长45.3%，增速高于限额以上零售额37.9个百分点。[①] 2017年前三季度，互联网和相关服务营业收入同比增长39.2%，跻身为新兴服务业中增长最快的行业。“互联网+”经济带动了线上线下加快融合，以网络销售和快递业互为支撑的相关互联网经济增长迅速。2017年山东社会科学院山东省经济社会综合调查数据显示，每月1~4次网上或电视购物的人群占比城镇居民为40.5%，农村居民为28.9%。网络技术在服务业中应用步伐加快，在推动产业融合和传统服务业转型升级同时，促进了“互联网+”服务业的快速发展（见表3）。

“餐饮+”和小微型特色餐饮住宿成为消费新热点。中央八项规定公布后，自2013年开始，山东省餐饮业经历了一次营业额下滑的调整阶段，但是，近年来很多餐饮企业不断积极探索新思路，推进跨界融合发展，逐渐推出的“餐饮+互联网”“餐饮+旅游”等形式已经得到市场认可，并形成一种新的发

① 陈琛等：《解读山东经济数据》，大众网，2017年1月25日，http://www.dzwww.com/shandong/sdnews/201701/t20170125_15480368.htm。

表 3　城乡居民网购状况

单位：%

		城镇	农村	总计
平均每月在网上购物（或电视购物）的次数	从不	42.8	62.0	50.5
	1～2 次	26.0	20.8	23.9
	2～4 次	14.5	8.1	11.9
	4～8 次	8.1	5.2	7.0
	8 次以上	8.6	3.8	6.6

数据来源：2017 年山东社会科学院山东省经济社会综合调查。

展模式。2017 年上半年，全省限额以上餐饮业实现营业额 330.9 亿元，同比增长 11.3%，增速同比提高 4.1 个百分点。其中，快餐店积极利用互联网发展便利条件开拓新市场，网络订餐营业额增长 140.7%；酒店业也积极探索发展空间，以主题营销吸引顾客，2017 年上半年山东省旅游主题酒店营业额增长 20.2%，同比提高 13.6 个百分点。同时，一些小微型餐饮和住宿业积极应对市场需求，以特色、时尚、方便、快捷为特征，吸引了很多消费者的关注，迅速占领消费市场。截至 2016 年底，山东省限额以上小型餐饮企业餐费收入增长 7.2%，微型餐饮企业餐费收入增长 9.5%，分别比大中型餐饮企业高 5.0 个和 7.3 个百分点。小型、微型住宿业客房收入分别增长 10.2%、30.2%，分别比大中型住宿企业高 3.8 个和 23.8 个百分点。①

体验式消费模式日渐成为消费的主导模式。伴随国内市场供给端不断推陈出新以及人们消费升级的需要，原有的百货大楼式购物中心逐渐被集购物、餐饮、娱乐休闲、演艺、住宿、健身等多种功能于一体的体验式消费中心所取代，包罗万象、能满足人们多项需求的商业综合体成为一种重要的新兴商业业态，近年来取得迅速发展。2016 年末，山东省拥有城市商业综合体 59 家，容纳商户 9507 个，可吸纳就业人员 7.9 万人，拥有营业面积 333.5 万平方米，全年实现销售额 212.3 亿元，比上年增长 22.4%。在这种综合体中，购买实实在在的物品已不再是人们的主要消费目标，一些突出休闲娱乐、审美怡情等的体验式消费越来越受推崇。

① 陈琛等：《解读山东经济数据》，大众网，2017 年 1 月 25 日，http：//www.dzwww.com/shandong/sdnews/201701/t20170125_ 15480368.htm。

城乡消费环境有所改善。消费环境的改进能有效刺激和带动消费水平的提高，来自2017年山东社会科学院山东省经济社会综合调查数据显示，有67.8%的人认为与三年前相比，本地的餐饮、家政等服务业的整体水平都有所提升，其中城市居民有69.0%，农村居民有65.7%，城乡居民在此方面的认知差异不大，表明随着一系列加快第三产业发展、拉动内需的政策正在促进城乡服务业整体水平的提升（见表4）。此外，通过“农家乐”、家庭农场、乡村民宿等形式促进城市近郊游，带动近郊农村收入水平提高是近年来政府一直所倡导的。近郊游的发展离不开相应基础设施和公共服务的配套，以及周边环境的改善。上述调查还显示，有67.0%的人认为近三年来本地周边郊区或农村的休闲旅游配套设施“有所提升”（见表5）；分区域来看，东部地区有13.4%的人认为“提升很大”，而中西部地区这一比例分别仅有7.4%和8.8%，同时中部地区有23.9%的人认为“没有变化”。可见在近郊游和农村旅游方面东部地区明显优于中西部地区，下一步中西部地区相关部门需要在此方面继续加大政策和资金支持，以提升旅游服务配套设施，优化旅游消费环境。

表4　本地的餐饮、家政等服务业的提升状况

单位：%

		城镇	农村	合计
与三年前相比，您觉得本地的餐饮、家政等服务业的整体水平（包括服务态度、服务理念、专业性等）	降低很多	0.4	0.8	0.6
	有所降低	1.9	3.4	2.5
	没有变化	20.0	20.2	20.1
	有所提升	69.0	65.7	67.8
	提升很大	8.6	9.9	9.1

数据来源：2017年山东社会科学院山东省经济社会综合调查。

表5　本地周边郊区或农村的休闲旅游配套设施

单位：%

		城镇	农村	合计
您认为近三年来本地周边郊区或农村的休闲旅游配套设施是否有所提升	降低很多	0.3	0.4	0.3
	有所降低	0.7	1.3	0.9
	没有变化	19.8	25.4	22.0
	有所提升	69.8	62.4	67.0
	提升很大	9.4	10.5	9.8

数据来源：2017年山东社会科学院山东省经济社会综合调查。

三　目前山东消费领域存在的问题

消费状况既反映了经济发展的健康程度也折射出居民生活水平的高低。近年来山东在促增收、扩内需方面做了很多努力，城乡居民的消费水平得到一定程度的提升，消费结构也有所优化，但是也不能忽视消费领域的一些痼疾和新问题所带来的困难和挑战。

（一）文化消费层次有待提高

随着收入的不断提高，居民在基本生活需求得到满足后势必会对精神文化生活提出更高要求，因而文化消费将成为一个重要的经济增长点。目前，山东城乡居民的文化消费呈稳步增长态势，文化消费方式逐渐多元化，但是总体来看文化消费总量增长，但结构与当前的经济发展水平仍存在一定差距。研究数据表明，当人均 GDP 超过 3000 美元时，文化消费会快速增长；当人均 GDP 接近或超过 5000 美元时，文化消费则会进入"井喷时代"。[①] 2009 年山东人均 GDP 就已经超过了 5000 美元，但目前来看山东城乡居民文化消费仍未出现"井喷"的态势。这在一定程度上缘于我国文化产业还处于成长阶段，产品市场化程度不高，相关的立法相对滞后，文化产品定价机制不健全，伪劣盗版等问题层出不穷，加之现有文化产品的监管审查制度不健全，文化产品良莠不齐等等。除此之外，地区之间、城乡之间文化消费仍然存在较大差距，当旅游、健身、艺术培训以及艺术品收藏等已经成为城市居民文化消费的重要组成部分，文化消费方式逐渐趋于数字化、网络化时，农村的文化消费更多地停留在书报、电视广播、民间娱乐等有限的空间里。

（二）农村的消费水平仍然有待提升

近年来，中央及地方政府对农村的关注使农村发展开始进入一个新的阶

① 梁达：《文化消费有望拓展居民消费更大空间》，人民网，http：//finance. people. com. cn/n/2013/0424/c70846 - 21258448. html，2013 年 4 月 24 日。

段。农民收入持续增长，消费水平有所提高，消费结构有所改善。2017 年，山东农村恩格尔系数达到 28.6%，按照国际通用的标准已经进入富裕阶段。但事实上相比于城市，农村还远没有达到真正的富裕，农民的消费水平仍有待提升。目前城市人均消费支出是农村人均消费支出的 2.2 倍，城乡之间存在一个很大的消费断层，有关专家保守估计城乡之间的消费水平相差 10 年以上，一些逐渐被城市淘汰的家庭耐用品在农村甚至还没有达到普及的程度，最能体现农民生活水平的居民生活用品和服务支出相对较低。农村消费水平普遍偏低主要源于农民目前的收入水平还远不足以支撑较高品质的生活。一般而言，农民收入的 34% 左右要用于生产性支出，用于消费支出的部分势必受到挤压，更不用说由于公共服务配置的差异而使农民被动承受过多的医疗、教育、养老等支出。此外，农村基础设施的不完善与商贸流通体系的不健全严重制约着农村消费市场的拓展和消费水平的提高。而据国家统计局的测算，我国农村人口每增长 1 元的消费支出，将给整个国民经济带来 2.3 元的消费；农村人口对任何产品的普及率提高 1 个百分点，就会增加 238 万个单位的需求。① 可见农村消费市场仍有很大的提升空间。

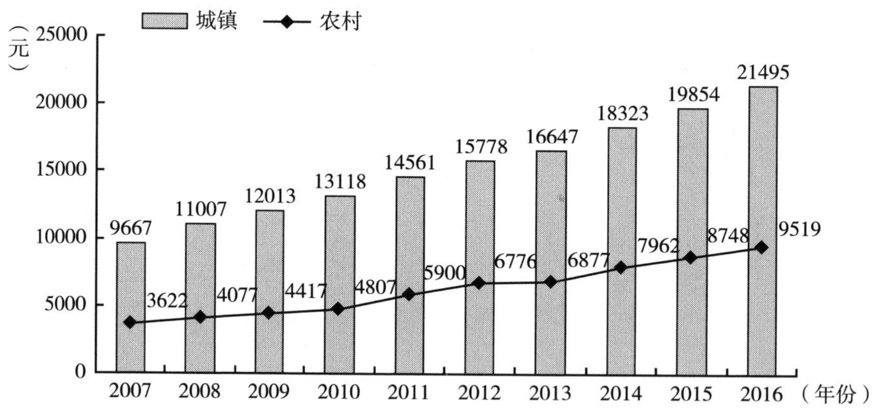

图 2　2007 ~ 2016 年城乡居民消费支出趋势及对比

① 周先旺：《启动农村消费须破解五大障碍》，新华网，http：//news.xinhuanet.com/misc/2009 - 03/08/content_ 10967445.htm，2009 年 3 月 8 日。

（三）居住支出对城乡居民消费挤占过大

房地产价格的居高不下使居住消费越来越成为影响居民其他消费支出的一个障碍。目前居住支出占山东城乡居民生活消费支出的比重仍然较大，占居民生活消费支出的20.5%，拉动居民生活消费支出增长1.5个百分点。2017年前三季度，商品房销售面积为8851.7万平方米，同比增长14.2%。商品房销售额5515.2亿元，同比增长21.3%，增速比上半年回落12.4个百分点。事实上在我国目前的发展状况下，居民对于住房的刚性需求中有相当一部分是由于投资渠道的缺乏和储蓄低利率而导致的投资需求与储蓄需求。在此背景下的高房价显然正在扩大贫富之间的差距，使社会财富更多地集中在少数人手中，而真正有刚性消费需求的中低阶层不得不通过节衣缩食增加储蓄，挤占即期消费的方式应对虚高的房价。一边是高收入者缺少必要的消费需求，一边是中低收入者缺少满足消费需求的能力，这显然不利于整个社会消费水平的提升。对于农民而言，畸高的居住支出更是挤占了其他消费支出，尤其是为了节约集约土地，解决空心村问题，山东很多农村陆续推进了“合村并居”以及各种形式的新型农村社区建设，将分散的旧宅统一规划集中建楼，农民还要交纳一笔不小的买房款，这势必会给很多农民带来一定的经济负担。实地调研发现，在经济条件一般的村庄，很多搬进新居的农民生活水准甚至有了不同程度的下降。

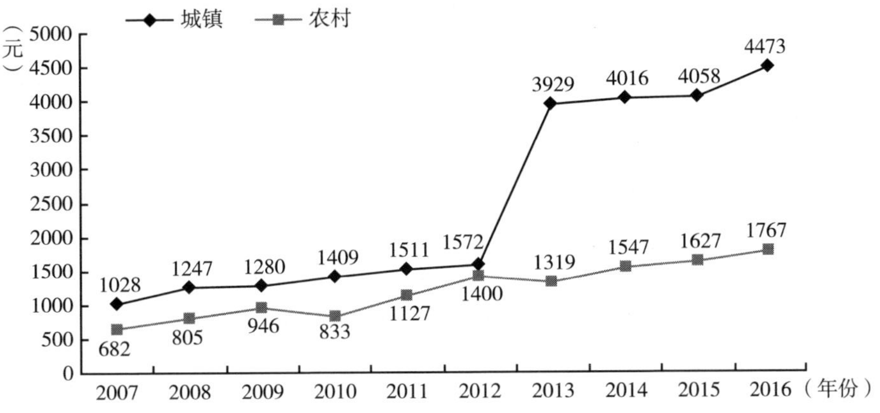

图3 2007～2016年山东城乡居民居住消费支出趋势

（四）汽车消费推进过快给城市发展带来难题

汽车消费作为近年来的消费热点始终保持着较高的增长速度，政府对于相关产业的扶持有效地推动了汽车产业的快速发展，也为国民经济的增长做出了贡献。2017 年前三季度，山东汽车类销售额增长 6.5%，尽管增速同比回落 2.2 个百分点，但户均汽车保有量增长迅速。而且从各省汽车消费规模指数看，山东仅次于广东、江苏、浙江，排第四名。据统计，山东民用汽车拥有量近年来一直保持着 10% 以上的增速。截止到 2016 年末，山东汽车拥有量从 2004 年的每百户 12 辆猛增至每百户 44.1 辆，城镇更达到了 55.6 辆。13 年时间山东城乡户均拥有汽车数增长了近 4 倍，而城市人均道路面积 2004 ~ 2015 年 12 年间仅增加了 2.6 平方米，道路的拥堵状况可想而知，更不用说一些建成时间较早的住宅区在规划设计时根本没有考虑到停车位问题，造成市区汽车乱停乱放，既阻塞交通，又加重了污染。显然，政府对于汽车消费的助推，更多的是着眼于经济的发展，而对于其背后可能承担的社会成本估计不足，导致汽车消费的过快增长给城市带来诸多交通拥堵、尾气污染、事故频发等问题，这些问题如果得不到很好的解决势必会影响城市未来的发展。

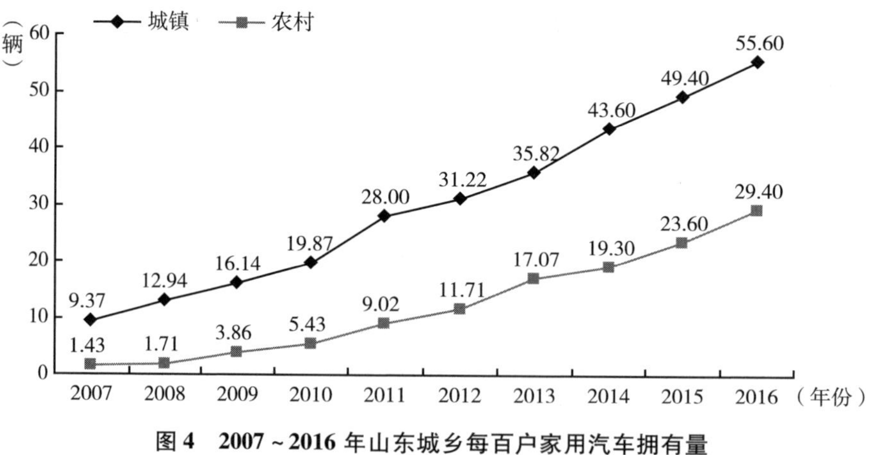

图 4　2007 ~ 2016 年山东城乡每百户家用汽车拥有量

（五）电子商务的壮大给零售业发展带来挑战

近年来，电子商务作为一种新型商业模式呈爆发式增长，给城乡居民带来便利的同时也给传统的零售业带来巨大挑战。据中国电子商务研究中心监测数据显示，2016年我国网络零售市场规模达53288亿元，同比增长39.1%，网络零售市场交易规模占到社会消费品零售总额的14.9%，较2015年的12.7%，增幅提高了2.2%。[①] 据阿里巴巴统计显示山东人2016年“双11”全天淘宝网上消费59.5亿元，排名全国第六位。电子商务以其成本低、易管理、个性化、便捷化等优势迅速打开市场并抢占了传统零售业的部分市场份额，势必会给零售业未来的发展带来不小的挑战。据证券公司申银万国定量化测算，网购对实体零售百货业的具体冲击幅度中，家电业受电商冲击最大，幅度约为14.3%，未来几年将进一步提升到50%～60%；百货业受冲击较小，幅度约为2.5%，未来可能进一步提升到6.8%～16.8%；超市受冲击最小，幅度不足2.5%，未来将提升到5.8%～12.4%。[②] 对此，传统零售业如果不能面对挑战快速反应，积极优化经营模式，降低成本，尝试新的营销手段来吸引顾客，将可能会陷入发展困境。

四 相关建议

消费领域积久存在的问题不是一朝一夕就能彻底解决的，一些新出现的问题有待从源头入手。要解决这些问题，需政府在继续加快城乡居民收入水平的提高、尽快缩小贫富差距、降低城乡居民所担负的改革成本等方面努力，尽快实现城乡公共服务的均等化，将消费政策的制定与民生改善联系起来。

（一）提高居民支付能力，继续扶持文化产业发展

文化消费的数量和质量既与居民的教育程度和支付能力息息相关，同时离不开文化产品和服务的开发供给能力与创新程度。因此，提升山东省文化消费的水平、优化文化消费结构，首先就要努力提高城乡居民的实际收入，提升居民文化消费的支付能力，通过一系列措施使居民的支付能力有效地转化为真正

① 中国电子商务研究中心：《2016年度中国网络零售市场数据监测报告》，中国电子商务研究中心网，2017年5月17日，http://b2b.toocle.com/detail--6397555.html。

② 韩海龙：《零售寒冬进行时未来，电商冲击有限》，搜狐网，2012年9月22日，http://it.sohu.com/20120922/n353731878.shtml。

的文化消费支出。其次引导居民树立积极健康的文化消费观，提升居民文化消费层次，丰富文化消费内容，既要增加娱乐型、休闲型文化消费，也要逐步拓宽发展型、高雅型文化消费，逐渐提高居民对文化产品和文化消费的鉴赏力。再次积极扶持文化产业，对以文化产品的生产、研发和创新为主的中小企业给予更多的优惠政策，进一步放宽文化产业的市场准入，降低文化企业产品开发的风险，通过一系列优惠政策与鼓励措施缩短优秀产品和服务的研发时间。最后政府要加大文化基础设施投入，使城乡居民能够借助更多的载体享受到丰富优质的文化产品和服务，同时还要进一步规范文化市场体系，对文化市场实行科学的监督管理，对一些文化产品的审查要宽严相济，既要保证文化市场健康向上的主旋律也要尽可能地实现文化产品和服务的多元化。

（二）着力提升农民消费能力

农村消费市场的能否启动不仅关系着未来国民经济的提升空间，而且关系着广大农民的生活水平和生活质量。启动农村消费市场也是多年来山东省积极推进的重要工作之一。目前，山东省农村消费市场仍有很大的发展潜力，但囿于农民收入偏低及增收后劲不足，农民的消费需求无法得到真正的释放。国内学者研究结果表明，在绝对收入消费函数、生命周期消费函数和持久收入消费函数中，弗里德曼的持久收入消费函数与我国居民消费行为吻合得最好。也就是说，人们消费决策的主要参考变量是长期收入水平。① 因此，启动农村消费市场的首要问题是要形成农民收入稳定增长的机制，尽快缩小城乡差距，使农民收入能够得到较大幅度的提升，提高农民的支付能力。尤其要重视农民工资性收入的增长，工资性收入是目前农民收入增长的主要渠道。要加快农民工资性收入的增长，一方面要继续推进小城镇建设，使农村剩余劳动力能够通过更多的转移渠道从事非农业生产；另一方面要继续加大对农民工的保障措施，继续完善企业对农民工的用工机制和薪酬机制，逐步改善农民工的薪酬待遇和工作环境，使农民工的合法权利得到切实有效的保障，收入能够稳定增长。此外，公共物品的供给与农村消费的提升关系密切，尤其是提升以教育文化、医

① 薛成义、张立光：《我国农村居民消费制约因素及破解途径——基于山东省的实证研究》，《金融发展研究》2009 年第 11 期。

疗卫生、社会保障为代表的民生发展类公共品供给会提高农民对未来收入的预期，直接促进农民在相关方面的支出，进而对农民的消费结构产生影响。因此，今后还要加快推进城乡公共服务均等化步伐，政府要进一步加大对农村的民生资金投入，继续加强对农村社会保障的支持力度，通过一系列财政补贴措施强化对农村教育资源的配置，完善农村新型合作医疗制度，减少农民后顾之忧，增强对未来的稳定预期，使农民的消费能力得到根本上的提升。

（三）正确把握拉动消费与促进民生之间的关系

扩大消费，增加城乡居民消费需求是为了转变经济增长方式，促进经济健康快速发展，经济发展最终目的是服务于民生的改善和百姓福祉的增加，因此促进消费尤其是促进居民消费从根本上说是为了改善人民生活水平，提高居民的生活质量。因此与拉动消费相关的政策也要服从于民生这一根本目标。显然目前中央和地方政府很多拉动消费的政策完全是以促进经济增长为价值取向的，尤其以住房消费和汽车消费最甚，房价虚高不仅挤占了居民在其他方面的支出也影响了居民生活水平的快速提高；不顾基础设施状况而对汽车消费的刺激给城市发展带来的问题，会使今后人们不得不付出更大的成本来解决。因此，政府在制定消费政策时要正确把握拉动消费与促进民生之间的关系，将民生的改善而非经济指标的增长放在首位，结合本地区实际发展状况和环境承载能力推进相关产业的发展，促进消费热点的形成。

（四）结合不同营销模式的特征引导建立多元化的消费环境

电子商务的迅猛发展给传统零售业带来的冲击是消费市场的一次大洗牌，也是传统营销模式的一次革新机会。不同的营销模式能够满足不同人群的需要，因此要结合不同营销模式的优势和特征，着力于建立和改善多元化的消费环境，以满足不同层次消费者的需求。继续完善与电子商务相关的法规建设、安全认证、统计监测、支付平台、现代物流等支撑体系建设，积极探索电子营销渠道和技术服务模式的创新，促进电子商务沿着规范化、现代化、科技化的方向发展。同时要合理引导传统的零售业积极调整服务模式，提高服务的质量和水平，拓展与消费者的互动渠道和模式，重新细分市场找准定位，充分发挥实体店优势，引导消费者从体验性消费中获得满足，利用多种营销手段实现消费者体验的多元化和舒适化。此外，加强与电子商务的合作也是未来传统零售业的一个发展趋势，通过优势互补实现全渠道零售，才能在未来的信息化环境中免遭淘汰。

五 对2018年山东居民生活状况及消费的预测

近年来中央不断创新宏观调控思路和方式，在短期经济增长与长期结构调整之间寻求平衡点。2018 年山东省围绕中央部署确保经济的平稳增长，在结构调整和改善民生方面稳步推进，城乡居民收入继续保持稳定增长态势，消费品市场活跃度不减，物价水平也基本稳定。但是同时也应看到，部分经济指标增速小幅回落，经济下行压力依然较大，城乡居民收入要继续保持较快的增长，带动山东省上下尤其是广大农民的生活水平有根本的提高仍然任重道远。

从目前来看，虽然当前国内外经济运行环境、厉行节约政策等对山东省消费品市场的潜力进一步释放有一定的制约作用，但就消费自身的刚性需求而言，2018 年山东消费品市场仍会延续当前的良性发展走势，保持平稳增长的发展态势。尤其是党的十九大报告中重申要完善促进消费的体制机制，增强消费对经济发展的基础性作用，在多个领域培育新的增长点，增加新动能，这为今后一段时期山东促增收、扩内需工作注入了新的动力。山东省委、省政府继续围绕这一基本目标推进工作，2018 年城乡居民收入和消费水平有望进一步提高。

随着科技的发展和人们生活水平的提高，新的消费方式和消费业态逐渐显现并日趋成熟，城乡居民消费结构也会不断优化。新兴的信息消费、文化消费、健康养老消费等展示出了良好的成长性，传统的住宿、餐饮业等行业经历低谷后，积极调整自身服务方向和定位，在经历短期的调整和创新后也开始出现新的生机。网络技术和物流业的快速发展使网购、团购等逐渐成为居民日常消费的重要手段，给人们带来便捷的同时推进了居民消费方式的大变革。不同消费业态和消费模式的竞争使得消费者的主体地位得以凸显，以消费者需求为中心的产品和服务模式不断涌现，人们的多样化需求将获得更大程度的满足。而且随着城镇化建设步伐的加快，大型商贸企业也顺势加快了商业网点的布局，通过增设门店，增加销售网点，拓宽销售渠道，提高市场竞争力，这对农村消费市场的启动和今后消费品市场的良性发展具有一定的推动作用。

在消费品价格方面，随着一系列宏观调控政策效应显现，当前居民消费价格的平稳走势也与现阶段经济增速相匹配。预计 2018 年城乡居民消费价格总水平仍将维持稳中有升、温和上涨的趋势，涨幅与上年水平相当，通胀压力不大。尤其是近年来农业生产保持良好势头，农产品供应总体趋于平稳，粮食连年增产在很大程度上抑制了食品类价格的大幅上行。同时，央行继续实施稳健的货币政策，流动性充裕引发的物价波动风险有限。国内产能过剩矛盾仍较突出，国际大宗商品价格平稳，输入性通胀压力相对较小。此外，我国工业领域的产能过剩、供大于求的局面仍然存在，在很大程度上抑制价格向消费终端传导。这些都将有利于 2018 年物价继续保持平稳。但是不容忽视的是生产成本的提升仍将成为中长期物价水平上涨的主要因素，能源价格改革的稳步推进以及公共服务价格的上升，会推动价格总水平的上扬。同时在劳动力成本继续上升及服务需求不断增加的情况下，服务类价格的上涨将持续，尤其是一些政策性调价因素也会拉动部分项目价格继续增长。

参考文献

孙韶华等：《中高端消费等将着力培育新增长点》，《经济参考报》2017 年 10 月 21 日，第 3 版。

曲晓燕：《增加有效供给　提升文化消费》，《中国文化报》2017 年 1 月 23 日，第 2 版。

张敏：《我国城乡居民文化消费比较研究》，《调研世界》2017 年第 12 期。

尚文：《新消费再迎政策支持，共享经济成亮点》，《中国商报》2016 年 4 月 3 日，第 2 版。

许宪春：《准确理解中国的收入、消费和投资》，《中国社会科学》2013 年第 1 期。

B.5

2017～2018年山东省基础教育资源配置与教育需求现状分析

吴 真*

摘 要： 《“十三五”教育事业发展规划》与党的十九大报告所定的战略部署，均将优化教育资源配置、满足民众日益增长的教育需求当作首要任务。本文基于山东省教育厅的统计资料与2017年山东社会科学院山东省经济社会综合调查数据，以教育资源的“供需”平衡为着眼点，对山东省2016～2017年度基础教育阶段的城乡、地市和不同学校类型之间教育资源配置情况加以概述，同时针对教育工作中面临的诸如“入园难”“择校热”“民办弱”“职业冷”等主要问题进行分析，并以教育资源配置与教育需求的对接为目标提出对策建议。

关键词： 基础教育 教育资源配置 教育需求 供需关系

党的十九大报告中指出，“我国社会主要矛盾已经转化为人民日益增长的美好生活需要和不平衡不充分的发展之间的矛盾”。在教育领域，这一矛盾体现为广大人民群众对优质教育资源的需求和教育资源分布的不均衡、教育水平发展的不充分之间的整合协调问题。① 实际上，自党的十八大以来，优化教育

---

* 吴真，博士，山东社会科学院助理研究员。主要研究方向：教育社会学、家庭社会学、青少年社会学。

① 以习近平新时代中国特色社会主义思想为指导加快推进山东教育强省建设——党的十九大代表、中国山东省委高校工委书记、山东省教育厅厅长、党组书记左敏答本报记者问，《山东教育报》2017年10月6日。

资源配置、促进教育公平发展一直是教育工作的重点。2016 年 5 月，中央全面深化改革领导小组第二十四次会议更是把推进县域内城乡义务教育一体化发展提上议事日程，确保将优质教育资源逐渐向薄弱地区、弱势人群倾斜。与此同时，教育资源公平配置又涉及对群众多元化、差异化教育需求的尊重和满足。因此，如何平衡教育资源配置与教育需求之间的关系是我国现今教育发展的关键点。本文以山东省教育厅提供的数据资料为基础，并结合 2017 年山东社会科学院山东省经济社会综合调查数据，以“供与需”为视角对全省基础教育资源的统筹与居民的教育需求情况进行分析，从中总结工作进展、发掘现实问题，并提出相应的对策建议。最后，根据 2017 年 10 月，山东省人民政府印发的《山东省“十三五”教育事业发展规划》所制定的主要任务，对未来山东的基础教育工作方向进行初步预测。

一 山东教育资源配置与教育需求情况

与全国各省相比，山东省基础教育资源数量较为丰富。[①] 从教育事业的整体发展规模来看，与 2015 年相比，除了基础教育机构数量略有下降之外，生均公共财政预算教育事业费支出、生均公共财政预算公用经费支出、专任教师人数、校园占地面积、基础教育阶段毕业生数、招生数和在校生数均有增加。其中，基础教育机构的数量从 2015 年的 32645 所降至 2016 年的 32530 所，主要原因是城镇化与合村并居所带来的农村地区生源和基础教育需求的减少，由此削减乡村学校 566 所，但城镇地区的教育机构数量仍呈逐年上升趋势。另外，生均公共财政预算教育事业费支出在小学、初中、高中阶段的增长率分别为 8.06%、9.11% 和 12.19%，而中等职业教育的涨幅则高达 18.54%。生均公共财政预算公用经费支出增长率在基础教育三个阶段分别为 6.72%、2.14% 和 3.02%，中等职业教育公用经费支出则提高了 8.54%。同时，各类教育机构的校园规模也均有扩大：山东省幼儿园、小学、初中、高中的占地面积分别增加了 0.26 万亩、0.74 万亩、0.5 万亩和 0.41 万亩。再从师生数量来看，专任教师、毕业生、新生和在校生人数分别比上年增加了 29561 人、

① 参见国家统计局《中国统计年鉴 2017》。

113241 人、51183 人和 226317 人。[①] 可见，山东基础教育资源总量逐年丰富，并基本与学龄人口的教育需求总量同步上升。

（一）城乡基础教育资源配置与教育需求

虽然从全省来看，近些年基础教育资源得到不断扩充，但具体到城乡，则仍存在配置和需求上的差异。

1. 城乡学前教育发展与需求现状

最新数据显示，2016 年山东幼儿园数量达到 18853 所，比上年增加 205 所。[②] 其中城镇地区为 11090 所，比上年增加 355 所；农村地区为 7763 所，比上年减少 145 所。这与农村育龄人口迁入城镇，致使入园儿童数量减少有关：2015 年在园儿童数为 700968 人，而到 2016 年则降至 671519 人。不过，幼儿园专任教师数量均有不同幅度的增加：城镇地区为 132841 人，比上年扩充 9317 人；农村地区为 31336 人，比上年增补 258 人。[③] 但从城乡教师资源的配置情况来看，二者之间仍有差距。在城镇，园均教师数量为 11. 98 人，生师比约为 16∶1；而在乡村，园均教师数量则降至 4. 04 人，生师比高达 21∶1。另外，“2017 年山东省经济社会综合调查”（以下简称“综合调查”）数据显示，城乡居民对子女所在幼儿园的服务质量评价也存在差异（见图 1）。[④] 在所列举的各项服务中，城镇居民的满意度均超过农村居民。可见，城乡地区对学前教育需求的满足程度有所不同，农村仍是优化学前教育资源配置、提升办园条件的重点区域。

2. 城乡义务与高中阶段教育发展与需求现状

从学校数量、专任教师人数和在校生人数来看，小学、初中与高中教育阶段大多也是“城镇增、乡村减”的发展趋势。具体来说，2016 年城镇义务教育与高中阶段教育机构数量为 7288 所和 561 所，同比分别增加了 75 所和 22 所；农村义务教育机构数量为 5663 所，同比减少了 419 所，只有农村高中数

---

① 2017 年山东省教育厅《2016 年全省教育经费执行情况统计公告》。

② 2017 年山东省教育厅《2016 年山东省教育事业发展统计公报》。

③ 数据来源：2017 年山东省教育厅。

④ 受访居民对子女所在幼儿园的服务情况进行打分，从 1 分到 5 分表示“很不满意”到“非常满意”。

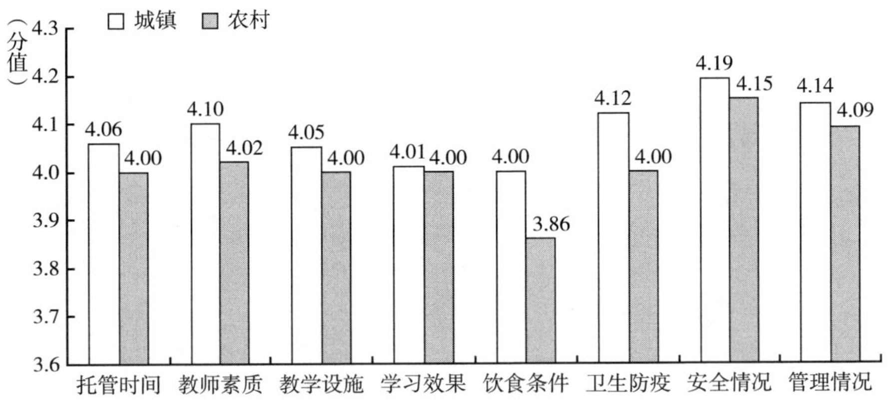

图1　城乡居民对子女所在幼儿园的评价

量略有增加，从2015年的16所增至2016年的19所。在城镇，小学、初中、高中专任教师人数比上年扩充了27151人；而农村专任教师数量则缩减了7251人。同样，城镇义务教育阶段的在校生人数增加了341717人，农村减少了123829人；不过高中阶段在校生人数变化则相反，城镇同比减少27018人，农村增加18355人。虽然城乡之间教育机构数量和教师资源的变动看似越发向城镇集中，但两者的生师比却无明显差异，均在13∶1至15∶1之间。这说明当前基础教育阶段的城乡教师资源配置基本均衡，也基本能够满足两类区域教育发展的人员需求。

再结合“综合调查”数据来看，城镇居民对子女所在教育阶段的教育服务满意度评分均低于农村居民（见图2）①，尤其是高中阶段的“素质教育”“教师素质”“校园安全”三项的差异最为明显。反映出城镇父母对“无形”教育资源的要求更高，对优质教育资源的需求也更迫切。

3. 流动人口子女教育资源配置与教育需求现状

流动人口的子女教育问题是城乡二元结构与城镇化不断推进的产物。一方面需要避免农村留守儿童的辍学；另一方面需要方便城镇随迁子女的入学。据统计，山东义务教育阶段共有留守儿童20.34万人，其中在小学和初中就读的

① 受访居民对子女所在教育阶段的教育服务情况进行打分，从1分到5分表示“很不满意”到“非常满意”。

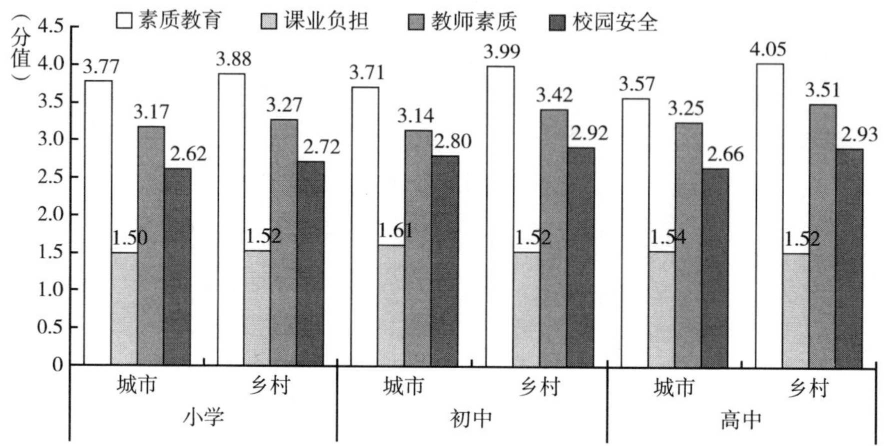

图 2　居民对子女所在基础教育阶段的教育服务情况评价

分别有 14.19 万人和 6.15 万人；进城务工人员随迁子女为 73.15 万人，同比增加 0.13 万人，在小学与初中就读的人数分别为 51.57 万和 21.58 万。

留守儿童的教育需求主要在于生活关爱与课后服务。截至 2017 年，山东省在重点村中小学校设置关爱室 2229 个，服务儿童近 6 万人。同时，制定出台了《山东省家庭教育试验区实施方案》，组织成立了山东省家庭教育专家指导委员会，督促家长自觉履行家庭教育责任。此外，针对全省 3271 名不在学儿童进行登记、核查、劝返，帮助其复学。不过“综合调查”数据显示，只有约 20% 的受访留守儿童父母了解为其子女提供的服务信息。

而随迁子女的教育需求则关乎入学公平与环境融入问题。山东省教育厅下发的《关于做好 2017 年中小学招生入学工作的通知》建立了以居住证为主要依据的随迁子女入学政策，并对入学流程和所需证明做了简化。另外，要求将进城务工人员子女与当地学生混合编班和统一管理，禁止以学籍作为入学和转学条件，使管理更为人性化。在招考政策上，落实《关于做好进城务工人员随迁子女接受义务教育后在当地参加升学考试工作的实施意见》，确保随迁子女与当地考生享有同等的录取政策。据统计，2016 年共有 8354 名随迁子女在山东参加高考。“综合调查”也证明，随迁子女异地就学需求基本得到了满足，80% 以上的受访父母并未遇到政策或手续办理方面的阻碍。

（二）各地市基础教育资源配置与教育需求

由于经济与社会发展的不均衡，各市在教育资源与需求方面也表现出明显的差异。

1. 各市学前教育发展与教育需求现状

若以幼儿园数量、在园幼儿数、专任教师数和生师比来衡量，鲁西、鲁南地区的学前教育资源仍相对薄弱，应是未来政策倾斜的重点区域（见表1）。不过与上年相比，除临沂外，各市专任教师人数均有增加，尤其是济南、潍坊、青岛三地，幼教队伍扩充数量均在千人以上。然而，教师资源较为匮乏的聊城市，其增补数量仅为41人，较难满足大量入园儿童的照料需求。

表1　山东省17市学前教育发展情况

	园数（所）	在园幼儿数（人）	专任教师数（人）	生师比（%）
济南市	1461	209583	14711	14.2
青岛市	2094	237977	18388	12.9
淄博市	788	115636	8915	12.9
枣庄市	720	94505	3921	24.1
东营市	372	60273	5558	10.8
烟台市	940	152074	10341	14.7
潍坊市	1774	235674	17248	13.7
济宁市	1936	264487	12627	20.9
泰安市	1143	161431	11235	14.4
威海市	300	66275	3804	17.4
日照市	634	93282	5183	18.0
莱芜市	365	36073	2683	13.5
临沂市	2488	343572	20331	16.9
德州市	946	143484	7428	19.3
聊城市	425	159769	3729	42.8
滨州市	566	103072	6013	17.1
菏泽市	1901	274637	12062	22.8

数据来源：2017年山东省教育厅《2016年山东省教育事业发展统计公报》。

就居民对办园质量的评价而言，在“综合调查”抽选的8个地市中，威海、滨州、潍坊三地的学前教育满意度最高，而“硬件”较强的济南、青岛则满意度相对较低（见图3）。究其原因，一方面，济南、青岛两地不同类型、不同档次的幼儿园差异较大，容易形成对比；另一方面，两地居民文化程度普遍较高，因而在对子女的教育问题上往往带有"精英主义"的观念，力求使孩子的身心发展都要"赢在起跑线上"，所以对教师素质、教学效果、饮食卫生条件的要求也较高。可见，无论是"硬件"条件还是"软件"质量，学前教育资源仍需要根据各地市居民的不同需求进行细致调配。

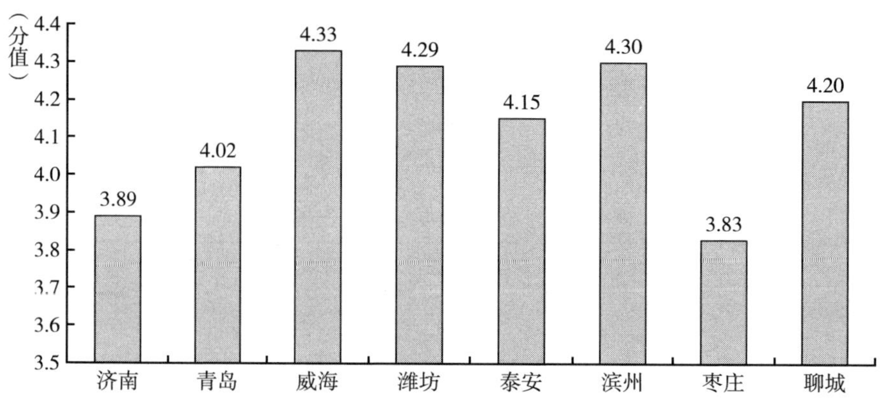

图3　各市居民对幼儿园办园质量评价

2. 各市义务与高中阶段教育发展与教育需求现状

在小学教育阶段，鲁西和鲁南的师资条件仍有待加强。其中，菏泽、聊城、临沂小学阶段的生师比均高于19∶1，超过了国家规定的标准。① 在初中教育阶段，泰安、菏泽两市的生师比分别为14.95∶1和13.53∶1，略高于13.5∶1的要求。而在高中阶段，17市中有10市仍需要加强普通高中的教师队伍建设（见表2）。不过，与上年相比，多数市在各个教育阶段的生师比均有不同程度的下降。所以从趋势上看，根据国家制定的量化标准，山东各地学校资源与教师资源在累积和调配的过程中应逐渐增加，以满足不同地区适龄学生的需求。

① 根据《国务院办公厅转发中央编办、教育部、财政部关于制定中小学教职工编制标准意见的通知》（国办发〔2001〕74号）和《关于进一步落实〈国务院办公厅转发中央编办、教育部、财政部关于制定中小学教职工编制标准意见的通知〉有关问题的通知》（中央编办发〔2009〕6号），中小学教职工编制标准为高中教职工与学生比为1∶12.5、初中为1∶13.5、小学为1∶19。

表2　17市学校资源与教师资源分布情况

	小学			初中			普通高中		
	校数（所）	生师比（%）	教师学历合格率（%）	校数（所）	生师比（%）	教师学历合格率（%）	校数（所）	生师比（%）	教师学历合格率（%）
济南市	582	16.0	100.0	185	11.3	99.79	39	14.4	99.48
青岛市	743	15.4	99.99	237	10.6	99.91	65	10.4	99.79
淄博市	300	13.2	100.00	150	11.7	99.93	34	13.3	99.47
枣庄市	515	18.1	99.99	100	13.0	100.00	25	14.9	98.45
东营市	113	13.6	99.99	71	11.3	99.76	17	11.9	99.80
烟台市	291	14.3	100.00	213	9.8	99.90	48	10.3	99.20
潍坊市	823	15.3	99.99	270	10.1	99.78	55	10.6	99.06
济宁市	1048	18.3	99.95	251	12.2	99.85	37	14.4	98.34
泰安市	517	14.7	100.00	150	14.9	99.85	30	13.9	99.02
威海市	89	14.4	100.00	85	9.1	99.84	17	8.3	98.84
日照市	295	16.9	100.00	78	11.7	99.89	15	12.4	99.29
莱芜市	124	12.3	100.00	41	12.3	99.30	9	16.0	99.37
临沂市	1293	19.3	99.97	283	12.4	99.94	51	12.8	97.00
德州市	851	15.3	99.95	167	13.5	99.49	22	13.6	96.83
聊城市	752	19.9	99.83	177	12.3	99.38	37	14.3	97.84
滨州市	314	15.3	100.00	138	10.6	99.57	28	12.3	99.03
菏泽市	1377	19.9	100.00	328	13.5	99.77	51	17.3	98.01

数据来源：2017年山东省教育厅《2016年山东省教育事业发展统计公报》。

另外，“综合调查”收集了各地受访居民对素质教育、课业负担、教师素质、收费管理和校园安全等“无形”教育条件的满意度评价（见表3）。其中，素质教育的开展情况和教师的教学水平得到广泛认可，尤其在潍坊和滨州，两项评分均居8市的首位。其次是学校的收费管理和校园暴力管控情况，各市居民的评分差距不大，均在2.5分上下①，而潍坊仍位居第一。可见，其教育改革的经验值得在全省推广。然而，对于学生的课业负担，各市评分普遍偏低。说明，多数家长仍有给孩子“减负”的愿望。有受访者表示，在保证和提高教学质量的前提下，应进一步改变以应试为目的的学习方式，在校园里创造一个寓教于乐的教学环境。实际上，这也是对优化教学内容、教育方法和考试政策的需求。

① 最低分为1，表示“很不满意”；最高分为5，表示“非常满意”。

表3　8市居民对义务教育与高中阶段教育的评价

	素质教育	课业负担	教师素质	收费管理	校园安全
济南	3.75	1.73	3.21	2.47	2.45
青岛	3.66	1.5	3.13	2.66	2.81
威海	3.25	1.17	3.1	2.53	2.59
潍坊	4.1	1.76	3.61	3.28	3.27
泰安	3.85	1.61	3.36	2.92	2.86
滨州	4.05	1.6	3.52	2.44	2.52
枣庄	3.65	1.51	3.16	2.22	2.39
聊城	3.99	1.11	3.04	2.68	2.67

针对进城务工人员随迁子女的入学问题，不同市存在明显差异。据调查，青岛市已有14多万名随迁子女在校生，超过枣庄、济宁、德州、聊城、滨州、菏泽的总和。而在威海、烟台、东营、青岛4市，随迁子女占全部在校生的比例已多于或接近20%，但西部的菏泽市还不足2%。可见，不同地区由于经济发展水平参差不齐，外来人口迁入及其子女就学所带来的教育资源压力也各有轻重，所以在制定政策和应对策略时，对于东部地区不同户籍学生的教育需求尤其要关注。

（三）各类办学机构之间的教育资源分配与教育需求情况

教育资源分配不仅关乎城乡和地区，还涉及不同类型办学机构的均衡发展，特别是公办与民办学校、普通与职业学校之间的资源调配和市场需求。这是促进行业竞争、发展多轨制教学的需要，也是解决国家教育经费不足与技术工人短缺的策略。

1. 公办与民办教育机构的资源分配与教育需求现状

2010年，教育部颁布的《国家中长期教育改革和发展规划纲要（2010—2020年）》对民办教育的健康发展做出了全面部署。在此框架下，山东省教育部门为鼓励社会力量兴办学前教育、基础教育、职业教育开展了大量工作。

截至2016年底，山东省共有民办幼儿园7873所，占幼儿园总数的41.76%，入园幼儿和在园幼儿分别为42.31万人和115.26万人，占山东省幼儿总数的40.17%和41.88%。从近五年的变化趋势来看，民办幼儿园的数量先降后升。从2011年到2014年，民办幼儿园从8523所减少到7185所，但随后，无论是办园数还是招生数和在园幼儿数均有明显攀升。较之2015年，2016年山东民办幼儿园规模扩大了463所，招生人数增加了3.18万人。但同时，各类民办幼儿园之间的差距极大，既有价高质优的国际幼儿园，又有管理混乱、师资匮乏、养育方法失当的中低端幼儿园。“综合调查”数据显示，受访居民对民办幼儿园的服务和收费评价普遍低于公办幼儿园（见图4）。其中，民办幼儿园每月收费均值为584.9元，认为收费偏高或太高的居民占全部受访者的34.3%，其满意度平均分为4.01①；而公办幼儿园每月收费均值为486.2元，感到收费过高的人群仅有24.1%，其满意度平均分为4.10。说明，民办幼儿园的收费及办园质量差距相对较大，而且与公办园相比，除托管时间外，其他服务项目的评价均较低。另外，在北京、上海曝光的一系列“虐童”事件，使政府和社会再次将关注点投向民办幼儿园的准入和监管上。可以说，虽然在“资本驱动是否可取”“市场如何介入幼儿教育”等问题上，社会还存在争议，但切实保障儿童安全与权利，落实《幼儿园管理条例》《幼儿园规范办园行为督导评估办法》等要求，健全普惠性民办学前教育体系，已成为大多数幼儿家长目前最迫切的需求。

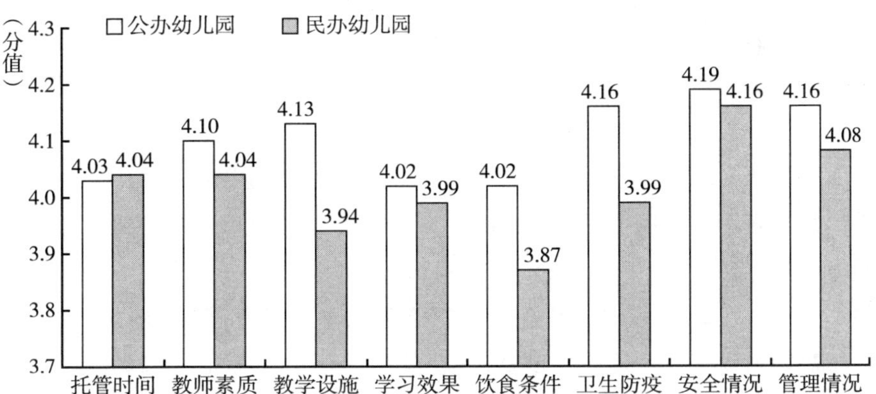

图4　居民对公办幼儿园和民办幼儿园评价

① 满意度分值最低为1分，最高为5分。

在义务教育阶段，2016 年山东省建有民办小学 266 所，占总数的 2.65%，其中招入新生和在校生分别为 6.81 万人和 41.40 万人，分别占山东省小学生总数的 5.49% 和 5.99%。民办普通初中共有 306 所，占 10.47%。2016 年招生数为 12.68 万人，在校生数为 35.29 万人，分别占山东省初中生总数的 12.12% 和 11.17%。近五年间，民办小学数量增加 34 所，民办普通初中数量增加 86 所。单从整体比例上来看义务教育阶段仍以公办机构为主，但由于居民收入的增加和对子女教育期望的提高，越来越多的以外语、艺术培养、智力开发为特色的民办学校成为教育市场中的“黑马”。所以，民办义务教育的发展是对多元教育需求的尊重。不过，为了规范民间办学，2016 年 11 月通过的《民办教育促进法》重申了义务教育的基础性和公益性，禁止设立营利性的民办小学与初中。这便使民办义务教育的收费标准、财政补贴机制，以及与公办学校之间教育资源的公平分配等问题成为热议的焦点。

在高中教育阶段，民办普通高中学校数、招生数和在校生数均有所增长。其中，学校数从 2011 年的 90 所增至 2016 年的 145 所，招生数从 4.36 万人增至 7.77 万人，在校生数从 11.92 万人增至 18.03 万人。相比之下，民办中等职业学校数、招生数和在校生数都在持续缩减，近五年，学校数从 155 所减至 111 所，招生数从 5.68 万人减至 4.25 万人，在校生数从 17.17 万人减至 10.63 万人。目前，民办普通高中和民办中等职业学校分别占全省普通高中总数与全省中等职业学校总数的 25% 和 25.93%，其在校生分别占普通高中生和中职生总人数的 13.12% 和 10.83%。同时，“综合调查”数据反映，山东有 44.3% 的受访居民认为民办中学不比公立中学差，其中鲁西地区居民的认可度最高，超过半数人表示接纳民办高中与民办中职教育。这意味着，这两类学校拥有一定的市场。早在 2004 年颁布的《民办教育促进法实施条例》和 2006 年《教育部关于大力发展民办中等职业教育的意见》中，民办高中和民办中等职业学校便被列为我国教育体系的重要构成，经过十几年的发展，两类民办教育体系的构建初见成效，但依旧存在招生难、特色少、经费缺等问题。尤其是民办中职教育，由于就业市场对学历的要求不断提高，更多的学生倾向于选择普通高中，因此从 2009 年起便进入衰退期，呈现需求日益减弱的趋势。

2. 普通高中教育与中等职业教育机构的资源分配与教育需求

中等职业教育是高中阶段教育的组成部分，也是输出技术人员、培养技术工人的基石。在“普通—职业”双轨制教育体系发展较为成熟的欧美国家，中职院校无论从数量上还是质量上都能与普通高中平分秋色，甚至更具优势。在我国，中职教育还处于起步阶段，而且在资源配置、师资力量、生源素质、教学管理等各个方面不能与普通高中相比。山东省教育厅最新的统计数据显示，2016年山东省共有中职学校428所，专任教师48244人。结合往年数据来看，2013年以来的四年间，中职学校数量和在校生人数逐年减少，但教师资源有所优化。与普通高中的数据对比可发现：职普校数比从四年前的接近1∶1下降到目前的3∶5；中职在校生占高中阶段学生总人数比由过去的38%降至现在的不到33%；而中职学校的教师数量与学历合格率也均低于普通高中。这说明近些年教育资源非但未向中职教育倾斜，还显现出逐步流失的趋向（见表4）。

表4　2013～2016年山东省高中阶段教育学校、学生及专任教师情况

年份	普通高中				中等职业学校			
	校数（所）	在校生数（人）	生师比（%）	教师学历合格率（%）	校数（所）	在校生数（人）	生师比（%）	教师学历合格率（%）
2013	547	1705043	14.3	98.10	525	1031585	20.5	91.61
2014	544	1712659	14.1	98.50	460	948167	18.1	92.85
2015	555	1691196	13.5	98.60	435	857264	17.5	93.15
2016	580	1664949	12.8	98.65	428	809826	16.8	93.83

数据来源：2014～2017年山东省教育厅《2013—2016年山东省教育事业发展统计公报》。

此外“综合调查”反映，受访家长中有43.5%认为现在中职教育也是不错的选择。然而，东中西部地区存在差异：其中，西部地区的接受度最高，对中职教育表示认可的家长占48.7%；中部次之，占43.7%；而东部地区只有37.8%，尤其在青岛，有“重普高，轻中职”观念的居民达到66%。分析认为，一方面用人单位招聘意向的转变、中职毕业生就业安置的困难和追求高学历的社会大环境降低了中职教育的吸引力；另一方面某些中职学校自身存在的专业设置乱、师资力量弱、教学设施差、管理水准低等问题也使得中职教育的声誉受损，进一步缩减了潜在生源。由此，从教育资源配置和教育需求两方面来看，中职教育的发展都面临前所未有的挑战。

二 基础教育资源配置与教育需求对接中显现的问题

（一）“农村弱”“城镇挤”现象突出

城乡之间长期的经济、社会、文化差距致使教育事业的发展也出现结构上的二元分化。在当前迅速城镇化的过程中，教育资源配置和教育需求上的不平衡越发凸显，具体表现便是“农村弱”“城镇挤”的现象。

首先，“农村弱”是指农村、边远、贫困地区的学校教学条件差、校园生活设施不足、教师稀缺、村小和教学点运转困难等。虽然山东是经济大省，但据省教育厅统计，2014 年在农村义务教育办学条件上，尤其是校舍生均面积、图书、计算机等多项指标，均低于全国平均水平。由此，根据教育部、发改委、财政部“全面改薄”的具体要求，山东启动实施了全面改善贫困地区义务教育基本办学条件的工作。截至 2017 年 9 月，新校舍扩建 2121. 34 万平方米，添置设备价值达 87. 38 亿元[①]，力求先从硬件上弥补农村地区匮乏的教育资源。

其次，“城镇挤”主要源于流动人口往城镇迁移，由此造成的城镇普通中小学校的“大班额”问题。为了优化教育资源配给、满足基础教育需求，教育部规定，小学班额超过 45 人，初、高中班额超过 50 人为大班额；如果超过 66 人，则为超大班额。2014 年的数据显示，山东城镇小学、初中、高中大班额比例分别为 48. 64%、45. 88% 和 75. 25%。在个别学校，班额甚至过百，大大妨碍师生课堂互动和教学质量。为此，自 2015 年 9 月起，教育部门便着手实施消除大班额问题的项目工程。通过增设教学班、扩充教师资源，两年间小学、初中、高中大班额比例分别下降至 24. 79%、23. 04%、26. 57%[②]。

虽然针对城乡教育资源和教育需求的不平衡问题，在各方努力下工作取得了明显进展，但大多围绕“钱、地、人”这些“有形”资源的补充上下功夫，

---

① 数据来源：山东省教育厅基础教育处提供数据。

② 数据来源：山东省教育厅基础教育处提供数据。

而诸如教育方法、教学效果、学校管理等“无形”资源的配置却仍有待优化。“综合调查”数据显示，城镇幼儿园的各项满意度评分均高于农村幼儿园。但在义务教育阶段的评价中，城镇的满意度却较低。例如在素质教育的推进方面，28.2%的农村家长感到学校能够很好地落实德智体美劳全面教育，而持同样观点的城镇家长只有19.7%；再如，对于教师的教学质量评价，46.7%的农村家长表示满意，而城镇家长只有42.8%。这种现象反映了城乡之间教育需求的差异，并对“城镇挤”的原因做了间接的解释。一方面，与农村家长相比，城镇家长的文化程度更高，对子女教育的要求也更精，同时，他们通过阅读、学习，自身也掌握一定的教育知识，因而容易发现学校教育中的问题。另一方面，他们望子成龙的观念引发了对教育资源的争夺，加之城镇学校在师资、设施上原本就比农村学校起点高，所以自然会形成群聚现象。

“城镇挤”还表现在“入园难”与“择校热”两个问题上。其中，“入园难”主要指入公办幼儿园难，而“择校热”主要指择“重点”学校热。“综合调查”发现，在子女就读于公办幼儿园的城镇家长中有9.9%曾找过熟人帮忙，3.3%交过额外费用，5.3%曾在公办园所在片区买房，1.5%为此迁过户口。农村地区比例稍低，但也有8.7%的父母为子女入公办园而采取过以上办法。针对“择校热”，虽然政策早已取消了“重点学校”与“非重点学校”的划分，但大多数家长仍留有对两类学校的固有印象，其中认为子女或孙辈所上小学为“重点小学”的占34%，“非重点小学”的占65.5%。尽管义务教育阶段实行严格的划片入学，但不少家长还是会借助其他渠道争取让子女进入“重点学校”。数据显示，有10.7%的家长找过熟人帮忙，2.8%交过额外费用，8.6%曾在学区买房，2.3%迁过户口，还有10.8%曾让孩子参加各种特长考试。这些家长共计146人，是403位受访“重点学校”学生家长的36.23%。可见，“择校”问题依然难以通过单一的强制性划片措施予以消除。

（二）优质教师资源难以下沉

作为教育工作的主体和教育资源中最重要的人力资源，教师队伍的人员数量和质量在很大程度上决定了教育事业能否均衡发展。尤其在基础教育较为薄弱的农村地区，招新引优、提升教师整体素质更为关键。但调查显示，在乡村教师队伍建设的过程中仍存在诸多问题。

首先是人员结构欠合理。调查发现，农村教师队伍的年龄结构普遍存在老龄化特征。由于偏远地区往往经济发展相对滞后，生活、教学条件也比不上城市，加之编制、财力、职称的限制，许多大学毕业生不愿到农村一线任教。另外，乡村学校里优秀的中、青年教师也常会“人往高处走”：有的一线教师升职为教育行政人员，有的则向发达地区流动，还有的从“非重点”的学校调到“重点”学校。这些现象导致农村基层教师队伍“青黄不接”，年龄断层明显。同时，高龄教师虽然教学经验丰富，但知识更新慢，教学方法也比较陈旧，使校园氛围趋向保守，不利于跟进社会变迁、开展教育创新。除此之外，农村教师的专业结构也不均衡。在一些村小，由于聘不到英语、美术、音乐、体育、计算机等专业的毕业生，因此其他专业教师代上或兼上数门课程的现象十分常见。还有少数学校，尽管在课程表上按照规定开设了相应课程，但因缺乏某些专业的教师，所以存在擅自改课、教非所学的问题，尤其是艺术课与体育课往往会被语文课、数学课取代。如此一来，近些年所提倡的全面素质教育便容易形同虚设、难以推进。

其次是教师待遇亟待改善。乡村教师之所以“引不来”“留不住”，最重要的原因在于待遇过低。虽然从 2015 年开始省内出台了“两贴、两房、一体检、一荣誉、一特岗”① 等惠师政策，但相对城市而言，乡村的教学和生活条件仍较为艰苦，很多教师感到其收入与付出不成比例。特别是一些经济困难县，由于国家层面缺乏相应的保障措施，教师工资发放只能依靠当地财政，因而至今还有拖欠工资的现象。而在待遇和回报大大低于期望值的情况下，广大乡村教师也容易产生职业倦怠，使教学工作的荣誉感降低，这样无益于“师德师风”建设，更无法增加基层教职的吸引力。另外，乡村教师住房问题还未得到全面解决，教师周转宿舍建设任务还较重。尽管“两房”政策为此提出了规划方案，但由于在“全面改薄”和消除“大班额”的过程中财政已投

① “两贴、两房、一体检、一荣誉、一特岗”中，“两贴”是指农村教师享受乡镇工作人员津贴补贴、交通补助或开通班车政策；“两房”是指逐步为乡村教师提供优惠购房政策，让他们能够在城里有一套商品房或在学校有一套周转宿舍；“一体检”指每年为乡村教师提供一次全面体检；“一荣誉”是为在乡村学校从教 30 年的教师颁发国家荣誉证书，为从教 20 年的教师颁发省级荣誉证书；“一特岗”政策是以农村学区为单位设立特级教师岗位，使其在聘期内能够享受特级教师津贴。

入了大量资金，难以同时顾及教师保障房和周转房的建造，因而短时间内还无法将政策落到实处，许多基层教师仍为住宿条件差而带来的生活不便所困扰。这种薄弱的物质支持很难维系乡村教师的敬业精神，加上社会不同阶层之间收入差距的加大，更易使他们对自身的劳动价值产生动摇，要么试图流向工资高、条件好的城市学校，要么干脆改行从事其他职业，导致基层优秀教育人才大量流失。

最后是社会环境的变迁不利于“把人留住”。随着城镇化的推进，乡村空心化越发严重。外出务工的青壮年只要条件允许便会将子女带到城镇上学，因此使留在乡村的生源越来越少，这部分人群也越来越贫困化、“边缘化”。在以升学率为评估教师工作能力的今天，这样的生源数量和质量难以让乡村教师发挥其专业特长。同时，城乡经济、社会发展中积累的结构性差距也影响了教师的个人生活：如在急剧老龄化的农村，刚毕业的青年教师很难成家；再如，考虑到子女就学、就业问题，很多教师选择进城，因为城市的教育和工作环境更利于下一代的成长。这些都成为动摇他们留在农村的因素。

（三）民办基础教育和中职教育发展面临挑战

虽然从整体来看，民办基础教育与中职教育经过多年的发展，在规模上有所扩大、在内涵上有所丰富，但相对于公办与普通教育而言，在教育资源的分配中仍居于“弱势”地位，缺少稳固的发展根基、可持续的发展动能和创新性的发展活力。具体来说，主要表现如下。

其一，民办基础教育法人属性和产权属性仍不明确。根据以往《民办非企业单位登记管理暂行条例》的规定，民办学校属于“民办非企业单位”。但《民法通则》却将公办学校定性为事业单位法人。由此，便把民办与公办学校分割开来，难以使两者拥有同等的法律地位和政策待遇。尽管2016年民政部提出将“民办非企业”法人名称改为“社会服务机构”，而教育部等五部委联合印发的《民办学校分类登记实施细则》进一步细化了民办学校的三类法人属性，但在社会保险、职工福利和捐资办学方面仍存在模糊或矛盾之处，这不仅增加了民办学校的办学困难，还会产生监管漏洞，尤其针对一些家族化或商业化民办教育机构，管理混乱和安全隐患就更易出现。另外，在产权属性上也不够清晰。《民办教育促进法》在涉及债务清偿问题时只从概念和原则上做了规定，但缺乏具操作性的条款，致使办学者和出资人难以界定其财产权。于是，一方面大量的社会捐资与民间出资不敢放心地进入民办教育，使民办学校只能依靠学费积累或银行贷款缓慢发展，另一方面学校资产监督管理难以落实，给一些仅带有牟利性质、无视受教育者权益的资本以可乘之机，由此影响整个民办教育行业的声誉，也令民办学校在教育资源分配上处于劣势。

其二，民办基础教育的办学质量亟待提升。一般来说，师资素质是教育质量的集中体现。调查反映，民办学校的教师素质普遍低于公立学校，而优秀教师流失严重。究其原因，一是待遇问题。由于民办学校教师的工资为学校自筹，属于办学成本的一部分，加上缺少工资指导标准，以及某些学校自身办学经费紧张，因此与公办学校教师相比，不仅工资偏低，还欠稳定。二是晋升空间狭窄。虽然《民办学校分类登记实施细则》允许一些非营利性民办学校登记为事业法人，其职工享受事业单位标准的社会保险，但从职业身份上来看，民办学校教师在职称评聘、进修培训、评优晋升等多方面均与属于事业编制的公办学校教师相去甚远，所以许多高学历的年轻民办学校教师选择跳槽到公办学校或党政机关、事业单位，而民办学校便成为公办学校师资队伍的“蓄水池”，其自身教学的质量也因为留不住人才而难以得到提升。三是教师选拔聘用不严格。调查显示，在民办学校当中，“无证上岗”教师或低学历教师占相当比例。出于投入产出的考量和“持证”教师资源的匮乏，有的民办教育机构放宽了用人标准，雇用无教育经验、无教师资格的人员，加之管理不力，导致一些虐待儿童、体罚学生的事件发生。由此民办教育的质量进一步受到质疑。

其三，中职学校发展思路不清、定位不准。从山东的数据来看，近些年无论是生均公共财政预算公用经费支出，还是生均公共财政预算教育事业费支出，中等职业教育的占比均有显著提升，同时，国家的政策支持也有助于吸纳生源、扩大办学。但不少中职学校重经济效益、轻社会效益，在师资跟不上的情况下通过乱设专业、乱做宣传招揽学生，导致教学质量差、毕业生素质低，难以取得用人单位的认可，拉低了学生的就业率，从而偏离了中职教育的办学方向。另外，许多学校还缺乏长远的发展规划，不注重师资队伍建设。调查反映，由于许多中等职业学校采取“先扩招、再设岗”的办法，虽然缺乏专业教师，但仍然盲目进行规模扩建，加之“双师型”人才本身就匮乏，因而迫使教师跨学科、多专业教学。这种“现学现卖”的教学安排和教学组织方式容易使中职教育停留在书本知识的学习上，而缺少最为核心的技能实践与训练。这样，中职教育的办学特色便无法凸显。

其四，校企合作办学根基不牢。为了更好地协调政府与市场的双重效应，校企合作成为目前中职教育发展的重要创新模式。然而，不同的办学参与主体在责权尚未明确的情况下，难以形成可持续的合作关系。有些依托企业办校的职业教育机构极易受到企业效益的影响，一旦后者运转不良，学校的投入、建设也随之停摆，这样便限制了学校自身的能动性和独立性。对于企业来说，由于缺乏相关的法律保障，所以考虑到运营成本和直接收益，他们往往不愿意进行长期投入。这种错综复杂的合作，无论对中职学校还是对办学企业而言，都还不具备达成“共赢”目标的基础，因此亟须制度和政策上的理顺和界定。

其五，民办与职业教育的地位尴尬。虽然“综合调查”发现山东近半数的家长表示民办学校并不比公立学校差，也有超过40%的家长认可职业教育，但实际上在当前的体制和社会环境中，民办和职业教育的地位仍是低人一等。尤其体现在招生方面，这两类学校难以吸引优质生源，一般情况下只能接收被公立学校和普通教育淘汰的考生。同时，就业市场往往以学历为用人导向，大多数招聘单位更倾向于录取公立学校和普通高等院校毕业生，由此导致民办与职业学校的生源数量和质量均无法保证。所以，这不仅是民办与职业教育机构内部发展参差不齐、缺乏统一规范的结果，还是长期单轨制教育体系和“精英主义”选拔模式的投射。

（四）顶层设计有待优化

教育资源的集中化实际上是各类资源集中化的表现。这是市场秩序不成熟的反映，也源于顶层政策在再分配环节中的缺席。

首先，教师资源的均衡配置缺乏制度保障。如前所说，乡村教师的工资待遇多取决于当地财政，缺乏国家级的统筹，由于各个区县经济发展水平不一，各地教师的收入也有明显差异。由此导致优秀教师纷纷流向工资高、待遇好的地区，也无法从教学质量、校园管理上构建城乡一体、区域均衡的人才流动环境。与此相反，国家在编制制度上却又管得太严，与教育实际需求脱节，导致基层教师数量常常补充不足。在解决“大班额”等问题上，只能从省级层面出台政策，在不触及编制“天花板”的前提下，调剂其他事业单位的编制用于基础教育。而有的学校则不得不聘任临时代课教师，旨在确保“课有人教”的情况下不占用编制名额，但同时教学质量又难以保证。种种问题反映出教师资源的配置政策欠缺统筹性和灵活度，亟待国家层面的改良。

其次，民办教育的补偿奖励政策仍偏保守。一方面，由于地方政策制定权限等原因，对民办学校在土地优惠、税收减免、变更法人登记类型相关的税费优惠难以实现较大突破，加上教师的社会保障待遇也较低，导致民办学校无法与公办学校竞争，有违发展民办教育的初衷。另一方面，地区之间、不同类型不同层次的民办学校情况千差万别，尤其对于2016年11月7日前设立的非营利性民办学校，由于目前法律依据不充分，出资者能获得多少补偿或者多少比例的奖励等问题仍没有统一定论。而对于民办职业学校来说，营利与非营利性院校的分类管理也缺乏法律支持和具体标准，使民办职业教育也享受不到与公办职业教育同等的政策支持。

最后，职业教育制度设计仍需健全。虽然中职免学费政策能够在一定程度上提升职业教育的吸引力，但有的地方由于补助资金到位晚，从而影响了生源的稳定性，限制了当地中职学校的招生工作，这便使得国家免除中职学费的政策形同虚设。另外，职业学校与技工院校由谁来管、如何分工也不明确。按规定，前者由教育部门负责，后者由人社部门管理，但产自计划经济时代的技工院校在现今定位十分模糊，时而为学校，时而为培训机构，由此干扰了职业学校的发展，也导致部门职能交叉、责权不清的问题，所以还需从国家层面出台相关政策，以防乘间抵隙的不规范办学行为。

（五）教育资源配置与教育需求的对接仍待细化

实际上，在教育资源配置不均衡的同时，不同区域、不同地市、不同人群的教育需求也存在差异：如家长对幼儿园或学校办学质量存在不同要求，不同地区居民对职业教育的认可度有差距等。这样就增加了供需双方协调磨合的困难度。然而当前教育资源配置的参考标准主要是生均教育成本这一集中型变量，缺少反映多元区域、多元个体需求差异的离散型变量，以及表示诸如教学水平、校园管理、社会声誉等“无形”教育资源的指标，由此，在政策制定上便容易形成一刀切的资源分配思路。例如，调查中发现，在有些偏远地区的家庭，出于经济条件的考量和实用主义的观念，家长更倾向于让子女趁早学个技术，而不是考上好高中或好大学；有的高收入家庭则更愿意送孩子上收费可观的国际幼儿园或国际学校，而不是费用低廉的公办幼儿园或普通学校；相比之下，一些经济发达地区的居民，他们对学校的教师素质、教学效果、服务管理等“软件”方面要求更高；还有些自身文化程度较高的家长更注重子女的全面素质提升，尤其是能力开发和文体教育，而不只是考试分数。这就给教育资源的配置工作提出了细化的要求。虽然从公平性角度来讲，教育的发展并不应由市场来主导，但了解民众的多样化需求、搭建学校与家庭之间供求与合作关系，是今后进行教育规划的根基，也是节约资源、提升效率的捷径，这样才可能改变教育资源紧缺与教育资源浪费并存的现状。

（六）民众的教育理念仍趋于保守

近些年，在我国社会“寒门难再出贵子”。这种现象反射出教育领域的阶层固化，以及教育资源分配的集中化、族群化，也显示出“精英主义”教育理念仍占据一席之地。受到“学而优则仕”“书中自有黄金屋”的传统观念影响，加上国家教育体制的导向，许多民众仍秉持着“唯学历主义”的育儿和教育原则。调查中，不少家长还以让子女进入“重点”学校为首要任务，并为此绕开划片入学的严格规定，采取购买学区房、交额外费用等办法，争挤有限的招生名额。有些家长送子女上各种补习班，尽可能地填满孩子的课外时间，把考上“重点”高中、“重点”大学当成教育的目标。虽然在义务教育阶段，“重点”与“非重点”学校的划分已被取消，但由于高中、大学之间仍有优劣之分，尤其是进入“985”“211”这类高校才能在就业市场中取得更大优势，所以许多家长只能以拼财力、拼人脉的方式抢夺目前还不充足、不均衡的优质基础教育资源。而处在弱势阶层的家庭自然容易被排挤在这种经济实力的竞争之外。面对社会上升阶梯的逐步封闭，基础教育资源的均衡配置便容易治标不治本。另外，这种“扎堆”现象还是职业教育缺乏吸引力、普通高中畸形扩张、大学生就业难、企业“用工荒”等众多问题的成因之一。因此，在了解公众教育需求的同时，也应引导其向合理化、人性化、多元化的方向发展，改变当前民众过于集中的教育需求内容。

三　平衡教育资源与教育需求的对策建议

（一）进一步优化区域教育资源配置

边远地区的长远发展取决于受教育人群的扩大和教育水平的提升。从“综合调查”和教育部门提供的数据来看，山东农村和西部仍是教育资源分配的薄弱环节，所以在今后可以围绕以下几点开展工作。

首先，继续按照计划推进“全面改薄”和消除“大班额”的任务。目前，“全面改薄”取得了较大进展，而消除“大班额”也处于收尾阶段。这两项工作均是以“钱、地、人”为施力点，从资源配置上向义务教育发展的薄弱地区倾斜。不过，值得注意的是，山东是人口流动大省，并且城镇化进程仍在持续，因此“全面改薄”需对农村人口的变动情况加以及时预测，以防资源浪费；而“大班额”则有反弹的可能，因而建立普通中小学“大班额”防范长效工作机制十分必要，这样可以有效化解大班额存量、应对增量挑战。

其次，加大对“无形”教育资源的投入。教师队伍的建设是“无形”教育资源配置中的重要元素。对于农村地区而言，针对一些中小学教师“教非所学”，以及许多高龄教师知识储备陈旧的情况，建议学校或地方教育部门提供相应的免费再教育、再培训机会。例如，在假期集中一些非专业教师进行专业知识技能的学习，以提高他们的教学能力和综合素质。另外，还可以建立一套教师流动制度。目前，出于人事制度的原因，城乡学校之间、“重点”与“非重点”学校之间的纵向和横向人员流动均较少，不利于教师资源的优化组合。因此，建议在一个市或一个区县内选择几所具有示范和引导作用的学校，添加师资培训功能，增加它们的辐射力，让这些学校的优秀教师和农村或周边“非重点”学校的教师结成互教互学的帮扶对子，把好的教学方法、教学经验传播开来，达到学校、区域间师资均衡的效果。然而这种教育“联合体”的构建有必要首先打破各学校之间的壁垒，改变以往只竞争不合作的发展模式。同时，也须对教师的考核体系进行调整，不再只以合格率、升学率为主要的工作评价标准，从而为促进教师人才流动提供先决条件。

最后，推动远程教育与教育信息化建设。实施农村、西部中小学远程教育工程、校园网络和多媒体教学播放点建设、教育教学软件开发工程，有效辅助教育资源的优化配置。同时，教育信息化建设也能为偏远学校提供教师培训、校园文化娱乐、教学信息交流等多种服务，从而满足当地师生的学习要求和对新知识、新技术的需求。

（二）保障教师权益、提升教师地位

不少学者认为，对“人”的关注是基础教育“软件”建设的重中之重。在教育发展的薄弱地区，保障教师权益、提升教师地位尤为关键，这是对其劳动价值和职业身份的尊重，也是优化师资队伍的基础。目前，山东针对乡村教师，推出了一系列惠师政策。不过，较之城市或经济发达地区，他们的工资待遇、生活工作环境、居住条件仍有差距，“引不来”“留不下”“待不住”的问题也依然存在。因此，今后有必要继续改善教育发展薄弱地区的办学条件，提高当地教师的福利待遇。除了在制定工资标准和发放补助津贴时，需考虑到他们艰苦的劳动付出，还应努力帮助解决诸如住房、就医、子女入学等实际问题，减轻其生活上的负担，使其无后顾之忧，专心投入工作。另外，根据国务院办公厅《乡村教师支持计划》的实施举措，为边远地区教师提供培训服务和晋升空间，一方面满足其个人专业发展的需要，以顶岗置换、网络研修、送教下乡等形式提升其教学水平和综合素质，另一方面给予其应有的职业身份和社会地位，适当增加农村及边远学校中高级岗位数量，实现城乡学校教师岗位结构比例总体平衡。

（三）加大对民办、职业教育机构的扶持与监管

针对民办与职业教育普遍存在的“办学弱”和“管理乱”等问题，主要应从扶持和监管两方面入手，找到恰当的切入点，制定政策且严格落实。

首先，可从“钱”“地”“人”上对上述两类教育机构进行扶持。依照《民办教育促进法》，通过专项资金、经费资助、税收减免、闲置资产转移等方式支持民办学校，并在省内细化相关的地方法规，如进一步明确专项资金的数额、支用途径，在权限内免征或减征民办职业教育机构的所得税等。同时，还需解决发展用地问题，尤其要保证普惠性幼儿园、中职学校的合理用地，落实相关优惠政策。此外，在师资方面，力求使民办学校教师与公办学校教师、

职业学校教师与普通学校教师能够获得同等的身份地位，出台配套操作政策，一方面解决民办教师落户、社会保险、职称评聘等问题，另一方面加大职业学校“双师型”教师的培养力度，扩大学校的用人自主权，对聘请的兼职教师给予一定的聘用经费。在各类学校间，也可建立一种人员双向流动制度，以提升民办、职业教育机构的教学与管理水平。

其次，从监管上，应进一步健全民办教育机构的办学准入、招生备案、财务管理、收费管理等制度，强化对民办学校的年度检查、年度财务审计、平时监督检查、办学信息公开的工作，规范办学行为，提高办学水平。在涉及“乱宣传”“乱招生”“乱收费”，以及幼儿园及学校教师虐童、体罚学生等严重违法违规问题时，还须加大查处力度，剔除“劣质”办学机构，以维护民办教育的社会声誉。对职业教育而言，也须加大行政问责力度，通过更加严格的行政督查与执法检查，保证教育法规政策执行到位。

（四）补足上层法律政策漏洞，允许地方的创新性探索

首先，在边远地区教师队伍的建设上，建议从国家层面制定相应的福利政策和待遇标准，参照公务员的薪酬，将农村教师纳入同等体系。同时，为了防止出现因地方财政经济困难而拖欠教师工资的情况，应由上级财政负责这部分薪酬的发放，这样不仅能确保乡村教师有稳定的收入，还可以拉平不同地区的教师待遇，体现“同工同酬”的分配原则。另外，在编制制度上需增加一定的灵活性。由于当前流动人口数量巨大，其中既包括进城务工人员，也包括从外省迁入的移民，如此一来，固定的教师编制便难以满足各个地区、各类学校不断变动的师资需求。因而，建议淡化编制“天花板”的人员总量控制思维，根据一定区域、一定时间段的学龄人口变化趋势增加或减少编制数量。当然，其间也须严格把控人员调配或聘人程序。

其次，关于民办学校，应在法律和政策上给予其与公办学校同等的地位，让体制内与体制外的教育机构能够拥有相同的发展机会和发展空间。所以，今后需从人员待遇、政策优惠、法律保障等方面进行突破，提升民办学校的市场参与度和教育资源占有量。另外，在对民办教育实行分类管理时，还需要国家用立法或制定政策的方式明确分类管理办法和具体划分标准，收集且借鉴民办教育发展中出现的问题和取得的经验，对《民办教育促进法》进行修订，给

各类民办教育机构一个明晰的身份定位。

最后，针对职业教育，也应进一步讨论修改《职业教育法》，对职业学校的法律责任加以明确，对相应的惩戒措施加以补充，从而解决职业教育监督管理过程中执法刚性不足的问题。而针对技工院校与职业学校定位的模糊性，建议将办学水平较高的技工院校履行设学程序，纳入学校序列，由教育部门管理；对办学水平较低的院校逐步淘汰或转化为职业培训机构，由人力资源社会保障部门管理，避免两个部门在职业教育管理上职能重合。对于校企合作所遇到的问题，建议搭建一个政府层面的平台，在加强双方沟通的同时，发挥统筹和监督作用，为二者建立长期的、深层次的合作关系提供支持。

另外，教育资源与教育需求之间的矛盾从来不是独立于社会而存在的，它其实是各种社会矛盾的集中反映。因此，在解决教育问题时，也有必要加强多部门间的协调配合，以“社会公平”推进“教育公平”。在涉及教育领域的事项时，可以由教育部门牵头，及时互通信息、达成共识。尤其在教师编制、规划建设幼儿园、留守儿童帮辅等问题上，各部门需以大局观和长远眼光联手合作，把“优先发展教育”作为首要任务。

（五）了解民众的教育需求，从“供需”角度配置教育资源

当今民众教育需求的多样化增加了教育资源配置的难度。但从“供需”角度来看，科学预测人口变动趋势，积极了解并测查民众需要，应是构建和谐供需关系的途径。建议各市、各县（市、区）按照推进新型城镇化发展要求，把人口结构、学龄人数、计生政策，以及各类信息和数据的变动情况考虑在内，统筹现有的教育资源，同时将当地的交通条件、中小学服务半径、教学保障能力等因素作为变量，制定调整学校布局、教育拨款、教师资源的规划布局标准。如在消除“大班额”的过程中，需准确掌握实际数据信息，明确班额标准和学校建设适宜规模，测算出需要增加的学位数、班数、学校数和教职工需求数。另外，在把握城乡、区域总体情况的同时，也应深入调研民众的教育需求，发掘其中的差异及其产生的原因。通过分析民众的反馈，细化资源配比，同步协调针对不同地区、不同人群的教师编制规划、住房建设规划等。这里建议使用信息化平台，打造一个反映民众教育需求的大数据采集模块，实施长期的跟踪调查和及时的数据分析。

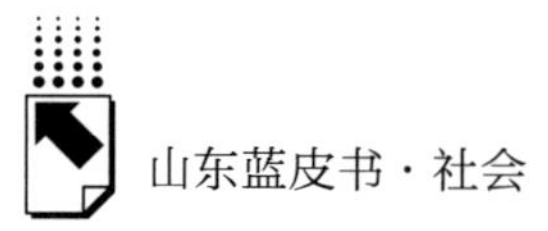

（六）培养民众的现代教育理念，打破集中化的教育需求

阶层分化明显、财富分配不均的社会是传统“精英主义”教育理念壮大的“土壤”。要消除这种教育理念，培养民众多元化、人性化的教育意识，就必须从整个经济、社会、文化层面进行各类资源配置方式的重新构建。然而，这是一个相当复杂的系统工程，仅凭教育部门一己之力难以实现。因此，在社会层面，首先要打破不同职业的高低贵贱之分，纠正轻视劳动特别是轻视普通劳动者的不良风气。而在教育层面，目前需通过宣传引导的方式，树立民众的现代教育观念，改变其不合理、不科学的教育需求。由于关心基础教育问题的往往是学龄儿童或青少年的家长，所以可借助家长学校、家庭教育指导服务中心、学校所设的家校合作平台进行一定的引导，传播教育学、心理学等专业知识，使家长意识到科学的教育需求应来源于对子女的个性特长和个人意愿的尊重，而不仅仅是父母、老师、长辈和社会的愿望。通过这种方式，逐渐消减过于集中化的教育需求，从而间接地缓解“择校热”“重普高、轻中职”等问题。

四　未来山东教育事业发展方向预测

2017 年国务院颁布的《国家教育事业发展“十三五”规划》指出，我国教育已进入了“提高质量、优化结构、促进公平的新阶段”，并确定了“更高质量、更加公平、更有效率、更可持续”的奋斗目标。同时，为促进教育资源的公平配置提出了“保基本、补短板、促公平、精准帮扶”等一系列政策举措。党的十九大报告又做出了“优先发展教育事业”的战略部署，给我国教育事业的发展勾勒出美好的前景。

山东省政府结合地区实际情况，随后研究出台了《山东省“十三五”教育事业发展规划》，确定了相应的目标任务，包括：学前教育三年毛入园率达到 85% 以上，义务教育净入学率保持在 99% 以上，高中阶段教育毛入学率达到 98%，现代职业教育体系基本完善，主要劳动年龄人口平均受教育年限从 10.5 年提高到 12 年等。与此同时，省教育厅还明确了均衡发展基础教育的具体实施内容，包括全面推进基础教育综合改革、基本消除中小学“大班额”、改善农村薄弱学校办学条件、发展普惠性学前教育等举措。据此，就未来平衡教育资源和教育需求的情况，做如下预测。

首先，在学前教育阶段，幼儿园的规划布局将更加科学合理。山东将继续增建城镇居住区配套幼儿园和普惠性幼儿园，更多的社会力量将以多种形式参与办园。此外，政府将通过购买服务等方式扩大普惠性民办幼儿园的办园规模。预计到2020年，能够构建一套覆盖城乡、收费低廉、管理规范的学前教育公共服务体系。在义务教育阶段，城镇中小学“大班额”问题提前得到解决；在农村，预计2018年底前能够完成“全面改薄”任务。同时，构建起小学与初中学段纵向衔接、相同学段学校间横向协作的办学模式，以优质资源共建共享为目标，实现学区内教师资源、课程规划、教学质量、教学设备、管理方式的统筹配置和标准化建设。同时，高中阶段教育普及水平和中等职业教育发展水平有所提升。按照规划，未来在一定区域范围内平均每30万人口将建设1所中职学校，同时，各类中职学校的办学特色将更为突出。对于普通高中教育而言，就学比例将会提升，尤其在农村地区，高中学历人口会有所增加。针对民办教育，更多的社会力量将以资本、知识、技术、管理等要素参与办学，其法律地位和政策保障也将更加明确。

其次，教师资源配置有所优化。在建立幼儿园教师动态补充机制的同时，完善教师编制管理，根据学龄人口测算进行人员动态调整。对于乡村学校短缺学科教师能够加以补齐。中小学教师“县管校聘”管理改革也将得到全面推行。针对乡村教师合法权益和待遇问题，或从顶层设计上实现基本保障，基本完成乡村教师周转宿舍建设工程。此外，初步实现基础教育信息化建设。在统筹推进各级教育资源平台建设的同时，能够推进教育城域网和中小学数字校园建设。农村地区、偏远地区教育信息化建设得到重视，借助“三通两平台”的搭建与应用，基本实现数字教育资源普遍开放共享，而优质教育资源的覆盖面也有所扩大。

最后，教育资源与教育需求之间的矛盾得到缓解。借助各类平台，民众多样化的合理教育需求或将成为资源配置的重要参考指标，并通过与学校和教育部门的沟通协商，形成资源配置与共享的一致意见。对于民众过于集中化、高标准的教育要求，或将建成一套疏导机制，如以家校合作为目标的家长辅导课程或家庭教育指导服务体系，逐步淡化社会上“精英主义”的教育理念。

按照《规划》制定的任务，到2020年山东基础教育资源配置将会有很大改观，在达到县域义务教育均衡发展评估标准的基础上，将学前教育、高中教育、民办教育、职业教育纳入资源均衡共享的体系之中，同时及时了解民众的要求，按照规划制定的任务，分步骤地实现教育资源与教育需求的对接。

参考文献

山东省教育厅：《2016年山东省教育事业发展统计公报》，2017。

山东省教育厅：《2016年全省教育经费执行情况统计公告》，2017。

陈振华、祁占勇：《优质教育资源发展论》，浙江大学出版社，2015。

唐明钊：《教育资源系统研究》，西南交通大学出版社，2014。

周元武：《教育需求和供给影响因素研究》，湖北人民出版社，2011。

孙阳、杨小微、徐冬青：《中国教育公平指标体系研究之探讨》，《教育研究》2013年第10期。

胡洪彬：《我国教育公平研究的回顾与展望》，《教育研究》2014年第1期。

B.6

2017 ~2018年山东省医疗卫生事业发展现状与对策

纪亚楠*

摘　要： 本报告以山东省医疗卫生事业发展为主题，分析了2017年山东省的居民健康状况、医疗资源配置状况、医疗服务能力水平、居民健康生活方式，概述了当前山东省医疗卫生事业发展存在的一些突出问题，如预防为主的制度保障不完善、部门协作力量不强、医药控费力度仍需加大、慢性病防控任务艰巨、居民健康素养水平较低等，为加快推进“健康山东”建设提出了强化顶层设计、拓展健康理念、发展健康产业的对策建议。

关键词： 健康山东　医疗卫生　基本公共卫生服务　健康产业

没有全民健康，就没有全面小康。健康是经济社会发展的基础条件，也关乎每一位群众的切身利益。居民健康水平是反映地区经济社会发展和人口健康素质的重要指标，2017年山东省的医疗卫生事业以建设“健康山东”为目标，更新现代健康理念，努力为人民群众提供全生命周期、全健康过程的卫生与健康服务，切实保障人民健康。本报告以2017年山东社会科学院山东省经济社会综合调查的数据为基础，辅以山东省卫生和计划生育委员会检测的最新数据，通过深入了解居民健康状况、医疗资源配置状况、医疗服务能力水平、居

* 纪亚楠，山东社会科学院省情与社会发展研究院研究实习员，主要研究方向：医学社会学、网络社会学。

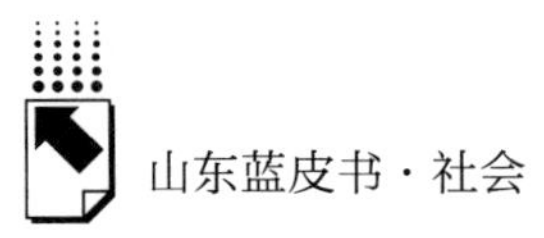

民健康生活方式等，把握山东省医疗卫生事业发展的现状，分析山东省在建设“健康山东”工作中遇到的问题，从而为加快推进“健康山东”建设，努力实现与全面小康相匹配的全民健康提供科学建议。

一 2017年山东省医疗卫生事业的发展现状

2017 年山东省的卫生与健康工作始终围绕卫生与健康领域的关键性问题。抓预防，守红线，让人民群众“不得病、少得病”，不断提升健康人群素养。保重点，优格局，不让一个人掉队，继续优化健康资源配置。提服务，强基层，让人民群众“看得上病，看得好病”，持续强化健康服务能力。重预防，提素养，着眼于“健康事业、健康产业”的双翼互动，倡导居民健康生活方式。

（一）居民健康状况显著改善

1. 基础健康指标表现良好

截至 2016 年底，山东省居民的人均期望寿命为 78.50 岁，比“十一五”末增长 2.04 岁，高出全国人均预期寿命 2 岁，其中，男性 76.07 岁、女性 81.38 岁。从地区分布来看，期望寿命呈现东高西低的递减态势。威海市的人均期望寿命突破 80 岁，达到 80.39 岁。婴儿死亡率、5 岁以下儿童死亡率分别下降至 4.53‰、5.58‰，跌至历史最低，并达到经合组织高收入国家水平；孕产妇死亡率降至 12.62/10 万，接近经合组织高收入国家水平。

2017 年山东社会科学院山东省经济社会综合调查数据显示，67.2% 的受访者健康自我评价为“健康”或“很健康”，另有 12% 的受访者表示虽然日常生活中出现健康问题，但仍能自理，只有 1.2% 的受访者表示健康问题影响到日常生活，需要人照料（见图 1）。除“60 岁以上”年龄群体外，80% 的受访者群体表示健康状况良好，目前的健康问题不影响日常生活。居民对健康保健的问题普遍重视，90.4% 的受访者表示在三年内进行过健康体检。其中，接近一半的受访者在近一年内做过体检，达到 49.5%。

2. 疾病防控效果明显

山东省 2017 年传染病疫情总体平稳，法定报告传染病发病率连续多年处

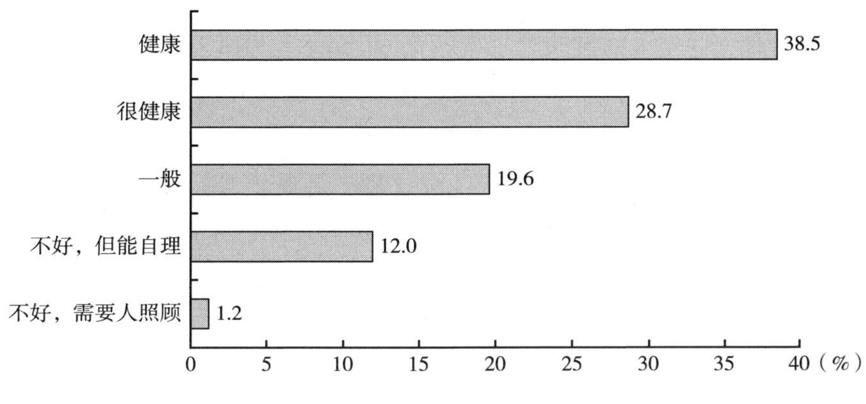

图1　居民身体状况自评

于全国较低水平，没有发生重大传染病暴发流行。2016 年山东省居民的主要死亡原因前三位为心血管疾病、恶性肿瘤和脑血管病，其中慢性病占全部死亡的 90.41%。近年来，山东省继续创新慢性非传染疾病的防控措施，加大防控力度，初步建立了疾控机构组织实施、基层初筛随访、医院诊疗的防治结合工作模式，促进了慢性病患者和高危人群的早期发现和干预。截至 2017 年 6 月，全省累计创建 17 个国家级和 46 个省级慢性病综合防控示范区，总量居全国前列。

目前山东省已管理的 2 型糖尿病患者共 260 万人，按照规范要求进行糖尿病患者健康管理的人数 167 万，管理规范率达到 64.31%，最近一次随访空腹血糖达标人数 120 万，血糖控制率达到 46.23%。截至 2016 年底，18～69 岁的山东居民中，高血压患病率为 21.05%，比 2011 年下降 1.72 个百分点，已知患者中，采取措施控制血压者比例达到 89.87%。目前，山东省内已管理高血压患者 747 万人，按照规范要求进行健康管理的达到 479 万人，规范管理率达 64.09%，管理人群血压控制率超 50%。自 2011 年起，山东省与国家卫计委联合启动减盐防控高血压项目，实施各类综合干预措施，居民人均每日食盐摄入量从 2010 年的 12.5 克下降至 2016 年的 10.13 克，该项目入选第九届全球健康促进大会优秀案例。

3. 重点人群健康服务水平稳步提升

截至 2017 年 9 月，山东省共有 65 岁及以上的常住居民 1204.8 万人，目前已为984万名老年人建立了健康档案，729万名老年人享受了健康查体并接受了健康管理，老年人的健康管理率达到60.50%。2016年为全省801.75万名65岁及以上老年人进行了免费健康查体。继续深入开展涉及妇女儿童的健康服务项目，孕产妇和3岁以下儿童系统管理率、7岁以下儿童保健管理率保持在90%以上。在全省推广使用统一的《母子健康手册》，以此整合孕前保健、孕期保健、住院分娩、预防接种等服务内容。降低儿童致残率，为0～6岁残疾儿童实施抢救性康复救助，2016年为1133名听障儿童进行人工耳蜗植入手术。2017年9月启动与中国出生缺陷救助基金会联合的先天性结构畸形救助项目，将山东大学齐鲁儿童医院等5家医院确定为定点医疗机构，为贫困患儿家庭提供医疗补助，减轻他们的经济负担。

4. 心理健康意识不断增强

2017年山东社会科学院山东省经济社会综合调查显示，山东省居民的心理健康状况稳定，64.3%的受访者表示最近情绪良好，23.5%的受访者偶尔有情绪低落的情况，两者合计占比达87.8%，男性心理健康状况略好于女性。居民对心理疾病的认知率上升，社会偏见和歧视问题有所缓解，在询问“您身边有人做过心理咨询或去看过心理医生，您会怎么看”时，77.8%的受访者表示“可以理解”或“觉得很正常”，觉得“浪费时间，没有必要”的仅占8%。男性和女性的认知差异不大，女性略好于男性。在地区分布上，城市居民对心理疾病的认知率略好于农村居民，偏见程度低。综合调查反映出山东省居民对心理咨询及心理医生的整体认可度良好，在遇到心理健康问题时开始倾向于科学就诊。

（二）医疗资源配置趋向合理

1. 社会保障体系更具系统

2017年12月20日，山东省人社厅、民政厅、财政厅共同出台《关于完善山东社会保障体系机制若干问题的意见》，针对现行社会保障制度中的薄弱环节，提出更具针对性和系统性的21条具体政策措施。意见要求，力争在两到三年内建立起更加完善的社会保障制度体系，不断提高法定人群覆盖面，建立更加合理有效的待遇确定和调整机制，全面实施医保基金预算管理，逐步扩大按病种付费的病种数量和实施范围，全面实现异地就医联网即时结算，加快推进“社保卡”应用，推动“社保卡”与“居民健康卡”融合，实现社会保障“一卡通”。2017 年 11 月，全国第一批试点发行的“三代”社会保障卡已在泰安市进行试点推广，它在高效保护个人信息安全的同时，能够实现“一卡多用，全国通用”的应用目标。2017 年底，临沂、青岛和威海等市开始推行按病种收费，济南市的公立医院也开始于 2018 年 1 月 1 日实行首批 105 个病种的按病种收付费模式，医保控费迈出实质性的一步。

2. 现代医院管理制度加速普及

截至 2015 年底，山东省分三批全面推开县级公立医院综合改革，2017 年 7 月 1 日，全面推开 286 家城市公立医院综合改革，提前 1 年多完成国家全面推开的目标任务。推广建设现代医院管理制度，制定出台《山东省公立医院法人治理结构建设实施方案》，开展法人治理结构试点，截至 2017 年 9 月 20 日，18 家纳入法人治理结构建设的省属公立医院中已有 14 家组建理事会，市县纳入法人治理结构建设的公立医院 467 家，已组建理事会 458 家，占比达 98.07%。创新编制管理方式，全面实行控制人员总量的“备案制”。开放 131 项医疗服务项目价格，调整医疗服务项目价格近 2000 项。

3. 药品供应保障能力显著提升

山东省在 2017 年实行多项措施致力于畅通药品采购流通环节，加强短缺、低价药的供应和保障基层用药。分两批开展十大类 937 种高值医用耗材的省级集中采购，采购价格较医疗机构实际采购价下降 21.51%。9 月 13 日，发布《山东省公立医疗机构药品采购推行“两票制”实施方案（试行）》，从 11 月 1 日起在济南、青岛等 6 个城市率先启动，2017 年底推行至全省的各级公立医院。今后药品只在出厂和流通到医疗机构时开具两次发票，有效地压缩了流通环节，药品的采购和流通秩序更加规范、顺畅。对于基层药款，继续坚持省级统一结算制度，全省基层药品配送到货率连续 7 年保持在 97% 以上。将常用低价药、急（抢）救用药等 2 万余种药品直接挂网由机构自行议价，有效保障基层用药，缓解常用低价药短缺现象。目前山东省已将基本药物全额纳入报销范围中，并放宽基层药品配备政策，从医改之初只能使用基本药物到目前可自主选择，基层用药种类不足的问题得到缓解，并在临沂、青岛等地开展试点，将高血压、糖尿病等慢性病用药作为公共产品免费发放，大大减轻了群众的用药负担。

4. 分级诊疗制度有效推进

2017 年山东省 17 市全部开展分级诊疗工作，加快发展试行紧密型、松散型、托管型、技术协作型和集团型等各类医联体模式，截至 2017 年 11 月，共组建 800 余个医疗体，80% 以上的三级公立医院启动医联体建设，人员流动、资源共享和患者双向转诊的绿色通道得到畅通，各级医疗机构服务的同质化水平显著提高。省、市、县、乡四级医疗机构的纵向联合正在逐步形成。综合运用医保支付政策的引导作用和医疗服务价格的杠杆作用引导居民进行基层首诊，以重点病种为突破口推进基层就诊，目前已制定 110 种县域内住院诊疗病种和 12 条双向转诊指征，引导居民分级就诊。加速推进家庭医生签约服务，丰富和优化服务内涵，为签约居民提供精准化的健康服务，截至 2017 年 9 月底，全省签约 3322. 39 万人，全人群覆盖率 33. 94%，其中贫困人口 103. 84 万人，计划生育特殊家庭 4. 59 万人，重点人群覆盖率达 52. 94%。

5. 中医药特色优势逐渐彰显

2017 年山东省的中医药服务体系更加完善，97% 的社区卫生服务中心、乡镇卫生院能够为居民提供中医药服务，国医堂、中医馆的覆盖率分别达到 72. 38% 和 81. 34%，位居全国前列，全省组建中医医联体 64 个。中医药的创新继承力度也持续加强，目前拥有全国老中医药专家学术经验继承工作室 50 个，流派传承工作室 5 个，国医大师 3 名，全国名中医 3 名，青岛、威海被确定为国家中医药综合改革试验区。目前已经开展 2 批中医优势病种收费方式改革，通过中医优势技术治疗骨科病例数达到 9600 例。正在逐步推广骨伤手法整复等中医特色诊疗技术，此探索被国家作为改革经验进行推广并被新华社诠释为“中国式”医改的“山东中医样本”。中医药发展的氛围趋向良好，全省年度开展组织 80 多场“中医中药中国行——中医药健康文化推进活动”，义诊群众 4 万余人次，中医药科普宣传的管理工作进一步强化。

6. 健康产业发展势头良好

山东省强力推进医疗健康领域的新旧动能转换，促进健康产业有序发展。2016 年山东省健康产业产值为 1. 6 万亿元，增加值 4220 亿元，同比增长 11. 2%，占 GDP 比重为 6. 3%，其中，健康服务业增速最快，达 16. 2%。反映出在医疗卫生服务、健康管理与促进、健康产品销售代理等领域的市场需求不断增长，发展潜力大。积极创建国家医养结合示范省，已确定济南、青岛等6市为首批医养结合示范先行区，并确定80个示范县和15个示范单位。大力推进中医药健康产业发展，联合山东省旅游发展委申报国家中医药健康旅游示范区2个、基地16个、项目57个，日照市顺利通过国家中医药健康旅游示范区创建单位评审。

（三）医疗服务能力明显提升

1. 医疗服务质量满意度提升

2017年山东社会科学院山东省经济社会综合调查中，为评价医改以来医疗服务各领域改善状况，对6个主要项目类别进行满意度评价，统计每个项目中选择“比较满意”和“很满意”的比例，结果显示，满意度居前三位的是“医院的检查设备和医疗环境”（74.7%）、“本地就医结算时的手续”（65.9%）及“医生和护士的服务态度”（55.8%），“看病时挂号和排队过程”满意度稍低，为51.3%，“异地就医时，异地结算的手续”和“除去报销，看病时自己花的钱”的满意度相对较低，均低于50%（见图2）。实行医改以来，医疗服务质量总体改善明显。

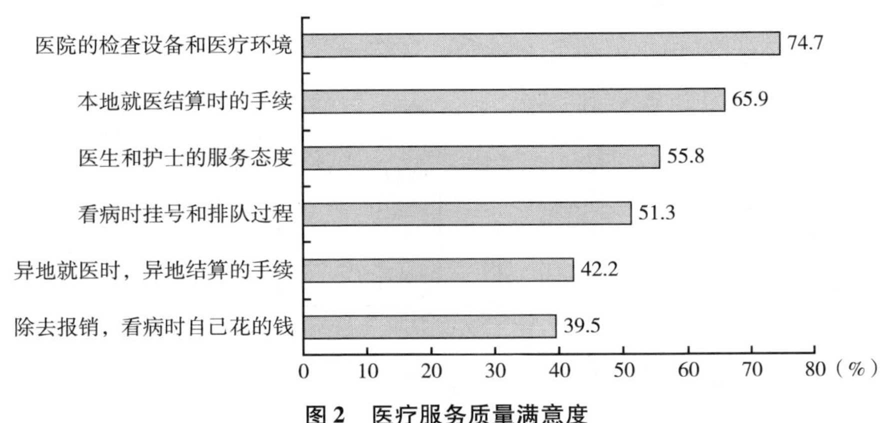

图2　医疗服务质量满意度

以5分制为基准，受访者选择“很不满意”“不太满意”“一般”“比较满意”“很满意”时，分别被赋值为1、2、3、4、5。测量医疗服务质量的6

个变量之间的Cronbach的α信度系数为0.820，这意味着我们可以通过将6个变量取值加总的方式来构建一个综合的“医疗服务质量满意度评分”变量。结果显示，医疗服务质量满意度评分的得分区间为6～30分，在此基础上，检验城乡居民在对医疗服务质量评价是否存在显著差异（见表1），Pr＝0.02＜0.05，说明城乡居民在对医疗服务质量的评价上存在显著差异。受访者对医疗服务质量的总体评分21.16分，其中城镇居民评分为20.92分，农村居民为21.46分（见图3），相比于城镇居民，农村居民对医疗服务质量的满意度更高，评价更好。居民对中部和东部地区的医疗服务质量评价好于西部地区，西部为20.79分，低于均值，反映西部地区的医疗服务质量仍有较大提升空间。

表1　城乡变量对医疗服务质量评价的方差分析（ANOVA）

		均值	标准差	样本量	方差检验
城乡	城镇	20.92	4.17	1190	F＝5.38 Sig.＝0.02
	农村	21.46	4.04	662	
	Total	21.16	4.13	1852	

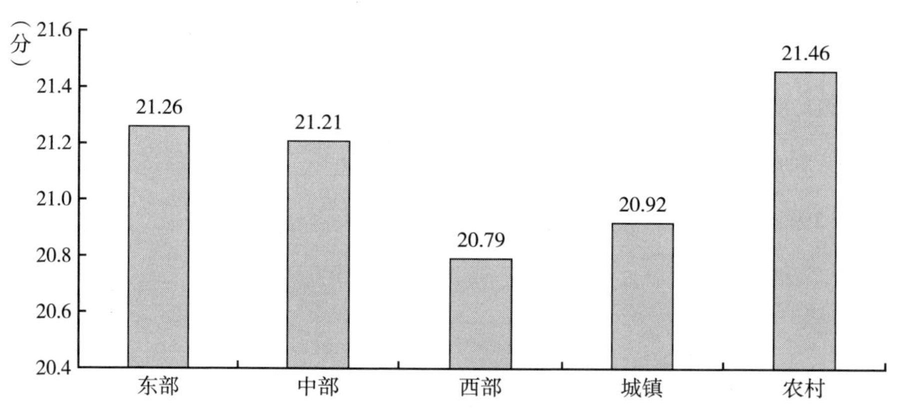

图3　医疗服务质量满意度评分

2. 基层医疗卫生服务能力不断提升

山东省的基本公共卫生服务项目人均补助经费在2017年从人均25元提高至50元，服务质量和均等化水平持续提升，覆盖人群不断扩大。医疗卫生的便捷性大幅改善，截至2016年底，山东省共有乡镇卫生院1624所，村卫生室5.32万所，社区卫生服务中心（站）2311所，农村地区基本实现了“一乡一院、一村一室”。2017年山东社会科学院山东省经济社会综合调查显示，受访者前往最近的大型公立综合医院平均需要0.5小时，农村居民平均花费0.6小时，略高于城市居民的0.4小时，医疗资源的区位配置整体比较均衡，能够满足城乡居民的基本医疗服务需求。基层卫生服务水平也不断提升，2016年山东省基层诊疗人数达3.98亿人次，占总诊疗人次的64.3%，高出全国平均水平10个百分点，基层医疗机构真正成为群众健康的“守门人”。

3. 医疗卫生的信息化建设加速推进

2017年10月20日，山东省成为第二批国家健康医疗大数据区域中心建设和互联互通工作试点省份。截至11月，已顺利完成省级全民健康信息平台的一期、二期建设内容，实现与26家委（属）管医院、100家三级医院、194家二级医院、3548家基层医疗卫生机构、9个卫生计生业务系统实现数据对接，累计存储数据达48.29亿条，其中包含居民健康电子档案6340万人2.77亿条，电子病历摘要42.05亿条。远程医学惠民工程覆盖400余家省内和70余家省外医疗机构，超过50%的二级以上医院实现以电子病历为核心的数字化医院和区域医疗协同建设转型。广泛开展“互联网+”医疗健康服务，整合健康管理各阶段的服务内容，开展预约诊疗、便民门诊、远程会诊等服务，搭建“医务人员—患者—监督管理”的沟通新路径，居民就诊更加便捷。

4. 生育政策稳步调整完善

面对生育政策调整带来的新形势和新要求，山东省从硬件基础、服务资源和服务能力三方面入手，积极调整应对，不断提高妇幼健康服务能力。努力改善机构基础设施，2016年全省各级新建、扩建妇幼保健机构39所，2017年内完成18所，县级及以上产科床位同比增加5100多张。持续盘活服务资源，化“存量”为“增量”，各级医疗机构采取“四增一减三新设”① 应对激增的妇

① “四增”即增调床位和设备，增加相关医护人员，增加检验、收费等服务窗口，增加接诊时间；“一减”即在保证母婴安全前提下，缩短住院周期、提高床位使用率；“三新”设即新设特色门诊、产科系列就诊区、住院区。

幼服务需求。强化服务能力，提升救治能力，截至2016年底，全省产科医护人员2.8万人，较2015年增长9.49%。市级危急重症孕产妇和新生儿救治中心已覆盖17市。2016年为149万人免费提供孕前优生健康检查服务，为137.63万孕产妇提供HIV检测，并针对山东省出生缺陷二级预防免费项目①存在空白点的问题，启动实施全省免费产前筛查项目。

5. 医患关系和谐发展

在5月举行的山东省卫生与健康大会上，省委书记刘家义明确提出，维护和谐医患关系，应运用法治方式解决纠纷，依法严厉打击医闹和暴力伤医问题。山东省14部门在8月联合印发《关于做好新形势下医疗纠纷综合处置工作的意见》，建立起“医院、安保、公安”三级联动打击涉医违法犯罪的工作机制，继续健全医患纠纷化解沟通机制，推行“首诉负责制”，设立纠纷协商处置场所，及时回应诉求跟踪处理结果，2016年7月到2017年6月，山东省共发生严重扰乱医疗秩序事件41件，公安机关现场依法制止“医闹”事件96次。二级以上医疗机构内部受理投诉6306起，较上年下降19.47%。市级医患调解工作实现全省覆盖，目前共有市级医疗纠纷人民调解委员会113家，县级覆盖率达到70%。

（四）健康生活方式逐步形成

1. 居民健康行为逐步养成

2016年山东省18～69岁居民经常锻炼率②为19.02%。较2011年的9.66%升高9.36个百分点，女性略好于男性。60～69岁年龄组的群体经常锻炼率最高，30～39岁年龄组群体最低。城镇居民经常锻炼率好于农村居民，两者分别为24.42%和16.15%。吸烟率和饮酒率都较2011年有一定幅度下降，其中，2016年的18～69岁居民吸烟率为24.68%，较2011年下降2.69个百分点，50～59岁年龄组群体吸烟率最高，为28.41%，18～69岁居民饮酒率为34.33%，较2011年下降6.17个百分点（见图4）。

① 为怀孕妇女免费进行血清生化筛查，评估罹患目标疾病为唐氏综合征、爱德华氏综合征和开放性神经管缺陷的风险值。

② 每周至少有3天参加业余锻炼，每天锻炼至少30分钟者占人群比例。

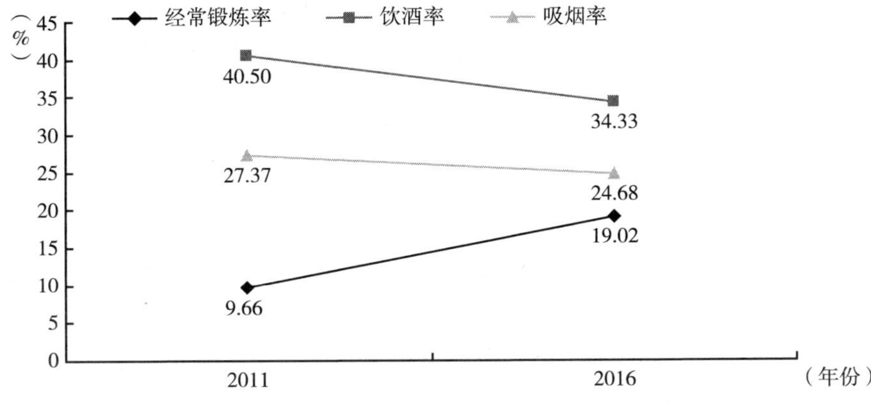

图4　居民健康行为变化

2. 居民健康素养显著提升

山东省大力实施健康素养促进活动，居民健康素养提升明显，从2008年的8.16%升至2015年的12.08%，高于全国的10.25%。健康促进和教育工作全面推进，目前已初步建立在卫生行政部门领导下的汇集健康教育专业机构、医疗卫生专业人员和基层兼职人员多方力量的健康教育队伍，通过举办教育讲座和咨询、发放健康宣传材料、播放健康教育视频节目等方式开展健康教育活动。目前山东省各级医疗机构与电视台合作开办的健康类栏目有1600余个，与报社合作开办栏目930余个，并有16个市、72个区县的卫生计生行政部门设立了新媒体宣传矩阵，"政府主导、部门协作、群众参与"的健康教育氛围初步形成。

3. 健康支持性环境不断完善

山东省努力推动健康教育示范场所建设，已成立三批6个国家级、69个省级健康促进试点县、87个健康促进医院、100个明星健康家庭。促进健康教育场所建设，已建成省级健康教育基地30余个，推广更有针对性和实效性的健康教育。各地不断新建、扩建一大批健康主题公园、健康步道，多地开展面向居民的公共自行车服务，不断完善健康支持性环境建设。在第九届全球健康促进大会上，山东省的减盐防控高血压案例和青岛市口腔健康教育基地建设案例被推荐给世界各国代表。

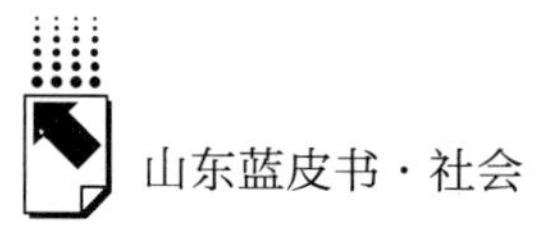

二 山东省医疗卫生事业发展存在的问题

（一）预防为主的制度保障有待完善

目前山东省医疗卫生事业的重心仍在“治已病”而非“治未病”上，在患者就诊治疗方面投入大量的医疗资源。大型医院不断扩张，争相引进高精尖的医疗设备，形成了虹吸作用，基层的优秀医务人员流失严重，加之基层的医疗机构设备老化，经费不足，医疗水平难以提高，患者对其信赖度不断降低，转而高度集中于大型医院，但大型医院的扩张速度仍落后于快速增长的患者数量，造成大型医院人满为患，难以分流。医护人员超负荷的工作状态不仅降低了患者的就诊体验，令医患关系趋于紧张，为医患纠纷埋下了隐患。另外，基层医疗机构“门可罗雀”，造成大量医疗资源闲置。尽管“以预防为主”是卫生工作的基本工作方针，但目前还缺乏充足的制度保障，支持政策分散，标准不规范，预防工作的推进主要围绕在健康教育和健康促进领域，而实际工作中的优先级应放在预防而非危机干预上。只有依靠预防而非打针吃药才能真正解决居民的健康问题，山东省从发展医疗卫生事业到发展健康保障事业仍有很长道路。

（二）部门协作力量仍需加强

医疗卫生工作是关乎民生的重要领域，涉及领域广，调动部门多，行政关系复杂。目前医疗机构的监督管理职能分散在多个部门，各部门的工作重心、政策目标都不尽统一，改革推行时缺乏及时有效的配套措施，改革效果大打折扣。此外，也存在多头管理的情形，发展权、财政权和人事权分布在多个部门，管理职权比较分散，容易形成越位、错位及监督不力的状况。目前深化医改已进入攻坚期，涉及诸多深层利益格局调整，协调难度进一步加大，而各地对深化医改的重视程度不同，医改办事机构的设置不统一，人员配置不充足，人员的流动性大，导致日常推进和协调工作缺乏抓手，工作效率降低，影响改革政策的推进和落实。

（三）医保对就诊秩序引导需要强化

2017 年山东社会科学院山东省经济社会综合调查显示，受访者表示，当遇到身体不舒服而非急诊时，选择“村卫生室或社区卫生服务站”占比最高，达到39.1%。其次为“县级公立综合医院”（19.3%）和“乡镇卫生院”（17.6%）（见图5），县级公立综合医院和乡镇卫生院作为高一等级的基层医疗机构，成为居民就医意愿梯度中的备用选择。这反映居民在非大病急病情况下，首先以便捷性为主选择医疗机构。居民到基层医疗机构就诊的意愿性较强，但遇到大病急病时，差距不大的报销比例和差异巨大的医疗技术水平促使他们更愿去大型医院就诊。

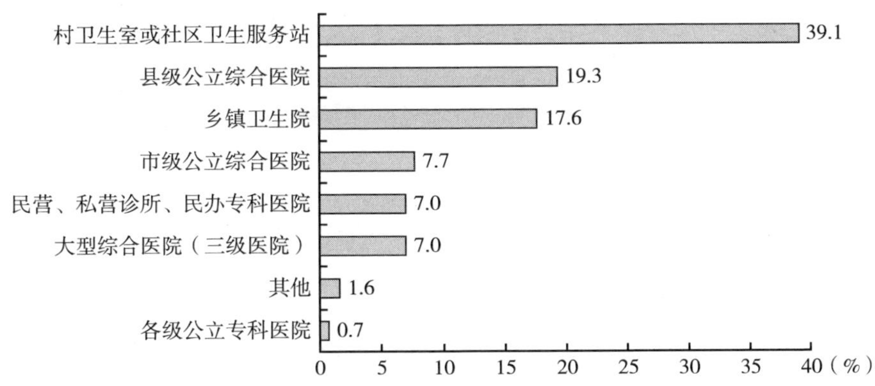

图5　医疗机构选择意愿

居民的就诊意愿有差异但医疗机构对分级诊疗的热情却普遍不高，现实中仍存在基层医疗机构不愿接下转病人和二、三级医疗机构不愿下转病人的情况。2015 年和 2016 年山东省基层医疗机构就诊人次占同期总诊疗量的66.27%和63.3%，与上年同期相比却分别下降3.19%和5.22%。目前对基层医疗机构实行定额和限额管理，而工资制度中绩效作用不明显，平均主义倾向广泛存在，医务人员的积极性难以提升。此外，二、三级医疗机构效益与患者数量挂钩，现有的医联体模式未形成有效的利益分配和责任分担机制，大型医院不愿主动出让患者，医保对就诊秩序的引导需要进一步加强。

（四）慢性病防控任务更加艰巨

2016 年，山东省慢性病在居民全部死亡原因中的构成由 10 年前的 85.6% 上升至 90.41%，慢性非传染性疾病的负担加重。不健康的饮食习惯和缺乏运动加大了超重和肥胖的发生比例，18～69 岁居民的超重率为 35.38%，比 2011 年的 32.77% 升高了 2.61 个百分点，肥胖率为 21.46%，比 2011 年的 16.60% 升高了 4.86 个百分点（见图 6），超重和肥胖是引发高血压、糖尿病等慢性疾病的潜在危险因子，也会对居民生活质量带来负面影响。2016 年山东省高血压患者总人数达 1700 万，已管理的只占辖区内高血压患者总人数的 39.32%，山东省 2 型糖尿病患者 814 万人，已管理的只占 31.87%。尤其值得关注的是，慢性病发病年龄开始出现年轻化的倾向，2016 年报告的心脑血管急性事件中，60 岁以下病例 21617 例，占比 22.26%，其中 40 岁以下病例 1158 例。潜在慢性病患病人数增加，已患病人口基数大，已管理人口比例低和趋向年轻化的患病态势都导致了山东省的慢性病防控形势愈加严峻。

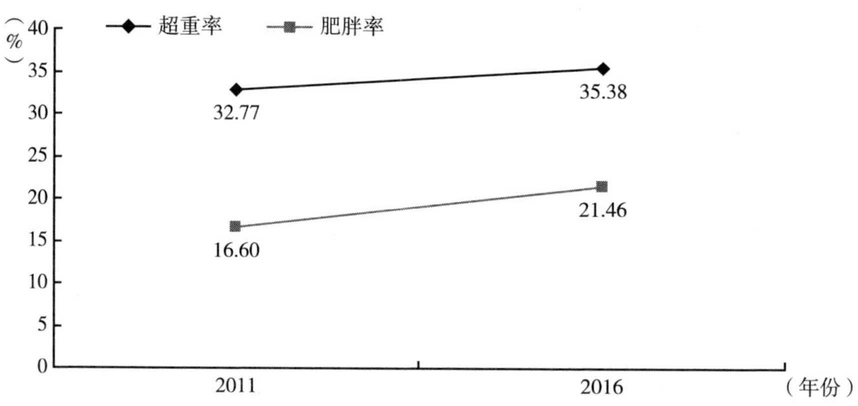

图 6　超重率和肥胖率变化

（五）医药控费力度仍需加大

2017 年山东社会科学院山东省经济社会综合调查显示，“看病难，看病贵”的问题虽有所缓解但依然存在，在上次就医时，受访者表示对其造成困扰最严重的首先是“除去报销的自费费用高”及“挂号或就诊排队时间太长”，两者的困扰程度相当，分别比 32% 和 31.7%（见图 7），对其造成困扰最严重的其次是“检查项目多且费用高”，占比 38.1%。

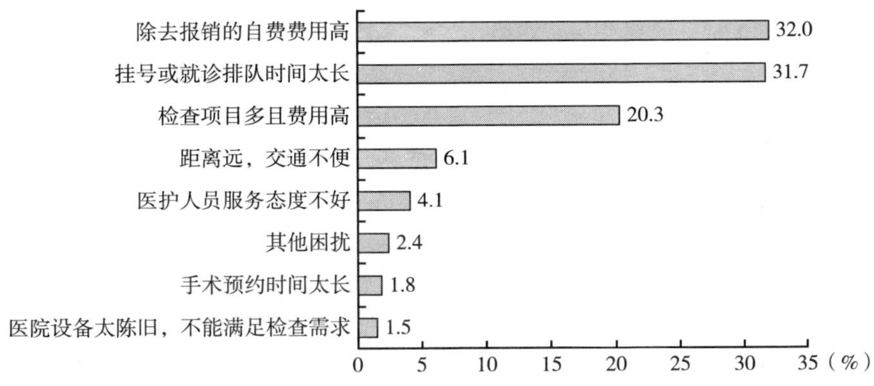

图 7　造成困扰最严重问题首选项

实行药品零差率后，公立医院的收入从药品加成收入、服务收费、财政补助三条途径减少为服务收费、财政补助两条途径，但药品价格仍然高于群众的预期价格。在债务、生存和竞争压力下，医院追求业务规模、扩大创收来源的行为模式未发生根本性变化，公立医院特别是县级公立医院的医务人员普遍超负荷工作，医务人员的技术和劳动价值未充分体现，甚至出现了以检查、耗材补医的状况，过度用药和过度医疗的问题未完全消除，居民医疗支出虚高的问题没有得到根本解决。

（六）精神障碍及心理健康群体性差异凸显

2015 年山东省 18 岁及以上人群精神障碍患病率为 17.56%，精神障碍患者有随着年龄增加而增长的趋势，70～79 岁老年人患病率最高，为 19.54%。严重精神障碍之一的精神分裂症的治疗率仅为 60.84%。女性的心境障碍①和焦虑障碍患病率都高于男性，其中，抑郁障碍的患病率为 4.09%，是男性（2.74%）的 1.5 倍②。综合调查显示，有 2.5% 的受访者表示存在阶段性抑郁

① 包括双相障碍、抑郁障碍和持续性心境障碍。

② 数据来源：《2015 年山东省第四次精神障碍流行病学调查》。

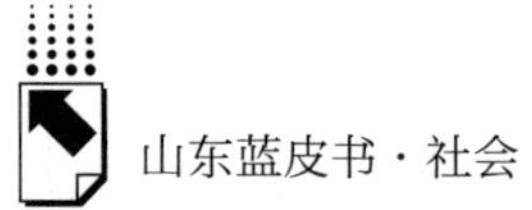

情绪。中老年群体心理健康状况较差，51～60岁群体中有持续性两周以上且严重抑郁情绪的占1.9%，60岁及以上群体中占1.7%，高于总人群1.3%，这部分人群有必要进行更加详细的医疗诊断。有阶段性抑郁情绪女性有3.3%，约是男性（1.7%）的2倍。公众对精神障碍和心理疏导问题认知率仍需提升，讳疾忌医多，科学就诊少，尤其缺乏针对老年人和女性群体的心理健康支持服务。

（七）医疗信息化建设需扩大覆盖面

2017年山东社会科学院山东省经济社会综合调查显示，在问到受访者对网络预约就诊（含医院网站、手机APP、微信等平台）的看法时，有47.8%的表示从未听说过，21.4%的表示听说过但自己不想使用，两者相加近70%，18.4%的受访者表示听说过，自己想使用但不会操作，只有11.6%的受访者表示曾经用过，以后还会继续使用。在城乡分布上，城市居民使用率更高，约为农村居民的3倍（见图8）。反映出目前预约就诊服务对农村居民的吸引力弱，仍需扩大医疗信息化建设的覆盖面。山东省在完成搭建“互联网+”医

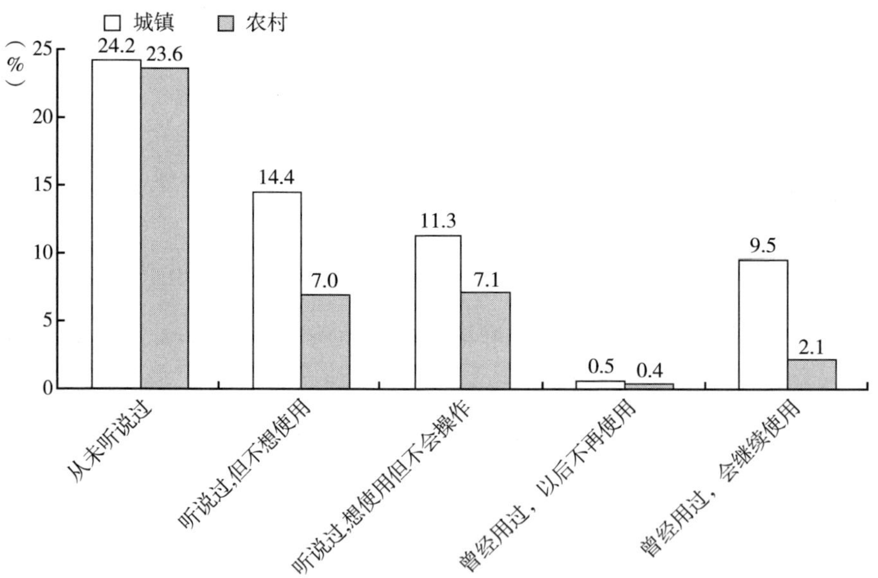

图8　网络预约就诊认知度

疗信息健康平台的基本架构后，对完善用户体验和推广宣传的重视程度弱，缺乏既熟悉卫生管理又了解信息技术的专业人员来运营和维护，居民的认可性和认知度较低，出现了新用户吸引不足，已有用户活跃度不高的情形。

（八）健康素养水平仍需提升

山东省的居民健康素养虽高于全国平均水平，但仍低于同期北京、上海、天津等省市。居民健康素养呈现明显的城乡差异，城镇居民健康素养水平为19.78%，远高于农村居民的7.98%。就职业类别来看，居民健康素养也存在较大差异，医务人员健康素养水平最高，为61.62%，其次为其他事业单位人员，为30.72%，农民健康素养水平最低，仅为6.70%。农村地区健康促进和健康教育的工作力度仍需加强。

三　山东省医疗卫生事业发展趋势分析

（一）顶层设计进一步完善

2018年将进一步落实省委、省政府《关于进一步深化医药卫生体制改革的事实意见》，工作方向由试点探索、单项突破转向系统配套、全面深化，坚持把强基层作为工作重点，着力推动优质服务资源下沉，提升基层能力，进一步巩固完善基层运行机制。结合深化医改任务落实，出台进一步深化医药卫生体制改革的若干意见，针对公立医院综合改革中的重点和难点，坚持问题导向，建立健全改革政策评价机制，进一步完善公立医院长效补偿、绩效考核政策，探索推进公立医院薪酬制度、医保支付方式改革，研究公立医院债务化解办法，改革支付方式，推广按病种付费，实现医保的可持续发展，切实巩固改革成果。

（二）药品供应保障能力继续提高

2017年底前，各级公立医疗机构将全面启动实施“两票制”，优化药品流通秩序，减少过票洗钱、商业贿赂等行为，保障药品质量。尽管中间环节的减少和经销商的消失压缩了药品加价空间，但减少的交易费用可能从药企外部转移到了药企内部，药企推广成本的增加可能会促使由低开高走模式转为高开高走模式，药价下降的幅度有限。2017 年 11 月 23 日，国家发改委发布《短缺药品和原料药经营者价格行为指南》，明确了实施价格垄断协议、滥用市场支配地位等行为的具体情形。目前，国家发改委反垄断部门对短缺药、原料药价格垄断案件的查处已覆盖山东省，未来将加对大药品市场的执法力度，采购流程进一步优化，短缺药乱涨价的行为将得到一定程度的遏制。

（三）异地就医服务质量逐步提升

随着人口流动性的加剧，异地就医比例逐年增加，实现快速、便捷的异地即时报销是群众的迫切需求，也是优化医疗就诊流程、加速医疗服务信息化建设的重要一环。综合调查显示，受访者对“异地就医时，异地结算的手续”满意度普遍较低，不足 50%。2017 年 3 月，山东省 17 市及省本级全部接入国家异地就医结算系统，实现了异地就医从省内到跨省的分步实施，未来一段时间内，随着接入国家异地就医结算系统的定点医疗机构的增加和服务流程的细化，群众对异地就医的满意度有望逐步提升。

（四）健康产业加速转型升级

健康产业链覆盖生命全周期和健康全过程，涉及面广，综合性强，并与其他业态有广泛的交叉领域。它的发展不仅会促进信息基础设施和数据交易市场的建设，也会带动健康农业、健康服务的发展，会逐渐成为未来山东省经济领域的重要支柱产业和民生领域的焦点产业。预计在 2020 年，山东省健康产业产值会达到 3 万亿元，新技术和新模式不断涌现，移动互联、大数据、云计算等新一代信息技术会促进其向更广、更深的方向扩展。随着居民消费水平的提高和人口老龄化的加剧，居民健康意识和预防意识不断增强，健康产业发展的动力会更加充足，预计在 2025 年会实现跨越式、爆发式的增长，实现 20% 以上年增长，到 2030 年有望培育 12 万亿元规模的健康产业。

（五）居民健康素养大幅提升

山东省未来会针对城乡居民日益增长的健康服务需求，继续加强顶层设计，倡导“将健康融入所有政策”的理念，建立政府主导、部门协作、全社会参与的健康促进工作机制。初步建立与“小康社会”相适应的健康教育工作体系，充分利用“两微一端”等新媒体平台传播健康知识，倡导“互联网+医学科普”传播权威医学知识，引导城乡居民树立科学健康观，提升居民健康素养。进一步强化对农村地区、西部地区和老年人的健康干预工作，根据其信息接收渠道少、文化程度低等特点研究适应特定群体的健康教育项目。继续提高居民急救、自救、互救等健康应用技能水平。预计到2020年，山东省成人健康素养水平达到22%，东、中、西部地区居民健康素养水平分别提升到23%、17%和11%，城镇、农村居民健康素养水平分别达到23%和13%，中小学生健康知识知晓率达到90%，15岁以上年龄群体吸烟率降至26%以下。

（六）健康生活方式更加普及

2018年山东省将按照《山东省“十三五”卫生与健康规划》，向居民推广健康生活方式，继续开展“一评二控三减四健”① 专项行动，引导居民强化健康管理，形成平衡膳食、科学健身、戒烟限酒和心理健康的生活方式，促进居民身心健康。统筹居民健身场所设施建设，推动公共体育设施降低费用或免费向公众开放，构建城市社区15分钟健身圈，推进农民体育健身工程，大力发展健身休闲和具有地方特色的传统体育项目，提升居民参与体育锻炼的积极性。创建无烟环境，广泛开展创建无烟医疗卫生机构、无烟学校、无烟单位等，推行公共场所禁烟宣传，开展成人烟草流行监测。

四　加快“健康山东”建设事业的对策建议

（一）细化目标规划，加强公益属性

1. 注重顶层设计

梳理医疗卫生服务体系的运行轨迹。山东省目前的医疗服务链在基层医疗

① 健康评估、控烟控酒、减盐、减油、减糖、健康体重、健康口腔、健康骨骼、健康心理。

机构处发生了断裂，分级诊疗体系中出现了“转上去容易转下来难”的情况，这源于当医疗资源集中流向二、三级医院时，医疗服务这一自治体系过度寻求自我发展，出现了过量提供和资源浪费的情况。打通系统失灵部分，必须从强化医疗服务分工和合理资源空间布局入手，改变医疗资源“倒金字塔”格局，加强系统的整体性和协同性，疏通关节，打通堵点，引导自治系统有序发展。

2. 整合健康的公共政策

造成健康水平地区和人群差异的因素除了医疗卫生服务体系不合理外，主要是个人生活和工作的社会环境不公平造成的，其根源是资金、权力等社会资源的分配不平等，因此，需采取“将健康融入所有公共政策”的策略。各级决策者不仅要有健康意识，在制定政策时，也需把健康内容纳入除卫生部门以外的所有部门的工作目标中，关注健康问题与其他议题的交互作用，逐步改善健康的社会决定因素，注重维护政策的整体性和连贯性，避免健康的社会政策过于分散或重复而造成“碎片化政策”，降低政策施行的效率。

3. 加快政府职能转变

引入市场机制，发展现代医院管理制度不等于弱化政府的办医责任。医疗服务机构的公益属性要求政府加快职能转变，加强在实现基本医疗服务的公平性和可及性上的投入。建议进一步界定政府与医疗机构的权责关系，抓大放小，加快政事分开、管办分开，将政府职责转移到宏观层面和监管层面，全面落实公立医院独立法人地位，完善激励约束机制，发展科学薪酬制度，健全服务定价机制，维护医疗服务市场的公平竞争环境。

4. 强化部门间协作与联动

条块分割的管理体系下，对医疗卫生事业的行业监管涉及准入、价格、质量和医保等，对医疗机构的运行监管涉及管理层任命、人员录用和财政投入等，管理内容庞杂，职能分散在多个行政部门，而且缺乏有效的监管体系，导致医药体制改革过程中阻力频现，效率低下。建议进一步加强领导体制和组织推进机制建设，强化部门间的协同性和联动性，理顺医改工作机构设置，建立和完善体系内部的保障和沟通机制，形成监管合力，推进“三医”联动，完善医疗、医保、医药之间的配套衔接政策，配齐配强工作人员，保障各项改革措施的推进和落实。

5. 明确基层医疗机构的功能定位

综合调查显示，居民对不同层级的医疗机构存在差异化的需求。在选择最基层的医疗机构时，居民最需要的医疗服务内容主要围绕“居民健康档案建立”“老年人健康管理”“慢性病防治及保健”“健康教育”“基本药物销售及常见病诊疗”上。居民对于“健康保健”“健康教育”的服务需求日益扩大，对于乡镇卫生院或社区卫生服务中心，居民最需要的服务增加了“疑难杂症诊疗及转诊服务”和“基础康复服务”。基层医疗机构的实际定位与民众需求还存在一定差距，建议从制度上进一步明确不同级别基层医疗机构的功能定位和诊疗范围，鼓励部分医疗机构进行转型以完善医疗服务链，建立优势互补，分工协作的服务机制，不断优化医疗服务体系。

6. 加快分级诊疗制度落实

二、三级医疗机构目前的生存模式以非协作性竞争为主，外部管理和内部治理机制都偏离公益性的要求，竞争方式的不规范带来了设备竞赛和过度医疗等不良后果。建议逐步引导发展区域协作性竞争模式，加快分级诊疗制度落实，探索发展责任与利益共担的紧密型医联体或医疗集团模式，理顺医保结算体系背后的利益分配机制，实现医联体或医疗集团的可持续发展，形成对口帮扶和联合发展的长效机制，吸引优质资源真正下沉到基层，改变上级医疗机构以利益为导向的扩张式发展状况，使各级公立医院成为利益一致的共同体，恢复其公益属性。

（二）拓展健康理念，培育健康文化

1. 促进全民健康素养提升

拓展健康内涵，将全民健身作为主要非医学的健康干预手段，倡导树立科学健身理念，普及文明健康的生活方式，广泛开展全民健康素养促进活动。升级城乡健身基础设施，全面推进 15 分钟健身圈建设，营造全民健身的活动氛围。适应多种健身需求，搭建健身信息平台，为市民提供健身地点、健身组织和器材使用指导，在公园和旅游点增加健康步道数量，将体育和旅游结合在一起。建设科学健身示范区，将大数据、云计算等技术运用到体质监测、健康风险评估、健身指导等领域。推动无烟环境创建，普及烟草危害知识，提供戒烟指导，营造全社会共同参与控烟的氛围，逐步降低吸烟率，进一步缩小地区间

人群健康素养和健康指标差异。

2. 普及心理健康教育

将心理健康教育引入终身教育体系，提高心理健康服务能力，普及心理健康教育，降低民众对心理疾病的偏见和歧视。逐步建立精神障碍患者社区康复服务体系，加强患者随访管理，开展焦虑、抑郁等常见精神障碍早期筛查与干预试点。在基层广泛开展心理健康的普及教育，创设针对妇女儿童及空巢、贫困和独居老年人的心理健康干预和疏导服务，为他们提供日常的心理关怀和心理支持服务。

3. 升级养老服务业

统筹规划城乡养老服务设施，实施标准化的社区无障碍环境改造。发展居家养老和社区养老服务，引入专业化的社会组织开展多样化的养老服务项目。加强农村养老服务建设，弘扬孝行，逐步将长期护理保险覆盖面扩展至农村地区。推进养老机构许可，简化流程，提高效率，鼓励社会力量和民间资本有序参与到养老机构设立及改造中。全面推进医养结合，以建设国家医养结合示范省为契机，大力发展养护型、医护型养老机构，提高养老机构的医疗服务功能，总结省内已有试点模式经验，结合地区特点进行经验推广，逐步建立起涵盖治疗、康复、生活照料和安宁疗护的养老服务体系，提高老年人生活质量。

4. 弘扬中医药文化

加强中医药文化宣传教育基地建设，加快中医药传承创新，挖掘名老中医药专家经验和民间中医诊疗技术，研究防治重大疾病的中医药理论和技术，推动中医药创新，提高中医药成果利用效率。规范中医非药物诊疗技术，扩大纳入医保支付的中药制剂、针灸、治疗性推拿等中医非药物诊疗技术范围，鼓励提供和使用适宜的中医药服务，提高居民对中医药的认可度。加强中医药人才队伍建设，做好名老中医药专家学术经验继承，拓宽基层中医药人才就业渠道。

（三）加强科技和人才支撑，发展健康产业

1. 规范健康服务产业

强化对健康服务产业市场的规范，制定行业标准，确立行业规范，引入国际认证标准。宣传和普及科学的抗衰老及保健知识，加大对“伪科学”产品和假冒保健产品的惩处力度。大力发展健康咨询、体质监测、心理干预、

母婴照料等健康服务。支持健康知识传播和普及的公益机构发展，设立专业化的医学检查、药学研究、健康管理机构，打造医药技术创新推广的服务平台。推动养生旅游、体育旅游和医疗服务旅游的资源整合，满足居民多样化需求。

2. 发展优势健康产业

研究防治重大疾病的中医药理论和技术，推动中医药创新，推动中药现代化进程，研发保健、功能食品等中药相关产品。加大健康领域科研投入，促进山东省医疗器械产业发展，研发高新技术诊断产品、高端医用耗材制品、新型康复器械等具有竞争优势的医用设备和耗材，重视可穿戴健康支持技术的和设备的研发，发展移动医疗和远程医疗，促进健康产业向信息化、智能化方向延伸。

3. 建立灵活的人才招聘和培养模式

重视人才规划，加大对基层人才队伍的支持力度，探索高校、科研机构、医疗卫生机构的协同培训或订单式培训模式。加大对全科医生、乡村医生、老年护理专业护士、健康管理师、养老护理员等人才的常态化培训力度，不断储备新生力量，为基层医院招聘应用型人才，解决因退休、离职等造成的基层医务人员人才匮乏问题，满足基层就医需求。促进人才流动。关注基层医院新进医务人员及在职人员的职业发展，通过更加完善和规范的临床进修、转岗培训、城乡对口支援等继续教育制度，不断拓宽他们的发展空间，形成人才下沉和上升的良性循环，增强基层医务人员的工作积极性，稳定基层卫生队伍。

4. 提高信息支撑能力

推进“互联网＋医疗”背景下的资源整合，加快省级全民健康信息平台的三期内容建设，优化平台运营能力，提高系统兼容性。充分利用现代网络通信技术，畅通双向转诊通道，在医联体或医疗集团内部实现资源和信息共享，运用信息化手段进行预约诊疗、交换诊疗信息和分流患者。整合已有资源设备，增加区域性会诊中心或检查中心的数量，建立“基层检查、上级诊断”模式，提高基层检查设备使用率，动态调配区域设备总量。推广统一的便民医疗及健康系统，如为基层预留的挂号设备、社区健康指导的微信群，同时向已有医疗网络平台的社区群众进行宣传与培训。

参考文献

杜创、朱恒鹏：《中国城市医疗卫生体制的演变逻辑》，《中国社会科学》2016 年第 8 期，第 66 ~ 89 页。

李蔚：《十三五时期中国医疗卫生领域面临的问题及其治理》，《甘肃社会科学》2015 年第 6 期，第 205 ~ 208 页。

申曙光、张勃：《分级诊疗、基层首诊与基层医疗卫生机构建设》，《学海》2016 年第 2 期，第 48 ~ 57 页。

蔡江南：《医疗卫生体制改革的国际经验：世界二十国（地区）医疗卫生体制改革概览》，上海科学技术出版社，2016。

房莉杰：《2015 年医疗卫生事业发展报告》，社会科学文献出版社，2015。

互联网医疗中国会编著，李未柠、王晶编著《互联网 + 医疗：重构医疗生态》，中信出版社，2016。

B.7

2017~2018年山东省社会保障现状与政策建议

侯小伏*

摘　要： 2017年山东省社会保障工作，坚持“全覆盖、保基本、多层次、可持续”方针，加快城乡统筹的社会保障体系建设。山东省机关事业单位养老保险制度改革加速推进，城乡统一的居民基本养老保险制度与医疗保险制度运行平稳有序，退休人员基本养老金调整将制度的统一性与化解历史矛盾防止产生新的利益不平衡紧密结合，跨省异地就医直接结算得到实现，长期护理保险制度在试点基础上全省推开，全民参保登记工作基本完成，社会保障有效地发挥了稳增长、促民生的作用。但具有普适意义的基本养老保险和基本医疗保险还没有实现人员的全覆盖，社保制度的公平性和可持续性依然不足。新时代新矛盾对社会保障提出了新需求，2018年社会保障工作应着力在制度的公平性、可持续性和流动性上进一步推进改革和发展，为全省创新、持续和领先发展做出积极贡献。

关键词： 社会保障　基本养老保险　基本医疗保险　全民参保登记

社会保障是保障和改善民生的重要基石。作为政府基本公共服务的重要内容，社会保障制度不仅可以为全体社会成员提供基本的生存保障，构筑用

* 侯小伏，山东社会科学院省情与社会发展研究院研究员，研究方向：发展社会学、组织社会学。

于兜底的社会安全网，而且能够为社会成员提供稳定的安全预期，使其可以心无旁骛地参与社会生活和从事创新创业。2017 年山东省社会保障工作，坚持“全覆盖、保基本、多层次、可持续”方针，以增强社会保障的公平性、适应人口的流动性、保障基金的可持续性为重点，推动社会保障实现由制度全覆盖向人员全覆盖的转型，在更高水平上进一步织密扎牢社会保障安全网。

一　全省社会保障制度的主体框架已搭建起来，正在走向定型成熟

2017 年山东省社会保障工作，积极贯彻省委、省政府的决策部署，以“全覆盖、保基本、多层次、可持续”为方针，以增强社会保障制度的公平性、适应城市化所带来的人口流动性、保障社保基金的可持续性为重点，加快建设统筹城乡的社会保障体系，努力实现由社保制度的碎片化、发展的不平衡向更加公平更可持续转变。以社会保险为主体的社会保障制度的“四梁八柱”已经搭建并耸立起来。

（一）机关事业单位养老保险制度改革加快推进，基本实现应保尽保

在 2015 年国家对机关事业单位养老保险制度改革做出决策部署以来，山东省按照“走在前列”的目标定位，精心组织周密安排，攻坚克难主动作为，在全国第一个印发了关于本省（市）的《实施意见》和《实施办法》，并率先在全省范围内启动了参保缴费和养老金发放工作。新制度紧密结合山东实际，遵循衔接平衡的原则，出台了包括缴费工资及待遇统筹项目、省直人员退休复核办法、特殊工种工龄折算、劳模等人员一次性退休补贴标准、参保缴费和养老金发放有关问题的处理意见等一系列配套政策。截至 2017 年 10 月底，全省按新制度参保机关事业单位养老保险人数达 356.1 万人（其中在职 247 万人，退休 109.1 万人）①，基本实现了应保尽保。

① 本文所用数据，除了作特殊说明外，均来自山东省人社厅提供的资料。

（二）城镇居民与农村居民的养老保险制度和医疗保险制度合并运行已4年，制度运行平稳有序

居民养老保险方面，早在2013年7月山东省就出台了《关于建立居民基本养老保险制度的实施意见》，将新农保和城镇居民社会养老保险合并，实施统一的城乡居民社会养老保险制度，农村居民与城市居民一样，可以享受到同样水平的社会保障。该制度比国家提前近一年实施。合并后的全省城乡居民养老保障，缴费档次统一为100元至5000元共计12个缴费档次，并新增了500元至1000元的丧葬补助金。最低100元的缴费标准，主要是考虑到重度残疾人及其他缴费困难的群体需求，而多个档次的缴费设置则有利于促使有能力提供高水平参保的人群享受到更高的社会保险。截至2017年9月，山东省城乡居民基本养老保险参保人数达到4520.4万人，比2016年底减少了18.5万人，居民基本养老金待遇发放人数为1469.6万人。居民基本养老保险参保人数比2016年底减少的原因，除了农村人口的自然减员外，主要缘于农村人口的非农就业和向城市转移，部分人员将居民基本养老保险转移为职工基本养老保险。

居民基本医疗保险方面，早在2013年底山东省就出台了《关于建立居民基本医疗保险制度的意见》，明确了主要的政策规定。2014年底城乡居民医疗保险整合工作顺利完成，做到了制度的“六个统一”，实现了待遇的“一个扩大，两个提高”，成为“十八大”后第一个整合城乡居民医保的省份，受到了群众的拥护和欢迎，也得到了中央深改办的充分肯定，在全国范围内产生较大影响。整合以来，山东省城乡居民基本医疗保险工作整体运行平稳有序，参保人数稳定增长，筹资水平稳步提高，待遇水平逐步提升。截至2017年9月底，全省参保人数达到7257.7万。城乡居民养老保险、城乡居民医疗保险参保人数均排全国第二位。

（三）调整企业退休人员基本养老金，将制度的统一性与化解历史矛盾防止产生新的利益不平衡相结合

2017年7月，山东省人社厅、省财政厅印发了《关于2017年调整退休人员基本养老金的通知》，通知全省自2017年元旦起调整企业和机关事业单位退

休人员基本养老金。这是山东省连续第13年调整企业退休人员养老金，也是继2016年之后再次统一安排、同步调整企业和机关事业单位退休待遇。此次调整方案和调整标准，坚持既体现制度统一性又兼顾企业和机关事业单位各自特点，既逐步化解历史矛盾又防止产生新的利益不平衡原则，采取定额调整、挂钩调整与适当倾斜三结合，三部分占比按照定额30%、挂钩60%、倾斜不超过10%确定，以增强激励性导向。经深入测算和分析论证，确定全省总体调整水平为5.77%，略高于国家调整水平。退休人员养老金总体按月人均增加164元左右，其中企业调整比例为6.2%左右，机关事业单位调整比例为4.6%左右。截至2017年9月底，企业和机关事业单位退休人员增加的养老金全部兑现到位，调整共惠及全省499.6万企业退休人员。

（四）异地就医结算进展明显，实现了跨省异地就医的直接结算

省内异地就医结算方面，早在2011年底山东省就启动了省内异地就医直接结算工作，2013年山东省17市之间全部实现了异地就医互联互通。到2017年10月底，省内异地就医累计结算98.2万人次，总费用233.8亿元，省内异地定点医疗机构达到383家。

跨省异地就医直接结算方面，2016年12月山东省被确定为全国首批启动跨省异地就医直接结算的省份，2017年1月正式接入国家异地就医结算平台，2月20日首笔跨省异地住院费用直接结算成功，至3月山东省17市及省本级全部接入了国家异地就医平台，成为第四个全省所有统筹区全部接入的省份，提前完成了全省全部统筹区联网接入。截至2017年10月底，全省已开通跨省定点医疗机构345家，其中三级医疗机构139家，为外地来鲁参保人提供就医直接结算。同时，山东省已上传了涵盖职工医保和居民医保，包括异地安置、异地长期居住、常驻异地工作、异地转诊人员的跨省异地备案人员信息4.6万人。

（五）长期护理保险制度在6市试点的基础上，在全省范围内推开

针对老年人的医疗服务需求和生活照料需求相叠加的情况，山东在全国率先探索建立了职工长期护理保险制度，着力解决失能人员的护理难题，促进医疗机构和养老机构转型发展。在2014年，省政府办公厅出台了《关于开展职

工长期护理保险试点工作的指导意见》，部署青岛、东营、潍坊、日照、聊城和济南6个城市作为试点城市，以解决失去生活自理能力的人员长期护理保障问题为重点，以基层医疗机构和老年护理机构为依托，建立起职工长期护理保险制度。经过财政、民政、人社、卫生计生等部门几年的联合努力，长期护理保险试点范围逐步扩大，试点工作取得积极进展，6市长期护理保险制度覆盖1340万参保人员，确定了长期护理保险定点机构935家，约5.9万名失能老人先后享受了护理保险待遇。在总结6个试点城市经验的基础上，2017年4月省政府办公厅又印发了《关于试行职工长期护理保险制度的意见》，启动全省范围内的职工长期护理保险制度。该制度把失能人员的日常生活照料和医疗护理等服务费用纳入医保保障的范围。截至2017年11月，除先期开展试点的6市外，其他各市正在抓紧制订具体实施方案，研究确定试点区县，其中临沂、淄博、烟台等市已经出台文件。

（六）全民参保登记工作基本完成，未参保原因已经分类

全民参保登记计划的目标，是实现基本养老保险覆盖全体职工和城乡居民，参保率能够达到90%以上，基本医疗保险能够覆盖全民，同时，失业保险、工伤保险和生育保险基本覆盖所有法定群体。全民参保登记计划的全面实施，将更有利于实现各类人员参加社会保险制度的权利公平、机会公平和规则公平。山东省从2014年下半年开始在潍坊、东营两市开展全民参保登记试点，2016年下半年至2017年上半年，按照“市级数据整合上报、省级集中建库比对、全面入户登记调查、动态入库实时更新”的“四步走”工作方案，山东省各级人社部门对501.9万未参保人员开展了入户调查登记行动。山东省人社与公安、工商、民政等有关部门开展信息比对和资源共享，省本级和17市信息系统完成升级改造，实现了省级全民参保登记信息系统与各市业务生产库数据信息的实时动态更新。截至2017年6月底，入户调查登记工作全面完成。经再宣传、再登记、再排查，501.9万未参保人员中，182.6万人实现了新增参保，65.3万人为确认为死亡人员，未参保人员人数下降到254万人。山东省人社厅提供的资料显示，截至2017年10月底，仍未参保的主要原因分为9类：一是个人原因未参保，人数为133.8万人，占目前未参保人数的52.5%。这部分人主要是在农村居住或在城镇无固定工作。二是其他原因未参保，人数

为37.4万人，占目前未参保人数的14.7%。这部分人主要是部分市因历史原因造成的疑似错误或垃圾数据，包括曾登记但未缴费人员、在数据转换过程中形成的疑似错误数据等。三是人户分离联系不上。人数为32.1万人，占目前未参保人数的12.6%。对于这部分人群，尽管各级社保经办机构做了大量尝试，包括与基层公安部门联系、查询通信运营商及有线电视开户数据等，仍找寻未果。从各市入户调查走访反馈的情况看，部分人员为20世纪90年代农业户口转非农业户口的空挂人员，相关信息已无法确认。四是全日制在校学生。人数为10.7万人，占目前未参保人数的4.2%。按照相关政策，这部分人员应当参加城乡居民医疗保险，属于应保未保人员。五是参军人员及随军家属。人数为4.8万人，占目前未参保人数1.9%。这部分人员目前尚未纳入社会保险覆盖范围。六是户口待注销。人数为1.9万人，占目前未参保人数的0.76%。据调查这部分人员户籍已注销，但省公安厅数据记录仍存在。七是出国人员。人数为1.6万人，占目前未参保人数的0.6%，这部分人员不在国内居住和工作，不应在国内参加社会保险。八是判刑人员。人数为0.8万人，占比0.3%。这部分人员服刑期间不参加社会保险，待刑满释放后可参加社会保险。九是单位未予参保。人数是0.6万人，占比0.2%。按照相关规定这部分人员应当参加社会保险，属于应保未保人员（见图1）。

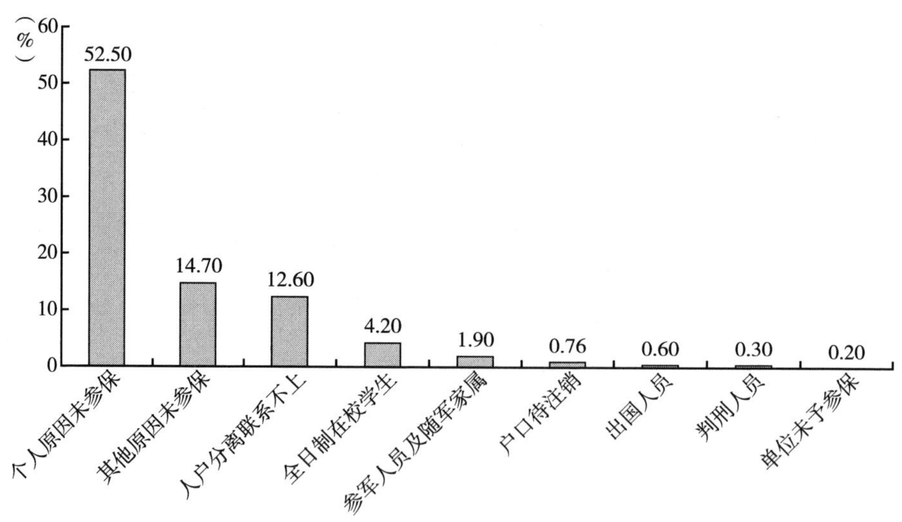

图1　未参保人员原因分类

（七）划转国有资本充实社会保障基金，强化社会保障能力

为应对人口老龄化和社会保险基金需求日益增大的挑战，补充养老保险基金，早在2014年山东省政府就决定划转国有资本充实社会保障基金，成立山东省社会保障基金理事会。2015年出台了《省属企业国有资本划转充实社会保障基金方案》，按照一次划转、分步到位、逐户完善的原则，将18家省管企业、453户部门管理的企业30%的国有资本划转充实社会保障基金。组建社保基金理事会管理运营划转的国有资本，不仅有利于实现国有股权的多样化，更重要的是有利于实现国有资产全民共享。这对于有效筹集和积累社会保障储备基金，夯实制度运行的物质基础，强化社会保障能力具有重要意义。根据山东省社保基金理事会提供的资料，截至2017年10月末，全省已经划转22户省管企业30%的国有资本充实社会保障基金，山东省社会保障基金资产总额967.09亿元，其中，划转股权资产总额923.63亿元，占比95.51%；自营资产总额43.46亿元，占比4.49%；基金负债总额40.16亿元，基金权益总额926.94亿元。2017年1～10月，山东省社会保障基金累计实现净收益14.39亿元，较上年同期增长15.1亿元。

二　社会保障稳增长促民生的作用愈加显著

社会保障政策涉及多重复杂因素，它是政府财政支出的重要部分，对政府财力形成制约，它又是社会消费的一部分和居民收入的重要来源，影响着人们的劳动供给决策和消费决策，对社会生产能力形成刺激或制约。所以，它是影响宏观经济运行的政策变量和重要的政策工具。2017年山东省社会保障制度改革顺应经济形势发展变化，面对实施化解产能过剩和新旧动能转换重大工程可能出现的结构性失业、劳动力供需不平衡出现的结构性矛盾，以及移动平台数字平台等的蓬勃发展引发的灵活就业人群增加的问题，把进一步调整完善社会保障制度作为供给侧结构性改革的重要内容，正确处理供给侧结构性改革与社会保障制度的关系，不断为经济发展提供支撑，着力补齐社会保障的短板，为稳定经济增长和改善民生发挥了重要作用。

（一）发挥经济运行的“减震器”作用，为稳定经济增长做出贡献

适应企业降成本的要求，降低社保费率。受经济下行的影响，省内不少企业社会保险缴费能力减弱，相当一部分企业参保缴费能力难以持续。为了降低企业生产成本，提升实体经济的活力，降低企业负担的社会保险成本就成为重要措施之一。早在 2016 年 4 月，山东省政府就出台了《关于减轻企业税费负担降低财务支出成本的意见》，提出了降低企业社会保障性支出的具体政策。2017 年 3 月又出台了《关于进一步降低实体经济企业成本的实施意见》，提出合理降低企业人工成本。降低养老保险的单位缴费费率，企业职工的基本养老保险由单位缴费的比例统一按 18% 执行；职工住房公积金制度严格执行缴存控高保低政策，住房公积金缴存比例控制在 5% ~12%；失业保险费率由 1.5% 降至 1%，其中单位费率由 1% 降至 0.7%，个人费率由 0.5% 降至 0.3%，对困难企业实施临时性社会保险缓缴政策；适当降低职工基本医疗保险费率，有的市职工基本医疗保险费单位缴费比例由 7% 降为 6%。调整工伤保险费率缴费比例，从 2016 年到 2017 年 6 月底，全省工伤保险平均费率进一步降低，累计为企业减负 13.4 亿元；降低生育保险费费率至 0.5%。

促进创新创业的发展，解决灵活就业人群的社会保障问题。在 2016 年全省启动非营利性民办学校教师养老保险与公办学校教师同等待遇试点工作的基础上，2017 年继续推进该项试点。民办学校的编制外教师，可以与公办学校有编制的老师一样，享受机关事业单位养老保险待遇。

适应去产能要求，完善失业保险和就业保障制度。面对经济新常态，特别是钢铁、石油、煤炭等重工业部门产能过剩而带来的下岗职工安置问题，山东省不断完善失业保险和就业保障制度，尽最大努力解决好去产能过程中下岗劳动力的转移安置和失业保险工作。例如规定：对所有采取有效措施不裁员、少裁员，稳定就业岗位，依法足额缴纳失业保险费的企业，按照企业及职工在上一个年度中实际缴纳的失业保险费总额，分别给予 30% ~70% 的稳岗补贴，顺利分流了去产能企业和济钢产能调整职工，有效化解了钢铁煤炭行业过剩产能企业职工分流安置工作。

（二）发挥社会公平的“调节器”作用，为促进收入合理分配改善民生做出贡献

2017年山东省社会保障制度着力破解社会保障的“碎片化”问题，加快制度整合，完善社会保险待遇调整机制，增强制度供给弹性，有针对性地补齐制度“短板”。

1. 提高政策标准，二次分配的社保政策性待遇水平稳步提高

基本养老保险待遇水平明显提高。2017年山东省退休人员养老金总体按月人均增加164元左右，城乡居民基础养老金最低标准提高到100元。居民只要按照规定缴费，年满60周岁就可享受由政府支付的100元/月的基础养老金。

医疗保险待遇水平明显提高。2017年山东省居民基本医疗保险政府补助平均最低标准为450元、个人缴费平均最低标准为150元，比整合之初分别提高130元和70元。居民基本医保政策范围内住院费用报销比例达到70%左右，连同大病保险最高支付限额达到45万元以上，全省人民的疾病医疗后顾之忧大幅减轻。

居民大病保险作用显著。在2014年城乡一体、全省统一的居民大病保险制度初步建立和2016年进一步完善的基础上，2017年全省居民大病保险筹资为每人62元，个人不缴费，由居民基本医保基金划拨。报销比例不低于50%，分段报销比例最高达到65%，最高支付限额达到30万元。合规医疗费用范围也进一步扩大，将经省统一组织谈判的18种抗肿瘤分子靶向药和治疗其他疾病的特效药纳入大病保险补偿范围。截至2017年9月底，居民大病保险已累计对529.84万人次补偿医疗费用108.33亿元，对解决群众大额医疗费用负担起到积极作用。

医保精准扶贫效果明显。2016年以来山东省针对符合条件的农村贫困人口参加居民基本医保个人缴费部分，各级财政给予补贴，农村建档立卡贫困人口的大病保险起付线减半、每段报销比例提高5个百分点，最高支付限额提高到50万元，使用18种抗肿瘤分子靶向药和特效药取消起付线，大幅度地提高了困难群众医疗保障水平。截至2017年10月，居民基本医保共对60.91万人次贫困人口补偿医疗费用13.7亿元，大病保险累计对20.24万人次贫困人口

补偿医疗费用1.76亿元，建档立卡贫困人口政策范围内医疗费用报销比例达到80%以上，比普通居民高了10个百分点。医保精准扶贫政策的保障作用充分显现，有效缓解了因病致贫返贫问题。

异地就医直接结算切实减轻了异地就医人员跑腿垫资负担。截至2017年10月底，山东已实现跨省异地住院直接结算5076人次，其中，参保人到外省就医结算4037人次，其他省到山东就医结算1039人次，范围涉及全国除西藏外所有省份。无论是在异地长期居住、生活或工作，还是因客观原因需要转诊到异地住院，都可以享受医保直接结算，满足了群众异地就医的需求。

职工长期护理保险试点的全省推广，以制度性安排方式有效解决了失能人员的医疗护理难题，提高了失能人员及其家庭的生活质量。长期护理保险避免了长期住院治疗产生的高额医疗费用，解决了家属不懂医疗、护理不到位的问题，减轻了患者家人沉重的精神压力和事务性负担。同时，职工长期护理保险还提高了对失能人员人文关怀水平，临终关怀让更多老人有尊严地走完人生最后旅程。

2. 社会保险覆盖面不断扩大，基金运行总体平稳

截至2017年9月底，全省城镇职工基本养老保险、城乡居民基本养老保险、城镇职工基本医疗保险、城乡居民基本医疗保险的参保人数，分别达到2636.3万人、4520.4万人、1996.0万人、7257.7万人，分别比2016年底增加59.9万人、-18.5万人、36.0万人、29.0万人；全省失业保险、工伤保险、生育保险的参保人数分别达到1254.2万人、1552.2万人、1168.0万人，分别比2016年底增加31.3万人、41.4万人、28.9万人。

2017年1~10月，山东省社会保险基金总收入3264.1亿元，比上年同期增加267.4亿元，增长8.9%；总支出3091.3亿元，比上年同期增加380.2亿元，增长14%；当期结余172.8亿元；累计结余4529亿元，比上年底增加166.6亿元，增长3.8%。基金运行总体平稳。

3. 群众对政府提供的社会保障的满意度水平较高

2017年山东社会科学院山东省经济社会综合调查数据显示，群众认为所在地区政府为群众提供社会保障做得“很好”和“比较好”的达到82.3%，认为“不太好”和“很不好”的占17.6%（见图2）。调查显示，感觉个人缴纳的自己这个档次的养老保险费“完全没有困难”和“基本没有困难”的合

计占72.5%，表示有点困难的占15.8%，感到负担严重的占3.0%。总体上没有出现为了满足对养老金的支付，付出超出人们支付能力的高成本问题。养老金对于个人和家庭来说，具有成本可负担性。调查还显示，社会养老保险缴费困难感与居民对社会养老保险政策满意度评价呈显著负相关（r = -0.2，sig = 0.000，p = 0.01），困难感越低，对养老保险政策的满意度就越高。

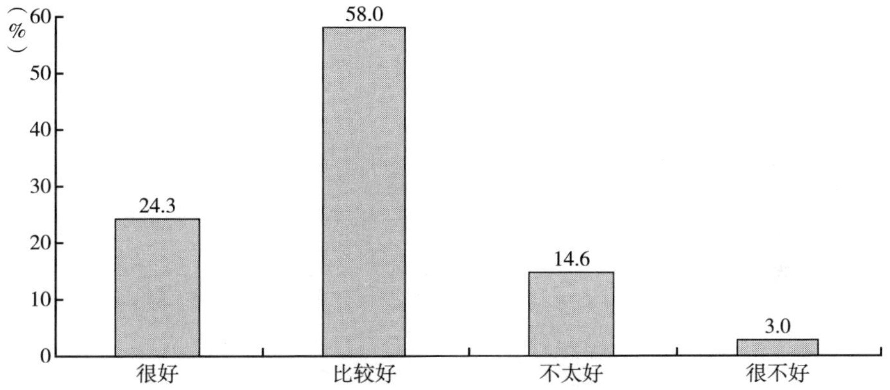

图2　群众对所在地政府社会保障服务的评价

毫不夸张地说，2017年山东省社会保障工作适应了经济新常态，顺应了新动能，社会保障制度跨越了各种各样的就业形式，起到了“补短板”的托底作用，群众也因为社会保障制度的实施而拥有了较高的获得感和安全感，满意度较高。

三　社会保障制度存在的问题和面临的挑战

山东省社会保障制度框架虽然已经成型，结构性的主体框架已经搭建起来，但仍不成熟，还存在很多有待改进完善之处。

（一）作为社会安全网的社会保障制度，还不能做到覆盖所有的劳动者

2017年山东社会科学院山东省经济社会综合调查数据显示，仍然有15.5%的人没有参加法定的养老保险，9.6%的人还没有参加法定的医疗保险。

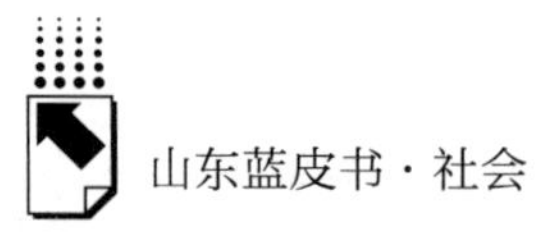

同时，只有14.2%的人参加了失业保险，16.3%的人参加了工伤保险，11.1%的人享受到了住房公积金或住房补贴（见图3）。

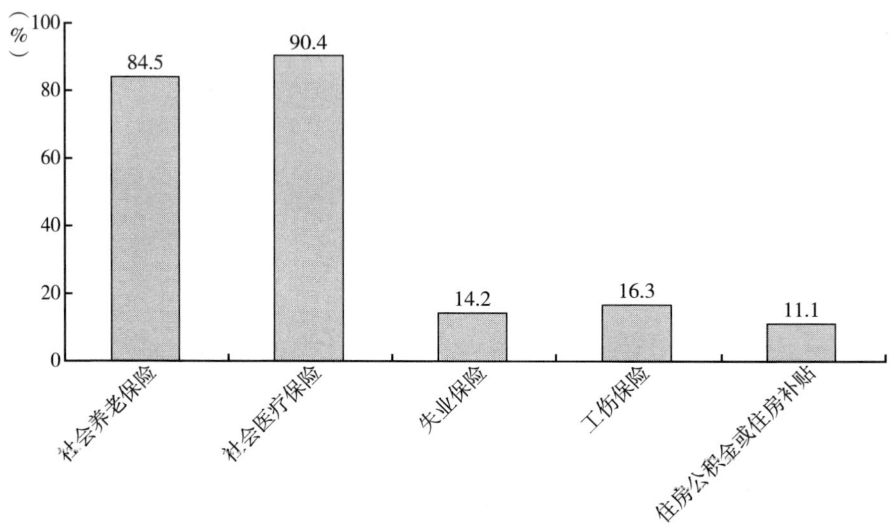

图3　参加各类社会保障项目的比例

（二）基本养老保险和基本医疗保险制度的全覆盖，并没有带来人员的全覆盖

在社会保障体系中最具普适性的基本养老保险与基本医疗保险制度，虽然早在2013年全省就开始推进城乡统筹，开展了基本养老保险和基本医疗保险制度的并轨和制度的全覆盖，但仍有一部分人没有参加或尚未真正有效地参加社会养老保险。调查显示，尽管分城乡比较，参加基本养老保险和基本医疗保险的人员比例差异不大，参加养老保险的比例城乡介于87%和88%之间，参加医疗保险的比例城乡介于89%和91%之间（见图4），但从被访者的雇佣状况、工作单位类型和单位所有制性质看，无固定雇佣关系的零工、散工、自雇职业者、在民营单位就业的人员，没有参加养老保险和医疗保险的比例相对较高。

从雇佣关系情况看，基本养老保险方面，无固定雇佣关系的零工散工、自己是雇主老板、自营劳动者或个体工商户，这三种雇佣关系类型没有参加基本养老保险的比例较高，分别达到了20.4%、20.6%和22.4%。基本医疗保险

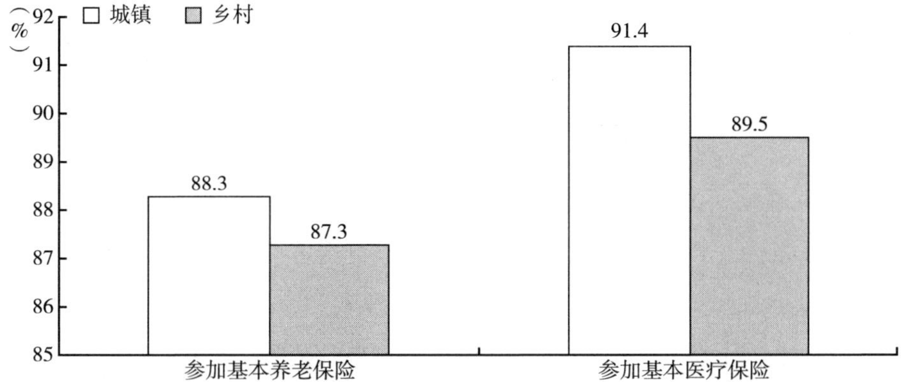

图4　城乡参加基本养老保险和基本医疗保险的比例

方面，23.5%为家族打工的家庭帮工，14.7%自己为雇主老板，14%无固定雇佣关系的零工散工，12.9%的自营劳动者或个体工商户，没有参加医疗保险，这四种类型所占比例较高（见图5）。

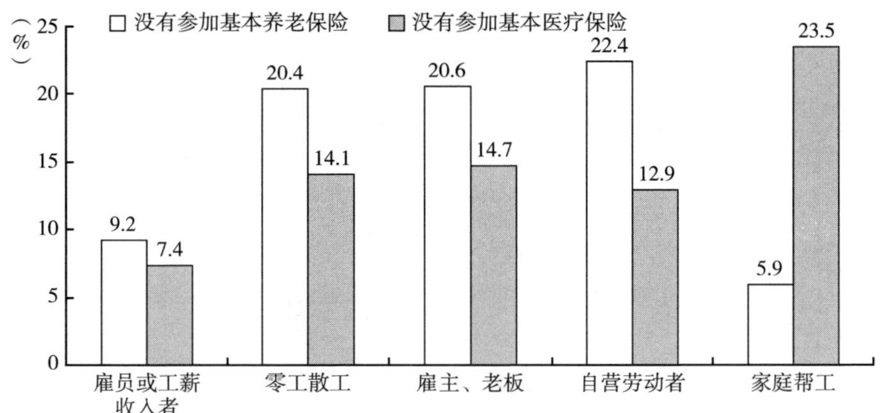

图5　雇佣关系与参加社会保险

从工作单位的类型看，没有参加基本养老保险的，比例较高的是社会团体和无单位的自雇者，分别有31.8%和20.5%。没有参加基本医疗保险的情况，与没有参加基本养老保险的情况相似，比例较高的仍是社会团体和无单位的自雇者，分别有31.8%和13.8%（见图6）。

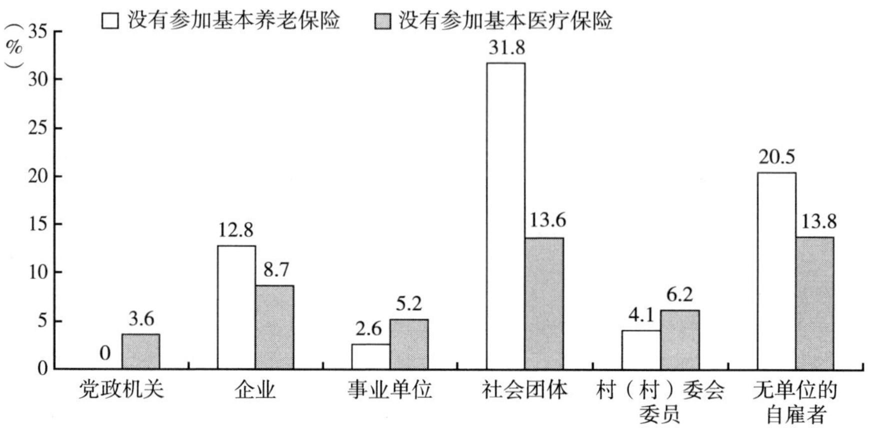

图 6　工作单位类型与参加社会保险

从工作单位所有制性质看，4% 在国有或国有控股，5.1% 在集体所有制或集体控股企业，20.8% 在私有或民营企业，14.3% 在港澳台资和外资所有或控股企业工作的受访者，没有参加基本养老保险。7.1% 在国有或国有控股企业，6% 在集体所有制或集体控制企业，11.4% 的在私有或民营企业，9.5% 在港澳台资和外资所有或控股企业的受访者，没有参加基本医疗保险（见图 7）。

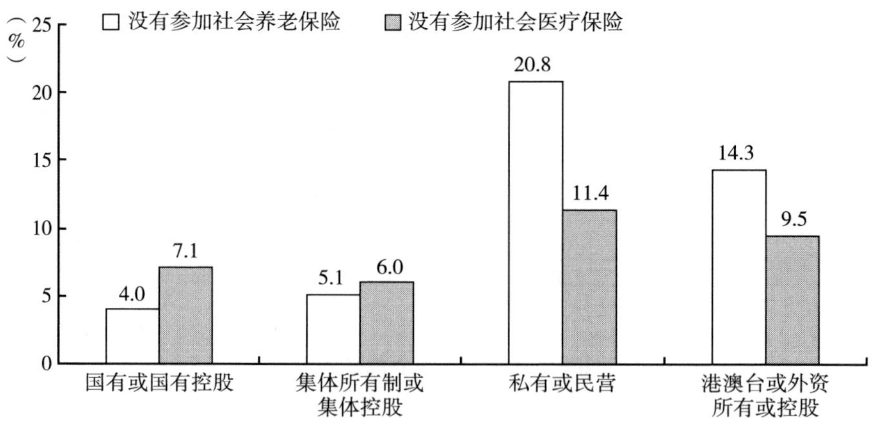

图 7　工作单位所有制性质与参加社会保险情况

自由职业群体、自雇职业者、在民营单位就业的人，虽然可能收入较高，但他们较少选择主动参保，社保意识普遍淡薄。再加上我国现行的社保制度对自由职业者、自营劳动者并无强制参保的要求，因此他们缴费参保的比例相对较低，其社会保险尤其是养老保险的参保问题堪忧。由于养老保险项目难以像其他几项保险一样，可以在缴费后的相对短时间内享受该项保险的待遇，而是需要累积缴费15年才具备按月领取养老金的资格，因此这部分人群的养老问题，需要予以重点关注。

（三）现行的社保制度尽管强调了普惠性，但公平性依然不足

虽然山东提出的全民参加基本养老保险和基本医疗保险的目标正在接近实现，但是，深入细究，社会保障城乡制度分割的局面还未从根本上解决。尽管分城乡比较，参加养老保险和医疗保险的人员比例差异不大，参加养老保险的比例城乡都介于87%和88%之间，参加医疗保险的比例城乡介于89%和91%之间，但制度背后仍隐藏着不容忽视的不公平，群体分割、城乡分割的制度“碎片化”特征还没有得到根本扭转。

在养老保险方面，虽然早在2013年全省新型农村社会养老保险和城镇社会养老保险就进行了制度的并轨，城乡居民实行统一的基本养老保险制度，但是，整体的养老保险制度采取的仍是“分类施保”办法，针对不同的社会群体设置了不同的制度安排，呈现出机关事业单位退休养老保险、企业职工基本养老保险、城乡居民基本养老保险三种制度并存的局面。这些养老保险制度在筹资、标准和给付方面均有不同的规定，由此造成了养老待遇享受水平的很大差异。机关事业单位的职工退休后工资仍由财政负担，个人不用缴纳费用，而且，退休金的水平以退休前的工资作为基础和计发依据。企业职工养老保险则实施社会统筹与个人账户相结合，由单位和个人缴费来筹资，基本养老金由基础养老金和个人账户养老金组成。城乡居民养老保险则是由个人缴费、集体补助和政府补贴构成，全省个人缴费从100元至5000元分12个档次。各市根据自身的经济社会发展水平，政府给予的补贴标准也不同。参保人在到达领取养老金年龄时，月领养老金由个人账户养老金和基础养老金之和构成，由于按多缴多得、长缴多领的原则，城乡居民领取的养老金数额与企业职工基本养老金相比，少得可怜，更不用说与机关事业单位退休养老金相比了。制度的不统一和缴纳给付水平的巨大差距，削弱了养老保障的共济功能，难以起到调节不同人群收入分配差距的正向调节作用。正因如此，现行养老保险制度引起了部分

群体的不满，也影响了对养老保障制度的总体评价。通过对居民参保情况进行哑变量设置，并进行相关分析发现，参加机关事业单位养老保险对居民产生高满意度评价有显著正向促进效应（r =0. 09，sig =0. 000，P =0. 01）。在满意度评价“一般”水平以上的较高满意度评价者中，参与机关事业单位养老保险人数比例显著高于其他两类参保人数比例。在满意度评价“一般”水平以下的较低满意度评价者中，城乡居民养老保险和城镇职工养老保险参保人数占比显著高于机关事业单位养老保险参保人数占比（见表1）。

表1　参保不同社会养老保险险种与对社会养老保障政策满意度

单位：%

	很不满意	不太满意	一般	比较满意	非常满意
参加城乡居民养老保险	1. 2	7. 3	21. 8	44. 7	23. 4
参加城镇职工养老保险	3	10. 3	23. 7	45. 4	16. 9
参加机关事业单位养老保险	0. 7	5. 2	14	49. 9	29. 1

在医疗保险方面，不仅机关事业单位医保、城镇职工医保、城乡居民医保三种制度并存，而且，即使城乡居民医保制度已经整合，全省各市筹资与待遇仍然存在着不少的差异（见表2）。

表2　山东各市居民基本医疗保险筹资标准

单位：元

<table>
<tr><th rowspan="2">地市</th><th rowspan="2">年度</th><th colspan="4">个人缴费标准</th><th rowspan="2">政府补助标准</th></tr>
<tr><th>低档</th><th>高档</th><th>学生儿童</th><th>大学生</th></tr>
<tr><td rowspan="2">济南</td><td>2016</td><td>140</td><td>300</td><td>80</td><td>80</td><td>420</td></tr>
<tr><td>2017</td><td>160</td><td>300</td><td>100</td><td>80</td><td>450</td></tr>
<tr><td rowspan="2">青岛</td><td>2016</td><td>130</td><td>350</td><td>130</td><td>100</td><td>低档、学生政府补助440；高档政府补助560</td></tr>
<tr><td>2017</td><td>175</td><td>370</td><td>175</td><td>110</td><td>低档、学生政府补助480；高档政府补助560</td></tr>
<tr><td rowspan="2">淄博</td><td>2016</td><td colspan="2">220</td><td colspan="2">120</td><td>420</td></tr>
<tr><td>2017</td><td colspan="2">250</td><td colspan="2">150</td><td>450</td></tr>
<tr><td rowspan="2">枣庄</td><td>2016</td><td colspan="4">140</td><td>420</td></tr>
<tr><td>2017</td><td colspan="4">160</td><td>450</td></tr>
</table>

续表

地市	年度	个人缴费标准				政府补助标准
		低档	高档	学生儿童	大学生	
东营	2016	220		120		430
	2017	240		140		470
烟台	2016	140	300	140	100	420
	2017	140	300	140	100	450
潍坊	2016	130	240			420
	2017	150	280			450
济宁	2016	140				420
	2017	150				450
泰安	2016	100	220	100	100	420
	2017	100	220	100	100	450
威海	2016	140	290	120	120	420
	2017	200	350	140	140	480
日照	2016	160		90		420
	2017	160		90		450
莱芜	2016	160				420
	2017	160			80	450
临沂	2016	150				420
	2017	150				450
德州	2016	140				420
	2017	170				450
聊城	2016	150				420
	2017	170				450
滨州	2016	160			100	420
	2017	160			100	450
菏泽	2016	140				420
	2017	140				450

由于医保中个人账户的存在，尤其个人账户遵循的是身份地位差别化、行业差别化和收入缴费能力差别化原则，而非健康公平与健康平等、健康需要满足和健康福祉的原则，严重削弱了医保基金的互助共济功能。个人账户的积累、支付、控费能力不足，造成巨大的医保资源浪费和配置低效甚至无效，也影响了农村群众对医疗保险政策的整体满意度。调查显示，对医疗保障政策评

价为“一般”的，城乡的比例差不多，介于24%和26%之间。但表示“比较满意”和“非常满意”的城市占62.2%，乡村占66%。表示“很不满意”和“不太满意”合计，城市占11.2%，农村占9.9%（见图8）。

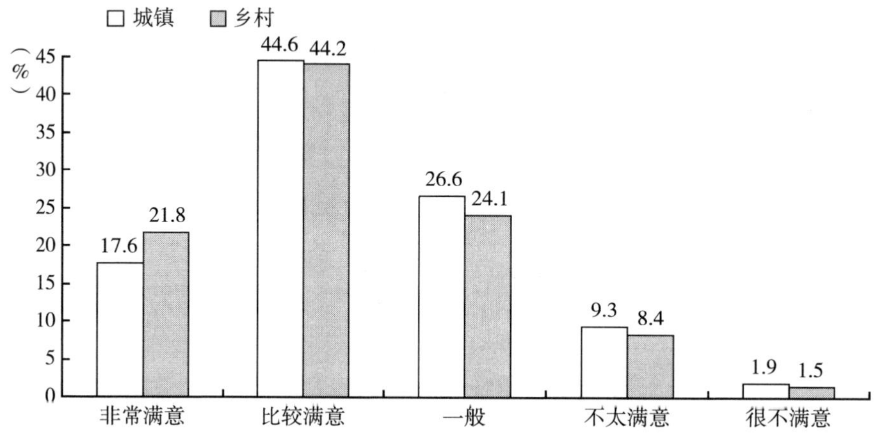

图8　城乡居民对于医疗保障政策的满意度差异

（四）虽有制度的全覆盖，但保障水平整体偏低

一是参加社会保险的种类以享受待遇偏低的城乡居民保险居多。从养老保险来看，山东省大多数居民参加的是享受待遇水平相对较低的城乡居民养老保险。调查显示，参加养老保险的人中，只有6.2%参加了机关事业单位养老保险，参加城镇职工养老保险的占28.1%，63.2%亦即大多数人参加的是城乡居民养老保险。在参加医疗保险的人中，只有6.4%的人参加了机关事业单位医疗保险，27.4%的人参加了城镇职工基本医疗保险，参加城乡居民基本医疗保险的占66.2%，与参加社会养老保险的比例基本相当（见图9）。

二是在参加城乡居民社会保险中，缴费的档次和享受的待遇都较低。调查显示，在参加城乡居民养老保险的受访者个人缴纳的保费档次中，以300元和500元居多，分别占65.9%和12.6%，缴纳2000元以上档次的均未达到1%（见图10）。由于100元缴费档次规定只适用于重度残疾等弱势群体，所以，大部分城乡居民缴纳的养老保险，仍是属于最低档次的缴费标准。如此低的缴

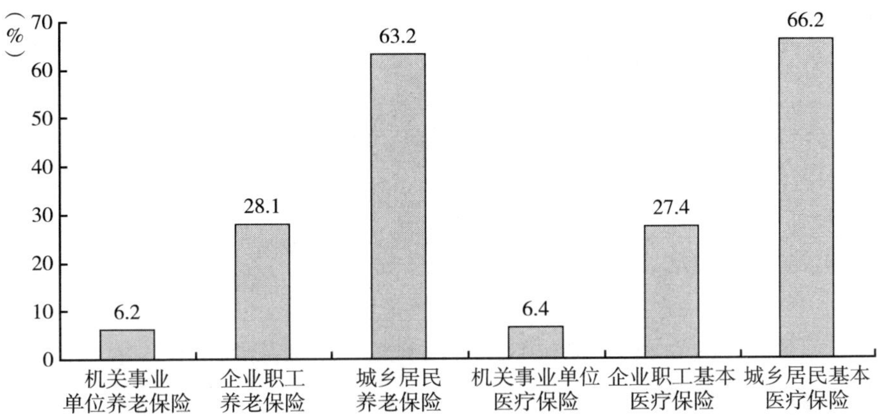

图9　参加不同种类社会养老保险和社会医疗保险比例

费额，基本上难以获得有效保障老年生活经济来源的养老金，难以满足老年时期养老和健康的需要。

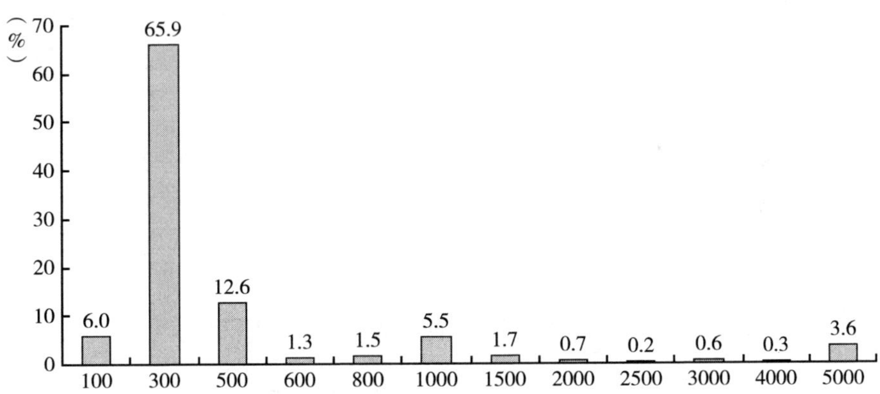

图10　城乡居民交纳养老保险档次分布

尽管城乡居民社会保险有村、居社区集体组织补助，但无论是补助比例还是补助数额均较少。调查显示，15.5%村居（社区）集体组织对个人缴纳的养老保险费用进行了补助，但补助的数额较少，以100元、200元和300元不等。参加城乡居民医疗保险的居民，2017年个人缴纳医保费前五位依次是160元、140元、240元、200元、240元、300元，分别占19.5%、9.8%、9%、

7.9%、7.4%。可见，大多数交纳城乡居民医疗保险的，选择的仍是本地个人缴费标准中的最低标准。

三是看病贵，医疗服务控费不到位。尽管全省已经建立起大病保险制度，加大了医疗救助的力度，有效缓解了群众因大病致贫和返贫的问题。但不可否认的是，仍有一部分群众因为付不起住院起付费、自付费用和封顶线以上的费用，只能放弃治疗。在不少县级医院的病案中，多见“患者要求出院”的记录大都属于这一类。医院受到利益驱动，缺乏控制成本的动机，并由此造成因病致贫现象依然存在。

（五）尽管有责任分担机制和权利义务相结合意识，但权责关系依然不清个人责任依然不足

社会保障制度只有建立在各类主体责任清晰且合理分担的基础之上，才可确保其可持续性。但是，现行的社会保险制度对相关主体的责任界定仍未能厘定清楚。政策中关于政府对机关事业单位、企业离退休职工养老保险的责任分担，均缺乏明确规定，同时对于各级政府的责任分担也缺乏明确的划分。尽管机关事业单位和城镇职工的养老保险、医疗保险制度建立在用人单位与参保人员个人分担责任的基础之上（见表3），但是，在现行的责任分担中，参加事业单位养老保险人员，单位按20%个人按8%的比例缴费；职工养老保险中单位和个人的缴费率分别是18%和8%；医疗保险中，单位和个人的缴费率分别是7%和2%；失业保险中，单位缴纳0.7%个人缴纳0.3%；生育保险中，单位缴纳0.5%个人不用缴纳，均反映了单位承担的责任大而个人承担的责任小的问题。

表3　养老保险用人单位与个人责任分担比例

单位：%

险种	缴纳比例	其中:单位缴纳	个人缴纳
养老保险(城镇职工)	26	18	8
养老保险(机关事业单位)	28	20	8
医疗保险	9	7	2
失业保险	1	0.7	0.3
生育保险	0.5	0.5	0
工伤	一类0.24、二类0.48、三类0.84、四类1.08、五类1.32、六类1.56、七类1.92、八类2.28		0

在城乡居民养老保险和医疗保险方面，这两项保险制度均有政府补贴与个人缴费的规定，但仍存在个人责任分担不足的问题。例如，城乡居民个人基本养老保险缴费标准为每年100～5000元设12个固定档次，由参保人员自主选择。省内各市、县政府的补贴则根据各自的经济社会发展水平自行决定，一般100～300元的档次政府补贴30元，500～1000元档次的政府补贴60元左右，1500～5000元缴费档次的政府补贴100元。政府除了对个人缴费进行补贴外，还要提供基础养老金补贴，2017年全省平均每人每月100元。在城乡居民医疗保险方面，2017年全省各市政府补贴介于450～560元，接近于个人缴费的3倍，与城乡居民养老保险相比，城乡居民医疗保险尤其反映出政府承担的责任大，个人承担的责任偏轻偏少的问题。责任分担的失衡，财政投入持续增加，政府负担越来越重，反映了社会保险制度的发展容易导致走向压缩福利与扩张福利的两个极端的问题。2017年山东社会科学院经济社会综合调查数据显示，在社会保险费用的分担上，有30.3%的人认为应该完全由政府承担，有15.2%的人认为应由政府和单位共同承担，有54.5%的人认为应由政府、单位和个人共同承担。厘清责任分担机制，并采取措施提高个人的保险责任意识，适当强化个人责任，应提上议事日程。

（六）社会保险主要由政府主导，来自市场与社会方面的作用发挥不足

政府以社会管理者的身份承担社会保险的主体责任，组织和实现社会保险的供给并对其进行监管，对市场机制的失灵做出校正和弥补，满足人民对可靠的社会保障的需求，是绝对必要的。但是政府主导的基本社会保险不可能满足不同人群对老有所养、疾病医疗与健康保健的需要，同时也是难以持续的，必须构建多层次社会保障体系。现实的情况是政府在社会养老保险和社会医疗保险中唱主角，商业养老保险和健康保险的作用发挥严重不足，2017年山东社会科学院经济社会综合调查数据显示，88.1%的人没有参加商业医疗保险；企业年金等补充养老保险制度覆盖面窄，难以惠及广大城乡居民和日益增加的新兴就业形态人员的养老需要；被很多人寄予希望的慈善事业，尚没有真正、实质性地涉足社会养老事业和医疗健康事业。这种单一由政府唱主角的社会保障制度安排，既难以满足不同层次的人群对不同社会保障项目的需求，也不利于社会保险事业的持续健康发展。

（七）现有社会保险政策尽管有现实保障能力，但可持续性不足

在全球经济增速放缓和日趋严重的人口老龄化压力下，社保基金财务可持续性的问题不同程度地存在于各项社会保险和不同城市之中。尽管从目前来看，山东养老保险基金和医疗保险基金总体上能够满足政策范围内的支付要求，2016 年山东省城镇职工养老保险基金累计结余 2306 亿元，可支付月数（将累计结余除以每月养老金总支出得到）为 18 个月①，与全国平均可支付月数 17.2 个月的水平基本持平。但总体形势不容乐观。不仅与广东的 55.7 个月、浙江的 22.6 个月、江苏的 22.3 个月尚有不小差距，而且省内数个城市均出现养老金收不抵支的情况。对此应保持忧患意识，做到居安思危。从医疗保险来看，职工一旦退休就不用缴纳医保费用的政策长期实施，将使医保基金面临着人口老龄化所带来的基金支付的巨大压力；医疗保险制度的群体分割，又弱化了医保基金的互助共济功能以及财务的稳定性；个人医保账户的长期存在，实质性地降低了医疗保险基金的使用效率；医疗过程中无论是医院还是患者个人的浪费现象，更是直接造成了医保基金的流失，医保制度的可持续性存在不容低估的风险。

四 社会保障改革和发展面临的新形势

（一）新时代新矛盾对社会保障提出了新的需求

党的十九大已经明确提出我国进入中国特色社会主义新时代，社会主要矛盾已经转化为“人民日益增长的美好生活需要与不平衡不充分发展之间的矛盾”。为社会成员提供稳定、安全预期的社会保障是人民对美好生活的重要追求，而人民的生活需求是随着经济发展、社会变迁和生活水平的提高而不断变化的，所以人民对社会保障的需求也随着经济社会发展不断更新转化。当社会保障制度安排严重缺失时，有一份最基本的保障是群众最突出最迫切的诉求；当制度逐步健全完善以后，人们的保障需求就会水涨船高，风险意识更强，风

① 人社部社保管理中心编《中国社会保险发展年度报告 2016》。

险保障需求更全面。中国特色社会主义新时代下，人们期望拥有丰裕的养老保险与养老服务，使人们年老后免于经济保障与服务保障的匮乏；期望拥有便捷的医疗保险和医疗服务，免除患病后对医疗服务和医疗保险的担忧；期望拥有必要的失业保险保障，以免除经济结构调整和创新创业带来的风险，有即使失业也能渡过难关的制度保障；期望社会保险能够“全省畅通”和“全国畅通”，从而解除异地养老、异地就医、异地居住的后顾之忧。中国特色社会主义新时代下，人民群众不仅对这些基本社会保障提出了更高要求，而且对社会保障的公平、正义也提出了新的更高要求。要求社会保障能够覆盖全体社会成员，使保障的机会人人均等；要求社会保障能够为因受某些社会风险侵害或因先天原因生活陷入困境的人提供基本生存保障，使保障的过程人人公平；社会保障能够发挥再分配和调节收入差距的功能，使保障的结果达到一定程度的公平。准确把握人民群众对社会保障的这些新需求，直面社会保障制度的公平正义问题，把人民的利益摆在最重要的位置上，着力解决仍然存在城乡之间和不同社会群体之间社保制度待遇的差距，让改革发展成果更多地、更公平地惠及全体人民，是社会保障制度改革和发展不能回避的问题。

（二）人口超常规老龄化、跨城乡人口流动和社保基金的可持续性对社会保障制度提出了新挑战

随着人口结构的持续变动和人均预期寿命的延长，山东省老龄人口总量的庞大和老龄化速度超乎寻常，对社会保险提出了严峻挑战。当前山东省人口结构呈现劳动力减少老龄化加剧趋势，未来将面临劳动力供给持续减少和老龄化不断加速的压力。“十二五”时期，山东省劳动年龄人口占比持续下降，65 岁及以上老年人口比重由 9.9% 上升至 12.2%。社会总抚养比由 34.4% 提高至 40.4%，养老负担加重。预计“十三五”期间，山东省年均增加老年人口 67 万人左右，65 岁及以上人口比例将达到 15%，其中 80 岁及以上高龄老人总量增加和空巢失能的特征更加明显。劳动人口的减少不仅带来劳动力成本上升，而且不可避免地影响养老金的收支平衡，使缴纳的养老金数额难以满足养老金的发放。而人口老龄化加剧、企业离退休人员增多以及企业职工基本养老金水平连续提高，难免造成企业基本养老保险待遇支出增幅高于征缴收入的问题。

支付压力的不断增大，将对基金支撑能力提出严峻挑战。从基本医疗保险的支付能力上看，虽然统筹基金总体结余充足，但统筹的层次比较低，目前基本限于市级层次，各市结余也不平衡。随着人口老龄化加剧、离退休人员增多、医疗保险改革的不断深入、参保人员待遇不断提升，医疗保险基金的支付压力将逐年增大。社保基金的可持续发展问题必须引起足够重视。随着城市化的加速，跨越城乡流动就业人口规模不断扩大，移动平台、数字平台的蓬勃发展也催生了像滴滴车、外卖平台等“零工经济”的现象，这种自雇型、多雇主的新型劳动契约关系，也对社会保障制度提出了新课题。

（三）党的十九大报告为社会保障提出了新任务

党的十九大报告提出要“按照兜底线、织密网、建机制的要求，全面建成覆盖全民、城乡统筹、权责清晰、保障适度、可持续的多层次社会保障体系”。“覆盖全民”，就是要求社会保障制度应当具备“普惠性”，要让所有社会保障项目都能够覆盖到全体有需要的人群身上。“统筹城乡”，就是要求社会保障制度应当具备“公平性”，破除长期存在的城乡分割、群体分割制度，无论是职工还是居民，都能在统一的制度安排下获得平等的社会保障权益。“权责清晰”，就是要坚持权利与义务的有机结合。作为社会保障规则的制定者和保障资源提供者的政府，要尽力而为，健全完善社会保险财政补助机制，当社会保险基金出现缺口时，政府应承担社会保险基金发放兜底的责任。作为社会保障受益者的个人，在人人享有社会保障的同时还要坚持人人负责，人人都要尽义务。参保人在享受各项社会保险待遇之前，要承担相应的缴费义务。即使是收入困难的群体，如果本人有能力也要尽可能通过自己的劳动来创造收入、改善自己的生活，从而享受低保补助和社会救助。作为用人单位的企业与社会各方，要依法依规自觉地负起责任承担义务。“保障适度”，就是指社会保障的供给水平要与社会经济发展的水平相适应，既不能太低也不能太高。如果保障水平太低难以满足人民群众最起码的生活需求，容易产生看病贵、入学难、住房贵等一系列社会问题，使群众生活没有安全感。如果保障水平过高，以揠苗助长的方式激进地推进社会保障制度和提高待遇水平，超出政府财政的承受能力，既容易产生“等靠要”的“福利病”，形成劳动力缺乏就业意愿使政府养懒人的社会效应，也容易造成财政不堪重负、企业税费负担加重而影响其参与国际竞争能力的问题，从而陷入“高福利陷阱”。“可持续”，是指社会保障制度能够长久健康地运行和发展下去。为维持社保基金的可持续性，就要确保社会保障与经济发展的协调性、社会保障基金来源的可持续性和社会保障运行机制的优化。“多层次”，强调的是不能仅仅依赖于政府主导的法定保障项目，还要吸收市场与社会力量，大力发展商业保险以补充基本养老保险和基本医疗保险的不足，调动各种社会资源的积极性，不断壮大社会保障的物质基础，从而建立多层次的社会保障体系。

五　2018年山东省社会保障改革与发展建议

2018 年山东社会保障工作应按照党的十九大确定的社会保障的基本要求，紧扣社会主要矛盾变化，通过强有力的改革措施真正促进制度公平，打破群体利益固化的樊篱，提高制度运行的效率，使社会保障不仅能为群众提供生活稳定安全的预期，也将为山东省经济社会创新发展、持续发展和领先发展做出积极的贡献。

（一）着力在社保制度的“公平性”上推进改革

公平性就是要充分发挥社会保障制度公平、互助共济的功能。为此，要着力加强政府在社会保障责任，强调政府在社会保障中的兜底性作用，下大力气增强制度的公平性，加速推进社会保障一体化进程，着力于加强弱势群体、弱势领域、新兴行业、新兴群体的社会保障制度建设，维护社会公平正义，更好地满足人民群众对社会保障制度公平性的期待。

1. 将“全民参保登记计划”向“全民参保计划”拓展升级

通过实施全民参保计划，动员那些还没有参保的人员参加到养老保险制度中来，实现养老保险从制度的全覆盖到人员的全覆盖，在实现“人人享有保障”的同时进一步加强“社会共济”功能。为此，在完成对各类人员参加社会保险的情况进行全程追踪，对未参保人员情况及未参保原因进行精准分析、实现源头管理和精确管理的基础上，及时从“全民参保登记计划”向“全民参保计划”拓展升级。通过实施“一人一码、身份唯一、数字准确、底子清楚”的全民参保计划，将社会保障的参保重点向农民工、非公有经济组织从业者、灵活就业者和新兴业态从业者转移，加强对这部分人社会养老保险的宣传、推广和参保工作，进一步提高社会保险参保覆盖面。

2. 继续推进养老保险和医疗保险公平性改革

深化机关事业单位养老保险制度改革，加快推进省直驻济以外单位和中央驻鲁单位参保的养老保险制度改革，实现新制度的全覆盖。继续调整退休人员养老保险待遇和居民基础养老金标准，努力形成兼顾公平与效率、企业与机关事业单位相统一的待遇调整机制。健全与中央调剂办法相衔接的企业养老保险省级调剂制度。2017 年山东社会科学院山东省经济社会综合调查显示，当前人们生活中最迫切需要解决的问题，位居第一位是“看病难看病贵问题”，29.8% 的人选择了此项，接近 1/3。第二位迫切需要解决的问题是“养老保障问题”，18.1% 的人选择了此问题。可见“疾病”与“保障”集合在一起，人民对此之担忧，需要之迫切。建议完善居民医保政策，加快推进居民医保与职工医保的整合，争取尽早用一个制度覆盖全省人民，真正建成成熟的全民医保制度，切实解除人民在疾病医疗方面的后顾之忧。健全居民门诊保障制度，扩大职工长期护理保险制度的实施范围。巩固完善大病保险制度，及时确定纳入支付范围的药品品种和数量，进一步扩大大病保险特药保障范围。进一步完善对贫困人口实施更加精准支付的政策，全面开展重特大疾病医疗救助，提高重特大疾病住院救助封顶线，积极开展事前救助，让贫困患者得到及时治疗。

3. 推进失业保险和工伤保险的公平发展

经济增长率下行、供给侧结构性改革和新旧动能转换，必然对劳动力就业产生影响。面对结构性失业的风险上升，强化失业保险在整个社保体系中的作用日益突出。对此，应对失业保险制度加以完善，加大失业救助力度，提升就业服务能力。一是推进失业保险体系的公平发展。应进一步扩大失业保险的覆盖率，参加失业保险的农民合同制职工与城镇职工同等参保缴费，应该同等享受失业保险待遇，尽最大努力保证城乡劳动者都能够享受到失业保险带来的同等权利。二是进一步加大对失业者的再就业培训力度，提升失业者的就业技能。三是启动工伤保险基金省级统筹，在深入推进按建设项目参加工伤保险的基础上，将交通运输、铁路、水利、能源、机场等建设项目的参保工作尽快启动实施，全面推进工伤预防。

4. 加强有关险种的省级统筹

系统研究并出台适合省情的遗属抚恤、病残津贴政策，逐步健全“老遗残”一体化保障体系。进一步规范完善企业职工基本养老保险省级统筹，积极创造条件实现全省统收统支，推行企业养老保险基金市级统收统支。逐步提高居民养老保险统筹层次，在实现居民基本医疗保险基金市级统收统支的基础上，进一步完善并为更高一级的统筹做好准备。提高工伤保险统筹层次，进一步完善省级调剂制度，积极为全省参保范围、缴费政策、工伤认定和劳动能力鉴定办法等的统一做好准备。

（二）着力在社保制度的“可持续”性上推进改革

社会保障制度的可持续发展，核心是社保基金来源的可持续发展。基金来源的可持续，一方面取决于社保基金的结构和责任分担机制，一方面取决于社保基金投入和运营机制是否安全稳健和有效。要确保社保基金的可持续性，形成基金风险预防化解机制，至少要从如下三个方面着力。

1. 建立更加科学合理的待遇确定和调整机制

完善“定额调整、挂钩调整与适当倾斜相结合”的退休人员基本养老金调整办法，适时适度调整社会养老保险待遇水平，实行职工养老保险缴费与待遇计发更加紧密挂钩的办法。健全参保缴费激励约束机制，促进多缴多得、长缴多得，促进形成公平与效率兼顾、企业与机关事业单位大体统一的调整机制。逐步提高居民养老保险基础养老金标准。坚持权责清晰、精算平衡，严格规范基本医疗保险的责任边界，合理确定基本医疗保险待遇标准，确保医保自付比例和待遇标准既能解除人们因患重特大疾病无法承担医疗费用的压力，也要避免过度医疗、医患合谋侵蚀医保基金。要加强对医保个人责任的教育和强化，以适度提高医保政府补助和个人缴费标准的方式，确保全民医保制度能够长久应对老龄化带来的挑战。逐步扩大医疗保险药品目录范围，规范门诊慢性病（大病）病种和补偿政策。进一步深化基本医疗保险支付方式改革，医疗保险要坚持以收定支的财务原则，在加强医疗保险基金征缴的基础上，完善医疗保险基金总额控制办法，全面实施医保基金预算管理，升级医保基金支出总额控制制度。进一步调动医院和医生的积极性，实行医院按病种收费改革，激活医疗机构合理控制成本、提高医务服务质量的内在机制，健全与总额控制相

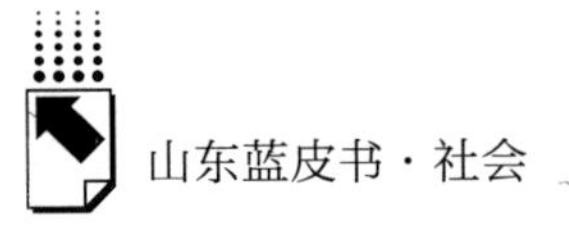

适应的考核评价体系和动态调整机制。

2. 构建多层次社会保障体系

加快完善基本养老保险和全民医保制度的配套机制，积极支持个人储蓄性养老保险和商业养老保险加快发展，推动商业养老保险在多层次社会保障体系中发挥更大作用。发挥企业年金长期养老保险的作用，制定完善针对企业职工的企业年金具体办法，形成鼓励和引导企业建立年金的政策机制，促进覆盖率明显提升。理顺优化大病保险购药结算流程，充分发挥零售药店的积极作用。规范居民大病保险支付范围，建立健全盈亏调节机制和清算制度，加强对商业保险公司的考核评估。充分发挥社会救助作用，及时将符合条件的建档立卡贫困人口纳入低保保障范围，推动低保对象和建档立卡贫困人口共享各项扶贫开发政策。加强医疗保险与医疗救助的衔接，加快建设基本医疗保险、大病保险、医疗救助、医疗商业补充保险的递进互补和“一站式”即时结算信息平台。

3. 进一步落实完善国有股权充实社保基金

国务院《划转部分国有资本充实社保基金实施方案》（以下简称〔2017〕国发49号文）确定，运用国有股权充实社保基金。在综合考虑了企业职工基本养老保险基金缺口测算出的情况和国有企业发展现状后，确定将国有股权的10%划转作为社保基金，并通过投资和融资来增加社保基金的数额，以弥补企业职工基本养老保险基金缺口，为老龄化高峰的到来做战略储备。山东省在2015年就进行了改革探索，在全国率先将部分国有资本的30%划转充实社保基金，改革时间早，改革力度大，在划转思路、最终目的等大的方面与2017〔国发〕49号文的要求基本一致，符合未来改革方向，并充分体现了“走在前列”的目标定位。尽管在划转充实的基金范畴、划转的比例、基金管理运作方式方面存在差异，但这些差异和不同可能是阶段性的。随着社会保险基金缺口形势发展和深化国有企业改革的需要，未来全国划转比例、弥补对象、管理方式等有向山东模式趋近的可能。2018年山东应按照注重改革连续，保持高点定位，做好政策衔接等原则，继续坚持并不断深化相关改革做法，加快研究制定使用股权分红和运作收益弥补企业职工基本养老保险基金缺口的具体办法。

（三）着力在增强社会保障的“流动性”上推进改革

为更好地适应城市化带来的人口流动性、全省新旧动能转换和灵活就业的要求，应着力增强社会保障的流动性。要进一步促进社会保障制度的无缝衔接，进一步研究细化城乡、地域、企业与机关事业单位之间的养老保险转接办法，统一全省养老保险关系转移接续规程。为更方便参保人异地就医，要加快打破区域之间、单位之间的利益樊篱，使人们更方便地异地看病、异地养老、异地就业、异地居住，有效地促进社会流动和激发社会活力。为此，要加强省级异地就医结算、医保监管的系统建设。要加快实现异地就医联网即时结算，取消就医地定点医疗机构和经办机构审批盖章程序，扩大定点医疗机构范围，每个县（市、区）至少开通一家异地就医联网结算医院。要加快建设全省社会保障大数据平台，充分应用互联网、大数据、移动应用等技术手段，实现各类社会保障公共服务事项“全省通办”。加快推进“社保卡”应用，推动“社保卡”与“居民健康卡”的融合。

参考文献

《人力资源社会保障部部长：让广大人民群众更多更好地共享发展成果》，http：//www. gov. cn/xinwen/2017－10/10/content_ 5230805. htm。

商旸：《社保如何为我们兜底》，《人民日报》2017年11月14日，第16版。

山东省人力资源社会保障厅：《关于省社科院调研社会保障有关情况的交流材料》，2017年11月21日。

王延中：《中国十三五时期社会保障制度建设展望》，《辽宁大学学报》2016年第1期。

王延中主编《中国社会保障发展报告2017》，社会科学文献出版社，2017。

郑功成：《中国社会保障：“十二五”回顾与“十三五”展望》，《社会政策研究》2016年第1期。

B.8
2017 ~2018年山东省扶贫开发现状、问题与对策

李　爱*

摘　要： 消除贫困是社会主义的本质要求，也是我国全面实现小康社会的根本需要。通过对山东省扶贫开发事业取得显著成效的简要分析，探讨了扶贫事业发展中面临着扶贫任务艰巨、养老服务体系不健全、社会救助体系不完善等问题，提出了大力发展农村经济、健全养老保障体系、构建社区居家养老服务网络、建立农村老年人意外伤害保险制度等对策建议。

关键词： 扶贫开发　长效机制　城乡公共服务　社会保障制度

贫困是人类社会发展中长期面临的一个社会问题。自20世纪80年代开始，我国政府就致力于发展生产、消除贫困的工作，制定了《国家八七扶贫攻坚计划（1994—2000年）》等一系列扶贫开发的行动策略。近年来，随着经济的快速发展，扶贫事业开发的指导思想也由过去的“救济式扶贫”转变为“开发式扶贫”。按照中国现行扶贫标准衡量，我国累计已有7亿多贫困人口基本解决了温饱问题，彻底摆脱了贫困。特别是党的十八大以来，以习近平同志为核心的党中央坚持以人为本，把人民的利益放在首位的发展思想，做出坚决打赢脱贫攻坚战的重大决策，实施精准扶贫、精准脱贫基本方略，中国的扶贫开发事业掀起了新一轮高潮。山东省委、省政府高度重视扶贫事业的发展，

* 李爱，山东社会科学院研究员，主要研究方向：社会保障学、发展社会学、人口社会学。

根据中央扶贫攻坚战略部署和山东社会经济发展的实际情况，不断加大投入力度，相继出台多项措施解决人口的贫困问题，扶贫开发事业取得了可喜可贺的成绩。但同时也面临着一些发展瓶颈。山东省是老年人口大省，人口老龄化问题凸显，老龄化程度的加深以及社会救助体系不完善等给扶贫工作带来了一定的困难。如何更好地保障和改善民生，在精准识别和精准定位的基础上，加大扶贫帮困的力度，使贫困人口早日脱贫，永不返贫，全面建成小康社会，是当前山东省扶贫攻坚最艰巨的任务。

一 山东省扶贫开发的现状

党的十九大报告强调，到2020年，确保现行标准下的农村贫困人口实现全部脱贫，贫困县全部摘帽，区域性整体贫困得到彻底解决。2017年10月，国务院扶贫办发布的数据表明，2013～2016年，在现行标准下，我国农村贫困人口由9899万人减少至4335万人。2017年，山东省省定扶贫标准是3509元，高于国家扶贫标准。2014～2017年，山东省按国家扶贫标准减贫人数分别为50.5万、104.6万和76.8万，按省扶贫标准减贫人数分别为125.5万、153.2万和151.2万。截至2016年底，山东还有省定扶贫标准以下农村贫困人口46万户89.6万人，其中按国家标准的贫困人口约15万户31万人。另外，山东省近年来不断加强农村低保与扶贫开发对象认定上的衔接，加快推进低保标准与扶贫标准的有效衔接。2017年底全省农村低保标准达到省定扶贫标准以上，提前一年完成低保标准与扶贫标准衔接任务。

（一）政策扶贫及成效

山东省委、省政府历来重视扶贫开发工作。在扶贫开发过程中，随着社会经济的快速发展和社会保障制度的日益完善，山东省扶贫的财政投入不断加大，扶贫政策不断调整和细化，扶贫进入精准扶贫，精准施策时期。目前，山东省的贫困人口主要分布在菏泽和临沂两市，这两市的贫困人口约占全省贫困人口总数的67.9%，20个脱贫任务比较重的县，主要有单县、曹县、沂源县、鄄城县等，贫困人口约占73.7%，200个重点扶持乡镇贫困人口约占58.4%，2000个扶贫工作重点村，贫困人口约占36.2%，这“4个2”重点区域和黄河滩区是山东“深度贫困地区”，也是目前阶段山东精准扶贫攻坚的重要任务①。2015年12月9日，中共中央国务院发布《关于打赢脱贫攻坚战的决定》重要文件，12月17日，山东省委、省政府随后下发《关于贯彻落实中央扶贫开发工作部署坚决打赢脱贫攻坚战的意见》，要求在精准识别、精准施策基础上，对建档立卡的242.2万贫困人口，通过发展生产、转移就业、易地搬迁、生态补偿、社会保障兜底等办法集中开展扶贫工作②。2016年，山东省委、省政府又印发《全省“十三五”脱贫攻坚规划》，确定了2016~2017年两年基本完成脱贫任务的年度目标。最近两年，山东省委、省政府共颁布和出台了23个工作意见和25个专项实施方案，形成了一套相对完整的脱贫攻坚政策体系。2017年11月，山东按照中共中央办公厅、国务院办公厅中《关于支持深度贫困地区脱贫攻坚的实施意见》精神，制定了《关于进一步强化政策措施推进深度贫困地区精准脱贫的意见》，有针对性地提出26项政策措施。

财政支持扶贫的力度不断加大，主要包括财政专项扶贫资金、特色产业发展扶贫基金、小额贷款扶贫担保基金和公益事业扶贫基金四类。2016年，全省财政统筹用于扶贫开发的资金总规模达到102.11亿元。截至2016年底，山东共实现151.2万贫困人口脱贫，脱贫率高达62%。2017年，在财政专项扶贫资金安排方面，截至10月底，各级安排财政专项扶贫资金57.89亿元，其中，中央资金4.69亿元，省级22亿元，市级14.46亿元，县级16.74亿元。与2016年相比，2017年全省资金总量增加12.25亿元，增幅为26.83%。其中，中央增加1.77亿元，增长60.5%；省级增加5亿元，增长29.41%；市级增加1.72亿元，增长13.46%；县级增加3.76亿元，增长28.99%。对于脱贫任务较重要的20个县（市、区）省级财政安排3.83亿元资金扶贫，比上年增长70.86%③。

产业就业扶贫方面，把扶贫与扶心、扶智、扶志结合起来，让贫困群众成为脱贫主体，通过辛勤劳动脱贫。对有劳动能力的贫困人口，通过发展生产、转移就业促进增收脱贫。2017年总投资35.02亿元，实施特色光伏扶贫、电

① 根据山东省扶贫办提供的资料整理。

② 山东省人民政府：《关于贯彻落实中央扶贫开发工作部署坚决打赢脱贫攻坚战的意见》，2015年12月17日，济南。

③ 根据山东省扶贫办提供的资料整理。

商、旅游和“种养加”项目6160个，带动贫困人口92.81万人。其中，全省推广建成厂房式、居家式、合作社式扶贫车间6126处，吸纳贫困人口就业12.6万人。建设县级扶贫项目储备库，入库项目1.8万个。加大就业扶贫力度，省内外转移就业贫困劳动力11.2万人，开发护林员、保洁员、安全员、养老护理员等公益岗位6.59万个。对不能劳动的贫困人口，采取资产收益等方式帮扶。把财政扶贫资金和其他涉农资金投入项目形成的经营性资产，量化到贫困户，全省有40.9万个贫困户受益。

健康扶贫方面，研究出台《山东省健康扶贫实施方案》和19个配套文件，形成了较为完善、操作性强的政策体系。精准识别出55.4万人患病贫困人口，全部实施“八个一工程”[即制定并发放一张健康服务卡、建立一本健康档案、分别为每名持健康服务卡的因病致贫人员明确一所定点乡镇卫生院（社区医疗服务中心）、确定一名家庭医生、与乡镇卫生院（社区医疗服务中心）签订一份承诺书、定期由乡镇卫生院（社区医疗服务中心）组织一次健康查体、组织一次健康会诊、村（社区）发放一张健康明白纸]。截至2017年6月，应落实“八个一”工程措施54.09万人，已落实54.08万人，完成率为99.99%；累计救治患病贫困人口41.7万人，占患病贫困人口总数的75.27%。救治人员中，约24.9万人恢复或基本恢复劳动能力。开展健康公益活动6400多次，惠及贫困人口260万人次。对患病贫困人口全部实行“两免两减半”（免收个人自付的普通门诊挂号费、诊查费，减半收取专家门诊诊查费及大型设备检查费）和“先诊疗、后付费”政策。东营、日照、莱芜、临沂、滨州、菏泽等市实行乡镇卫生院住院零收费。大病救治范围扩大到93个病种，集中救治大病人口10.9万人，占应救助人口的74.1%。对患慢病的6.1万贫困人口全部实施慢病签约服务管理。在实施基本医疗、大病保险、医疗救助的基础上，2017年山东省统筹安排扶贫专项资金近2.79亿元，为全省242.4万贫困人口购买“扶贫特惠保险”①。

医保精准扶贫方面，2016年，针对农村建档立卡贫困人口大病保险实行倾斜政策，山东省人力资源社会保障厅联合省扶贫办、省财政厅相继下发《关于贯彻落实省委、省政府扶贫开发工作部署坚决做好就业与社会保障精准

① 根据山东省卫生和计划生育委员会提供的资料整理。

扶贫工作的通知》（鲁人社发〔2016〕17号）、《关于提高全省农村贫困人口大病保险待遇的通知》（鲁人社字〔2016〕268号）等文件，提高困难群众医疗保障水平。制定了起付线减半、报销比例提高5个百分点，最高支付限额提高到50万元，使用18种抗肿瘤分子靶向药和特效药取消起付线等措施，对贫困人口起到了大病保障作用。截至2017年10月，居民基本医保共对60.91万人次贫困人口补偿医疗费用13.7亿元，大病保险累计对20.24万人次贫困人口补偿医疗费用1.76亿元，建档立卡贫困人口政策范围内医疗费用报销比例达到80%以上，比普通居民高了10个百分点①。

社会救助方面，2017年，为提高低保等社会救助标准，山东省共下拨68.18亿元省以上财政社会救助资金提供资金保障。截至2017年9月底，全省137个县（市、区）中有106个县（市、区）建立了“救急难”工作机制。累计支出医疗救助资金6.5亿元，救助105.9万人次；累计支出临时救助资金2亿元，救助13.9万人次。山东省民政厅资料显示，在建档立卡贫困人口中，有农村低保对象、特困人员27.8万人，约占贫困人口的1/3。目前山东农村低保平均标准已达到每年4157元，提前一年完成低保标准与扶贫标准的衔接。农村低保标准提高后新增支出部分，山东省财政对西部地区补助比例提高到80%，对中部地区提高到60%。

教育扶贫方面，对建档立卡贫困家庭学生，从学前教育到高等教育实行资助全覆盖。统筹资金3.01亿元，资助贫困家庭学生20.3万人；2017年参加高考的9341名贫困家庭学生全部被高校录取。泛海集团连续五年每年拿出5000万元资助1万名贫困家庭大学生。“雨露计划”培训项目按每生每年3000元标准，补助贫困家庭学生1.7万人。

住房安全方面，在2016年完成2.37万户贫困户危房改造任务的基础上，2017年继续改造4.85万户贫困户危房，全面完成危房改造任务。按照“确保质量、安全、稳定、进度、脱贫、规范”要求，稳步推进易地扶贫搬迁，累计完成投资7.48亿元，搬迁贫困人口3454人。

针对养老问题解决难的状况，全省各地综合运用邻里互助、结对帮扶、志愿服务、医养结合、养老扶贫基金、实物化供给等方式，着力改善老年人生活

① 根据山东省人力资源和社会保障厅提供的资料整理。

状况。截至10月底，全省聘请1.45万贫困人口照顾9.29万贫困老年人，同步解决贫困老年人解困与贫困人口脱贫问题。开展保障贫困群众“过暖冬，过好年”活动，省里带头给贫困户送棉被、送年礼，各级投入资金15.2亿元，惠及贫困人口和困难群众218.3万人。

（二）扶贫满意度状况分析

根据2017年山东社会科学院山东省经济社会综合调查数据，可以对脱贫攻坚政策实施的状况有些粗浅了解。

1. 城乡最低生活保障制度参与率

在3000份样本中，参加城乡最低生活保障的受访者有264人。东、中、西地区参加城乡低保的人数分别占受访人数的2.0%、1.6%和5.2%。在参加城乡最低生活保障的受访者中，西部地区参加城乡低保的人数最高，占参与低保者总数的59.1%，为156人，东部地区次之，占总数的22.7%，为60人，中部地区占比最低，占18.2%，为48人。可以看出，西部地区享受低保的人口数占全省低保人口的比例较高。另外，数据显示，城乡低保人数约占城乡居民人口总数的2.1%。

2. 对确定低保或扶贫对象公平性的判断

大多数受访者认为政府在确定低保或扶贫对象时是相对公平的。有49.4%的受访者认为比较公平和非常公平，有28.8%的受访者认为是一般，两者相加占受访者人数的一半以上，为78.2%，但仍有21.8%受访者认为非常不公平或不太公平。

从地域来看，受访者认为非常公平、比较公平和一般所占比例较高。东部和中部地区受访者比例高于西部地区。东部、中部和西部受访者认为非常公平的比例分别为14.6%、15.8%和13.7%；认为比较公平的比例分别为33.2%、37.3%和30.5%；认为一般的比例分别为29.4%、30.8%和23.9%。三者加相，东部、中部、西部受访者认为非常公平、比较公平和一般的比例分别为77.2%、83.9%和68.1%。东部、中部和西部受访者认为非常不公平和不太公平的比例分别为7.4%、3.9%、11.1%和15.5%、12.2%、20.9%；两者相加，东部、中部、西部受访者认为非常不公平、不太公平的比例分别为22.9%、16.1%和32%（见图1）。

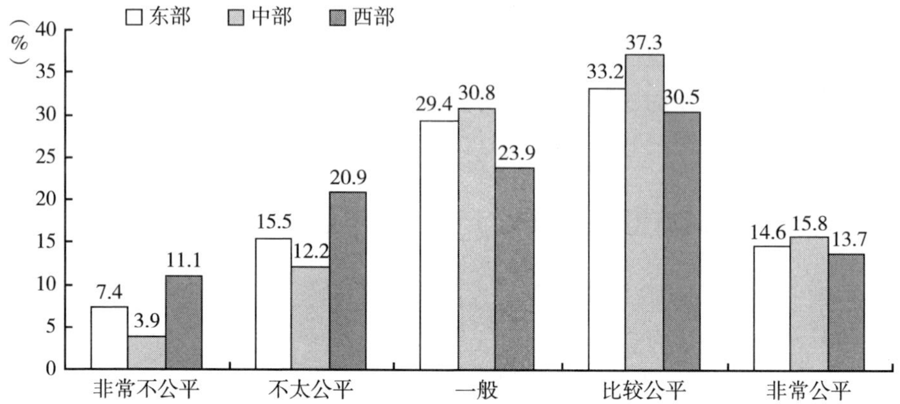

图1　低保或扶贫对象选择公平感知的区域对比

从城乡来看：分别有48.2%和51.2%的城镇和乡村受访者表示比较公平、非常公平，分别有31.3%和25.3%的城镇和乡村受访者表示“一般”情况，分别有20.6%和23.4%的受访者认为非常不公平和不太公平。图2表明，政府在确定低保或扶贫对象方面，无论是在城镇还是乡村，认为相对公平的比例较高，且城乡差距不明显。

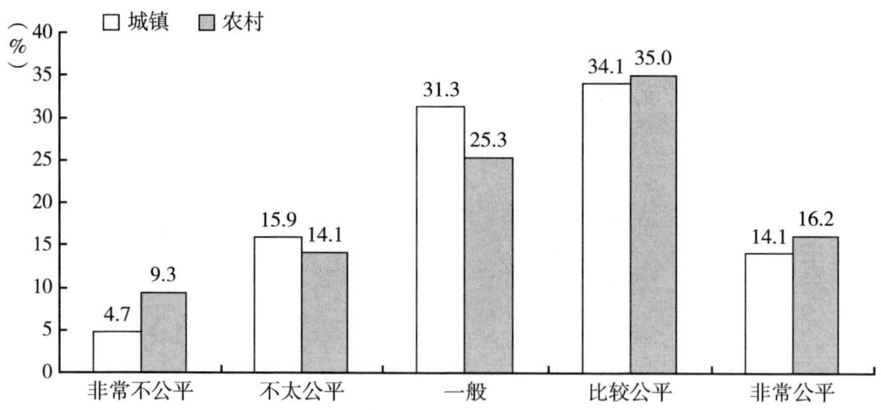

图2　低保或扶贫对象选择公平感知的城乡对比

另外，从性别来看，分别有52.1%的男性受访者和46.6%的女性受访者认为比较公平和非常公平；分别有27.5%男性受访者和30.2%女性受访者认为一般；分别有20.4%男性受访者和23.2%女性受访者认为非常不公平或不太公平。男性受访者和女性受访者认知度相差不明显。

总之，在过去一两年里，山东省各级各部门认真贯彻落实中央和省委、省政府决策部署，突出问题导向，持续加压奋进，全省脱贫攻坚取得决定性进展。成绩的取得与领导的重视和各级各部门的努力分不开的。省委、省政府先后做出530余次批示，指导扶贫工作。省扶贫开发领导小组制定2017年工作要点，把33项重点工作分解到各成员单位。加强对20个脱贫任务比较重的县党政正职实行重点管理，与各市政府签订2017年度减贫责任书，市县乡逐级签订责任书，层层压实责任等。严格动态管理，今年以来，先后开展4次建档立卡数据清洗核准工作，清除疑似问题信息500多万条。对不同类型的贫困人口实施分类精准扶贫，激发他们内生动力。各方力量大合唱，汇聚脱贫攻坚洪流。各级党政机关、人民团体、企事业单位、社会组织、驻鲁部队、爱国宗教团体、民主党派和各界人士参与扶贫热情高涨。项目合作、结对帮扶等取得显著成效。截至2017年10月，共有1114家企业投入9.06亿元，结对帮扶1358个重点村，受益贫困人口7.5万人。31786名志愿者与30007名贫困儿童牵手结对，1000支大学生志愿服务队开展志愿扶贫服务等①。加强扶贫资金督查审计，建立完善的资金管理的制度等。

二　山东省扶贫开发中存在的问题

虽然山东省扶贫开发事业取得了很大成效，但离群众的要求和扶贫工作目标仍有差距。扶贫工作和事业推进中面临着许多问题。

（一）扶贫攻坚任务艰巨

一是当前扶贫工作进入关键期，推进速度缓慢。人口老龄化问题给扶贫工作带来严峻挑战。人口问题本身，可以直接导致收入贫困和社会贫困。作为人口大省的山东，即使走在经济发展前列的沿海发达地区，要想快速发展，提高群众生活水平和质量，达到民富省富的目标，所面临的财政负担很重。随着老

① 根据山东省扶贫办提供的资料整理。

龄化进程的加速，势必带来更多的社会负担。老年人口的增多，平均预期寿命的延长，养老金的增长，以及老年人由于身体原因患病率高，社会服务成本增加，医疗费用增长等因素都可能随时带来贫困人口的增加和贫困程度的加深。二是返贫现象仍然存在。一方面老年贫困人口患大病、慢性病比例高，加上贫困人口缺乏必要的预防和医疗保障服务，因病致贫、返贫风险高。临沂市沂南县10684名患病贫困人口中，65岁以上老年人患病数为7950人，占74.4%。另外，除天灾人祸导致的贫困人口增加外，在那些已脱贫人口中，由于投资失败、经济不景气、违背基本市场规律、致使农产品滞销、贫困群众受益少等原因导致的返贫现象时有发生。

（二）脱贫攻坚长效机制尚未建立

最近几年，山东省扶贫政策的实施效果较好，但综合来看，脱贫人口的基本素养和抗贫能力还很薄弱。在基础设施建设方面，贫困地区基础设施建设覆盖面还不广泛，部分地区的基础设施建设功能不全。全省各地虽然不断加大在水、电、路、厕、网、有线电视等基础设施建设方面投入，但有些基础设施的持续工程缺乏资金投入，在基础设施维护、修缮方面存在资金不足，监督不到位等情况。在社会事业发展方面，贫困地区的基层医疗卫生服务能力发展不够，一些公共卫生服务、药品供应、相应科室的建设与群众的期盼都有不少差距；个别贫困地区对教育投入不够，师资力量不足，校舍破旧，中小学生大班化，初中辍学率高等现象仍然存在；各社区、村镇的办公场所有所提高，但是幼儿园、养老院等基础设施相对缺乏；在产业发展方面，存在政府操控过多，市场调节较少，企业过多注重自身利益等问题；由于可供选择的产业项目简单雷同、结构单一，产品利润不稳定，群众收入受到影响。同时，贫困户自身知识贫乏和视野限制等因素也影响了产业扶贫的效果。

（三）养老服务体系不健全，养老保障水平低

家庭养老不适合时代发展需求。当前中国家庭规模正在变小，两人、三人家庭成为中国家庭类型的主体。伴随工业化、城镇化进程加快，人口流动规模的相应扩大，青年外出就业打工人群迅速增长，家庭照料人员数量急剧减少；同时由于代际差异，年轻人传统的养老观念和意识淡化，尊老敬老文化思想受

到冲击，传统的家庭养老方式已无法满足老年人养老愿望。现行的养老保障制度不完善。特别是真正意义上的农村养老保障制度建设才刚刚起步，处于养老保障层次低，社会化程度低和养老保险的实施标准低的“三低”状态，微薄的基础养老保障金不具有抵御疾病和灾害风险的能力。养老服务基础设施不完善。针对老年贫困人口养老问题，存在公办养老机构一床难求，普通养老机构个人选择有限的难题。虽然近几年来，各地改扩建了大量的日间照料中心、农村幸福院、社会福利院、养老院等养老机构，但许多机构仍存在运营效率低下、医护服务人才匮乏、服务功能不全的问题，许多养老机构基础条件差、服务面窄，缺乏针对老年人的康复保健、科学护理等细化服务。

（四）社会救助体系不完善，仍存在救助不公平现象

随着山东社会经济的发展和财政支持力度的加大，全省社会救助的总体水平逐步提高，城乡间社会救助的差距也在不断缩小，为民生事业发展，促进社会公平正义发挥了重要作用。但是在政策实施过程中，仍然存在相关制度政策交叉重叠、覆盖范围不广泛、政策执行不公平等问题。

1. 群众对社会救助政策的熟悉程度低

调查显示，受访居民对国家低保或扶贫救助政策熟悉程度依次为：不太熟悉（44.1%），完全不熟悉（20.1%），一般（18.1%），比较熟悉（13.8%），非常熟悉（3.9%）。图3显示，东部、中部和西部地区的受访者认为非常熟悉的比例分别为4.3%、4.6%和2.9%，认为比较熟悉的比例分别为9.9%、18.4%和11.3%，认为一般的比例分别为17.0%、21.5%和15.1%。三者相加，东部、中部、和西部受访者对国家低保或扶贫救助政策的熟悉比例分别为31.2%、44.5%和29.3%。中部地区最高，东部次之，西部最低。东部和西部差别不大。

东部、中部和西部地区的受访者认为不熟悉分别为68.8%、55.5%和70.7%。中部地区受访者的熟悉程度比东部和西部高，可能与中部地区位于省会周边，社会救助政策信息了解途径广泛有关（见图3）。

从城乡来看，居民对国家低保或扶贫救助政策相对熟悉的人数占被访问人数的比例分别为39.1%和30.7%。城镇受访者的认知度高于农村受访居民。但总体来看，无论是城镇居民还是乡村居民的认知度都不高。城乡对国家低保

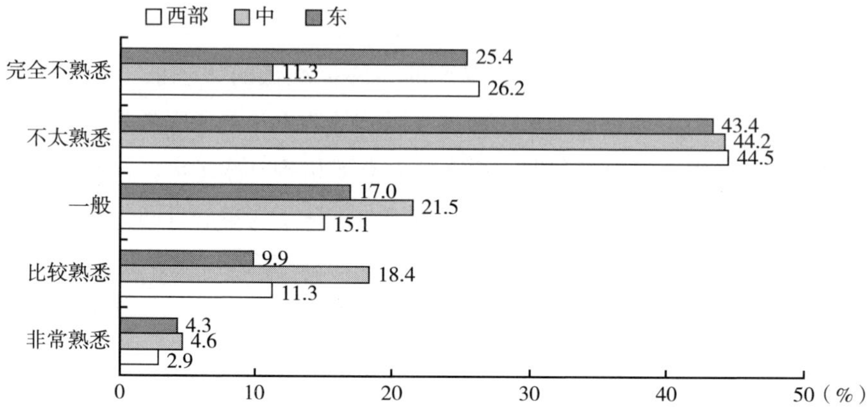

图 3 是否熟悉国家低保或扶贫救助政策的区域对比

或扶贫救助政策完全不熟悉或不太熟悉的比例分别为60.9%和69.3%（见图4）。

综合来看，全省居民对国家低保或扶贫救助政策熟悉程度较低。

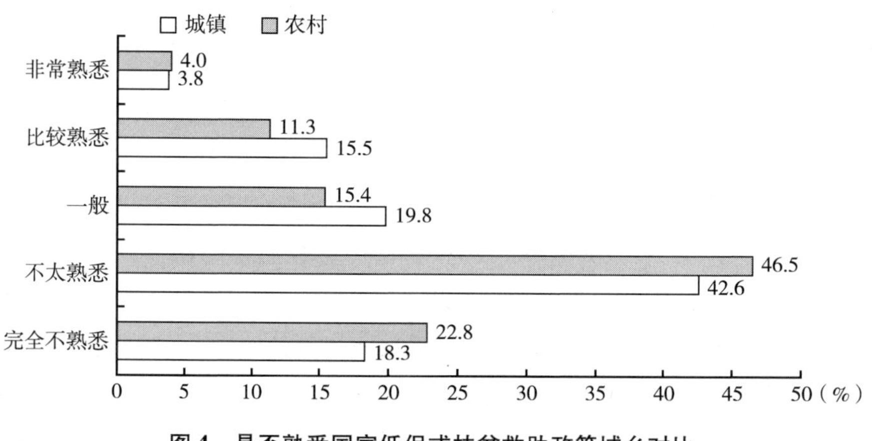

图 4 是否熟悉国家低保或扶贫救助政策城乡对比

2. 政府在实施低保或扶贫政策时存在相对不公平现象

表1显示，确认低保或扶贫对象不公平的最主要原因依次为：与干部关系近不该享受的人享受了低保或扶贫待遇（占51.7%）；贫困者说了不算，导致应该享受而没有享受（18.3%）；没有按照正常程序确定享受者（15.4%）；因为提供虚假的材料和信息就享受了（8.2%）；生活水平差不多，平均分配

低保或扶贫名额（4.3%）；其他（2.1%）。

由此可见，在低保或贫困救助对象确认过程中存在一些不公平因素。一方面，贫困者自身缺乏一定的话语权，另一方面，基层工作人员在低保或扶贫救助政策实施过程中有偏差，并没有使真正应该享受低保和扶贫政策贫困人员得到救助，仍有部分贫困人口游离在制度之外（见表1）。

对于城镇居民来说，认为确认低保或扶贫对象不公平的最主要原因依次是：与干部关系近不该享受的人享受了低保或扶贫待遇（占47.0%）；贫困者说了不算，导致应该享受而没有享受（20.9%），没有按照正常程序确定享受者（14.3%）；因为提供虚假的材料和信息就享受了（11.2%）；生活水平差不多，平均分配低保或扶贫名额（4.4%）；其他（2.2%）。

表1　确认低保或扶贫对象不公平最主要原因的区域、城乡对比

单位：%

	区域			城乡	
	东部	中部	西部	城镇	农村
与干部关系近不该享受的人享受了低保或扶贫待遇	45.9	47.0	63.5	47.0	57.0
没有按照正常程序确定享受者	14.8	16.5	14.6	14.3	16.8
提供虚假的材料和信息就享受了	8.2	12.0	3.9	11.2	4.3
贫困者说了不算,导致应该享受而没有享受	20.4	19.0	14.6	20.9	15.2
生活水平差不多,平均分配低保或扶贫名额	6.1	5.0	1.7	4.4	4.3
其他	4.6	0.5	1.7	2.2	2.3

对于农村居民来说，认为确认低保或扶贫对象不公平的最主要原因依次是：与干部关系近不该享受的人享受了低保或扶贫待遇（占57.0%）；没有按照正常程序确定享受者（16.8%）；贫困者说了不算，导致应该享受而没有享受（15.2%）；提供虚假的材料和信息就享受了（4.3%）；生活水平差不多，平均分配低保或扶贫名额（4.3%）。

城乡居民对确认低保或扶贫对象不公平的最主要原因前三位的认知度相差不大，分别是因为与干部关系近不该享受的人享受了低保或扶贫待遇（51.6%）；因为贫困者说了不算，导致应该享受而没有享受（18.3%）；没有按照正常程序确定享受者（15.4%）。另外，对于“因为贫困者说了不算，导致应该享受而没有享受”选项城镇居民认知度高于农村居民。

（五）社会力量参与的主动性不强

目前，山东省的扶贫主体仍然是政府，以社会力量扶贫的广泛而稳定的帮扶渠道比较脆弱。扶贫政策的制定和落实，扶贫资金的筹集和拨付，以及各项扶贫行动的领导、执行和监管，都属于政府的责任。个别地方扶贫项目的确定、项目的实施等，政府都在不遗余力地推进。政府的这种为改善民生担责的精神是值得推崇的，但在推行过程中往往忽视了对社会力量的参与机制、运行机制以及激励机制和约束机制的培育和建设。社会力量参与扶贫帮困的相关的法律和制度建设的规范化，不仅能够带动我国慈善事业和扶贫事业的发展，还能更快、更好地提高政府的工作绩效，使扶贫走向常规化、制度化。

三　山东省扶贫开发的对策与趋势

贫困人口是弱势群体，这部分群体的脱贫解困不仅是脱贫攻坚的最后阶段，是全面实现小康社会的重要过程，也是党和国家推动发展的根本目的。习近平总书记在第四个国家扶贫日即将到来之际，对脱贫攻坚工作作出重要指示："全党全社会要再接再厉、扎实工作，坚决打赢脱贫攻坚战，在全面建成小康社会的征程上不断创造新的业绩。"中国共产党第十九次全国代表大会的胜利召开，对脱贫攻坚做出了最有力的判断，"深入开展脱贫攻坚，保证全体人民在共建共享发展中有更多获得感，不断促进人的全面发展、全体人民共同富裕"。山东省扶贫事业发展将乘着十九大的东风迈上新台阶。

（一）大力发展农村经济，促进城乡基本公共服务均等化

经济发展对贫困地区和贫困人口的收入水平有重要影响。特别是贫困地区的经济社会的飞速发展和提升，必然带动贫困地区和贫困人口整体收入水平的提高。现在山东正处在社会转型发展时期，贫困地区的经济发展和政策调整要重视产业结构的优化，着重发展信息技术、科技农业、新兴产业及现代服务业等产业，多方位促进农民收入的增加和农村劳动力的转移。近期来看，按照党的十九大关于实施乡村振兴战略和"产业兴旺、生态宜居、乡风文明、治理有效、生活富裕"的总要求，应推动美丽乡村建设与脱贫攻坚融合发展。力

争2018年，2000个省扶贫工作重点村基础设施建设和村容村貌整治取得显著效果，基本完成脱贫任务。长远来看，大力发展农村经济，加快推进农村城镇化进程。城乡社会公共服务不均衡是农村贫困的主要因素，应将扶贫关口前移，加大对临沂、菏泽贫困地区等地的教育、医疗、公共服务等方面的投入力度，推进城乡均等化服务体系建设，提高贫困者自身获取收入、预防和应对贫困风险的能力。加强贫困地区水利、交通、通信等基础设施建设，不断改善生产和生活条件，提升居民生活质量，促进各项社会事业全面发展。

（二）健全养老保障体系

老年人群特别是贫困老年人群由于体弱多病，已丧失了社会劳动力和参与劳动的机会，他们要实现脱贫应有专项或特惠措施来扶持。我们建议：①提高农村基础养老金标准。社保财政向农村地区特别是贫困地区老年人倾斜，提高基础养老金的标准；采取专项资金救助的形式，提高贫困地区老年人口津贴标准；将老年贫困人口全部纳入最低生活保障范围，做到应保尽保。②建立健全农村养老服务体系。贫困的发生往往在农村，应重视农村养老服务体系建设。引导民间资本参与农村社区养老服务设施建设，构建小型多样、功能配套的社区居家养老服务网络。发挥社区养老功能，鼓励和支持有条件的农村“五保”供养机构向区域性养老服务中心发展，提高老人生活质量。以农村为重点，推动“医养融合”。制定全省居家养老、社区养老和机构养老的相关服务标准，逐步实现农村养老服务标准化。建立农村老年人意外伤害保险制度，保障贫困老年人权益。③在全社会弘扬中华民族尊老、爱老、敬老、养老的传统美德，建立和推行农村赡养责任书制度，督促子女常回家看望父母。健全法律法规，维护老年人合法权益等。

（三）完善社会救助制度

应重点攻克深度贫困地区脱贫任务，建立社会救助新的标准体系。建议对贫困人口实行以下分层分类救助：对身体健康具有劳动能力的贫困人口，给予扶持并帮助其就业。推广“扶贫车间”“庭院经济”“公岗扶贫”“扶贫+解困”等模式，推动贫困人口劳动就业增收脱贫。如促进贫困户和企业的联合，生产或销售手工业品、土特产或照顾留守家庭的失能老人和孩子、卫生保洁服务等公益性岗位等；加强培训，出台优惠政策开辟一些技术含量低适合贫困人口就业的工作岗位等。对于那些半自理、完全不能自理且无劳动能力的贫困人口，应根据其身体健康和需求状况划分为不同类别，综合采取孝善养老、集中供养、医养结合、志愿服务等措施，解决老年人脱贫问题。对那些“因病致贫”老年贫困人口结合医疗救助、大病统筹等政策安排按病种、贫困程度给予更多的保障。保障2018年底前建档立卡中的严重精神障碍患者得到有效救治。深入推进扶贫特惠保险，确保“应保尽保”，并探索实施面向低收入群体的医疗商业补充保险。建立社会救助公开公示机制，引导社会、舆论、群众的监督。

（四）提高医疗保障水平

全面落实健康档案、家庭医生签约等措施，推进卫生机构的“网底”建设。加强用药指导，纠正不良习惯，达到预防治病的目的。扩大医疗保障覆盖面，提高老年贫困人口的参保率。降低农村贫困人口医疗报销的起报点，提高报销比例；通过减少住院门槛费用、大病降低报销门槛费用、不能报销费用部分医院减免一定比例等具体措施，扩大医疗救助范围等。加强基层医疗机构的能力建设，特别应加强人才队伍建设，从薪酬、职称等多方面给予政策支持，把优秀的医疗人才引进到基层。加强上下级医院互通互联合作和远程医疗技术，通过上级医院医生下派到基层医院服务模式，逐步解决农村看病难看病贵等问题。

（五）积极引导和组织社会力量参与扶贫

针对山东扶贫信息不全或缺位状况，应着力构建完善省、市、县三级信息平台，建立政府部门、社会力量和贫困农户三者之间的信息互动机制。充分发挥各类市场主体、社会组织和社会各界人士的作用，形成国家和社会共同参与扶贫的强大合力。制定相关法律法规，倡导和鼓励民营企业积极承担社会责任，通过项目带动、慈善捐助、志愿服务等方式提高农村贫困老年人的经济收入水平；引导社会团体、基金会和各类民办非企业单位等组织参与扶贫事业；利用互联网和各类新媒体广泛动员社会各阶层人士践行“小康路上一个不能少”的公益理念，利用农村地区经济能人的“带动效应”，实现“一人致富，惠及一方”的发展效果，全方位促进扶贫事业的发展。

当前，山东省脱贫攻坚已取得决定性进展，整体较好、成效明显，但贫困人口集中分布在革命老区、黄河滩区，多数年龄偏大、因病因残致贫者，脱贫任务艰巨。未来的几年里，山东将深入学习贯彻党的十九大精神，坚持以习近平新时代中国特色社会主义思想为指导，按照党的十九大对脱贫攻坚做出的战略安排和省委、省政府决策部署，坚持精准扶贫精准脱贫，以更大力度、更高标准、更严要求，深入推进脱贫攻坚，确保2018年基本完成89.6万人脱贫任务，努力实现2020年全面建成小康社会的宏伟目标。

参考文献

林顺利：《城市贫困的社会空间研究》，人民出版社，2016，第178～192页。

刘敏：《社会资本与多元化贫困治理》，社会科学文献出版社，2013，第9～30页。

王三秀、李冠阳、王昶：《中国政府反贫困规范重构》，中国社会科学出版社，2013，第144～187页。

胡永和：《中国城镇新贫困问题研究》，中国经济出版社，2011，第27～50页。

王俊文：《当代中国农村贫困与反贫困问题研究》，湖南师范大学出版社，2010，第274～280页。

B.9
2017～2018年山东省农业转移人口市民化进展、问题与对策*

陶金钰**

摘　要： 2016年《关于加快推进农业转移人口市民化的实施意见》实施以来，山东省注重解决“三个市民化”遇到的重点、难点问题，对农业转移人口在住房、就业、社会保障、子女教育、公共服务等方面，制定和实施了一些新的“均等化”的政策措施。2017年山东省城镇外来务工人员市民化取得重要政策突破，深化户籍制度改革，全面实施居住证制度。城中村城边村原有居民市民化稳步推进，居民的住房条件、基础设施和社区环境得到改善，居民“三权”保障政策得到落实。农村地区就地转移就业人口市民化能力进一步提升，小城镇、农村新型社区等就地市民化载体的承载能力增强。2018年，山东在推进人口市民化的过程中，应在已有基础上，按照十九大的要求，创新市民化的体制机制，促进城镇外来务工人员、城中村城边村原有居民、农村地区就地转移就业人口与城镇居民实现一体化发展。

关键词： 市民化　城镇外来务工人员　城中村城边村原有居民　农村地区就地转移就业人口

---

* 本文是山东省社科联人文社会科学课题“山东农村新型社区居民市民化的困境及推进路径研究”（项目编号：17－ND－SH－3）的阶段性成果。

** 陶金钰，山东社会科学院省情与社会发展研究院实习研究员。主要研究方向：农村社会学、发展社会学。

2017 年，山东省政府对农业转移人口在住房、就业、社会保障、子女教育、公共服务等方面，制定和实施了一些新的“均等化”的政策措施，这些举措保障了农业转移人口在城市的权益，改善了他们在城市的生活状况，缓解了他们在住房、看病、子女教育、融入城市社区等日常生活方面的压力，有效提高了他们的生活预期。通过对城镇外来务工人员、城中村城边村原有居民和农村地区就地转移就业人口这三类群体的市民化意愿、市民化条件、就业、住房、社会保障及农村集体财产分配权益等问题的比较研究发现，三类群体的市民化面临着不同的问题和困难，在市民化意愿、就业、社会保障、子女教育、社会权利等方面的差异较大。其中，城镇外来务工人员和农村地区就地转移就业人口市民化的意愿比较强烈，进城落户的主要动力是子女教育、发展机会和对生活质量的追求。制约城镇外来务工人员在城镇生活的主要因素是就业稳定性差、收入水平低、城乡政策差别和城市居民的歧视。调查发现，山东省外出农民工的收入水平、劳动合同签订率较低，职工养老保险、医疗保险、失业保险、工伤保险、生育保险的参与率较低。城中村城边村原有居民作为我国城乡二元结构政策实施的特殊群体，随着城镇化的快速发展，非农就业是他们的主要就业形态，由于土地的升值，其村落拆迁改造的意愿很高，但市民化的动力不足。为此，山东省实施了分类推进农业转移人口的市民化政策，取得了一定进展。

一　2017年山东省农业转移人口市民化的进展

分类推进农业转移人口的市民化，是山东省推进新型城镇化战略的举措。2016 年山东省政府发布《关于加快推进农业转移人口市民化的实施意见》，建立了农业转移人口市民化“1 + N”的政策体系，以《意见》为“1”，以户籍制度改革、农业转移人口权益保障、土地制度改革和农村集体资产处置等若干具体政策为“N”，按照城镇外来务工人员、城中村城边村原有居民、农村地区就地转移就业人口的分类有序推进市民化进程。2017 年，省政府和各地政府为保障外来务工人员享受均等化的基本公共服务制定和实施了一些新的政策措施，缓解了外来务工人员的就业、住房、社会保障等难题，促进了外来务工人员的人力资本提升和社会融入。城中村城边村原有居民的市民化有新的进展，周边基础设施和公共服务进一步完善，小城镇和农村新型社区居民的土地权益得到保障。2017 年山东省投入 1700 亿元推进村镇建设，小城镇、农村新型社区等就地市民化载体的承载能力增强，基础设施建设进一步完善，被征地农民的合法权益得到保障，为加快农村地区就地转移就业人口的市民化创造了新的政策环境。山东把农业转移人口市民化作为新型城镇化的重要抓手，强化工作措施，创新工作方法，积极推进工作开展，取得了一定成效。

（一）城镇外来务工人员市民化取得突破

1. 加快取消购房等落户限制，放宽重点群体落户条件

2017 年，山东省政府进一步深化户籍制度改革，主要采取了两大措施：一是要求济南、青岛加快取消购房、投资等落户限制。2017 年 8 月 1 日，济南市出台相关实施意见率先取消了投资纳税、购买房屋等落户限制，调整了落户标准，在天桥区大桥、桑梓店街道，历城区王舍人、鲍山、郭店、唐冶、港沟、彩石、孙村、临港、遥墙、董家、巨野河街道和唐王镇实施鼓励落户政策，在该区域内拥有合法稳定住所（含租赁）、合法稳定就业且按规定参加城镇职工养老保险满 2 年的常住人员及其配偶子女均可申请落户。截至 2017 年 7 月底，济南市实现外来务工人员市民化 20.13 万人，超额完成了 2017 年度任务。2017 年山东省委、省政府将青岛市上报为国家中心城市，青岛市吸纳外来务工人员的能力获得极大提升，青岛市推行三年的积分落户政策已实现 4889 人落户，带动 1 万多人落户，新一轮户籍制度改革措施出台后，将全面放开城镇落户限制，加快取消购房、投资等落户条件，进一步加快城镇化进程。二是重点落实农村籍大学生、参军进入城镇的人口、在城镇就业和居住五年以上和举家迁徙的农业转移人口等四类群体的落户政策。尤其是鼓励省内农村籍大学生迁移户口的政策保证了他们的城乡流动权益。

2. 居住证制度成效显著，“购租并举”陆续落地

一是全面落实居住证制度。截至 2017 年底，山东省累计办理居住证 840 多万张，持有居住证的居民可以享受居住地公共就业服务、卫生及社会保障服务等。二是建立“购租并举”的住房制度，引导新市民通过租房解决住房需求。租房人持有居住证可以通过住房公积金支付房租。山东十七市全部印发落实《关于进一步加强房地产调控工作的通知》，明确了政策实施时间。一些市对相应

政策进行了补充，如德州市取消根据棚改居民货币化安置比例考核的方式，尊重棚改居民安置意愿，实施实物保障与租赁补贴并举，增加住房租赁供应，鼓励有条件的县（市区）开展租购同权试点；东营市将外来务工人员纳入租赁补贴保障范围等。三是扩大公租房保障覆盖范围。新增外来务工人员、新就业大学生纳入公租房保障范围。2013～2017 年，国家累计下达山东公共租赁住房开工任务 19.5 万套，全省实际开工 20.7 万套，分配入住 15.8 万套，这一政策缓解了城镇外来务工人员的住房困难问题，使外来务工人员真正“留得下”。

3. 进一步完善随迁子女教育政策，保障随迁子女平等受教育权

2017 年，山东省建立以流入地政府为主要责任、以居住证为主要依据、以公办学校为主安排入学，以混合编制为主要教育管理模式的外来务工随迁子女教育政策，将随迁子女义务教育纳入流入地城镇发展规划和财政保障范围，允许随迁子女集中地区按照实际情况制定具体办法，保障随迁子女平等接受教育的权利。各地积极落实随迁子女教育政策，并根据各市特点实施具体办法。2017 年 5 月 8 日起，济南市进一步简化外来务工随迁子女入学流程，将“五证简化为四证”，取消“原户籍所在地放弃义务教育的证明”，继续坚持混合编班的教育管理模式。2017 年 4 月 5 日起，青岛市鼓励有条件的区市试行积分入学政策。2017 年 10 月，威海市下发了《关于加快推进农业转移人口市民化的实施意见》，以普惠性幼儿园、全日制公办学校为主接收随迁子女入园、入学，义务教育阶段和普通高中随迁子女不再缴纳借读费，随迁子女可免学费接受中等职业教育。

4. 提高农民工劳动合同签订率，解决拖欠农民工工资问题

山东省全面实施治理拖欠农民工工资行动计划，落实“两书一金一卡”制度严控企业工资支付行为。以农民工的劳动合同签订率和合同履行情况作为企业监督检查的重要指标，重点加强建筑业、制造业等易发生拖欠工资行为的行业监督。试行农民工工资与工程款“分账管理”，加强对农民工工资专用账户的管理，推动各类企业委托银行代发农民工工资。严厉查处拖欠工资行为，加强工资支付监察执法，完善劳动保障监察行政执法与刑事司法衔接机制。截至 2016 年底，山东省在城镇稳定就业的农民工劳动合同签订率达到 90% 以上，通过专项执法等手段，为 15.39 万农民工追回工资待遇 9.21 亿元，曝光用人单位 88 家，

处置群体性事件188起，向公安机关移送拒不支付劳动报酬案件85起①。另外，2017年12月4日，山东省印发《关于清理解决拖欠农民工工资问题的通知》，要求2017年12月底前实现政府项目拖欠农民工工资问题清零。

5. 健全完善“三挂钩”机制

2016年9月9日，《关于加快推进农业转移人口市民化的实施意见》（鲁办发〔2016〕50号）印发，建立健全财政转移支付同农业转移人口市民化挂钩机制，一是设立农业转移人口市民化奖励资金，对“三个市民化”进展快、质量高的地区予以奖补。二是建立省级投资基金安排与农业转移人口市民化挂钩机制，对落户数量多的城市的基础设施建设和公共服务设施提供定向支持。三是建立城镇建设用地增加规模同吸纳农业转移人口落户数量挂钩机制，“三挂钩”机制的实施有效激励了各地的市民化工作。2016年山东省获得中央农业转移人口市民化奖励资金8.84亿元，全部用于奖励市民化进展快质量高的地区。

（二）城中村城边村原有居民市民化稳步推进

1. 城中村改造进展良好，居民住房条件和居住环境得到改善

《山东省推进基本公共服务均等化“十三五”规划》印发，重点加强城中村改造、集体资产改制、村改居和社会保障均等化等“三改一化”工作。2015～2017年山东省将城中村、城边村改造纳入城镇棚户区改造和城乡危房改造三年计划政策支持范围。2013～2017年，山东超额完成国家累计下达的209万套棚户区改造开工任务，600余万棚户区群众受益，2015～2017年山东省棚户区改造规模连续3年居全国首位。② 2016年6月16日，济南市成立省内首个城市更新局，大力推进棚户区、城中村改造工作。截至2017年7月底，济南市超额完成下达指标，实现城中村居民市民化10万人。2017年济南市城市更新局积极推进棚户区改造，截至2017年11月底，完成省棚改计划47407套，其中货币化安置11666套，货币化率24.61%，省、市棚改计划项目已签订征收拆迁协议54474户，拆迁面积共1169.87万平方米。2016年至2017年12月1日，济南已累计拆除1800万平方米棚户区，6万余户居民的居住环境

① 数据来源：山东省住房和城乡建设厅所提供的资料。

② 数据来源：山东省住房和城乡建设厅所提供的资料。

得到改善。济南市城市更新局的成立明显推动了城中村改造工作。

2. 集体资产改制规范有序进行，居民“三权”保障进一步落实

针对农业转移人口进城落户对“三权”问题的顾虑，一方面稳步推进农村集体产权制度改革，探索建立农村集体经济组织成员身份确认办法和成员备案机制，集体成员资格证和户籍转移备案证书成为进城落户农民继续享有“三权”的合法凭证。加强各级农村产权流转平台建设，促进农村各类产权规范有序流转，激发农民参与土地流转热情。截至2016年底，山东省有1.34万个村完成了农村集体产权制度改革，占村级集体经济组织总数的16.2%，建成省级产权交易中心1个，市级交易中心3个，县级交易中心109个，大多数乡（镇）设立了农村产权交易所。另一方面实施《山东省国有土地上房屋征收与补偿条例》，对房屋征收程序、补偿标准、司法强制等做出了明确规定。保障自愿退出或转让宅基地的进城落户农民获得公平的补偿，加快农村土地经营权规范流转。山东省是全国首批农村土地确权登记颁证3个整建制试点省之一，已经全面通过县级自检自查、市级初步验收、省级抽查验收，率先基本完成了土地承包经营权确权登记任务，截至2017年12月1日，山东省已有3014.5万亩农村土地进入流转市场。

3. 统筹城乡基本公共服务供给，推进城乡基本公共服务均等化

在住房保障方面，山东省试推“房票”制，用房票补偿自愿转让宅基地的农民，也可抵购房款，保障农民的城镇建设用地需求。在就业创业服务方面，引导农村转移劳动者到以“互联网+”为代表的新产业、新业态就业创业。建立适应农村劳动者就业创业特点的培训方式，推进职业培训全覆盖。鼓励用地企业招聘城中村居民。在统筹城乡教育服务方面，全面取消普通学校大班额，统一城乡义务教育学生“两免一补”政策，加大城乡居住区配套幼儿园规划建设力度，在新建城乡居住区统筹规划建设配套学校。在社会保障方面，有针对性地制定被征地农民参加居民养老保险的政策措施，从制度上落实被征地农民补缴养老保险费的政策。

（三）农村地区就地转移就业人口市民化取得新进展

1. 就地市民化载体承载能力增强

一是以都市圈为主要载体，统筹推进人口市民化。《山东半岛城市群发展

规划（2016—2030年）》印发，山东将构建“两圈四区、网络发展”的总体格局，打造济南都市圈、青岛都市圈和烟威、东滨、济枣菏、临日四个都市区。增强济南、青岛都市圈对人口的吸纳力，提高公共基础设施共建共享水平。二是发挥小城镇和农村新型社区的载体作用。培育发展小城镇、建设农村新型社区是吸纳农村地区就地转移就业人口的主要方式。2017年山东省评选公布了10个新生小城市和30个重点示范镇，试点镇地区生产总值、地方财政收入、城乡居民收入逐年增长，试点镇集聚承载能力进一步增强，环境保护治理力度明显加大，城镇管理信息化、精细化水平进一步提升。三是借助特色小镇辐射带动作用。特色小镇可以充分利用当地的资源优势，通过政策扶持做大做强，发展成为人口城镇化的重要载体。2017年山东省成功申报国家级特色小镇15个，数量居全国第一位，累计创建国家级特色小镇22个。评选出全省109个省级特色小镇，省级特色小镇完成概念性规划109个。2017年山东省累计建成入住农村新型社区3803个，集聚近900万人口。①

2. 农村新型社区基础设施建设逐步完善，并纳入新型城镇化统计范围

2017年山东省不断加大村镇建设投资力度，完成投资1700亿元。一是不断完善社区公共基础设施建设。2017年超额完成300万户农村改厕任务，完成新建农房20万户，完成17个县（镇）冬季清洁供暖试点工作，新增清洁供暖面积814万平方米。86%的建制镇和全部建成入住的农村新型社区建有污水处理设施。7个全国垃圾分类示范县（市、区），31个乡镇（街道）、785个行政村实施了农村生活垃圾分类和资源化利用试点工作。山东还进一步加强道路建设等公共基础设施建设，以泰安市为例，2017年泰安市把道路建设作为基础设施建设的总纲，编制了农村路网建设规划，累计投入9.6亿元用于农村公路新建、改造和维修，泰安市农村公路综合优良路率达到81.4%。二是将农村新型社区纳入新型城镇化统计范围。2013年山东省首次出台《农村新型社区纳入城镇化管理标准（试行）》，省财政将农村新型社区纳入相关城镇化建设发展资金扶持范围，这意味着农村新型社区建设的管理模式将向城市社区看齐。

3. 重点加强农村社区治理，夯实国家治理的基础环节

农村新型社区居民的市民化工作需要社区居民的积极参与。党的十九大报

① 数据来源：山东省住房和城乡建设厅所提供的资料。

告指出要加强社区治理体系建设，推动社会治理重心下移，农村社区是社会治理的基础单元，动员组织居民参与农村社区治理可以推动市民化工作。一方面山东重视推进农村新型社区基层协商民主，在社区治理具体实践中接受社区居民的评议。对市民化工作中有关群众利益的诸多问题，采取集体协商的办法，有效化解各类矛盾纠纷。另一方面进一步创新农村社区治理模式，提升农村社区公共服务供给水平。一是加强农村社区建设的政策指导，推进农村社区建设再安排、再部署。二是推进农村社区公共服务阵地建设，加快建设农村社区服务中心，完善社区服务内容，保障农村新型社区居民的公共服务需求。以诸城市为例，2017 年诸城市 51 个集中居住的农村新型社区中 35 个已纳入新型城镇化统计范围，占农村新型社区总数的 68.6%。诸城市的社区服务中心按照“两公里服务圈”要求，统一设置“一厅一校十室”，形成了以农村社区服务中心为依托的 10 分钟公共服务圈，大大提高了公共服务水平。三是加强村务公开和民主管理。建立健全村务监督委员会。济南市率先在全省借助社会工作机构，对村务公开和民主管理工作进行第三方评估，社会工作者参与社会治理弥补了传统社会治理的不足。

二　2017年山东省农业转移人口市民化存在的问题

（一）城镇外来务工人员市民化存在的问题

1. 在镇区落户仍存在限制条件，缺乏落户载体

一是城镇落户障碍仍然较大。中小城市落户障碍仍然较多，比如租房落户租房者需征求房主落户意见，部分城中村城边村原有居民担心外来人员落户影响集体资产收益分配，往往不接受外来居民落户。山东虽已全面放开小城镇落户，但部分有落户意愿的就地转移就业人员，在镇区落户仍存在一些限制条件，比如购房落户需要经过房屋所在地村委会的同意，而村委会常因计生、治安管理等问题，不愿为申请落户人员出具相关证明，导致有落户意愿的人员无法落户。二是缺乏落户载体。基层相关办事机构不健全，外来人员落户找不到落户社区。部分小微企业无法达到集体户设立条件，农民工难以落户。三是居住证在一定程度上降低了农业转移人口落户城镇意愿。此外，调研中发现，很

多农民对当前进城落户可保留相关农村权益等落户政策不了解，也在很大程度上影响了他们的落户意愿。据国家统计局山东调查总队数据，81%的农民工对城镇落户政策不了解，迁移户口主动性不强。

2. 就业领域集中在传统产业，工作条件较差

山东省城镇外来务工人员的收入水平难以支撑城镇较高的房价和生活成本，影响其进城意愿和能力。大量外来务工人员限于自身素质和就业技能，难以在城镇找到合适的工作，而在去产能的背景下，就业领域主要集中在制造业、建筑业的外来务工人员将面临行业转移的问题。2017 年山东社会科学院山东省经济社会综合调查发现，外来务工人员迫切需要解决的问题中，排在首位的是看病难看病贵问题，其次是养老保障问题，最后是就业失业问题。调查发现，与城镇职工相比，外来务工人员在就业领域、工作劳动强度和工作稳定性方面存在一定差距。外来务工人员主要集中在批发和零售贸易、建筑业、社会服务业等产业，城镇职工的就业领域主要分布在党政机关事业单位、社会服务业、制造业、科教文卫行业等，可见外来务工人员的就业领域仍然较窄。如图 1 所示，外来务工人员对工作环境、劳动强度、工作安全性、工作稳定性和工资收入的总体满意度分别为4.0 分、3.6 分、4.1 分、3.8 分和3.7 分，而城镇职工对工作环境、劳动强度、工作安全性、工作稳定性和工资收入的总体满意度分别为4.0 分、3.8 分、4.1 分、4.1 分和3.7 分，可见外来务工人员的工作条件较差。

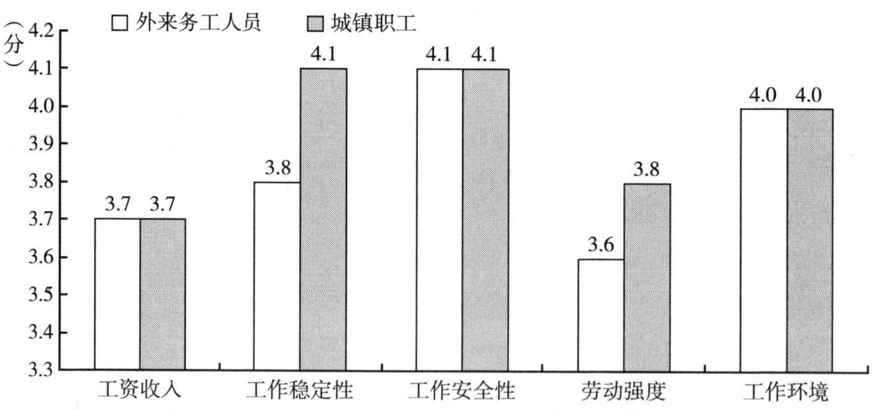

图 1　受访的外来务工人员与城镇职工的工作满意度对比

资料来源：依据 2017 年山东社会科学院山东省经济社会综合调查数据整理所得。

3. 职工养老和医疗保险参与率低，居民社会保险参保缴费档次低

据山东省人力资源和社会保障厅、国家统计局山东调查总队农民工监测调查报告，2016 年全省农民工参加职工养老保险、职工医疗保险、失业保险、工伤保险、生育保险的比例分别为 18.5%、18.2%、11.7%、29%、9.4%，而缴纳住房公积金的比重仅为 7.6%。农民工社会保障程度低，成为影响农民工转化为稳定产业工人和城市市民的重要因素。如图 2 所示，2017 年山东社会科学院山东省经济社会综合调查发现，19.2% 的外来务工人员参加了城镇职工养老保险，7.6% 的城中村城边村从事农业生产的农民参加了城镇职工养老保险。参加居民社会保险的，养老保险缴费档次也多集中在 300 元/年。20.9% 的外来务工人员参加了城镇职工医疗保险，7.6% 的外来务工人员参加了失业保险，7.6% 的外来务工人员参加了工伤保险，9.4% 的外来务工人员参加了住房公积金或领取了住房补贴，说明外来务工人员的职工养老、医疗保险参保率低的现状仍然没有改变。

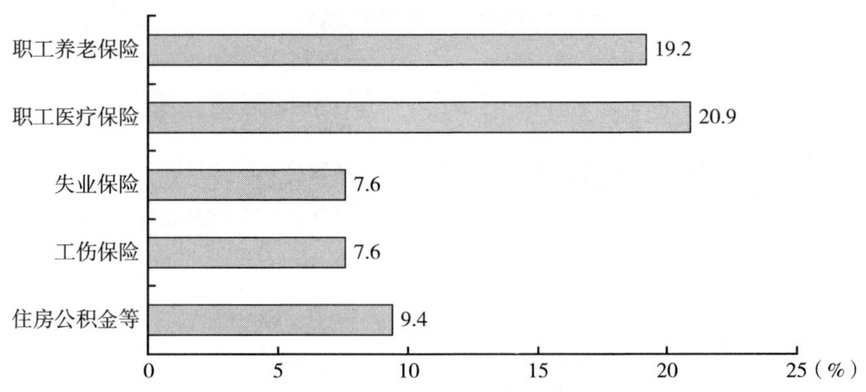

图 2　受访的外来务工人员社会保险参保率

资料来源：依据 2017 年山东社会科学院山东省经济社会综合调查数据整理所得。

4. 子女在城镇受教育比重低，家庭教育投入能力低

据省住房和城乡建设厅数据，2016 年山东外来务工人员子女在城镇接受教育比重仅为 16.1%，明显偏低。2017 年山东省经济社会综合调查发现，61.5% 的受访外来务工人员子女在非重点小学就读，38.5% 的受访的外来务工人员子女在重点小学就读。尽管教育部门已取消重点小学和非重点小学的划分，但从受访

的外来务工人员的主观判断来看，其子女在重点小学的入读率偏低，在一定程度上反映了外来务工人员子女在获取优质教育资源上的不平等。调查发现，如图3所示，7.1%的外来务工人员为了孩子上小学曾找人帮忙，3.6%的外来务工人员为了让孩子上小学交过额外费用，10.3%的外来务工人员为了让孩子上小学让孩子参加了特长考试。这些数据表明外来务工人员为帮助孩子入学做了很多努力，而经济状况限制了外来务工人员为子女提供教育投入的能力，区域教育资源分配不均也导致外来务工人员子女不能享受平等的公共教育服务。

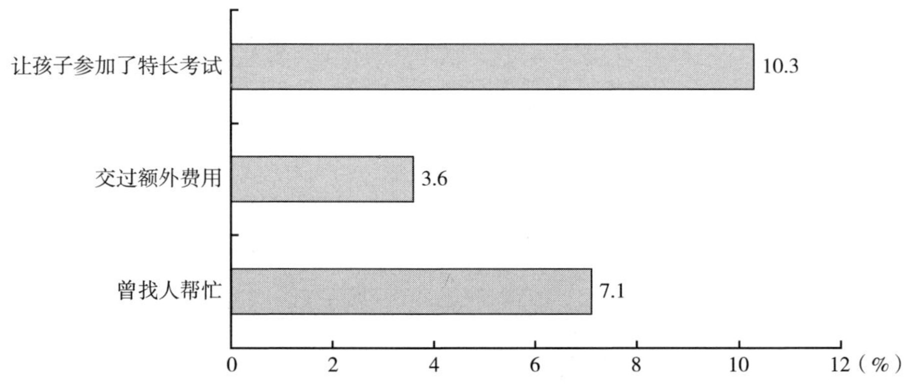

图3　外来务工人员为让孩子上小学曾经采取的措施

资料来源：依据2017年山东社会科学院山东省经济社会综合调查数据整理所得。

（二）城中村城边村原有居民市民化存在的问题

1. 收入来源单一，经营性收入比重低

城中村城边村原有居民中没有从事非农产业的农民面临再就业难、收入来源单一等问题。由山东社会科学院主持的2017年山东社会科学院山东省经济社会综合调查发现，城中村城边村从事农业生产的农民在土地被征用后，因为没有非农工作经历，这部分居民面临失业问题。调查发现，38.5%的没有非农工作经历的农民因为承包土地被征用失业，20.5%的没有非农工作经历的农民因为丧失劳动能力而失业。对于承包土地被征用的没有非农工作经历的农民，100%的农民表示没有找工作的打算也并不打算自己创业，他们认为个人收入减少的主要原因是承包土地被征用，这导致他们丧失了生活来源。城中村城边

村中没有非农工作经历的农民中60岁及以下居民占30.4%，60～70岁居民占54.4%，70岁以上居民占15.2%，可见这部分群体以老年人口居多。如图4所示，城中村城边村中没有非农工作经历的农民的收入结构是：7.0%的居民主要依靠劳动收入，18.2%的居民主要依靠经营收入，包括个人经营收入和集体经济经营收入，1.4%的居民主要依靠兼职收入，5.4%的居民主要依靠房屋、土地、车辆等租赁收入，0.3%的居民主要依靠股票、债券、基金收益和利息等其他财产性收入，37.5%的居民主要依靠离退休金、养老金及相关补贴等，10.1%的居民依靠失业保险金、最低生活保障金和“三农”补贴等，22.0%的居民依靠家庭成员供养、亲友资助等。可以看出，务农等劳动收入已经不是城中村城边村没有非农工作经历的农民的主要收入来源，取而代之的是离退休金、养老金和相关补贴，以及依靠家庭成员供养、亲友资助等，但是这些收入来源并不具备可持续性。因此，关注城中村城边村中没有非农工作经历的农民，尤其是老年人，是实现城中村城边村原有居民市民化的关键问题。

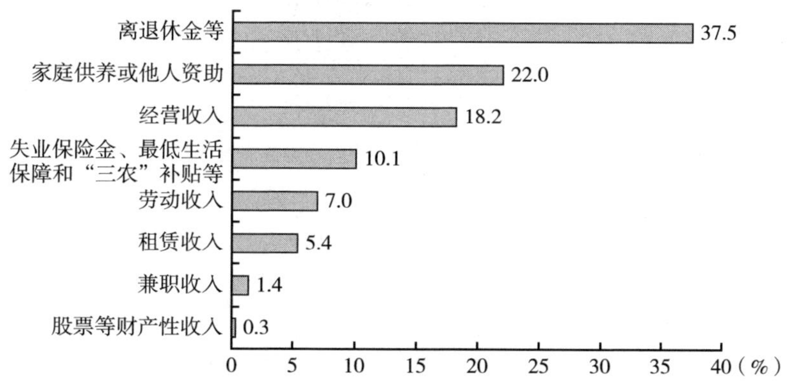

图4　城中村城边村中无非农工作经历的农民的收入结构

资料来源：依据2017年山东社会科学院山东省经济社会综合调查数据整理所得。

2. 城镇公共服务承载能力不足

城镇教育、医疗、养老、住房保障等公共服务设施资源缺口较大，不能满足大量农业转移人口需求。2017年山东社会科学院山东省经济社会综合调查发现，如图5所示，城中村城边村没有非农工作经历的农民对养老保障政策、医疗保障政策、住房保障政策、最低生活保障政策的满意度分别为3.7分、3.7分、3.6

分和3.5分，而城镇外来务工人员对养老保障政策、医疗保障政策、住房保障政策、最低生活保障政策的满意度分别为3.8分、3.8分、3.6分和3.5分，可见，城中村城边村中没有非农工作的农民对养老、医疗保障政策的满意度比城镇外来务工人员还要低。调查发现，城中村城边村没有非农工作经历的农民最需要的公共医疗卫生服务中，28.6%的居民需要慢性病防治与保健，22.2%的居民需要老年人健康管理，21.4%的居民需要健康档案管理。这类群体在看病时，36.9%的居民认为报销比例低，自己需要支付的费用较高，35.1%的居民反映挂号排队预约时间太长，16.2%的居民表示检查项目多且费用高。城中村城边村中没有非农工作经历的农民对异地就医结算手续的满意度评价中，7.5%的居民表示很不满意，11.7%的居民表示不太满意，39.4%的居民表示一般，34%的居民表示比较满意，7.5%的居民表示很满意。在选择急需的公共基础设施时，10%的城中村和城边村中没有非农工作经历的农民选择了养老服务设施。在一定程度上表明，目前的医疗卫生服务资源和养老服务资源是城中村城边村从事农业生产的农民急需的服务，而医疗卫生机构布局不平衡、异地就医结算手续复杂、看病难看病贵、过度检查等问题，以及养老床位紧张、社区养老和居家养老的滞后削弱了城镇公共医疗卫生服务承载能力。

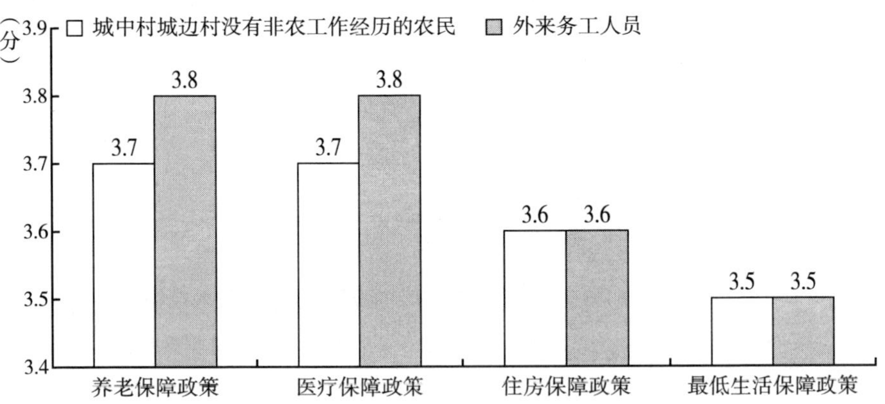

图5　比较不同类型农业转移人口对社会保障政策的满意度

资料来源：依据2017年山东社会科学院山东省经济社会综合调查数据整理所得。

3. 城镇基础设施供需矛盾突出

城市发展方式较为粗放，集约集聚水平偏低，2000~2015年，山东全省城镇人口增长了63%，而建成区面积增长了114%，土地城镇化速度明显快于人口城镇化速度，特别是中小城市土地集约利用程度不高。重外延轻内涵，盲目追求规模扩张，人本理念未得到很好体现，多数城市路网结构不够合理，密度偏低，公共停车设施严重缺乏，城市道路建设与机动车快速增长的矛盾比较突出。城镇排水防涝、供热燃气等供应能力不足，停车难、交通拥堵、空气质量差等问题加剧，现有城镇容纳力面临巨大挑战。城市路网结构不合理，部分大城市公共交通出行分担率不足20%。全省已改造完成的城中村城边村安置小区，仍有未接入排水、供气、供热等市政管网的社区。2017年山东社会科学院山东省经济社会综合调查发现，16.7%的城中村城边村从事农业生产的农民急需当地政府加强道路建设，8.3%的农民急需建设公交站，16.8%的农民反映公共交通拥挤，6.6%的农民反映在道路上的停车难问题，说明道路建设及公共交通服务向城中村城边村的延伸需要加强。11.7%的城中村城边村从事农业生产的农民急需社区集中供暖，23.9%的农民反映社区的水电暖等传统能源设施条件较差，说明城中村城边村社区的基础设施改造工作还需加强。

（三）农村地区就地转移就业人口市民化存在的问题

1. 就地市民化载体发育不足，中心城市辐射带动作用不强

全省城镇规模结构呈现中心城市不强、小城镇偏弱的特点，在很大程度上制约了集聚人口的能力。数据显示，济南和青岛两市城区人口都不足400万人，而同样作为省域核心城市的广州、深圳人口规模已超千万，武汉、南京、沈阳均在500万人以上。2016年，济南、青岛地区生产总值分别为6536亿元、10011亿元，公共财政预算收入分别为641亿元、1100亿元，而江苏的南京、苏州地区生产总值分别为10503亿元、15400亿元，公共财政预算收入分别为1142亿元、1730亿元，差距明显。从小城镇建设情况看，全省现有建制镇1115个，镇区平均规模仅1.58万人，镇区人口规模5万以上的仅占总数的2.9%，44.9%的建制镇镇区人口规模在万人以下。相比广东、江苏、浙江等地，山东小城镇存在数量多、规模小、产业基础弱、人口承载能力不强等不足，影响了对农业转移人口的吸引力。

2. 工作条件较差，就业创业竞争力不足

2017年山东社会科学院山东省经济社会综合调查中，对农村地区已经从

事非农工作的居民的调查发现，64.1%的居民从事的是需要体力劳动的工作，主要工作行业集中在制造业和建筑业，与城镇职工相比，农村地区就地转移就业人口的人力资本较低，在更高层次的就业选择上缺乏竞争力。而这类群体中，48.3%的居民是雇员，26.6%的居民打零工或散工，19.6%的居民是自营劳动者，说明农村地区就地转移就业人口在获得稳定的工作方面难度较大，劳动关系的不稳定限定了农村地区就地转移就业人口的职业发展。外来务工人员在城镇就业也面临着劳动强度大和工作不稳定问题，与外来务工人员相比，农村地区已经从事非农工作的居民对劳动强度、工作稳定性的满意度分别低0.7分、0.4分，说明农村地区居民在选择职业时更为缺乏竞争力，不得不从事工作条件较差的职业。这类群体中有一部分没有工作的居民（不包括离退休人员），在问及未来工作打算时，35%的居民表示正在寻求工作，5%的居民准备自主创业，还有60%的居民无找工作的打算，就业机会缺乏和就业层次较低在一定程度上影响了农村地区就地转移就业人口的就业意愿，许多农村地区就地转移就业人口尤其是老年人仅依靠土地补贴等补偿款生存，可能成为贫困群体。

3. 教育、医疗等公共服务水平还需提升

吸引农村地区就业转移就业人口向小城镇或农村新型社区集中，不仅需要加强公共基础设施建设，还需要加大教育、医疗资源的投入，提升公共服务水平。2017年山东社会科学院山东省经济社会综合调查发现，农村地区已经从

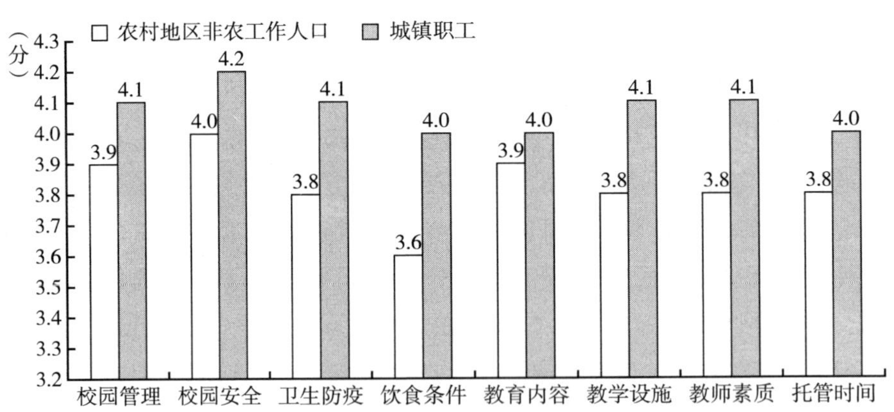

图6　比较不同类型农业转移人口对幼儿园教育的满意度

资料来源：依据2017年山东省经济社会综合调查数据整理所得。

事非农工作的居民对当地幼儿园教育、义务教育的满意度分别是3.8分、3.3分，比城镇职工对幼儿园教育、义务教育的满意度低0.3分和0.1分。如图6所示，农村地区已经从事非农工作的居民对幼儿园教育的满意度较低的方面主要是幼儿园饮食条件、教学设施和卫生防疫方面，满意度分别比城镇职工低0.4分、0.3分和0.3分。农村地区已经从事非农工作的居民对当地医疗服务的满意度是3.6分，对医疗服务满意度较低的方面是看病报销比例、异地就医结算和看病时挂号、排队等问题，满意度分别为3.1分、3.4分和3.6分。比城镇职工医疗服务满意度低的方面是看病报销比例问题，城乡居民基本医疗保险的综合报销比例低于城镇职工医保报销比例是引起这一差异的原因。

三 山东省农业转移人口市民化的对策建议

2018年，山东在推进人口市民化的过程中，应在已有基础上，按照十九大会议精神的要求，加强政策的顶层设计，统筹推进户籍、土地、社会保障、财政等相关领域的制度改革，创新市民化的体制机制，促进城镇外来务工人员、城中村城边村原有居民、农村地区就地转移就业人口与城镇居民实现一体化发展，共享城镇基本公共服务，为到2020年实现1000万农业转移人口落户城镇、700万城中村城边村原有居民完全市民化的目标，加快推进全省的城市化进程创造条件。

（一）充分尊重不同群体的市民化意愿，分类推进农业转移人口落户

一是进一步消除在城镇有稳定就业的外来务工人员的落户障碍，优先保证这类群体落户。做好落户地区村居委会或原有居民的协调沟通工作，促进城镇外来务工人员积极融入当地社区，鼓励进城落户外来务工人员通过租房解决住房问题，尊重外来务工人员举家迁移落户的意愿，保障落户外来务工人员家庭的就业、医疗、养老及农民工子女平等受教育权，保障其在农村的土地收益权、集体财产收益权等基本权益，解除进城落户的后顾之忧。二是推动农村大中专学生入学落户。鼓励农村籍大中专学生在入学时将户口迁入学校集体户或就地申请登记为城镇居民，继续保留其个人征地补偿收益权、贫困生资助、助

学贷款申请等农村权益，毕业后纳入公租房保障范围。三是推进城中村城边村原有居民完全市民化。完善供气、供热等市政设施，着力提升居民就业创业、社会保障、医疗养老等基本公共服务，重点补齐设施和公共服务方面的“短板”，全面改善居住环境，保障居民集体资产收益和征地拆迁补偿收益，合理推进“村改居”，纳入城市社区管理服务，整建制实现完全市民化。四是推动农村地区就地转移就业人口市民化。充分尊重农村新型社区居民、小城镇周边居民的市民化意愿，推动小城镇和农村新型社区发展和配套设施建设，合理安置拆迁居民，保障这类群体自愿有偿转让宅基地的权利，提高带资进城能力。鼓励城乡兼业人员和返乡农民工在小城镇、农村新型社区落户，做好与当地社区居委会、居民的沟通工作，保障这类群体充分融入当地社区。

（二）强化市民化载体建设，配套完善基础设施

围绕提升市民化载体的承载能力，科学推进城市群、大中小城市、小城镇和农村新型社区建设，挖掘设区市吸纳人口潜力。一方面要发挥城市群、大中小城市的发展对小城镇的辐射带动作用，一是加快推进山东半岛城市群发展。增强济南和青岛对都市圈的引领作用，积极推进济南、青岛建设国家中心城市，将青岛都市圈打造为全省核心引擎，提升国际竞争力，增强对国内外高层次人才的吸引力。引导都市区有序发展，提升设区城市发展内涵。到 2020 年济南、青岛市迈入特大城市行列，其他设区城市要科学定位区域功能，强化产业支撑，增强综合实力，到 2020 年培育 5 个城区人口达到 200 万以上、9 个城区人口 100 万以上的中心城市。充分发挥设区城市吸纳人口潜力。二是加大中小城市培育力度。优化县城空间布局、产业结构、基础设施和宜居环境，培育成为新生中等城市和重要节点城市，打造新市民的市民化平台。另一方面打造创业创新载体，因地制宜创建特色小镇。坚持农村新型社区和产业园区“两区同建”，按照一镇一业、一镇一品的要求，壮大产业集群，培育发展新型产业，发展旅游观光等绿色产业，优化发展传统产业。促进教育、医疗等资源向小城市和重点示范镇延伸，提升基础设施和公共服务水平，吸引农村地区就地转移就业人口集聚。

（三）优化产业结构带动就业转型，提高农业转移人口就业质量

一是积极调整产业结构，创造就业创业机会，提升农业转移人口的就业质

量。既要做强做大现代物流、旅游业等现代服务业，又要优化提升家庭服务等传统服务业，加快发展乡村体验、健身服务等新兴服务业，持续提升服务业吸纳就业比重。二是根据自然禀赋和产业发展特点，因地制宜发展文化、旅游等各类特色产业，实现居民生活环境改善和居民增收的同步发展。针对农村地区就地转移就业人口的再就业问题，各地要加快产城融合，坚持以产促城、依城兴产、城乡一体，产业、城市和人口实现良性互动、协调发展，按照人口聚集与产业发展相协调的原则，城镇中心区域集中布局总部经济和服务经济，城镇周边地区重点发展都市农业和消费品制造业等，城镇辐射带动区主要布局建设原材料工业、装备制造业等，支持大型工矿区集约集聚发展。三是激发新型职业农民就业活力。调查了解农民的就业需求和意愿，制订合理的职业培训方案。结合农业现代化发展要求，通过土地流转、托管等方式发展规模化经营，定向培养新型职业农民。

（四）增加公共服务供给，推进城镇基本公共服务覆盖常住人口

一是在教育方面，落实城乡教师双向流动机制，解决城乡师资水平不均等问题，持续加强普通中小学大班额防控监测，提升基本公共教育服务均等化水平，加强对外来务工人员子女、农村留守儿童的义务教育和心理关爱的社会干预，增强外来务工人员子女社会适应能力。二是在就业方面，做好农业转移人口就业失业动态监测机制，鼓励产业园区、小城镇周边用人单位招聘农业转移人口，增加职业培训项目并与用人单位签订定向就业协议，保障农业转移人口享有均等的就业机会。三是在社会保障方面，加快完善居民基本养老、医疗保险和职工基本养老、医疗保险的转移接续办法。四是在住房方面，加强对住房租赁市场的监管，推进公租房货币化保障，引导新市民通过租房缓解住房需求。五是在医疗和养老方面，加强城镇养老服务设施和公共文化设施建设，提升中小城市医疗服务能力，加强农村新型社区和小城镇的养老服务机构建设，保障农村转移老年人口安享晚年。

（五）创新市民化推进机制，提高资源配置效率

围绕“三挂钩”机制建立合理的市民化成本分担机制和多元投融资机制，提高市民化资源配置和工作推进效率。一是健全“三挂钩”机制，动态监测

农业转移人口和城乡建设用地的变化情况，保障农业转移人口的用地需求，进一步做好以增加城镇建设用地规模激励市民化的工作，同时防范各地片面追求城镇建设用地规模出现农民“被市民化”。二是建立健全由政府、企业、个人共同参与的市民化成本分担机制，发挥社会资本的作用。三是加大各级财政对农村新型社区建设的投入力度，落实将农村新型社区纳入城镇化管理的各项标准。四是健全完善工作推进机制，强化对市民化工作的组织领导，统筹解决市民化推进过程中的重大问题。广泛宣传人口市民化政策内容，提高市民化政策的群众知晓率和社会影响力。及时总结推广宣传市民化经验做法，广泛凝聚社会共识。

参考文献

樊明：《工业化、城镇化和农业现代化：行为与政策》，社会科学文献出版社，2014，第341页。

郑云：《中国农村转移人口离农机制研究》，社会科学文献出版社，2017，第103页。

伍琴、悉春儿：《中国新型城镇化健康发展报告》，社会科学文献出版社，2016，第117页。

熊景维：《通往城市之路：农民工住房与市民化》，社会科学文献出版社，2017，第249页。

崔传义、崔晓黎：《城镇化过程中的农民转移就业与市民化问题》，载邓鸿勋，陆百甫著《走出二元结构》，社会科学文献出版社，2012，第102页。

B.10

2017～2018年山东省城乡基本公共文化服务现状、问题及建议

李春龙*

摘　要： 2017年山东省在城乡基本公共文化服务方面取得了一些成效：通过不断完善五级设施网络，促进了城乡基本公共文化服务均等化；努力抓好各项试点工作，公共文化服务不断推进标准化建设；鼓励多元参与，促进公共文化服务社会化进一步发展；不断丰富资源手段，促进公共文化服务数字化服务水平；积极创新服务模式，大力传承弘扬中华优秀传统文化；采取各种措施鼓励支持文艺原创工作，繁荣公共文化产品供给。但在推进全省基本公共文化服务城乡一体化、改善服务渠道和方式、增加服务形式和内容方面，有待进一步改进和完善。

关键词： 基本公共服务　公共文化　政府服务　服务均等化

党的十九大报告针对文化建设明确提出“完善公共文化服务体系，深入实施文化惠民工程，丰富群众性文化活动”的总体要求，表明国家对向人民提供丰富多样的公共文化产品的高度重视。伴随山东经济社会的高速发展，人民群众对文化生活的需求也日益增长，对文化领域尤其是基本公共文化服务的迫切要求更加强烈。在全省人民正满怀信心为全面建成小康社会的伟大目标而

* 李春龙，山东社会科学院省情与社会发展研究院助理研究员，主要研究方向：社会政策、社会发展。

聚精会神谋发展的重要时刻，高水准、均等化的公共文化服务，既是让全体人民共享改革开放成果的重要体现，又是进一步促进人民生活水平不断提高的重要保障。

一　山东省城乡基本公共文化服务的进步与发展

山东省各级党委政府严格遵照中央出台的各项政策措施的精神，努力抓好落实工作，切实把好事办好办实，让全省人民切切实实能够感受到中央政策的好处，实实在在享受到经济发展和社会进步所带来的巨大福利。尤其是省委、省政府办公厅联合印发的《关于加快构建现代公共文化服务体系的实施意见》（鲁办发〔2015〕25 号）出台后，各市党委政府高度重视，认真学习领会文件精神，在深入做好前期实地调查工作的基础上迅速制定具体政策、措施，以高度的政治责任感贯彻落实省委、省政府工作部署，初步显现了一系列阶段性重要成效。全省各市充分意识到了现代公共文化服务体系建设的重大现实意义，按照实施意见要求，制定出台了本地区实施意见或实施方案。紧紧围绕提升公共文化服务均等化、标准化、社会化、数字化等目标，不断创新各种服务形式，努力使产品供给内容更加丰富，各种服务渠道更加畅通，全面加快全省现代公共文化服务体系建设。经过持续不懈努力，截至今年上半年，山东已有超过 40 个全国文化先进县（市、区）（先进单位）、88 个省社会文化先进县（市、区），总体数量在全国名列前茅。此外，山东有 3 个城市入选国家公共文化服务体系示范区，6 个国家公共文化服务体系示范项目；5 个省级公共文化服务体系示范区，17 个省级公共文化服务体系示范项目。2016 年 6 月 12 日，《人民日报》在头版发表了题为《让文化温润人心——山东建设公共文化体系》的文章，全面介绍了山东省近几年各级政府在基本公共文化服务领域的工作成绩和可贵经验，这既是对山东近几年扎扎实实推进城乡基本公共文化服务工作的总结，也是对山东长期以来开展城乡基本公共文化服务所付出努力的肯定，值得全省人民引以为傲。

具体来看，山东省城乡基本公共文化服务涉及各个领域，已初步形成了一个较为完善、切实可行，为实践所验证了的服务体系。

（一）不断完善五级设施网络，促进公共文化服务均等化

全省公共文化设施网络进一步完善。截至2016年底，山东现有154个公共图书馆，其中76个属于国家一级图书馆、42个属于二级图书馆、3个属于三级图书馆，从业人员2828人；全省共有157个文化馆，其中国家一级文化馆70个、二级馆37个、三级馆7个，从业人员3006人；全省共有各级文化站1816个，各级从业人员5262人；全省共有各级艺术表演团体103个，各级专业表演人员5651人；全省共有各级剧场（院）93个，从业人员1602人；全省共有公共博物馆393个，从业人员7152人。① 公共图书馆和文化馆的建成数量和等级标准均居全国前列。全省1826个乡镇（街道）中1816个建有乡镇（街道）综合文化站，从业人员5262人。其中，乡镇综合文化站1238个，从业人员3538人，建成基层文体小广场57197个。全省初步建立了省、市、县、乡、村五级公共文化服务设施网络。近五年，全省各级财政共投入近400亿元用于公共文化服务建设。2016年初，山东省文化厅又与各市签订文化建设目标责任书，进一步加大投入，完善设施，全年各级财政实现投入80多亿元，全省五级公共文化设施网络进一步健全完善。此外，充分发挥现代公共文化服务体系建设协调机制作用，整合文化宣传、党员培训、科技普及、法律咨询、运动健身等资源，持续改善基层综合性文化服务中心软硬件配置。按照国家“十三五”时期基层综合性文化服务中心建设规划和山东省实施规划，进一步改造提升全省村文化大院（文化活动室），建设村（社区）综合性文化服务中心，2016年底达标率为67%，超额完成年度60%的建设任务。截至2017年上半年，山东超过1800个乡镇（街道）基本实现了综合文化站乡乡拥有，全省80011个村（社区）中超过76000个建立了综合性文化服务中心（文化大院、贫困村综合性文化活动室），覆盖率达95%以上，比上一个“五年规划”增长近30%，达标率接近80%。2017年山东省向中央专项彩票公益金申请农村学校少年宫文化设施项目经费3400多万元，全省有624所农村学校可以分配资金2326万元用于少年宫开展活动，76所农村学校可以分配资金1140万元用于建设或修缮少年宫设施，截至2017年底，这些新建、改建的农村学校少年宫

① 本文数据除注明出处外，均由山东省文化厅提供。

全部投入使用。近五年成为新中国成立以来山东公共文化服务体系建设资金投入最集中、资金量最大、整体水平提升最明显的一个时期。

政府努力抓好均等化配置。加强城乡综合文化服务中心配套建设，组织开展形式多样的文化活动，促进城乡基层文化更加繁荣。联合省发展改革、财政、体育、新闻出版广电等部门，印发《关于推进县级文化馆图书馆总分馆制建设的实施意见》，推动县域公共文化资源整合，实现优势文化资源向城乡基层流动。促进区域均等，加大对贫困地区公共文化建设扶持力度。2016 年争取财政投入 3500 万元彩票公益金，为 700 个贫困村建立综合性文化服务中心购置设备予以补助。“十二五”期间，重点扶持 3035 个贫困村“有文化活动室”的行业扶贫任务全部按时完成。今后仍将积极落实奖补政策，继续对经济欠发达地区公共文化设施建设予以扶持。2017 年度，省文化部门会同财政部门设立 1 亿元的公益事业扶贫基金，用于补助符合省里政策的相关贫困地区村社购置文化活动室设备；同时，省财政对贫困地区（财政困难县、沂蒙革命老区县）1 万个村每村给予 1 万元设备购置补助，对 2000 个省扶贫工作重点村每村给予 5 万元设备购置补助。截至 2017 年底，7005 个省定扶贫工作重点村已建成综合性文化活动室 6515 个，建成率 93%，超额完成年度 80% 的任务目标。此外，省级财政部门安排专项资金 600 万元，用于 30 个省级财政贫困县（革命老区县）文化馆购置流动文化服务车，待完成政府采购招标和配送程序即可下发到位。在促进群体均等方面，山东也积极努力，稳步推进。建立了山东省盲人数字图书馆，这是全国首个面向视力障碍人群的公益性数字文化服务平台，创立了“一站、一网、一库”（数字书馆网站、数字文化服务网络、数字资源库）的服务模式，走在了全国前列。在逐步推进“五馆一站”免费开放的同时，不忘提升各种文化服务的质量和水平。过去五年，山东新增 6735 个公共文化服务项目、5120 个公共文化服务窗口，服务群众人次达到 9155 万人次。在尽力满足主流人群文化需要的同时，不忘特殊群体，新增加文化服务窗口 435 个、文化服务项目 269 个用于满足农民工、残疾人、少年儿童等特殊群体的文化服务需要。

全省继续推进“文化惠民、服务群众”实事落到实处。全省共有 22056 个村居（社区）广场舞蹈队配备了便携式拉杆音响，27931 人接受了文化广场舞的免费培训。“五馆一站”等公共文化设施免费服务范围进一步拓展，全省在实现各级公共图书馆、公共文化馆全部免费开放的基础上，增加了705个新的服务窗口和798个服务品牌和服务项目，进一步满足了城乡居民文化需求。全省各级财政投入资金8.82亿元，使11670个村居（社区）综合性文化服务中心的软硬件服务水平得到全面改善和提升。在全省推广农村儿童阅读工程，2017年全省共投入经费1467万元，为7005个省定贫困村农家书屋和中小学共配送少年儿童图书428756册，数字设备124台。省文化部门协调省财政投入资金498.5万元，为全省1826个乡镇（街道）综合文化站配备了多功能数字服务终端，缓解了基层部分文化设备老化、短缺的状况。积极扶持非遗传承人收徒传艺，全省各级代表性传承人新收徒5100多人。①

（二）抓好各项试点，公共文化服务不断推进标准化建设

不断改进和完善服务体制，建立高效运行的服务机制。山东在全国率先制定出台了《关于加快构建现代公共文化服务体系的实施意见》和《山东省基本公共文化服务实施标准（2015—2020年）》等政策文件，各市均严格按照要求制定了贯彻落实的具体方案和措施，在全省形成一盘棋的工作格局和整体推进的良好战略态势。全省基本完成公共文化服务标准化和基层综合性文化服务中心建设试点工作的城市分别达到6个和5个。威海市完成了公共文化服务标准化建设，日照市完成了基层综合性文化服务中心建设，潍坊市完成了公共文化服务数字化建设，这些先进经验和做法都在全省得到宣传和推广。山东美术馆等10个省级试点单位建立理事会工作扎实推进，济南市图书馆、群众艺术馆、美术馆三家单位在全省率先建立了理事会，其余单位已制定方案和章程，正有条不紊地向前推进各项工作。积极发展文化志愿服务，全省群众文化志愿辅导团体和组织已发展到20多万人，5个志愿服务项目被评为全国文化志愿服务示范项目。为了进一步优化城乡基本公共文化服务供应结构，山东制定了《山东省人民政府办公厅关于贯彻落实国办发（2015）37号文件做好政府向社会力量购买公共文化服务工作的实施意见》，进一步鼓励社会力量、社会组织

① 参见中华人民共和国文化部编《中国文化年鉴2016》，国家图书馆出版社，2017，第194页。

参与到政府提供的基本公共文化服务中来，努力为各种社会组织参与公共文化服务创造良好、宽松的政策环境。

推动建立完善协调机制。建立完善由省文化厅牵头、24 个省直部门参加的公共文化服务体系建设协调机制，制定工作章程，明确责任分工。在协调机制运行框架内先后印发了《关于加快构建现代公共文化服务体系的实施意见》及实施标准、《关于推进基层综合性文化服务中心建设的实施意见》、《关于做好向社会力量购买公共文化服务工作的实施意见》等一系列重要文件。2017 年，全省“文化惠民、服务群众”共完成 13 件实事。其中省委宣传部牵头落实的有 4 件，省文化厅负责落实的有 5 件，省新闻出版广电局具体承担 3 件，省文物局具体实施 1 件；省财政厅负责 13 件实事的财政资金安排和监督管理工作，各部门分工协作、各司其职，圆满完成全省年度文化事业发展目标。全省各市和大部分县（市、区）按照此种模式建立了政府相关服务管理部门共同参与的协调机制，服务工作更加主动。

继续抓好公共文化服务标准化等试点工作。基本公共文化服务实施标准、文化大院建设和服务标准、公共电子阅览室建设和服务标准、“尼山书院”建设和服务标准在全省得到确立和推广，该项工作走在了全国前列。济南市群众艺术馆作为国家级公共文化机构法人治理结构试点单位顺利通过评审验收，日照市被定为国家级基层综合性文化服务中心建设示范点。在正常推进国家交给的各项试点工作的同时，持续开展本省的试点工作。现已全面完成省里交给的多项试点工作，包括公共文化服务标准化试点工作、基层综合性文化服务中心建设试点工作、公共文化机构法人治理结构试点工作，共涉及 18 个城市，圆满完成了任务，形成了一批值得推广的宝贵经验和好做法。按照文化部等七部委关于公共文化机构法人治理结构实施方案的要求，在前期试点的基础上，选择省文化馆、济南市群众艺术馆、淄博市图书馆作为新一轮国家级试点单位，继续深入探索创新。2017 年继续深入推进全省乡村文明行动“百镇千村”建设示范工程，省财政部门及时下拨奖补资金 2560 万元，全面建成第五批省级“乡村文明家园”示范村（社区）296 个，比年初制定目标多 46 个。截至 2017 年第四季度，全省省级“乡村文明家园”示范村（社区）已建成 2261 个，极大地改善了乡村基层文化服务现状，促进了城乡公共文化服务一体化发展。

（三）鼓励多元参与，促进公共文化服务社会化

扩大政府购买服务范围，提升服务质量。根据经济社会发展实际和人民群众对公共服务的现实需求，研究制定政府向社会力量购买服务的指导性意见和目录，在政府购买服务种类、服务性质和服务内容等方面不断细化和量化，建立了动态调整机制，以符合社会现实不断发展的客观需求。同时，积极推动形成以竞争性购买为主，涵盖公开招标、邀请招标、竞争性谈判、单一服务来源、公开询价等多层次、多元化的公共文化服务购买模式。全省各地根据群众基本文化现实需求，积极开展了政府购买演出服务、公益性社区电影放映、公共文化管理服务、公益性文化服务管理岗位等，取得了很好的社会效果。

积极扶持文化类社会组织发展，营造公平竞争的市场环境。政府文化服务管理部门随时调整自身角色定位，降低注册门槛，通过提供扶助性资金支持或者税收减免等方式鼓励各类文化社会组织参与服务。放开多元主体限制，鼓励社会资本进入竞争性公共文化服务生产领域，社会组织参与公共文化事务服务管理的有效途径正在拓宽。特别是注重培育各类文化行业协会并充分发挥其优势和作用，不断优化公共文化服务机制，公共文化活动数目、服务规模、服务受众逐年递增。2017 年，省级以上财政资金共投入 4. 19 亿元，带动各级财政和社会资金投入 12. 14 亿元，有效地发挥了财政资金的杠杆作用，有利于社会组织积极参与到全社会的公共文化服务中来。

鼓励发展壮大社会文化志愿服务队伍。2017 年，全省登记在册的县以上文化志愿者组织机构达到 25500 个，有 30. 6 万余人注册登记为文化志愿者，每年服务的群众超过 8500 万人次，这其中涌现出大批具有影响力和知名度的文化志愿服务品牌，涵盖 80 余个项目内容。在全省开展了“文化志愿服务主题活动”和“文化志愿服务十大年度人物、优秀人物”评选，发挥社会正能量的榜样作用，吸引和鼓励更多人士参与各类文化志愿服务活动。山东每年还与兄弟省份合作开展大舞台、大展台等活动，如与甘肃、宁夏、贵州等共同实施的“春雨工程”，为各类文化志愿服务组织提供示范性活动。通过长期努力，山东组织管理完善、运行规范有序、服务内容丰富的文化志愿服务体系基本形成。

（四）丰富资源手段，促进公共文化服务数字化

全省统筹实施文化资源共享工程，加大力度促进各级图书馆、文化馆（站）、博物馆、美术馆等公共文化服务机构的数字化服务规模和水平，积极引入网站、微博、微信等现代科技手段作为公共文化服务渠道的可用选项，努力打造适应当代社会环境的公共文化服务体系，使城乡居民能够更为便利地获得各种形式的公共文化服务。进一步细化服务共享网点，已在全省建立157个文化共享工程分支中心和8万个文化共享工程基层服务点，每年为居民提供各项服务超过6000万人次，提供相关专业人员培训10万余人次。全省各级公共图书馆馆藏数字资源数量获得较大增长，其中省图书馆馆藏量已达110TB，和上年同期相比增长了11%，各城市平均可用数字资源的数量也接近30TB，增速喜人。全省现有9391个公共电子阅览室，涉及10余万台服务终端，4100个3G网络终端，每年为居民提供服务超过5000万人次，服务数量居全国首位。为了满足位于海防一线的居民文化需求，山东还建设了海疆数字文化长廊，现有15个海疆公共电子阅览室，15个数字文化驿站，给基层群众通过数字终端获取公共文化资源提供了极大方便。

（五）创新服务模式，大力传承弘扬中华优秀传统文化

全面统筹推进尼山书院、社区儒学和乡村儒学建设。积极规划“尼山书院”建设标准，适时成立山东省尼山书院理事会，突破旧思路和各种框框限制，创造了“图书馆+书院”的全新模式，成立专家库，为居民推荐书目，建设官方网站，主动与山东大学儒学高等研究院等专业团体和组织共同商讨合作事宜，为尼山书院建设提供理论支持和学术支撑。开展培训工作，组织全省尼山书院管理人员和师资骨干定期进行专业学习，更新旧的认识和理论观点，掌握最新理论动态。全省先后组织开展了山东省尼山书院会讲、“尼山书院国学公开课”等系列示范性活动，进一步提升规范化水平。省图书馆尼山书院被国家图书馆授予“中华优秀传统文化实践基地试点单位”。推动省尼山书院服务功能向基层延伸，建设“社区儒学讲堂”。制定了《山东省社会力量兴办尼山书院认定管理办法》，吸引社会各界参与，深受市民欢迎。全省各级公共图书馆均已建立尼山书院，1万多个乡村（社区）儒学讲堂活跃在城乡公共文

化服务第一线，本着“把传统文化传下去，让国学精粹活起来”的活动宗旨，在实践中传承着中华优秀传统文化的根脉。山东传承普及优秀传统文化的各项活动受到了中央媒体的关注，还曾经作为中央电视台《新闻联播》头条新闻进行了重点报道。山东持续实施“乡村记忆”工程，据统计，2017 年全省各地民居维修 690 多栋（处）、2200 多间，中央、省、市、县财政以及社会力量等各方面投资累计 7800 多万元，为保留“乡愁”这一传统乡村文化起到了弥足珍贵的上下衔接作用。2017 年，省宣传部门会同省财政厅，筹集专项资金 800 万元，其中，列支 700 万元用于扶持莱芜战役纪念馆等 12 家省级爱国主义教育基地建设网上平台，近期将陆续上线；列支 100 万元，依托山东省爱国主义教育基地网站，运用 VR 技术打造虚拟网上爱国主义教育展馆 25 个，努力使爱国主义、红色文化成为时代主流。

在传承传统优秀文化方面，积极做好古籍保护和传播利用工作。这方面，山东具有相当好的基础和制度保障。山东在普查、修复、展示、研究、利用古籍“五位一体”的保护工作机制方面，已经形成自己独特的风格和特点，受到全国同行的认可和关注。2016 年 5 月文化部公布第五批《国家珍贵古籍名录》和“全国古籍重点保护单位”名单后，山东入选总量分别达到 960 部、14 个。《山东省珍贵古籍名录》7791 部，“山东省古籍重点保护单位”30 个，总体数量位居全国前列。截至 2017 年上半年，全省拥有古籍超过 300 万册，这些古籍均得到了有效的保护和合理利用，为保护传统优秀文化和发扬光大中华灿烂文明做出了贡献。

民间文化艺术之乡建设成果丰硕。以传承和弘扬优秀民间文化艺术，加强基层特色文化建设，丰富广大人民群众精神文化生活为目标，积极参与文化部“中国民间文化艺术之乡”评建工作。经过评选，山东 25 个县（市、区）、乡镇（街道）在文化部 2014～2016 年度“中国民间文化艺术之乡”名单榜上有名，居全国前列。2017 年山东继续扶持 1000 位“非遗”传承人、民间艺人“收徒传艺”，全省非遗传承人、民间艺人新收徒 3960 人；开展非遗下乡演出 1790 多场次，观众达 660 万人次。

（六）鼓励支持文艺原创工作，繁荣公共文化产品

高度重视文艺原创工作。省文化部门充分发挥“群星奖”引领作用，结

合备战第十一届中国艺术节“群星奖”，在全省范围内征集选拔418件新创作的优秀群众文艺作品，推荐8件优秀作品参加全国复赛，2件作品进入决赛，1件作品获“群星奖”。2017年新征集新创群众文艺作品282件，将按照《山东省群众艺术优秀作品创作及评奖办法》，经过专家评审，遴选出60余件进行重点打造、提升。

公共文化活动丰富多彩。围绕各类节假日，结合各类重大活动，全省积极组织开展“群星奖”新创作作品“六进”活动（进农村、进社区、进广场、进学校、进企业、进军营）。尤其是在平时，城乡基层公共文化活动形式多样，不受时间、场地、资金等条件限制，在社区（村）开展民俗文化艺术展，组织民间艺术汇演，举办书画展和各类才艺大赛，组织花灯艺术展演，举办舞蹈公开赛等群众文化活动，深受群众喜爱和欢迎，也吸引了大批居民加入活动，亲身参与、感受精神文化的正能量影响。政府部门还广泛组织开展冬春文化惠民季活动，每年全省县级以上规模较大的文化活动超过3000项，节目（作品）近30万个，参演（展）人员近百万人次，大大丰富了群众精神文化生活。根据2015年统计数据，全年全省群众文化机构共组织开展各类文化活动115435场，服务群众3433.41万人次。全省共有由文化馆（站）指导的群众业余文艺团体30691个，馆办老年大学59个。2017年度，省文化部门安排800万元支持省直院团送戏下乡演出400场，全省各级文化系统累计为农村（社区）免费送戏6万余场次；全省共组织放映农村公益电影有效场次83万余场，观众5000余万人次；为社区广场、福利机构免费送电影累计放映29650场，受益观众120万人次。

二 山东省城乡基本公共文化服务存在的问题

（一）城乡基本公共文化服务发展不平衡、不充分

城乡基本公共文化服务发展的不平衡首先表现在公共文化服务资源在城乡之间的分配不均衡。2017年山东社会科学院山东省经济社会综合调查数据显示，在公共文化设施服务内容满足居民需要方面，城乡之间的协同发展有了巨大进步，城乡之间差距在逐步缩小，城乡一体化有了长足发展。但不可否认，与城市

相比，农村无论是在硬件基础设施建设方面，还是居民享有的政府基本公共文化服务内容、规模、结构、质量等方面，都存在较为明显的差距。政府在扩大和改善基本公共文化服务时，应适当把改善基层尤其是农村的文化服务作为重点工作，给予合理的政策倾斜，尽快补齐农村基本公共文化服务领域存在的短板，努力让城乡居民能够共享同一水平的公共文化服务（见图1）。

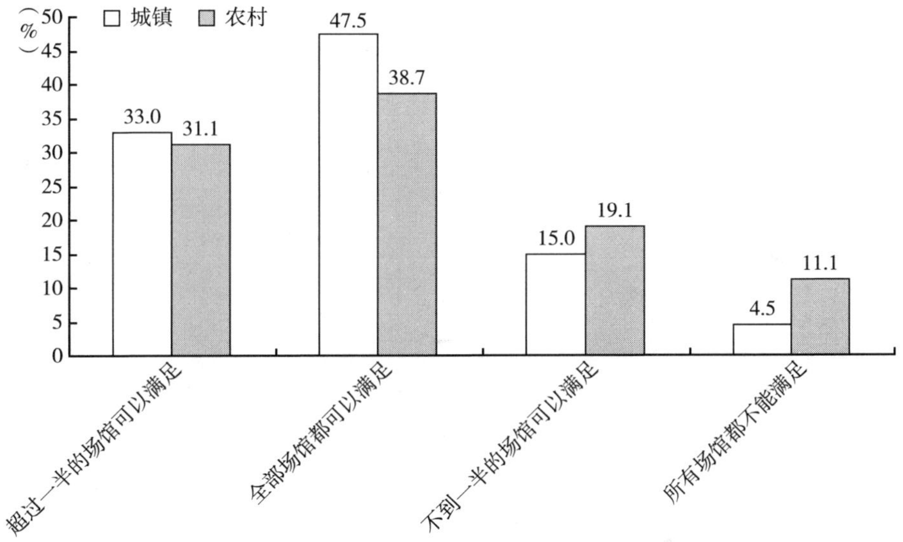

图1　公共文化设施服务内容城乡差别

资料来源：2017年山东社会科学院山东省经济社会综合调查数据。

传统的城市建设中心论思想把城市建设作为政府建设安排的重中之重，占据了政府财政支出的绝大部分。城乡公共文化建设同样沿袭了这种思维模式，导致绝大部分资金、文化人才投入城市文化建设领域并逐渐形成了城乡之间巨大的公共文化服务鸿沟。城市居民与农村居民在享受政府提供的公共文化服务方面的权利和机会是不平等的，也是不合理的，是完全由人为的政策措施导致的结果。当前，山东在经济发展领域和社会发展领域的城乡差距还是比较大的，表现为公共文化服务均等化水平较低，远远不能满足农村居民对于丰富精神生活、精神产品的现实文化需求。2017年山东社会科学院山东省经济社会综合调查数据显示，山东城乡居民在使用文化体育场馆方面存在明显差别，城市场馆的利用率相比农村要高一些，这里仅以公共图书馆的城乡差别为例进行说明。调查结果显示，在每年几次、每月 1～2 次、每周 1～2 次、每周 3～5 次、每天都去的人数比例上，城镇远高于农村，分别为 89.3% 与 10.7%、92.8% 与 7.2%、83.7% 与 16.3%、86.2% 与 13.8%、66.7% 与 33.3%，表明城镇居民对于接受公共文化服务的积极性要高于农村居民（见图 2）。

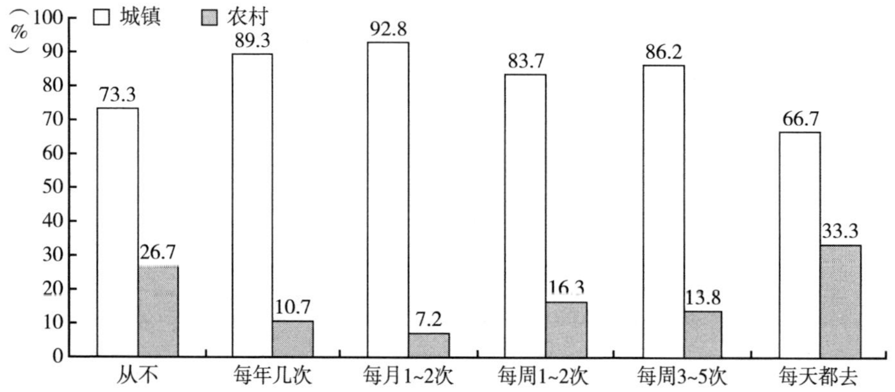

图 2　城乡公共图书馆使用率差别

资料来源：2017 年山东社会科学院山东省经济社会综合调查数据。

城乡基本公共文化服务发展不平衡的另一个体现是经济发展程度不同的地区之间的差距。经济的发达程度，决定着政府为本地居民提供公共文化产品和服务的能力。经济实力较为薄弱地区限于财政支出能力，能提供的公共文化服务相比经济实力、财政实力均较强的地区自然不能相提并论。就山东状况来看，东西部地区公共文化服务体系建设水平差距较大，城乡之间资源配置不均衡。在部分基层地区，尤其是农村，公共文化设施利用率不高，部分乡镇（街道）综合文化站和农村综合性文化服务中心，由于设施不够配套、管理不够到位，文化活动开展较少，未能发挥应有作用。根据 2017 年山东社会科学院山东省经济社会综合调查数据发现，受访者居住社区距离所在街道办事处或乡镇政府所在地在 1.5 公里以内的人数，城镇占 60.5%，农村占 33.7%，城镇居民与设施的距离要远远小于农村居民。在 1.5～3 公里范围的人数比例，城镇为 23.6%，农村为 24.1%，城镇比例接近。而在 5 公里以上的人数比例，

城镇为4.5%，农村为20.9%，农村比例远远高于城镇。总的来看，目前公共服务设施基本集中于街道办事处或乡镇政府驻地周边，城镇公共文化设施距离居民生活区较近，使用较为方便，农村距离较远，不便于居民使用，这可能是农村居民使用设施较少的重要原因之一（见图3）。

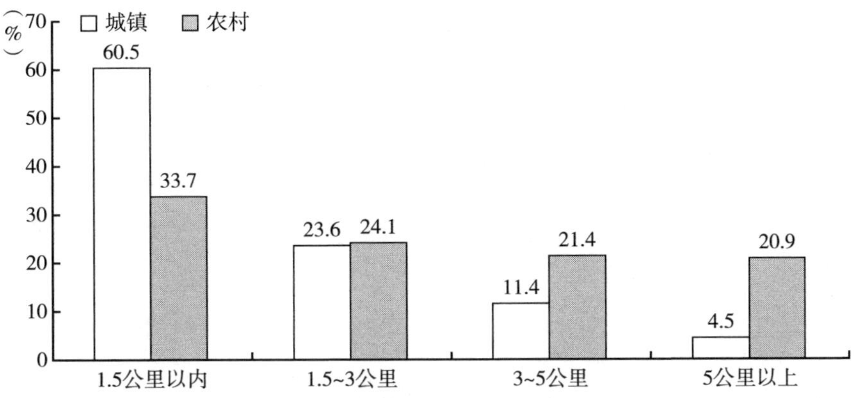

图3　居民距离公共文化设施城乡差别

资料来源：2017年山东社会科学院山东省经济社会综合调查数据。

（二）公共文化服务社会化水平不高，社会力量主动参与的积极性尚未得到充分调动

为社会提供基本公共文化服务的主体应该是政府，这是由政府的公共服务属性决定的，政府必须承担起自己应负的责任，努力为社会提供必要的、合理的公共文化服务产品，以满足居民的基本需求。但政府不是万能的，也不可能全部提供和满足所有社会成员的公共文化服务需求，随着经济和社会的不断发展，社会成员的公共文化需求与日俱增，依靠政府已经无法满足公众日益增长的文化需求，这时就需要越来越多的社会力量从政府手中接过担子，承担起为社会成员提供公共文化服务的重任。现实中，或由于政府过于包揽，或由于社会力量发育迟缓，导致公共文化服务的社会化水平低下，一方面政府无暇顾及，另一方面社会力量无力顾及。社会力量发育不足的地区，尤其是广大农村基层，这种现象更为严重，亟待改善。

2017年山东社会科学院山东省经济社会综合调查数据显示，城乡居民对

于当前公共文化服务存在的主要问题的回答虽然前三位的排序不一样，但关心的领域和方面却是大同小异。例如，城镇排首位的是“获取渠道不够便利”，占受访者比例是28.0%；农村排首位的是“服务内容不能满足居民需要”，占受访者比例是34.8%；排第二位的回答，城镇是“服务内容不能满足居民需要”，占比23.4%，农村是“获取渠道不够便利”，占比27.5%；之后城镇排第三位、农村排第四位的就是“政府之外提供服务的社会力量严重不足”。城乡居民对此问题的回答虽然侧重点不同，但概括起来看，都是反映仅仅依靠政府一家的力量无论是在服务内容、服务领域、服务渠道等方面不能完全满足城乡居民的现实需要，基本公共文化服务与其他基本公共服务一样，大力引入第三方和社会组织是未来的发展趋势和客观需要，做不好这一点就无法切实提高政府的基本公共文化服务水平（见图4）。

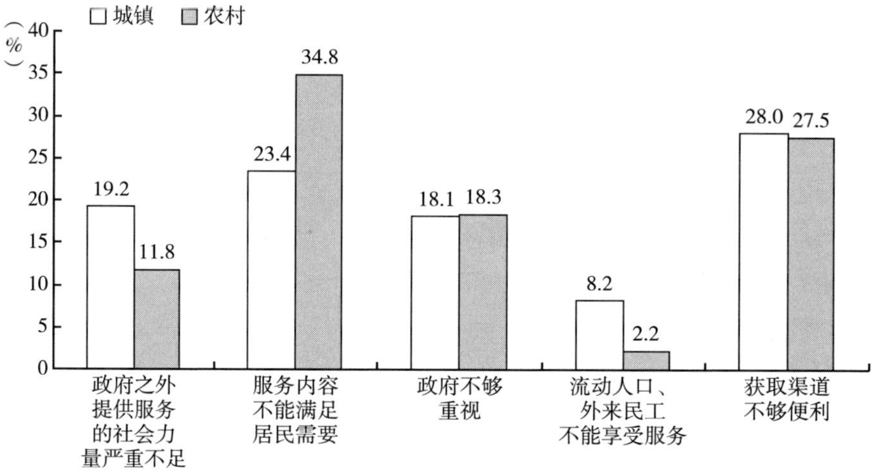

图4 公共文化服务存在问题的城乡差别

资料来源：2017年山东社会科学院山东省经济社会综合调查数据。

（三）数字资源总量偏少，资源布局比较分散，数字文化服务能力不够高

山东省的公共文化服务产品从总量看是比较可观的，但所有服务产品中

数字文化服务产品所占比例很低，而且层次较低，总体提供数字文化服务的能力较弱。产生以上现象的原因主要有两个，一个是生产文化产品的单位或部门思想较为保守，未能敏锐捕捉到行业发展的大趋势和大方向，落后于行业发展；另一个是数字化产品生产要求高，对生产者的能力和资金要求不同于普通文化产品的生产，生产者出于对投入的考虑而对生产数字化文化产品不积极。对于山东的数字化文化产品提供者来说，这两种原因应该兼而有之。

（四）促进公共文化服务的保障机制还不健全

从规范体系角度看，相对于经济、社会、教育等领域，公共文化服务的政策法规体系仍滞后于社会现实的发展，与大多数居民对于基本公共文化服务的迫切要求不相适应。公共文化服务的法规体系建设存在层级低、多头分散，配套不全等突出问题。虽然山东也按照中央要求对相应政策措施及时出台了配套的实施细则和办法，但仍显有些被动，缺乏自己主动进行思考、探索而形成的政策法规。在资金投入保障方面，个别地区党委政府缺乏文化自觉，重视经济发展，轻视文化建设，没有将为百姓提供公共文化服务作为一项硬指标去完成，而是视情况而定，缺乏连续性的资金投入和支持，这从山东文化事业费长期占财政支出比例偏低的状况即可见一斑。

三　山东省城乡基本公共文化服务的政策建议

（一）重点打造城乡社区基本公共文化服务体系是未来公共文化服务建设的主要目标

当前，山东的公共文化服务体系建设是多层次、宽领域的，在坚持省、市、县、乡、村五级体系同步建设、同步发展的同时，应将工作重点放在乡、街和村、居，尤其是广大城乡基层社区。社区是人们生活和活动的基础平台，只要社区的基本公共文化服务搞好了，基础设施健全了，文化活动丰富了，整个社会的公共文化服务水平自然低不了，人人享有最基本的公共文化服务，社会和谐的目标也就容易实现了。各级政府要将注意力多放在基层社区，各种资

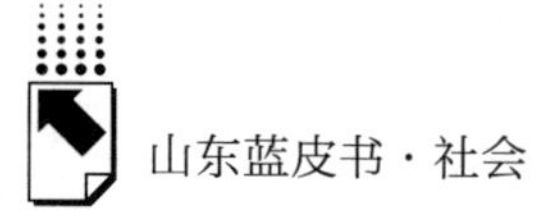

源投放、配置也应该多向基层社区倾斜，盘活基层社区各种文化服务设施，让居民真正享受全方位公共文化服务。

（二）促进城乡基本公共文化服务均等化仍然是公共文化服务建设的基本目标

政府应在全省经济和社会发展总体规划和工作部署中全面体现城乡基本公共文化服务建设理念和思路。按照全省城镇化发展目标要求，统筹规划布局城乡公共文化设施、基础配套体系和专项资金保障等关系，合理配置城乡公共文化资源，做好城乡公共文化服务一体化、均衡化的早期规划工作。在努力增加建设新的城乡基础公共文化设施的同时，不可无视、废弃现有存量城乡公共文化设施，而应整合、改造，加强管理工作。必须依托城乡社区现有各种综合文化服务设施，逐步加强城乡社区文化设施覆盖范围，完善各类文化服务体系。稳步推进建立基本公共文化服务城乡联动机制。各市探索以县级图书馆、文化馆为中心，建立总分馆服务体制，优化各项具体服务措施，满足居民就近接受公共文化服务的需求。进一步加大对文化大院、农家书屋的统筹管理，尽力消除城市、农村社区公共文化服务资源在管理和互联互通等方面的各种制度障碍，早日实现统一配置、统一管理、互联互通的管理目标。政府在保障城市基本服务需求的同时，适度加强对农村公共文化服务体系建设的帮扶力度，并在政策上、制度上加以体现和落实。

（三）提升公共文化产品的管理和服务水平

不断提升基本公共文化服务管理水平对于山东来说是今后一段时间需要重点努力的方向。提升服务水平首先需要政府改进工作作风，改变思想意识，牢记为人民服务的宗旨，只有认清自己的定位，找准自己的位置，才可能在实际工作中真正为民服好务。其次提升服务水平要努力创新服务方式和手段。要时刻保持政府与居民之间供需服务渠道的畅通无阻，保障政府的公共文化服务能顺利到达百姓之手，同时保障百姓的诉求能不受干扰地反馈到政府决策部门。积极开展文化进社区和邻里之间的互动交流活动，充分利用和发挥互联网等现代信息技术的优点，利用公共数字化技术和资源，为基层百姓提供及时、健康的数字阅读、文化娱乐和各种公共信息。

（四）时刻注意处理好政府投入与社会参与的关系

向全体社会成员提供必需的基本公共文化服务是政府当仁不让的责任，然而政府也应该时刻保持清醒和警惕，避免把自己当作万能的上帝，觉得自己掌握着全社会的资源分配，可以完全满足所有成员的服务需求。社会成员千差万别，各种需求千变万化，光靠政府一家是不可能完全满足社会成员的所有需求的。于是引入社会力量就是十分必要和自然而然的事情。一方面应鼓励和推广文化志愿服务，鼓励并吸收那些拥有奉献精神和专业技能的群众成为文化志愿者，在城乡社区开展各种力所能及、居民欢迎的志愿活动。同时应大力支持并扶持各种社会公益组织、社会力量参与到公共文化服务中来，为政府分担，为民解忧，也可以通过市场方式与政府合作，共同为整个社会提供更为完善的公共文化产品服务。

（五）进一步完善工作推进机制

进一步加强组织领导，明确党委政府的主体责任。完善全省公共文化服务体系建设协调机制，指导各地建立完善本地协调机制，形成工作合力。强化考核结果在干部提拔中的使用，进一步调动各地工作积极性。完善政策引导机制，吸引更多社会资源投入公共文化服务体系建设。

（六）提高公共文化设施管理服务效能

努力加强公共文化服务标准化建设工作，以标准化推动均等化，最终形成城乡基本公共文化服务一体化管理体系，实现城乡基本公共文化服务均衡化。进一步落实《关于推进县级文化馆图书馆总分馆制建设的实施意见》，完善总分馆服务体系，整合城乡文化资源，促进文化资源要素向农村基层合理流动。加快公共文化服务云平台建设，整合各类数字文化资源，打造标准统一的数字文化平台。结合文化主管部门组织开展的乡镇文化站效能抽查工作，加大对各地文化服务机构的督导检查力度。

（七）加强基层文化队伍建设

各级文化行政管理部门应指导各地完善文化志愿者招募使用管理办法，推动文化志愿工作常态化、规范化、制度化。督促各地贯彻落实基层文化队伍编制岗位管理要求，加大对基层文化队伍培训力度，打造一支留得住、有效的文化服务队伍。

（八）加大鼓励文化创新实践活动

创新是文化的根本，也是满足居民文化需求的前提。必须紧紧围绕群众基本文化需求，形成以创新为导向的公共文化创作体系和服务供给机制，完善公共文化服务评价反馈机制，实现供需有效对接。各级文化服务管理部门应积极创新服务模式，探索有效机制，主动介入各种形式的公共文化活动，指导文化创作单位根据工作实际，打造亮点文化品牌，及时总结基层群众的好经验和好做法，推而广之，发扬光大，发挥示范引领作用，提高公共文化服务整体水平。

参考文献

习近平：《决胜全面建成小康社会夺取新时代中国特色社会主义伟大胜利——在中国共产党第十九次全国代表大会上的报告》，人民出版社，2017。

山东省统计局：《山东统计年鉴 2017》，中国统计出版社，2017。

中华人民共和国文化部编《中国文化年鉴 2016》，国家图书馆出版社，2017。

颜玉凡、叶南客：《文化治理视域下的公共文化服务——基于政府的行动逻辑》，《开放时代》2016 年第 2 期。

张永军：《山东省乡镇社区体育的调查研究》，《体育科学》2005 年第 8 期。

B.11
2017年山东省环境保护工作现状、问题及2018年趋势预测

张　倩*

摘　要： 2017年，中央环保督察、环境保护突出问题综合整治攻坚、大气污染防治行动、水污染防治行动以及加强环境监管与安全防控，使山东大气环境质量、水环境质量明显改善，居民环保意识增强，环境保护工作取得积极进展。本文在2017年山东社会科学院山东省经济社会综合调查数据和相关部门公布数据基础上，指出了山东大气污染和水污染的防治形势依然严峻，环境监管监测体制尚不完善，居民环保参与度仍有待提高，并提出了相关的对策建议和对2018年环保工作的趋势预测。

关键词： 大气污染　水污染　环境监管　环保参与

党的十九大报告提出，我们要建设的是富强、民主、文明、和谐、美丽的社会主义现代化国家。美丽成为新时代中国特色社会主义的鲜明特征，“绿水青山就是金山银山”的理念被纳入新时代中国特色社会主义基本方略。生态文明建设事关人民福祉，是推进“五位一体”布局的必然要求。2017年，山东省着力提高经济发展的质量和效益，大力推进生态文明建设，加快解决突出环境问题，在环境保护工作中攻坚克难，环境质量明显改善，环境治理能力显著提高。

---

* 张倩，山东社会科学院省情与社会发展研究院实习研究员。主要研究方向：农村社会学、环境社会学。

一　山东省环境保护工作现状

（一）山东省主要环境质量分析

1. 大气环境质量分析

党的十八大以来，山东主要大气污染物中二氧化硫、氮氧化物和烟（粉）尘的排放量整体上处于不断减少的状态，其中二氧化硫的减排效果最为明显。（见图1）从国家“大气十条”考核标准中的PM2.5指标来看，2015年全省PM2.5平均浓度为76微克/立方米，比2013年下降22.4%，提前两年完成“大气十条”下达的“2017年比2013年下降20%左右”的目标任务。2017年，全省大气污染防治工作取得积极进展，空气质量总体趋好。2017年前三季度，山东细颗粒物（PM2.5）平均浓度为每立方米55微克，可吸入颗粒物（PM10）平均浓度为每立方米103微克，二氧化硫（SO_2）平均浓度为每立方米24微克，二氧化氮（NO_2）平均浓度为每立方米34微克，同比改善幅度分别为11.3%、12%、31.4%和5.6%，二氧化硫、二氧化氮平均浓度优于国家二级标准。“蓝天白云，繁星闪烁”天数平均209.1天，同比增加14.3天。重污染天数平均11.8天，同比减少1.8天。17市中有16市的环境空气质量综合指数同比改善，改善幅度最大的城市是枣庄市，为16.5%；滨州市同比恶化，为3.5%。①

2017年前三个季度，山东PM2.5、PM10、NO_2平均浓度同比改善幅度在京津冀及周边地区七个省（份）中位列第一，SO_2改善幅度位列第二。前三个季度，济南、淄博、济宁、德州、聊城、滨州、菏泽7个京津冀大气污染传输通道城市细颗粒物（PM2.5）平均浓度为每立方米63微克，可吸入颗粒物（PM10）平均浓度为每立方米117微克，二氧化硫（SO_2）平均浓度为每立方米27微克，二氧化氮（NO_2）平均浓度为每立方米38微克，同比改善幅度分别为12.5%、11.3%、33.1%和3.3%。“蓝天白云，繁星闪烁”天数平均186天，比上一年度增加16.6天。前三季度空气质量优良天数比例比去年减少

---

① 除特殊说明外，本文所用数据均由山东省环境保护厅提供，感谢省环保厅的大力支持。

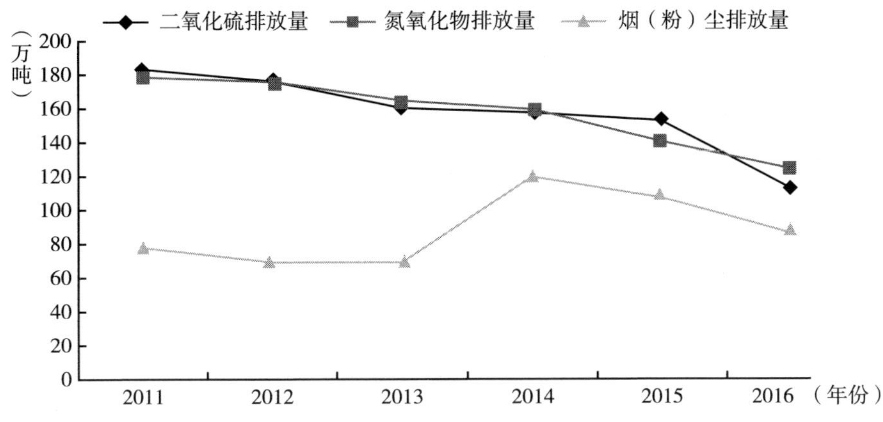

图1　2011～2016年山东主要大气污染物排放量

资料来源：根据《山东省统计年鉴（2016）》"1981—2016年主要污染物排放及处理情况"整理所得；2011年前，烟（粉）尘排放量为烟尘排放量；从2014年起烟（粉）尘排放量包含无组织排放的烟（粉）尘。

0.97个百分点，平均为46.5%。

2. 水环境质量分析

2017年前三季度，山东列入"水十条"水环境质量指标考核的国控地表水断面中，有48个断面水质均值达到或优于三类标准，占57.8%，完成并超过2017年度任务目标2.4个百分点，较上年同期增加6个优良水体，优良水体比例上升了7.2个百分点；有29个断面较基准年（2014年）水质出现跃升，其中8个跃升至优良水体级别；有7个断面水质劣于五类，占总数的8.4%；有9个断面未达到年度水质目标。全省17市中，主要污染物COD和氨氮平均浓度最低的是泰安，分别为14.7毫克/升和0.14毫克/升；COD平均浓度最高的是青岛，为31.2毫克/升；氨氮平均浓度最高的是烟台，为1.37毫克/升。全省四大流域中的省辖淮河流域、海河流域和小清河流域水质持续改善。其中，小清河流域氨氮平均浓度改善最大，为38.3%。由于受上半年个别断面水质严重超标的不良影响，半岛流域的氨氮平均浓度同比上升了10.8%，出现小幅反弹。2017年1～9月，在全省建成的165条黑臭水体中，整治完成114条，消除比例为69.1%。全省17市中，东营、济宁、日照、莱芜4市已全面消除城市建成区黑臭水体，济南、青岛、烟台、枣庄、威海、临沂、聊城7市尚未完成黑臭水体年度消除目标。

3. 工业固体废物利用分析

2016年，山东一般工业固体废物产生量为22509.9万吨，一般工业固体废物综合利用量为18976万吨，一般工业固体废物处置量为1389.6万吨。通过山东省统计年鉴数据分析可以看到，从1996年到2016年，山东工业固体废物产生量增长迅速，从1981年的4652万吨增加到2016年22509.9万吨，从侧面反映了山东工业的迅速发展。但随着经济社会的发展和科技的进步，山东的工业固体废物综合利用率也在不断提高，工业固体废物产生量和工业固体废物综合利用量的趋势线逐渐走向重合（见图2）。2016年，全省17市中，工业固体废物产生量最多的是滨州市，为4728.5万吨，其次是烟台市，为2502.4万吨；工业固体固体废物产生量最少的是威海市，为264.7万吨，其次是东营市，为330.2万吨。泰安市和枣庄市是2016年工业固体废物综合利用率最高的两个城市，工业固体废物综合利用量均大于当年的工业固体废物产生量；滨州市是17市中工业固体废物综合利用量最低的城市，废物产生量为4728.5万吨，而综合利用量只有2589.5万吨（见表1）。

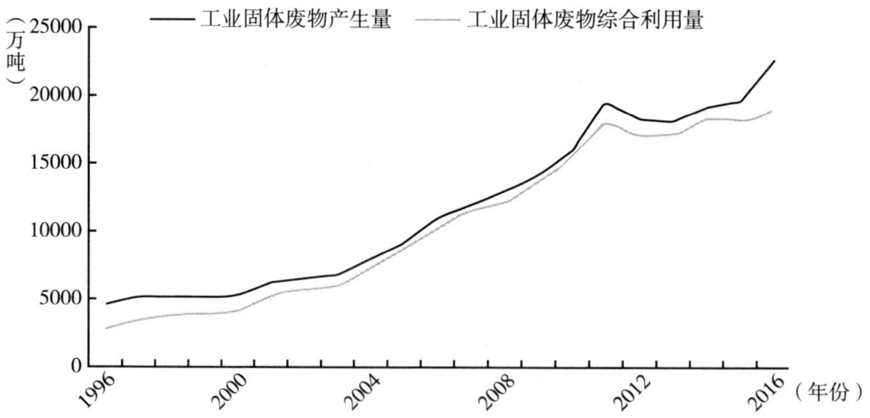

图2　1996～2016年山东工业固体废物产生量和综合利用量

资料来源：根据《山东省统计年鉴（2016）》"1981—2016年主要污染物排放及处理情况"整理所得。

表1　各市工业固体废物排放及综合利用情况（2016年）

单位：万吨

城　市	工业固体废物产生量	工业固体废物综合利用量
济南市	918.7	910.9
青岛市	755.4	721.8
淄博市	1589.8	1306.0
枣庄市	591.4	596.3
东营市	330.2	309.5
烟台市	2502.4	2075.0
潍坊市	1326.5	1245.9
济宁市	1671.3	1559.1
泰安市	1015.1	1090.2
威海市	264.7	252.7
日照市	479.2	418.7
莱芜市	1868.5	1806.8
临沂市	1500.0	1488.9
德州市	1212.5	1102.0
聊城市	1299.2	1055.3
滨州市	4728.5	2589.5
菏泽市	456.4	447.5

资料来源：《山东省统计年鉴（2016）》“工业固体废物排放及处理利用情况（2016年）”。

（二）山东省环保政策及法规建设情况

首先，在环境保护地方性法规方面。2017年，根据环保工作的实际情况，山东对现行有效的11部环保地方性法规进行了清理。其中，《山东省陆上石油勘探开发环境保护条例》和《山东省小清河流域水污染防治条例》两部法规被废止。对《山东省机动车排气污染防治条例》《山东省实施〈中华人民共和国固体废物污染环境防治法〉办法》等剩余的7项法规予以修订，并将《山东省环境保护条例》和《山东省水污染防治条例》两部法规列入2018年一类立法计划。

其次，环境政策方面。为加快建设环境保护“守信激励、失信惩戒”的机制，推动社会信用体系建设，2017年3月1日起山东全面实施《山东省企业环境信用评价办法》。此评价办法规定采取企业环境违法违规行为年度记分制和企业环境信用等级制。当前的环境损害赔偿主要侧重于环境污染导致的人身、财产损害。除海洋领域外，未对生态环境本身的损害赔偿作出规定，出现了“企业污染、群众受害、政府埋单”的困局。2016 年 12 月，《山东省生态环境损害赔偿制度改革试点工作实施方案》（以下简称《实施方案》）印发实施。《实施方案》的出台，进一步促进违法企业承担应有赔偿责任，使受损的生态环境得到及时修复，对现有环保法律、法规做了有效补充。

（三）山东居民环保意识与环保参与分析

1. 居民环保意识分析

运用 2017 年山东社会科学院山东省经济社会综合调查的数据测度环境意识。三个调查项目是负项问题，受访者选择“很不同意”“不太同意”“一般”“比较同意”“完全同意”时，分别被赋值为 5、4、3、2、1。测量环保意识的 3 个变量之间 Cronbach 的 α 信度系数为 0.75，这意味着我们可以通过将 3 个变量取值加总的方式来构建一个综合的环保意识变量。通过统计，环保意识的得分区间为 3～15 分。调查结果显示，居民的环保意识平均得分较高，环保意识较好。通过与教育水平变量做分析，发现不同教育水平的居民在环保意识得分上具有显著差异（见表 2）。总体而言，教育水平越高，环保意识得分越高。

表 2　教育水平对环保意识影响的方差分析（ANOVA）

	均值	标准差	样本量	方差检验
文盲	5.11	1.71	298	F = 10.13 Sig. = 0.000
小学	4.98	1.66	477	
初中	4.69	1.58	1360	
高中	4.63	1.63	478	
大专	4.38	1.58	187	
大学及以上	4.23	1.44	108	
总计	4.73	1.62	2908	

资料来源：依据 2017 年山东社会科学院山东省经济社会综合调查数据整理所得。

在对环保意识进行分析后，我们看一下城乡居民在环保意识下的三个子变量的分析结果。公众环保意识方面，在“您在多大程度上同意周围人都不注意环保，我也没有必要环保”这一表述的回答上，城镇和农村不存在显著差异。大多数城乡居民对环境保护存在强烈的认同感，在思想上认同个体具有保护环境的责任和义务，不以他人的行为而转移。

调查发现，城镇和农村居民在“您在多大程度上同意保护环境是政府的事情，个人是无能为力的”这一表述上的回答存在显著差异。相比于城镇居民，有更高比例的农村居民认为个人在保护环境上是无能为力的，保护环境需要依靠政府。根据实地调查中的访谈，农村居民环保知识的不足和环保参与渠道的不畅通是造成“无能为力”感觉的重要原因。相比于农村，城市的环保基础设施更为完善，环保社会组织发展更为迅速，城镇居民参与环保的渠道更为畅通。

调查发现，在“您在多大程度上同意对我国来说，发展经济比保护环境更重要”这一表述上，城乡居民的选择也有显著差异。相比于城市居民，有更高比例的农村居民认为目前来说发展经济比保护环境更重要，“完全同意”这一说法的比例达到了5.4%（见表3）。这也说明居民环保意识与经济发展水平也存在相关性。发展经济与保护环境并非非此即彼的关系，相辅相成，相互依存。经济发展要以环境为基础，环境问题产生于经济发展之中，也必然会在经济发展之中得到解决。提高农村居民的环保意识，必须保证不断提高农村居民的生活水平。

表3　城乡居民对“对我国来说，发展经济比保护环境更重要”的回答

单位：%

您在多大程度上同意对我国来说，发展经济比保护环境更重要	城镇	农村
很不同意	40.5	38.4
不太同意	34.1	30.0
一般	15.1	16.4
比较同意	7.2	9.8
完全同意	3.2	5.4

资料来源：依据2017年山东社会科学院山东省经济社会综合调查数据整理所得。

2. 居民环保参与分析

运用2017年山东省经济社会综合问卷调查的数据测度居民环保参与。调查中，当受访者选择“很不同意”“不太同意”“一般”“比较同意”“完全同意”时，分别被赋值为1、2、3、4、5。测量环保参与的5个变量之间的Cronbach的α信度系数为0.71，这意味着我们可以通过将5个变量取值加总的方式来构建一个综合的环保参与变量。环保参与这一变量得分越高，则说明居民环保参与度越高。调查数据显示，公众在环保参与上的平均得分为8.4分（总分为15），环保参与积极性不高。

调查显示，在最近两年，经常节约用水的居民比例为69.7%，经常自带购物袋购物的居民比例为43.6%，经常因环保减少开车次数的居民为38.9%，经常进行垃圾分类投放的居民比例为22.2%，在发现环境违法行为时能够经常进行举报的居民比例为17.6%（见图3）。这说明，公众在与个人及家庭相关的环保领域中环保参与比例较高，而在与公共空间相关的环保行为上环保参与率较低。从整体上看，城乡居民的环保监督参与水平均偏低，应在今后继续加强环保监督的宣传教育工作。目前山东省内的环保举报方法有热线举报（“12369”环保举报热线和“12345”市长服务热线）、省环保厅网站举报、来信举报、“随手拍”、向新闻媒体反映等方式。山东在畅通环保监督渠道的同时，也要积极向广大居民推介这些方式，真正发挥广大居民的环保监督作用。

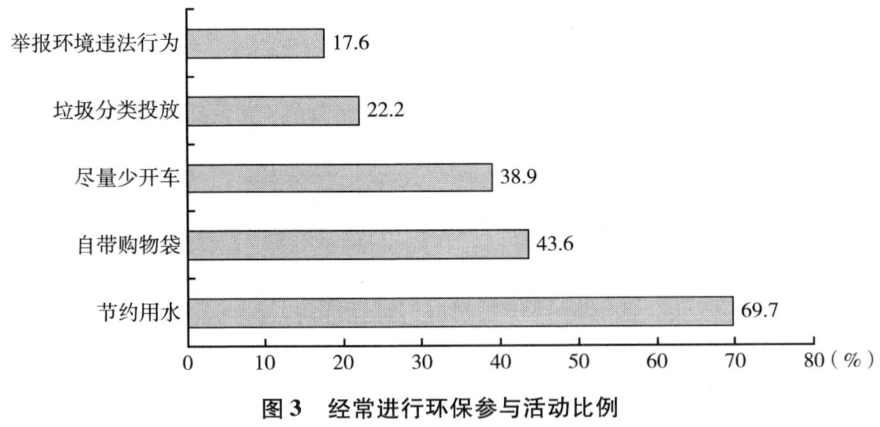

图3 经常进行环保参与活动比例

资料来源：依据2017年山东社会科学院山东省经济社会综合调查数据整理所得。

通过2017年山东社会科学院山东省经济社会综合调查数据，本文还分析了教育水平对环保意识的影响（见表4）。数据分析显示，Pr=0.000，<0.001，不

同教育水平的个体在环保参与得分上存在显著的差异。总体而言，教育水平越高，环保参与得分越高，环保参与越多。

表 4　教育水平对环保参与影响的方差分析（ANOVA）

	均值	标准差	样本量	方差检验
文盲	7.86	2.29	166	F = 22.5 Sig. = 0.000
小学	7.66	2.15	268	
初中	8.34	2.10	884	
高中	8.91	2.07	343	
大专	9.34	1.87	138	
大学及以上	9.32	1.81	93	
Total	8.42	2.15	1892	

资料来源：依据 2017 年山东社会科学院山东省经济社会综合调查数据整理所得。

3. 公众获得环境信息的渠道分析

调查显示，在“下面哪一项是您获得环境信息的主要渠道”中，排在第一位的是电视广播（60%），排在第二位的是互联网（包括手机上网）（22.3%）（见图 4）。作为传统大众传播媒介，电视广播仍然有着强大的影响力，在环保宣传中的作用也应得到重视。而互联网（包括手机上网）这一新媒介，在环境治理中发挥着越来越大的作用。公众要获得有效的环境信息，不仅要保证环境信息的科学性，还要保证环境信息传播的及时性以及政府、企业与公众三大责任主体之间的互动。互联网不仅可以将环境知识和环境信息以生动形象的方式展现给公众，而且其即时性、共享性、交互性的特征可以让公众迅速掌握环境知识和环境信息并及时传播。

（四）环保基础设施和服务需求情况分析

调查显示，公众认为目前最需要政府提供的环境基础设施和服务项目是“安全饮水”（22%），其次是“垃圾处理”（20.9%）。通过进一步分析数据发现，在最需要政府提供的环境基础设施和服务项目中，城镇和农村存在一些差异。如图 5 所示，除了回答率最高的“安全饮水”之外，城镇地区排在第二位的选项是“垃圾处理”（18.7%），而农村地区排在第二位的是“污

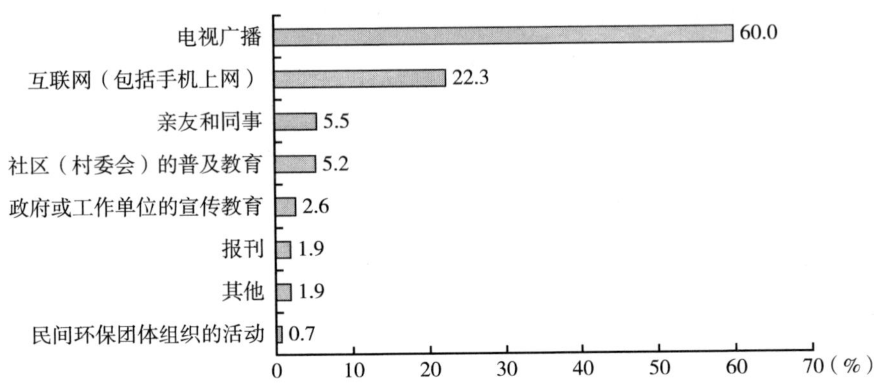

图4　公众获得环境信息的主要渠道

资料来源：依据2017年山东社会科学院山东省经济社会综合调查数据整理所得。

水处理”（21.6%），这一比例只比“安全饮水”（25.9%）低4.3个百分点。多数农村地区缺少污水排放的基础设施，污水处理水平较低，有些地区污水零处理排放现象依然存在。探索适合农村地区的污水处理方式，是解决农村水源污染的重要方面。

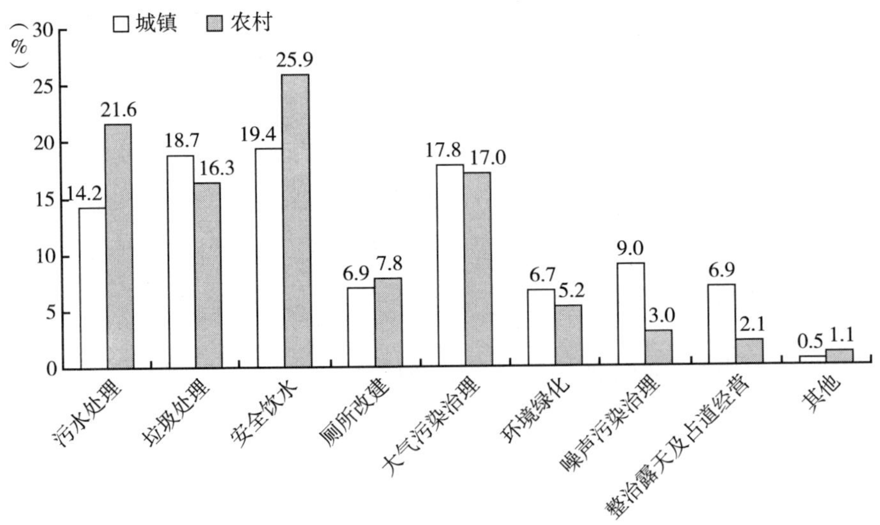

图5　城乡居民环境基础设施和服务项目需求

资料来源：依据2017年山东社会科学院山东省经济社会综合调查数据整理所得。

二 2017年山东环境保护重点工作

（一）中央环境保护督察

2017年8月10日至9月10日，中央第三环境保护督察组进驻山东开展督察，着力解决群众反映强烈的突出环境问题。山东共向中央环境保护督察组移交档案资料9批，共1506盒、32600份，同时移交单独调阅和补充材料279项、1320份。中央第三环境保护督察组共向山东转办群众举报信访件32批次，共8170件。在这些信访件中，涉及水污染问题3120个、大气污染问题3971个、土壤污染问题243个、生态破坏问题673个、重金属污染问题39个、垃圾污染问题952个、噪声污染问题1907个、油烟污染问题811个、扬尘污染问题600个、固废污染问题511个、海洋污染问题75个、其他问题2813个。目前，8170件群众举报信访件已全部办结，其中属实的7060件，不属实的1110件。责令整改10073家，立案处罚1471家，罚款10646.15万元，拘留76人，约谈1186人，问责1268人，并先后对39起典型问责案例进行了曝光。在边督边改中，结合山东实际，推动形成了群众投诉案件办理常态化机制、省级环境保护约谈机制、生态环境损害责任追究问题移交工作机制等一些实用高效的工作机制。保护生态环境就是保障人民的幸福生活。作为促进环境保护的重要制度保障，环保督察可以有效地促进地方环境保护工作的健全和完备。中央环保督察组在山东的督查工作，有利于促进山东的产业结构转型和生态文明体制建设，在推动山东绿色发展上发挥了积极的作用。

（二）环境保护突出问题综合整治攻坚

从2017年7月开始，山东开始实施2017年环境保护突出问题综合整治攻坚行动，在全省范围动员部署解决当前环境保护突出问题的有关工作。为进一步促进综合整治攻坚行动的有效实施，省环保厅成立了“环境保护突出问题综合整治攻坚行动督导调度办公室”，并印发了《山东省环境保护突出问题综合整治攻坚行动压力传递责任传导工作制度》，采取“四步”监管法全力助推攻坚行动方案落地生效。

根据国家秋冬季攻坚方案的要求，山东对《2017 年环境保护突出问题综合整治攻坚方案》中列出的 4 大领域 28 大项、55 个小项攻坚任务进行了调整。截至 11 月 14 日，山东基本完成 27 项任务，26 项任务仍在推进中，综合整治攻坚取得了很大成效。大气环境突出问题整治攻坚方面：全省共排查 84943 家"散乱污"企业，目前已经清理整治完成 84825 家，完成率 99.86%。全省共清查出 38954 台燃煤小锅炉，目前已淘汰 38949 台，完成率 99.99%。其中 7 个京津冀大气污染传输通道城市上报的 15704 台燃煤小锅炉，已于 8 月底全部完成淘汰。潍坊港、烟台港已于 8 月底全面禁止接收柴油货车运输的集疏港煤炭，主要采用 LNG 货车和铁路运输。截至 2017 年 9 月底，全省规模以上的建筑在建工程 4315 个，落实扬尘治理"六个百分百"措施的工程占 98.4%；城市裸露空置建设用地已采取措施约 2560 万平方米，绿化约 1966 万平方米，未采取措施约 117 万平方米。水环境和自然保护区突出问题整治攻坚方面：截至 9 月底，全省 10 个劣五类国控断面中，5 个断面已经达标。全省长期处于达标边缘的 14 个断面中，8 个断面已恢复达标，完成率 57.14%。全省累计排查河湖违法建筑和违法活动数量 51041 处，累计清理整治 21130 处，完成率 41.4%。全省共排查入河排污（水）口 7230 个，目前共封堵 3477 个。全省 198 个黑臭水体中，139 个完成整治，57 个正在整治，2 个尚未开工，项目完工率 70.2%。全省排查出 235 个纳污坑塘，已完成整治 120 个，完成率 51.06%。全省 46908 个禁养区畜禽养殖场（小区）和养殖专业户关闭搬迁完成 46233 个，完成比例为 98.56%。全省 7 个国家级自然保护区违法违规问题点位共 379 处，已整改 232 处，整改率为 61.2%。

（三）大气污染防治行动

2017 年是国家"大气十条"第一阶段的决胜之年，也是山东完成大气污染防治规划二期行动计划的最后一年。省政府与 17 市政府分别签订新一轮大气污染防治目标责任书，印发实施《山东省大气污染防治目标任务完成情况评估办法》《山东省〈京津冀及周边地区 2017 年大气污染防治工作方案〉实施细则》《山东省落实〈京津冀及周边地区 2017—2018 年秋冬季大气污染综合治理攻坚行动方案〉实施细则》，按月将各市空气质量状况和改善幅度排名并进行通报，并参照全国 74 个重点城市排名，排出全省城市相对位次，层层传导压力。

在严格落实国家要求的基础上，山东将“散乱污”企业综合整治、燃煤小锅炉清零、无组织排放治理、扬尘污染控制、车用尿素供应、重污染天气应对等重点任务的实施范围从7个传输通道城市扩大到全省17市，成立攻坚行动督导调度办公室，实行日调度、周通报、月检查，从以下8个方面推进大气污染防治工作。一是坚决控制煤炭消费总量，将煤炭减压任务分解到市、县和责任部门，落实到重点产业、企业和产品，确保今年净压减煤消费量2706万吨以上。二是坚定不移化解过剩产能。前三季度，全省累计淘汰生铁产能120万吨、电解铝产能322.25万吨、煤炭产能321万吨、小火电150万千瓦，675万吨地条钢产能已全部拆除。三是全面整治“散乱污”企业。四是抓好燃煤小锅炉“清零”工作。五是有序推进冬季清洁采暖工作。截至2017年10月底，7个传输通道城市已完成58.2万户气代煤、电代煤改造，超额完成国家下达的35万户改造任务。为了在治理大气污染的同时保障农村居民的冬季供暖，山东出台了《关于推进农村地区供暖工作的实施意见》，明确到2020年年底，全省70%以上的村庄实现冬季清洁供暖。以县为单位编制专项规划，积极推动“气代煤”“电代煤”向农村延伸，截至目前已经有164个村庄、227个农村新型社区、2450个公共服务场所实施了清洁供暖改造，新增供暖面积814万平方米。六是加快实施燃煤锅炉超低排放改造。七是严格控制机动车污染，7个传输通道城市和泰安、莱芜2市已经自10月底起全部供应符合国六标准的车用汽柴油。八是落实重点行业采暖季错峰生产。

（四）水污染防治行动

为着力解决水污染问题，山东编制实施《山东省落实“水十条”实施方案一期行动计划（2016—2018年）》，分区域、分流域、分年度逐一明确水质改善目标和重点任务。同时，配套编制了重要饮用水水源及南水北调沿线水质保障等4个专项行动计划。“1+4”行动计划共同构成了山东“十三五”水污染防治规划的框架体系。坚持“一河一策”和“一单元一策”，全省78个控制单元均编制完成控制单元水质达标方案，分年度、分单元逐一明确水质目标和重点任务。为督促地方政府落实治污主体责任，山东将“水十条”目标任务逐级细化、层层分解，与17市政府逐一签订水污染防治目标责任

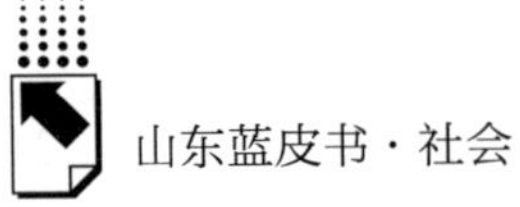

书，逐级传导压力，层层压实责任。在此基础上，山东制定了《山东省落实水污染防治行动计划实施方案评估办法》，每年对各市落实“水十条”情况实施评估。

以环境质量持续改善为核心，山东不断深化完善水污染治理体系，全力打好不达标河流断面攻坚战，扎实推进“水十条”重点任务落实。落实“半月一调度、一月一通报”督办机制，对12个县（市、区）政府主要负责同志进行了约谈，对8个断面责任地区实施了区域限批。全面实行河长制，省、市、县、乡四级河长体系已全部建立。修订了新一轮南水北调沿线、海河、小清河和半岛流域水污染物综合排放标准，开展南水北调沿线突出环境问题大排查和调水水质加密监测，保障了年度调水顺利实施。以解决源头济南市污水溢流问题为重点，深入实施小清河流域生态环境综合治理。深化工业水污染防治，开展造纸、印染等十大重点行业清洁化改造，积极推进工业集聚区污水集中处理。山东基本完成全省202处集中式饮用水水源地的保护区划定批复工作，并对872处“千吨万人”以上农村饮用水安全工程水源地开展基础环境状况调查。

（五）环境监管与安全防控

2017年，山东扎实构筑环境监管与环境安全防控体系，确保环境安全。为了能够及时有效地解决群众生产生活中遇到的突出环境问题，将中央环保督查期间群众的环境诉求解决机制常态化，山东于2017年9月设立了环保督查热线，受理全省范围内有关环境保护方面的举报。

完善环境应急制度。前三季度，山东对6起突发环境事件处置工作措施得力，应对及时，未造成大的社会影响。健全公安环保联动执法机制，2017年以来，全省各级共召开公安环保联席会议224次，开展联合执法行动770次。前三季度，全省环保部门实施处罚环境违法案件32314件，罚款10.65亿元，其中，实施按日连续处罚案件27件罚款5415.8万元；实施查封、扣押案件346件；实施限制生产、停产整治案件700件；移送适用行政拘留环境违法案件1208件；移送涉嫌环境污染犯罪案件253件。完善网格化监管责任体系。山东前三季度建立了17个市级网格，183个县级网格，2057个街道办网格，51179个村居级网格，四级网格共有网格监管人员122593人。

三　当前存在的突出问题

（一）大气污染防治方面

2017 年山东省经济社会综合问卷调查数据显示，有 37.9% 的受访者认为所在地区最严重的环境问题是空气污染，空气污染所占比例远高于其他环境问题，大气污染防治工作任重道远。山东在大气污染防治方面面临的问题主要有以下几个方面。一是山东是煤炭消费第一大省。在山东能源消费结构中，煤炭占能源消费总量的 80%，控制煤炭消费总量的任务十分艰巨，完成国家下达山东的减煤目标任务难度较大。二是截至 2017 年 11 月，山东排查出“散乱污”企业 8 万余家，应淘汰的规模以下燃煤小锅炉近 4 万台。由于“散乱污”企业和燃煤小锅炉的技术水平较低、单位能耗高，污染防治设施基础较差，治理改造成本高，超标排放比例大，仍然是引起重污染天气频发的重要因素。三是无组织排放扬尘问题依然突出，扬尘污染难以控制。环保部抽查传输通道城市降尘排放量情况，按照 9 吨/（月・平方公里）的标准，山东仅有德州市达到；按 12 吨/（月・平方公里）的标准，山东仅有淄博市和滨州市达到。四是重型柴油车管控较难。出于节省时间和逃避管制的考虑，重型柴油车车主多选择夜间出行，且守法意识淡薄。重型柴油车的管控标准不健全、基层环保执法监管能力不足、部门职责边界模糊等诸多薄弱环节增加了重型柴油车的管控难度。

（二）水污染防治方面

根据山东省水利厅 2015 年水资源公报发布的数据，山东水资源总量为 168.44 亿立方米，不足全国水资源总量的 1%；全省人均水资源占有量仅为 177 立方米、亩均 161 立方米，相当于全国平均量的 1/11 和 1/12，在全国各省（区、市）中排名倒数第三位。同时，作为全国的工业大省，山东第二产业比重占了经济总量的 44.3%，第二产业中多数为食品、造纸、纺织、冶金、化工、建材和汽车制造等高污染、高耗水行业，新鲜水用量和污染物排放量位居全国首位。水资源的短缺、水环境的污染，给山东的经济社会发展带来了双重压力。调查数据分析显示，除了空气污染外，公众对“水污染”这个与个人生活息息相关的环境问题提及率最高，有 20.73% 的受访者认为水污染是所在地区面临的第二个比较严重的环境问题。通过比较发现，山东省东部、中部、西部三个区域，城镇和农村居民都认为空气污染和水污染分别是最严重和次严重的环境问题。山东水污染防治问题主要有：一是山东部分河流断面水质仍劣于五类，少数河流断面水质不稳定，保障水质持续改善的压力十分艰巨。二是国家对山东下达的“水十条”任务进展不均衡，部分地区黑臭水体治理完成率与年度目标相比仍存在一定差距，流域水环境按照国家规定的 22 项指标全面达标任务艰巨。三是个别饮用水水源地规范化建设水平不高，环境综合整治还不彻底。四是自然生态保护工作存在重视程度不够、管理基础薄弱、违规侵占保护区以及历史遗留问题缺乏有效的解决措施等问题。

（三）环境监管、环境执法与环境安全方面

调查数据显示，有 41.6% 的受访者认为“加强环境监测和监管”是政府在解决环境问题上最需要做的。公众认为山东的环境监管监测体制尚不完善，打好环境保卫战，必须完善环境监管监察制度。此外，还存在环保各部门之间职责不清楚、不明确，履职不到位、难到位等问题。环保工作涉及经济社会发展的诸多方面，需要相关部门共同努力。环保法律法规虽然规定了环保各部门环保职责，但实施中职责划分不具体。有些领域的环保任务需要公安等部门共同完成，相关部门间的工作任务常常难以协调。环境安全方面，山东涉及重金属、剧毒物质和危险化学品排放的企业近 5000 家，结构性、布局性环境风险突出，重金属、持久性有机污染物、危险废物等新的污染问题集中显现。对固体废物进口企业的准入门槛较低，危险化学品的生产、运输、使用、储存等环节引发环境安全突发问题的风险较大。

四　对策建议

（一）全面推进大气污染综合整治攻坚

当下，山东要继续认真贯彻实施《山东省落实〈2017—2018 年秋冬季大

气污染综合治理攻坚行动方案〉实施细则》，积极主动做好京津冀及周边地区大气污染联防联控，持续实施大气污染防治行动。加大财政投入，按时保质完成气代煤、电代煤工程和“散乱污”企业清理整治工作，环保的同时保障好民生工作。要进一步加强车用油品监督管理，加大对黑加油站的打击力度，严厉查处销售不合格油品的违法行为。要加快国土绿化和生态环境修复，提高山东森林覆盖率。

（二）全面推进水污染综合整治攻坚

下一步，山东要继续大力实施《山东省落实水污染防治行动计划实施方案》一期行动计划和重要饮用水水源及南水北调水质保障等 4 个专项行动计划，每月通报 17 市水环境质量排名、超标断面、突出水环境问题以及责任地区，对各市年度实施情况进行综合评估。持续推进省级及以上工业集聚区水污染集中治理，加快开展十大重点行业清洁化改造。要严格生态保护红线管控，加快生态保护红线优化与勘界定权工作。加快推进《山东省自然保护区条例》立法工作，构建遥感监测和常态化检查相统一、天空地一体化的监控体系。此外，农村地区缺少生活污水的收集和处理设施，严重影响农村居民的饮用水安全。山东要积极探索技术成熟可靠，适用于农村实际情况的污水处理技术，逐渐解决农村生活污水无序排放的问题。

（三）围绕不同环保责任主体，完善环境保护制度

对于政府而言，要加强对环境的监管、监察和安全防控。下一步，山东要严格落实《环境保护法》，强化环保部门与纪检、检察、公安机关联勤联动，对于环境保护工作中出现的失职渎职行为要施以严惩，对于违法排污的企业及其责任人要依法处理。政府要定期发布违法违规企业名单，曝光典型违法案例，及时有效地处理群众举报线索。要继续有序进行环境保护垂直管理制度改革，建立健全高效、完备的环境执法、环境监测监察和环境管理工作体系。加强环境保护的网络化和信息化建设，完善环保执法信息化监控装备，增强执法队伍的规范化。探索建立环保“邻避”问题防范和化解的长效机制。推进环境信用评价工作，健全环境失信联合惩戒机制。企业生产是环境污染的主要来源，企业必须要承担环境保护的主体责任。2017 年山东社会科学院山东省经

济社会综合调查数据显示，有超过一半（50.4%）的受访者认为“重罚破坏环境的企业”是让企业保护环境的最好方式，23.8%的受访者选择了“使用税收手段奖励保护环境的企业”。当前的法律法规，对企业违法的追究总体上偏软，企业环境损害赔偿等制度尚不完善，企业对社会环境信用重视不够。公众认为，必须要强化法律规制，重罚破坏环境的企业，让企业严守法律底线，切实解决企业“违法成本低，守法成本高”的状况。当然，对企业不能只罚不奖，要强化对企业的利益调节机制，借助税收等杠杆，激励与约束企业，是促进企业保护环境的重要手段。公众是环境保护的重要力量。提高公众对环保的认同度，是公众参与环境保护的基础。调查数据显示，43.5%的受访者认为“向个人提供更多的关于保护环境好处的信息”是能够让居民及家庭保护环境的最好方式。从此项数据我们可以得出，在进行环境宣传教育时，要坚持普遍教育与重点教育相结合，有侧重地向公众提供更多保护环境好处的信息，让环境保护从“可做可不做”变为“主动去做”，内化为公众的自觉行为。

五 2018年环保工作趋势预测

（一）深入学习贯彻党的十九大精神，坚决打好生态环境保护攻坚战

2018年，山东会牢牢把握中国特色社会主义新时代的思想内涵，紧密围绕“走在前列”的目标定位，牢固树立并自觉践行绿色发展理念，把党的十九大报告提出的关于生态文明建设的新理念、新要求、新目标、新部署，融会贯通到全省生态环境保护工作的各个方面、领域和环节，保护绿水青山，维护公众环境安全。山东会进一步加快经济结构调整，严格控制煤炭消费总量；持续推进大气污染和水污染防治工作，加大海域污染治理；实行最严格的生态环境保护制度，持续改善环境质量，加快推动山东绿色发展。

（二）全力抓好中央环境保护督察反馈问题整改工作

2017年12月26日，针对8月10日至9月10日中央环保督察组在山东督察期间发现的问题，督察组向山东进行了反馈。督察组认为，山东着力解决环境保护领域突出问题，大力推进大气污染和水污染治理，首次建立生态补偿制

度，高度重视生态保护工作，大力开展湿地建设和植树造林工作，环保工作取得了明显成效。但重发展、轻保护的问题仍然很突出，存在的主要问题有以下几个方面。

一是对国家环保决策部署落实不充分。有些部门对自身环保责任认识不到位，一些地方为了经济建设牺牲生态环境，有选择性地贯彻落实国家有关环保决策部署。二是大气污染防治重点工作落实不到位。2016 年山东省 PM10 和 PM2.5 浓度在全国排名倒数，济南市及未列入排名的德州等地市大气保护形势依然十分严峻。此外，山东省目前使用的燃煤锅炉数量众多，小型燃煤锅炉污染治理设施不完善，加油站车用柴油超标问题多发。三是海洋环境及重要生态功能区保护体系不完善。2013 年以来，山东部分市县政府及国土资源部门违规办理海域用地手续，违规填占大量海域。矿山生态保护工作落后，自然保护区侵占问题仍然存在。四是急需解决一些突出的环境问题。山东省生活垃圾处理能力缺口大，60% 的生活垃圾填埋场和 27% 的生活垃圾焚烧厂超负荷运行。目前山东省垃圾渗滤液暂存量约 255 万吨，垃圾填埋场处理垃圾渗滤液的能力不足，环境风险突出。①

2018 年，山东会针对中央环保督察组的反馈问题制定问题整改方案，列出问题整改责任清单，逐一明确整改措施、责任单位、责任人、整改时限，进一步完善调度、通报、检查、督办制度，严明整改纪律及追责要求。对能立即解决的问题逐项落实整改，对不能立即解决的问题制定计划、限时整改，确保所有反馈问题按照整改期限按时解决。

（三）持续推进环境保护突出问题综合整治攻坚

总结 2017 年全省环境保护突出问题综合整治攻坚工作，2018 年山东会持续推进环境保护突出问题综合整治攻坚行动，着力解决突出环境问题，进一步推动全省生态环境质量持续改善。一是全面推进大气污染综合治理攻坚。山东会积极主动做好京津冀及周边地区大气污染联防联控工作，持续实施大气污染防治行动。持续推进煤炭消费减量替代，强化工业和机动车污染防治，大力推

① 数据来源于环境保护部网站，http：//www.zhb.gov.cn/gkml/hbb/qt/201712/t20171226_428686.htm，2017。

进冬季清洁采暖，有效遏制重污染天气频发态势，坚决打好蓝天保卫战。二是全面推进水污染综合治理攻坚。实施山东落实水污染防治行动计划实施方案，健全完善河长制，持续推进工业集聚区水污染集中治理，开展全省水环境质量生态补偿，狠抓入海排污口排查整治，加强近岸海域污染防治。三是有序推进土壤污染治理与修复。抓好土壤污染状况详查，加快构建全省土壤环境信息化管理平台，强化土壤环境风险管控，研究制定污染土壤治理与修复规划并开展试点工作。加大力度防治农业面源污染，提升农村人居环境质量。加快推进危险废物处置设施建设。四是严格落实生态红线保护制度。全面解决自然保护区违法违规问题，强化保护区规范化建设和管理。推进《山东省自然保护区条例》立法工作，加快生态保护红线优化与勘界定权工作，实施生态保护红线陆海一体管控。

（四）着力推进生产生活方式绿色化

大力推进生态文明建设，必须要增强贯彻绿色发展理念的自觉性和主动性。为推进绿色低碳发展，加快山东新旧动能转换，山东印发了《山东省低碳发展工作方案（2017—2020年）》（以下简称《方案》）。根据《方案》，山东将实行低碳能源倍增行动计划、节能环保产业壮大行动计划、低碳建筑推广行动计划、低碳交通创建行动计划和全民低碳行动计划五大行动计划，坚持多措并举，打造低碳发展新格局。2018年，山东会坚持把生态环保工作贯穿到新旧动能转换全领域全过程，不断完善地方环境标准体系，全面推行清洁生产，推动绿色供应链环境管理，以政府绿色采购和公众绿色消费为引导，促进企业技术改造和产业转型升级。山东将努力建设统一开放的环保市场和公平竞争的环境，培育社会环保服务产业，全面推进环境污染第三方治理，不断完善环境治理社会化、专业化服务管理制度。严格落实企业环境信用评价，将环境违法信息作为政府、金融机构等对企业执行财税政策、信贷政策与产业政策的重要参考。进一步推广绿色消费，倡导简约适度、绿色低碳的生活方式，开展绿色学校、绿色社区、绿色出行等行动。

（五）探索建立有效管用的环境保护责任落实机制

2018年，山东会进一步努力，切实构建政府主导、企业主体、社会组织和公众共同参与的环境治理体系。继续规范环保部门的统一监督管理职责，让各部门各尽其责、各尽其职，共同助力生态文明建设。进一步推进实施排污许可制，做到企业责任明晰、责任公平，不断强化企业的主体责任。提高领导干部、企业、社会公众的环保意识，强化政策保障。提高公众环保意识，畅通公众参与渠道，形成全社会共同环保的责任体系。

参考文献

范叶超、洪大用：《差别暴露、差别职业和差别体验　中国城乡居民环境关心差异的实证分析》，《社会》2015 年第 3 期。

洪大用、范叶超：《公众环境知识测量：一个本土量表的提出与检验》，《中国人民大学学报》2016 年第 4 期。

国家统计局能源司编《中国环境统计年鉴 2016》，中国统计出版社，2016。

李培林、陈光金、张翼：《2017 年中国社会形式分析与预测》，社会科学文献出版社，2016。

山东省统计局、国家统计局山东调查总队编《山东统计年鉴 2016》，中国统计出版社，2016。

B.12
2017～2018年山东省社会服务机构发展现状、问题与对策建议

贾东荣　卢鹏程*

摘　要： 随着《慈善法》《民法总则》等法律的颁行，社会服务机构走上了依法发展、依法规范的道路，制度环境进一步优化。山东省社会服务机构发展呈现出与全国发展趋势不完全一致、类型发展不平衡、区域分布不均衡、新型机构发展迅速、运营日益规范、服务质量提高、社会影响扩大等特点。社会服务机构面临的主要问题是已有机构的重新定位和分类，还包括法律法规和政策体系不完善、公平发展体制机制有待优化、内部治理不规范、人才队伍需要优化、资金来源渠道狭窄等问题。可从政府和机构两个方面分别采取措施予以解决。

关键词： 社会服务机构　发展不平衡　分类管理　依法发展

"社会服务机构"系指原来根据《民办非企业单位登记管理暂行条例》登记的"民办非企业单位"，包括民办学校、民办医院、民办养老院、民办博物馆、民办社会工作机构等非营利性机构。山东省的社会服务机构近年快速发展，服务领域扩大，服务质量和服务水平提高，成为满足人民需求、创新社会治理、促进社会和谐的重要力量。

---

* 贾东荣，山东青年政治学院政治与公共管理学院副院长、政治与公共治理研究基地主任，教授，教育学博士、经济学博士后，山东大学政治学博士在读，主要研究方向：公共管理，社会组织研究。卢鹏程，山东青年政治学院政治与公共管理学院教师，历史学博士。

一 社会服务机构发展的制度环境日益优化

社会服务机构与社会团体、基金会一起统称社会组织，由民政部门负责登记管理，相关行政部门如教育、卫生、文化、科技、体育等提供业务指导。2016年以来，党和政府加强了与社会服务机构有关的法律法规和政策建设，社会服务机构的制度环境不断优化。

（一）社会服务机构进入依法发展和依法规范的新时代

2016年、2017年是社会组织发展的关键年份。全国人民代表大会相继通过了《中华人民共和国慈善法》《中华人民共和国民法总则》，对包括社会服务机构在内的社会组织的运行发展及相关的慈善行为进行了规范。全国人民代表大会常务委员会还通过了《关于修改〈中华人民共和国民办教育促进法〉的决定》，以使《中华人民共和国民办教育促进法》与上述两部法律相适应。

《中华人民共和国慈善法》于2016年3月16日通过，全文12章112条，涉及慈善组织的申请登记、监督检查和个人发布求助等问题。对社会服务机构来说，《中华人民共和国慈善法》的最大贡献是将使用了近二十年的“民办非企业单位”改名为“社会服务机构”。之所以改名，考虑有二：一是“民办非企业单位”的名称已经落后于这类社会组织发展的实际需要。首先，“民办非企业单位”是一个否定式的命名，外延不清，从字面理解，容易将基金会、社会团体等组织涵盖在内；其次，“民办非企业单位”的内涵不清，不能准确反映这类组织的特征。二是“民办非企业单位”过于强调“民办”，不利于官办民营、民办公助，以及推进有条件的事业单位转为社会组织等新的发展趋势相适应。①

《中华人民共和国民法总则》于2017年3月15日通过，全文11章206条，规定了民事活动的基本原则和一般规定，是民法典的总则编。《民法总

① 黄茹、王亦君：《33万民办非企业单位或转型为社会服务机构》，新华网公益频道，http：//news. xinhuanet. com/gongyi/2016－05/30/c_ 128953504. htm。

则》的主要贡献是给予社会服务机构法人地位，为其正名。[①] 此前实施的《中华人民共和国民法通则》将法人分为企业法人、事业单位法人、机关法人、社会团体法人四种类型，且对后三类法人仅用了一个条款不足 90 字来概括，语焉不详。1998 年开始在民政部门登记的“民办非企业单位”和“基金会”无法对应上述四种法人中的任何一种，在运行过程中受到了不公正待遇。《民法总则》明确规定：“为公益目的或者其他非营利目的成立，不向出资人、设立人或者会员分配所取得利润的法人”为非营利法人；非营利法人包括事业单位、社会团体、基金会、社会服务机构等。“具备法人条件，为公益目的以捐助财产设立的基金会、社会服务机构等，经依法登记成立，取得捐助法人资格”；非营利法人与其他法人一样，“以其全部财产独立承担民事责任”，“依法独立享有民事权利和承担民事义务”。[②] 从此，社会服务机构正式告别了依靠行政法规规范的阶段，进入了依法发展、依法规范的新时代。

随之，国务院启动了制定《社会服务机构登记管理办法》即《民办非企业单位登记管理暂行办法》修订的工作，制定了《志愿服务条例》《慈善组织认定办法》《慈善组织公开募捐管理办法》《社会组织抽查暂行办法》等行政法规和规章，对与社会服务机构相关的事宜进行了规定，夯实了社会服务机构依法发展和依法管理的基础。

（二）社会服务机构发展的政策环境进一步优化

利用政策扶持特定领域发展是我国政府常用的行之有效的工具。在加强法制建设、依法规范社会服务机构的同时，中央政府出台了系列扶持包括社会服务机构在内的社会组织发展的政策，如中共中央办公厅、国务院办公厅印发的《关于改革社会组织管理制度促进社会组织健康有序发展的意见》（中办发〔2016〕46 号），民政部印发的《关于加强和改进社会组织薪酬管理的指导意见》（民发〔2016〕101 号）、《关于慈善组织登记等有关问题的通知》（民函〔2016〕240 号），《关于支持整合改造闲置社会资源发展养老服务的通知》

① 马昕：《“非营利法人”登台“社会服务机构”正名》，中国发展简报网，http：//www.chinadevelopmentbrief. org. cn/news－19347. htm。

② 《中华人民共和国民法总则》，中国人大网，http：//www. npc. gov. cn/xinwen/2007－03/15/content_ 2018907. htm。

（民发〔2016〕179号）、《关于加强社会工作专业岗位开发与人才激励保障的意见》（民发〔2016〕186号）、《关于加快推进养老服务业放管服改革的通知》（民发〔2017〕25号）、《关于积极推行政府购买服务加强基层社会救助经办服务能力的意见》（民发〔2017〕150号）等，加上此前通过的行政法规和政策文件，我国已经形成了鼓励社会组织发展的制度环境。

山东省根据中央的政策性文件，结合省内社会服务机构发展的实际需要，制定了一系列实施性文件。其中较为综合的是省委办公厅、省政府办公厅2017年7月印发的《关于改革社会组织管理制度促进社会组织健康有序发展的实施意见》。该实施意见是对中共中央办公厅、国务院办公厅印发的中办发〔2016〕46号文件的细化，并结合山东省实际进行了拓展创新。具体扶持政策包括：

第一，拓展了重点培育优先发展的社会组织类型。《实施意见》强调“大力培育发展社区社会组织”，明确要降低在城乡社区开展便民服务、养老照护、公益慈善、促进和谐、文体娱乐和农村生产技术服务等活动的社区社会组织的准入门槛，适当放宽资金、住所、人员等条件，加快审核办理程序，并简化登记程序；建立社区社会组织综合服务平台，为社区社会组织提供组织运作、活动场地、活动经费、人才队伍等方面的支持；增强服务功能，发挥社区社会组织在创新基层社会治理中的积极作用。同时提出重点培育优先发展行业协会商会、科技类社会组织和公益慈善类社会组织，“推动有条件的事业单位转为社会组织”。①

第二，细化了“社会组织发挥作用”的渠道。《实施意见》提出建立政府与社会组织信息沟通机制、做好社会组织协商民主、积极推进智库建设、推进社会组织服务平台建设等具体措施。明确提出“支持社会组织尤其是社区服务类组织在创新社会治理、化解社会矛盾、维护社会秩序、促进社会和谐等方面发挥作用，使其成为社会建设的重要主体”；“支持社会组织在发展公益慈善事业、繁荣科学文化、扩大就业渠道等方面积极发挥作用，满足人民群众多

① 《山东省委办公厅山东省人民政府办公厅关于改革社会组织管理制度促进社会组织健康有序发展的实施意见》，山东省社会组织管理局网，http：//www. sdnpo. gov. cn/nd. jsp? id = 1145#_ np =2_ 459。

样化需求”。①

第三，支持社会组织提供公共服务。“结合政府职能转变和行政审批制度改革，将政府部门不宜行使、适合市场和社会提供的事务性管理工作及公共服务，通过公开竞争性方式交由社会组织承担，并实行费随事转。”“对民生保障、社会治理、行业管理等公共服务项目，同等条件下优先向社会组织购买。”②

第四，加大财政支持力度。省级财政和有条件的地方设立专项资金，用以支持社会组织参与社会服务，加强能力建设。“逐步完善公共财政对社会组织的扶持机制”，鼓励金融机构给予符合条件的社会组织贷款，“允许社会组织以其管理使用的公益设施以外的财产抵押贷款用于自身业务发展”。③

第五，全面落实税收优惠政策。财政、税务和民政部门按照登记管理权限层级，依照规定做好社会组织免税资格和公益性捐赠税前扣除资格确认工作，每半年办理一次，以确保符合条件的社会组织享受相应的税收优惠政策。

第六，完善社会组织人才政策。将社会组织人才工作纳入人才工作体系和专业技术人才知识更新工程，推进管理层和从业人员职业化、专业化；专业技术人才执行与相关行业相同的职业资格、注册考核、职称评定政策；符合条件的人员可获得相关补贴；“在公务员招考等选拔考试中，在社会组织的工作经历视为基层工作经历”。④

《实施意见》同时强调要加强对社会组织登记审查、严格管理监督、完善内部治理、加强党建，实际是将严格管理与扶持并举，为社会组织提供规范、健康的发展环境，以推进社会组织有序健康发展。

---

① 《山东省委办公厅山东省人民政府办公厅关于改革社会组织管理制度促进社会组织健康有序发展的实施意见》，山东省社会组织管理局网，http：//www. sdnpo. gov. cn/nd. jsp? id = 1145#_ np =2_ 459。

② 《山东省委办公厅山东省人民政府办公厅关于改革社会组织管理制度促进社会组织健康有序发展的实施意见》，山东省社会组织管理局网，http：//www. sdnpo. gov. cn/nd. jsp? id = 1145#_ np =2_ 459。

③ 《山东省委办公厅山东省人民政府办公厅关于改革社会组织管理制度促进社会组织健康有序发展的实施意见》，山东省社会组织管理局网，http：//www. sdnpo. gov. cn/nd. jsp? id = 1145#_ np =2_ 459。

④ 《山东省委办公厅山东省人民政府办公厅关于改革社会组织管理制度促进社会组织健康有序发展的实施意见》，山东省社会组织管理局网，http：//www. sdnpo. gov. cn/nd. jsp? id = 1145#_ np =2_ 459。

二　山东省社会服务机构发展现状与特点

根据山东省民政厅的实时数据，截至2017年12月8日，不包括青岛市，山东省在民政部门登记的社会组织41577家，其中社会服务机构25452家，占社会组织总数的61.2%。另据新闻报道，截至2017年6月底，山东省各级民政部门共登记注册社会组织4.76万个，其中社会服务机构3万个、社会团体1.75万个、基金会154个。① 综合各方面信息，截至2017年底，山东省有社会组织48100家以上，其中社会服务机构超过30000家，约占社会组织总数的62%。

社会组织特别是社会服务机构为社会提供了大量的就业机会和社会服务。就业机会方面，2016年，山东省民间非营利组织就业人口1.9万人。② 另据山东省教育厅的数据，2016年各类民办学校有教职工233723人，其中专任教师159796人。③ 社会服务方面，以教育为例，2016年，各类民办学校招收全日制学生86.0万人，在校生257.5万人。④ 社会服务机构提供的社会工作、养老、医疗、科学研究等社会服务也明显增加。在教育、社会工作等领域，社会服务机构提供的服务已经占据了整个行业的20%甚至一半以上的份额。社会服务机构已经成为山东省社会服务供给的主要力量，在满足服务需求特别是多样化需求方面起到了积极作用。山东省社会服务机构的发展呈现如下特点。

（一）发展趋势与全国不完全一致

2012～2016年，山东省社会服务机构和整个社会组织除2013年外呈持续

① 李光杰、叶婧：《山东将允许社会组织抵押资产贷款发展业务》，新华社新闻频道，http：//news. xinhuanet. com/2017－07/19/c_ 1121346618. htm。

② 山东省统计局：《山东统计年鉴2017》，山东统计信息网，http：//www. stats－sd. gov. cn/tjnj/nj2017/indexch. htm。

③ 根据山东省教育厅《山东省教育事业统计资料（2016学年度）》的数据统计，包括民办普通高校、民办中等职业学校、民办职业技术培训学校、民办中学、民办小学、民办幼儿园的数据，不含其他类型的民办学校的数据。

④ 根据山东省教育厅《2016年山东省教育事业发展统计公报》统计，山东省教育厅网，http：//www. sdedu. gov. cn/eportal/ui？ pageId＝465425&articleKey＝1060。

增长态势。同期，全国社会服务机构和整个社会组织呈持续增长态势，且增幅明显，社会服务机构的总增长幅度达到60.4%，超越了山东省的27.1%，这说明山东省社会服务机构的整体发展速度低于全国平均水平。山东省社会服务机构占全国社会服务机构总数的比例，2012年为10.1%，2016年降到了7.9%。同期，山东省社会组织占全国的比例从2012年的8.1%下降到2016年的6.6%。总起来看，社会服务机构的发展趋势与全国基本相同，但增幅明显低于全国，说明山东省的社会服务机构在过去的五年中纵向比较是发展的，横向比较却落在了全国的后面。

表1 2012～2016年山东省社会组织发展一览

年份	2012	2013	2014	2015	2016
社会服务机构	22694	21083	23335	25915	28448
社会团体	17745	17807	17738	17378	17380
基金会	76	86	92	118	135
社会组织总计	40515	38976	41165	43411	45963

资料来源：山东省统计局《山东统计年鉴2017》，山东统计信息网站，http：//www. stats - sd. gov. cn/tjnj/nj2017/indexch. htm。

表2 2012～2016年全国社会组织发展情况一览

年份	2012	2013	2014	2015	2016
社会服务机构	225108	254670	292195	329141	361000
社会团体	271131	289026	309736	328500	336000
基金会	3029	3549	4117	4784	5559
社会组织总计	499268	547245	606048	662425	702559

资料来源：《中国统计年鉴2016》，国家统计局网站，http：//www. stats. gov. cn/tjsj/ndsj/2016/indexch. htm。其中2016年数据来自民政部《2016年社会服务发展统计公报》，民政部网站，http：//www. mca. gov. cn/article/sj/tjgb/201708/20170800005382. shtml。

表3 2012～2016年山东省与全国社会服务机构发展情况对比

年份	2012	2013	2014	2015	2016
山东省	22694	21083	23335	25915	28448
全国	225108	254670	292195	329141	361000
占全国的比例(%)	10.1	8.3	8.0	7.9	7.9

资料来源：根据表1、表2数据编辑和统计。

（二）社会服务机构类型发展不平衡

山东省社会服务机构类型发展不平衡，主要表现为社会服务机构的行业发展不平衡。发展不平衡也是山东省整个社会组织发展的特点。截至2017年12月8日，在山东省民政部门直接登记的38094家社会组织中，机构数最多的是教育组织，占总数的22.4%；其次是社会服务组织、文化组织、其他组织，它们占总数的比例均在10%以上，它们占总数的36.3%。数量偏少的是国际及涉外组织、自然科学组织、法律组织、生态环境组织、宗教组织，绝对数都不足250家，五类组织合计约占到总数的2.1%。社会科学、体育、卫生、农业及农村发展、工商服务业、职业及从业者六类组织的绝对数在1000～3300家。在各行业中，教育、体育、社会服务、文化、卫生等行业的社会组织主要是社会服务机构，社会服务机构行业发展的不平衡由此可见一斑。之所以出现行业发展不平衡的特点，是因为社会服务机构涉及的行业领域多，不同行业领域提供的服务及其所需要的资源不一样，影响发展的因素也不一致。从政府的角度来看，这些行业领域由不同的行政部门来分管，各级政府对不同行业领域乃至行业领域内的社会服务机构的政策也是不相同的。

表4　山东省社会组织行业分布一览

行业	组织数（家）	占比（%）
教育	8532	22.4
社会服务	5117	13.4
文化	4858	12.7
社会科学	3278	8.6
体育	3204	8.4
农业及农村发展	2994	7.9
卫生	2348	6.2
工商服务业	2008	5.3
职业及从业者组织	1119	2.9
宗教	243	0.6
生态环境	190	0.5
法律	178	0.5
自然科学	151	0.4
国际及涉外组织	26	0.1
其他	3848	10.1

资料来源：山东省民政厅统计数据（内部资料）。

在社会服务机构发展较快的部分行业如教育、社会服务、文化行业中，社会服务机构存在因服务对象不同而形成的机构类型或层次发展不平衡的特点。以教育为例，2016 年，山东省有民办幼儿园 7873 所，民办小学 266 所，民办普通初中 306 所，民办普通高中 145 所，民办中等职业学校 111 所，民办普通高校 39 所，民办技工学校 42 所，民办职业技术培训机构 1309 所，民办特殊教育学校 11 所，其他民办高等教育机构 71 所。这些民办教育机构提供的服务也存在明显差异。年度招生最多的是民办幼儿园，多达 42.3 万人，其次是民办普通初中和民办普通高校，分别招生 12.7 万人和 12.2 万人，再次是民办普通高中和民办小学，分别招生 7.8 万人和 6.8 万人，最后是民办中等职业学校，仅招生 4.2 万人；在校生最多的是民办幼儿园，其次是民办小学、民办普通高校、民办普通初中，最后是民办普通高中和民办中等职业学校，具体见表 5。①

表 5　2016 年山东省民办教育发展情况一览

类型	机构数		招生		在校生	
	合计(所)	占全省同类机构比例	合计(万人)	占全省同类机构比例	合计(万人)	占全省同类机构比例
幼儿园	7873	41.8	42.3	40.2	115.3	41.9
小学	266	2.7	6.8	5.5	41.4	6.0
初中	306	10.5	12.7	12.1	35.3	11.2
高中	145	25.0	7.8	13.9	18.0	10.8
中等职业学校	111	25.9	4.3	14.7	10.6	13.1
普通高校	39	27.1	12.2	19.5	36.8	18.5

资料来源：山东省教育厅：《2016 年山东省教育事业发展统计公报》，山东省教育厅网站，http：//www. sdedu. gov. cn/eportal/ui？ pageId =465425&articleKey =1060。

（三）区域发展不均衡

不含青岛市②，山东省 2017 年登记在册的社会服务机构在各市的分布如表 6 所示，呈现出区域发展不均衡的特点。

① 根据山东省《山东省教育事业统计资料（2016 学年度）（内部资料）》统计。

② 青岛市作为计划单列市，其数据系统没有和省民间组织管理局的系统联网，无法显示实时数据。

表 6　山东省社会组织区域分布一览

城　市	社会团体	社会服务机构	基金会	社会组织总计
莱芜市	373	397	0	770
聊城市	628	569	5	1202
德州市	627	868	2	1497
枣庄市	812	917	3	1732
滨州市	773	929	2	1704
省　直	906	1062	103	2071
东营市	642	1156	1	1799
日照市	932	1158	3	2093
威海市	642	1334	5	1981
菏泽市	854	1352	1	2207
泰安市	1275	1641	4	2920
济宁市	1224	1742	2	2968
淄博市	1066	2213	8	3287
临沂市	1782	2239	2	4023
烟台市	1099	2305	2	3406
济南市	1016	2431	9	3456
潍坊市	1300	3139	2	4441
合　计	15951	25452	154	41557

数据来源：山东省民政厅统计数据（内部资料）。

从机构绝对数及其在全省所占的比例来看，山东省社会服务机构的区域分布情况为：潍坊最多，机构数超过 3000 家，占全省总数的 12.3%；其次是济南、烟台、临沂、淄博 4 市，机构数在 2000～2500 家，占全省总数的比例在 8.5%～10%；再次是济宁、泰安、菏泽、威海、日照、东营 6 市，机构数在 1000～1800 家，占全省总数的比例在 4.5%～7%；复次是滨州、枣庄、德州、聊城 4 市，机构数在 600～800 家，占全省总数的比例在 2%～4%；机构数最少的是莱芜，不到 400 家，占全省总数的比例不到 2%。

社会服务机构是面向社会提供服务的，人均拥有机构的数量可能更有利于说明社会服务机构的区域发展情况。2017 年，山东省各市每万人拥有的社会服务机构情况为：东营最多，威海、淄博紧随其后，分别超过了 5 家和 4 家，其次是日照、济南、潍坊、烟台 4 市，在 3～4 家；再次是莱芜、泰安、滨州、

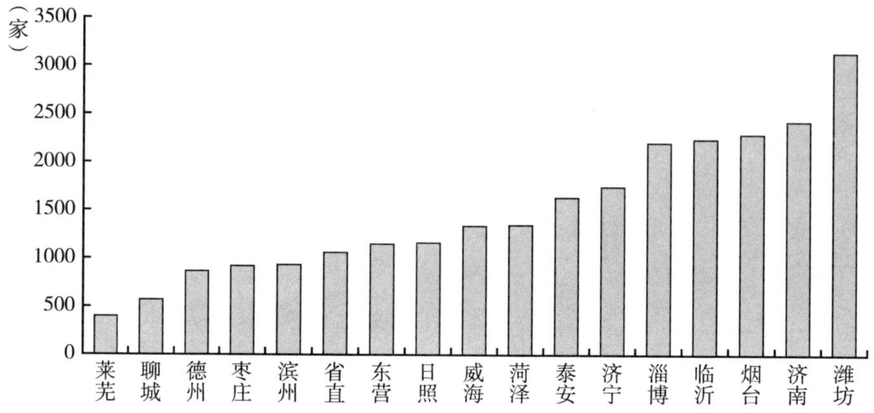

图1　2017 年山东省社会服务机构区域分布

枣庄、临沂、济宁6市，在2～3家；菏泽、德州、聊城3市最少，徘徊在1家左右。这个排序基本和人们认知的各市的经济发达程度重合。① 说明经济发展对社会服务机构的发展具有一定影响。但数据显示，经济发展程度对社会服务机构的影响并不是绝对的。我们用每十亿元GDP拥有的社会服务机构数来进行分析。根据2017年的统计资料，每十亿元GDP拥有的社会服务机构数，最高的是日照和潍坊两市，超过了6家；其次是莱芜、临沂、菏泽、淄博、泰安5市，在5～6家；再次是枣庄、威海、济宁、济南、滨州、烟台6市，在3.5～5家；排在最后的是东营、德州、聊城，在2～3.5家。这个排序显示，经济发达地区和经济欠发达地区交混，两者难以准确区分。这说明社会服务机构的发展，不仅受到区域经济发展和法人、个人可支配资金的影响，更重要的是人们的投入意愿。②

实际上，对社会服务机构发展产生影响的还有公办事业单位的发展。社会服务机构提供服务基本与公办事业单位相同，服务的内容和方式差别不大，两者由此形成市场竞争关系。公办事业单位的发展对社会服务机构的影响包括几个方面：一是公办事业单位的发展可为社会服务机构提供丰富的技术资源，如公办学校教师到民办学校兼职或流动到民办学校，公办医院医生到民办医院兼

① 根据表6数据和山东省统计局《山东统计年鉴2017》的人口数据统计。

② 根据表6数据和山东省统计局《山东统计年鉴2017》的地区生产总值数据统计。

职，以及双方的合作等；二是公办事业单位的发展可聚集潜在顾客，为社会服务机构提供机会；三是公办事业单位的发展可提高服务对象的要求尤其是多样化要求，为社会服务机构带来机会；四是公办事业单位的发展挤压社会服务机构的发展空间。民办学校、民办医院等机构的发展可视为社会服务机构与公办事业单位竞争发展的典型案例，其中的逻辑关系是多元的，不是单纯线性的，需要综合考虑。

（四）新型机构发展迅速，传统机构稳定发展

适应区域经济社会发展和社会治理创新的需要，新型社会服务机构如养老机构、社会工作服务机构、面向社区的服务机构等在政府的政策鼓励下发展迅速。社会工作服务机构基本是2010年后发展起来的，2014年109家，2016年10月底187家，不到两年增加71.6%。①增幅远远超过同期山东省社会服务机构的平均增长率（21.9%）。面向社区的社会服务机构发展更快，不包括济南、青岛两市，2017年11月山东省的社区社会组织已达到5117家，是社会服务机构中发展最快的一类。在新型社会服务机构快速发展的同时，传统的社会服务机构如民办学校、民办医院、民办体育机构等进入了稳定发展阶段，发展态势趋于平缓。如民办教育方面，2016年山东省有民办幼儿园7873所，是2012年的106.6%，四年仅增加了6.6%；在园幼儿115.3万人，是2012年的121.0%，四年增加了21.0%。新旧两类社会服务机构沿着两种不同的轨迹发展，使得所有的社会服务机构以较高的速度发展，内部结构得以调整。

新型社会服务机构的区域分布与传统机构不完全一致。如社区社会组织，最多的是烟台市，799家，占全省总数的15.6%；其次是淄博、泰安、菏泽3市，在400～500家，占总数的8%～10%；再次是临沂、潍坊、威海、济宁4市，在300～400家，占总数的6.5%～8%；复次是枣庄、德州、滨州、日照4市，在200～300家，占总数的4.5%～6%；最后是聊城、东营、莱芜3市，在100～200家。②除烟台外，其他市占总数的比例均低于10%，高于2%。对

① 山东省民政厅：《山东省社会工作十年发展报告》，民政部民政专题，http://mzzt.mca.gov.cn/article/sggzzsn/jlcl/201611/20161100887277.shtml。

② 山东省民政厅2017年12月8日登记资料。

比前文述及的社会服务机构区域分布，新型社会服务机构与传统社会服务机构的具体分布是不一样的。

表 7　山东省社区社会组织区域分布一览

城　市	机构数	占全省的比例	各　市	机构数	占全省的比例
莱芜市	108	2.1	菏泽市	428	8.4
聊城市	158	3.1	泰安市	438	8.6
德州市	261	5.1	济宁市	343	6.7
枣庄市	286	5.6	淄博市	507	9.9
滨州市	237	4.6	临沂市	393	7.7
省　直	58	1.1	烟台市	799	15.6
东营市	137	2.7	潍坊市	379	7.4
日照市	229	4.5	合　计	5117	100
威海市	356	7.0			

资料来源：山东省民政厅 2017 年 12 月 8 日适时数据，济南、青岛两市的登记系统与省民政厅没有联机而缺乏。

（五）机构运营日益规范

机构运营规范主要体现在两个方面：一是现代治理体系基本建立。在民政部门的指导下，正式登记注册的社会服务机构普遍建立了理事会或董事会等现代治理机构，按照法律法规的规定或借鉴公办事业单位的经验建立了内部治理体系，在内部管理和运营上形成了相对完整的制度体系。从社会服务机构提交登记申请和年度检查的材料上可以看出，山东省社会服务机构的内部治理体系是相对规范的，遵守了法律法规的规定。在实际运行中，大部分社会服务机构形成了规范的内部治理体系，部分机构的内部治理体系已经现代化。二是人才队伍快速成长，服务的专业化程度明显提升。社会服务机构多是资源依赖型组织，其服务质量和组织发展高度依赖专业性人才。在政府、社会和机构的共同努力下，社会服务机构的从业人员队伍结构明显优化，人员素质明显提高。以民办普通高校为例，根据山东省教育事业统计资料的数据，2016 年全省民办普通高校教职工总计达到 27027 人，其中专任教师 18981 人。在专任教师中，有正高级 1591 人、副高级 4445 人、中级 7178 人、初级 3902 人、无职称者 1865 人。[①] 虽然整体仍然不如公办普通高校，但纵向成长明显，个别民办普通高校师资队伍的素质、能力和结构已经超过部分公办的新建本科院校。通过各方面努力，到 2016 年，山东省已有 12944 人取得社会工作职业资格[②]，民办社会工作服务机构的从业人员基本是近年从高校社会工作专业毕业的硕士和本专科毕业生，拥有较高的专业技术能力。

表 8　2016 年山东省民办普通高校专任教师情况

	合计	正高级	副高级	中级	初级	无职称
教师数(人)	18981	1591	4445	7178	3902	1865
占总数的比例(%)	100	8.4	23.4	37.8	20.6	9.8

资料来源：山东省教育厅：《山东省教育事业统计资料（2016 年度）》，内部资料。

（六）服务质量不断提升

与人才队伍快速成长相伴随的是社会服务机构服务质量的提高。在教育领域，涌现了很多教学水平高、有特色的民办学校。如山东英才学院、山东协和学院、青岛滨海学院获批山东省应用型特色名校，山东英才学院的学前教育专业获批国家级特色专业、国家级教学团队、国家级教学名师。济南山青社会工作服务中心成立不到 4 年，已有全职社会工作人员 70 余人，开展专业服务项目 30 个，获得政府奖补资金超过 1000 万元，跻身“全国百强社会工作服务机构”和“全国社会工作服务示范单位”行列。

（七）社会影响不断扩大

社会服务机构在满足社会需求、推动区域经济社会发展、创新社会治理、促进社会和谐方面起到了越来越多的积极作用，影响越来越大。在教育领域特别是高等教育和学前教育阶段，民办学校已经成为主要力量，分别占到学前教育和普通高等教育总量的 40% 和 20%；在社会工作领域，民

---

① 山东省教育厅：《山东省教育事业统计资料（2016 学年度）》（内部资料），2017 年 5 月。

② 山东省民政厅：《山东省社会工作十年发展报告》，民政部民政专题，http：//mzzt.mca.gov.cn/article/sggzzsn/jlcl/201611/20161100887277.shtml。

办机构已经成为主导性力量，特别是依托高校举办的部分民办社会工作服务机构，已经成为社会工作服务领域的领航者和开拓者。面向社区的社会服务机构，有效地沟通了政府和公民之间的关系，满足了公民多样化的社会需求。

三　山东省社会服务机构发展面临的主要问题

整体来看，山东省社会服务机构发展迅速，社会影响不断扩大。但在现实中，社会服务机构仍然面临着许多问题亟待解决。

社会服务机构目前面临的最现实、最直接的问题是已有机构的重新定位和分类问题。

社会服务机构面向社会提供服务。在现实社会中，这些服务可由政府直接提供，可由非营利法人提供，也可以由营利法人提供。政府、非营利法人、营利法人三者在服务供给上是一种合作竞争关系。在社会服务机构发展的早期，我国法律制度不健全，对“营利”“非营利”的认知和界定不清晰，或者为了促进发展有意进行了模糊处理或留有中间地带。如《中华人民共和国民办教育促进法》对“合理回报”的规定。因此，在2016年前，从政府、社会服务机构举办者到社会公众，对机构的“非营利性”认知都不十分清晰。很多机构的举办者混淆非营利法人和营利法人的界限，将两者混为一谈。如很多民办学校的举办者既加入教育类社会团体，也加入商会和企业家协会，多将民办学校当作企业看待或认为与企业没有什么两样，将学校视作营利或准营利工具。政府在处理相关事务时则睁一眼闭一眼。这些机构在运营中主要采用了面向市场的企业运营做法。这类机构在原来的民办非企业单位中占有相当高的比例。因此，在制定《国家教育中长期改革与发展规划纲要（2010—2020年）》的过程中，社会和学术界曾围绕是否将“探索营利和非营利民办学校分类管理”纳入规划发生了激烈争论。2016年全国人大常委会审议《中华人民共和国民法总则》草案时，也有多名委员对社会服务机构被界定为非营利法人可能引起的负面影响提出了意见和建议。王佐书就明确指出：按照这个规定，若有人出资500万元建非营利医院，当终止时500万元就相当于捐资，“在我国现在的情况下，有多少人愿意做这件事？如何促进社会的供给？”建议应该对非营利法人的积极性给予保护。[①] 山东省的情况基本相同，多数社会服务机构的举办者对于自己的投入仍抱有相当大的期望。

《民法总则》明确规定：非营利法人“不向出资人、设立人或会员分配所取得的利润”；“为公益目的成立的非营利法人终止时，不得向出资人、设立人或者会员分配剩余财产。剩余财产应当按照法人章程或者权力机构的决定用于公益目的；无法按照法人章程的规定或者权力机构的决议处理的，由主管机关主持转给宗旨相同或者相近的法人，并向社会公告”。《民法总则》通过法律规定的形式，清除了原本希冀拥有自己对投入财产的所有权或适度营利的社会服务机构的举办者的操作空间，使这些机构面临着重新定位和可能分类的问题。这一问题十分重要，它的解决成果将直接影响到现有大多数社会服务机构的稳定和未来的发展。多数机构举办者还处于观望状态，个别举办者如山东英才学院的举办者已经将举办者从个人调整为企业。[②]

另外，从长期健康发展的角度出发，社会服务机构还面临着如下问题。

（一）相关法律法规和政策体系尚不完善

如前所述，《中华人民共和国慈善法》《中华人民共和国民法总则》对非营利法人的规定未能尽善，其对非营利法人财产处置的规定没有完全满足已有社会服务机构举办者的期望，立法机构和相关政府部门还需要从实际出发，结合《慈善法》的相关规定，对捐助法人的营利行为、自然人和营利法人的慈善行为这些中间地带及其相关的优惠政策进一步明晰。中央政府和山东省出台的部分政策还停留在纸面状态，可操作性有待延伸，尤其是关于非营利法人的认定、具体条件、非营利法人的税收优惠以及从事相关行业领域的营利法人的优惠政策，需要进一步明晰，以方便社会服务机构的举办者选择。人的社会需求和认知是多样和善变的，不是单纯的法律规定能区分的，在法律明确规范营利法人和非营利法人的行为时，还需要从实际出发，对营利与非营利之间的广大中间地带做出安排，以方便人民的选择，这是具体的政策部门的事务。

---

① 张维炜：《法人身份明确社会服务机构仍需定心丸》，《中国人大》2016 年第 22 期。

② 参见教育部《关于同意山东英才学院举办者变更、新增办学地址的函》，教育部网，http：//www. moe. gov. cn/srcsite/A03/s181/201709/t20170919_ 314760. html。

（二）公平对待公私机构的体制机制有待优化

社会服务机构以“私”的身份向社会提供公益性服务，公共事业单位以“公”的身份向社会提供公益性服务，两者在满足社会需求方面没有区别，如何处理两者的边界和关系既是宏观层面的问题，也是具体的微观层面的问题。宏观层面的认知已经基本清晰，党和政府在相关法律和政策性文件中做了明确论述，基本分清了政社之间、公私之间的关系。但在微观层面还有许多工作要做。因为在一定的地域内，社会服务机构与公共事业单位两类机构之间的关系是具体而细微的，且远非法律法规和政策文件中描述的那样清晰，加上两者之间错综复杂的竞争合作关系，需要政府机构在实际工作中加快探索，形成相对固定的体制机制，引导社会服务机构和公共事业单位健康发展。

（三）社会服务机构内部治理不规范

法人治理结构是社会服务机构健康发展的保证。《民法总则》等法律法规对社会服务机构的法人治理做了原则性的规定。但在现实中，这些原则性规定要变成具体的操作规则，还需要做大量的工作。单纯依靠这些原则性规定，不可能保证社会服务机构形成真正合理的法人治理结构。真正的法人治理结构是机构的相关利益者依据法律规定，经过竞争、斗争、合作自然形成的。法人治理结构的形成与社会服务机构的建立、开办资金来源和具体的运营密切相关。山东省部分社会服务机构是自然人、家庭、企业独立或相互联合建立的，虽然表面上建立了理事会等现代治理机构，但在实际运营特别是内部运营管理等方面仍有家族企业、私人合作企业的明显痕迹，随意挪用资金资产的现象时有发生，机构与举办者之间存在大量的关联交易，人事任用全凭举办者的私人喜好而定。这种治理不规范在很大程度上影响了社会服务机构的发展。

（四）人才队伍的专业化问题

纵向比较，山东省社会服务机构的人才队伍建设有很大进步；但与同类公办事业单位相比，差距依然明显，特别是在一些特定行业如养老、社区服务等，人才配置与需求差距较大，缺乏专业人才。大多数民办养老机构缺乏专业照护人才，长期使用年龄偏大的中老年农民或下岗职工，照护质量低下。社会工作服务机构缺乏中、高层人才。已有较长发展历史的民办教育、民办医疗行业，人才队伍建设也有明显的短板，主要是缺乏长期任职的高级专门人才和学有专长的博士。在社会服务机构，许多人一评上高级职称，就选择跳槽到国办高校、国办医院；聘用的博士要么是高价聘用，要么只是解决了学历问题，素质和能力不足。社会服务机构的中高层专业人才流失和短缺已成为影响机构发展的重大问题，在公办事业单位与社会服务机构共同发展的大背景下，社会服务机构如何留住人才用好人才将是今后发展面临的关键问题。

（五）资金来源渠道狭窄问题

社会服务机构的资金来源渠道单一。传统社会服务机构如民办学校、民办医院等基本上依靠服务收入和少量的银行贷款运营，对客源的追求因此成为这些机构的主要行为，虚假宣传、欺骗客户、拉客源等现象时有发生。新型社会服务机构如社会工作服务机构、社区服务机构则片面依赖政府的购买服务费用和补助费用，自身造血功能不足。政策设计中的社会捐赠在山东省社会服务机构的发展中所起作用很小，绝大多数社会服务机构没有获得捐赠或获得的捐赠微乎其微，基本不起作用。资金来源渠道狭窄不仅影响了机构的发展，而且限制了机构的服务质量。

四　推进山东省社会服务机构发展的对策建议

山东省针对社会服务机构发展已经做了很多工作，奠定了良好的基础。今后的核心工作是进一步开拓创新，提供更好的制度环境，推动社会力量加大捐赠和投入，推进社会服务机构快速发展。

（一）面向政府的对策建议

1. 加强政策研究和探索

要针对现有法律法规和政策中的不足进行研究和探索，寻找合适的路径，解决已有社会服务机构的分类、再登记和发展问题。要充分考虑社会服务机构举办者的利益，考虑社会服务机构从业者的利益，还要顾及潜在的社会服务机构举办者和从业者的利益，妥善解决各方关切的利益和利益分配问题，确保已

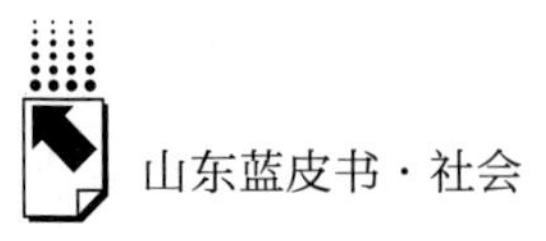

有社会服务机构不出现大的动荡。

2. 加紧明晰相关法人的税收优惠和支持政策

制定和完善非营利法人和从事科学、教育、社会工作、社区服务等领域服务的营利法人的税收优惠和支持政策，以备社会服务机构的举办者选择。目前，科学、教育、社会工作、社区服务等仍属重点发展领域，对这些领域包括营利法人在内的所有机构进行鼓励和支持仍有必要，要给予合适的税收优惠和支持政策，以推进这些领域的发展。

3. 切实落实已有税收优惠和支持政策

虽然改革开放已近40年，许多官员仍有崇“公”抑“私”或宁“公”勿“私”的思维，不愿意真心支持“私”营事业，导致许多面向社会服务机构的税收优惠和支持政策无法落实或在落实中大打折扣，影响了社会服务机构举办者和从业者的积极性，影响了社会服务机构利益相关者和社会公众对政府的认知和看法。切实落实已有税收优惠和支持政策是公私合作机制形成的关键链条，相关部门和政府官员要在具体落实税收优惠和支持政策过程中为公私合作、共同推进社会事业发展打通通道。

4. 进一步完善和细化区域性的支持政策

地方政府要从本地实际出发，基于发展的视角，有区别地完善和优化面向社会服务机构的支持政策，解决社会服务机构从业者和消费者关心的问题，推进社会服务机构发展。

5. 加强对社会服务机构的规范和引导

在加大支持力度的同时，要依法依规加强对社会服务机构的规范和引导。引导社会服务机构建立和形成规范的内部治理体系；引导社会服务机构依法运营和发展；引导社会服务机构健全民主管理，合理提高从业者的待遇；引导社会服务机构开展服务项目研发，不断开发新项目，提升服务质量；引导社会服务机构与利益相关者如社区、从业者、消费者建立和谐有序的良好关系，为机构可持续发展奠定基础。

（二）面向社会服务机构的对策建议

社会服务机构是依法设立、依法独立运营的法人机构，要想可持续发展，关键还得靠自己的不断努力，形成核心竞争力。

1. 加强产品研发

要针对服务对象和服务区域不断研究和推出有吸引力的服务产品，吸引消费者，提高市场占有率，同时拓展新的市场。

2. 优化内部治理

举办者和管理者要着眼于机构的长期可持续发展，积极引进和落实现代治理体系和治理制度，按现代组织治理的规律进行决策和管理，优化内部制度环境，为人才发挥作用提供支持。

3. 加强战略研究和计划管理

作为独立法人机构，内部决策是至关重要的，它可能推动机构的发展，也可能给机构带来损失。因此，决策一定要慎重。要加强战略研究，可充分利用社会智库的力量，加强行业战略研究和机构发展战略研究，为决策提供支持。实行适度的计划管理。

4. 加强内部风险控制

市场是复杂多变的，只有适应市场的变化才能实现可持续发展。社会服务机构要加强对市场的研究，善于识别市场变化和经营风险，及时采取措施予以防范；要完善内部财务控制程序，预防财务风险；要加强与同行业、政府的信息沟通与交流，共同预防风险和抵御风险。

5. 密切与政府、利益相关者的关系

加强与政府部门的交流与沟通，随时关注政府的行动和要求，以及时地、最大限度地获得政府的支持和帮助。建立与同行业公共事业单位、社会服务机构进行合作与交流的机制，互通信息，在必要时提供支持。

参考文献

王名：《社会组织论纲》，社会科学文献出版社，2013。

黄晓勇、蔡礼强：《中国社会组织发展报告（2016—2017）》，社会科学文献出版社，2017。

康宗基：《中国政府与社会组织关系研究——基于“国家与社会关系”的视角》，人民出版社，2017。

徐家良、廖鸿主编《中国社会组织评估发展报告（2014）》，社会科学文献出版社，

2014。
张维炜:《法人身份明确社会服务机构仍需定心丸》,《中国人大》2016年第22期。
金锦萍、刘培峰:《转型社会中的民办非企业单位》,社会科学文献出版社,2012。
刘京:《社会工作服务机构发展报告(2015)》,中国社会出版社,2016。
佟丽华:《中国民办非企业单位的改革与创新》,法律出版社,2016。
贾东荣:《民办高校公共性研究》,博士后出站报告,北京师范大学,2012。
山东省统计局:《2017山东统计年鉴》,中国统计出版社,2017。

B.13

2017 ~2018年山东省城市基层社会治理现状、问题与对策

王 冠*

摘 要： 基层社会治理是基层政府、社区、社会组织、社会公众等多元社会主体采用制度或非制度的方式处理公共事务、维护社会秩序的方式和过程。山东省城市基层社会治理重视顶层设计、社区综合服务设施全覆盖、强化党组织的核心作用、社区社会组织数量多、持续推进“互联网＋社区”建设等，但是仍然存在诸如行政化倾向、社区社会组织发育不足、社会成员参与水平不高、基层社会治理结构有待完善和治理能力不足等“发展中的问题”。创新城市基层社会治理需要注重从基层社会治理理念、体制、机制、能力建设和社区治理等不同方面推进工作。

关键词： 基层社会治理 顶层设计 行政化 治理能力

基层社会治理是基层政府、社区、社会组织、社会公众等多元社会主体采用制度或非制度的方式处理公共事务、维护社会秩序的方式和过程。基层社会治理不同于基层社会管理，其强调多元主体之间地位平等、协商合作；也不同于政府治理，其强调基层政府与社会组织、社会公众等主体之间良性互动以及法律法规、居民公约、社会道德等多种制度的综合作用。城市基层社会治理作为基层社会治理的重要组成部分，是城市经济发展“新常态”、社会深刻转型

* 王冠，山东师范大学历史与社会发展学院副教授。主要研究方向：社会治理。

的必然要求，也是国家治理体系和治理能力现代化的必然选择，更是社会成员美好生活的重要保障。2017 年山东省各地开展了立足居民需求、注重模式创新、强调多方联动的形式多样、内容丰富的城市基层社会治理实践，切实展现了现阶段的城市基层社会治理水平，也暴露出城市基层社会治理存在的问题，并为 2018 年创新山东省城市基层社会治理提供了较好的基础。

一 2017年山东省城市基层社会治理的现状

积极推动城市基层社会治理工作，是党的十八大以来山东省重点开展的工作之一。在既有工作成效基础上，2017 年山东省城市基层社会治理工作也有一些新进展，取得了一些新成效。

（一）注重顶层设计，为城市基层社会治理提供保障

围绕城市基层社会治理，山东省注重健全领导体制、强化政策保障、建立督查机制。已经建立了 1 个由 23 个省直部门参加的省级社区工作领导小组、17 个市级城乡社区建设领导小组、122 个县市区级城乡社区建设领导小组，出台了加强社区治理创新综合性政策和社区减负增效、四社联动、社区信息化、社区社会工作服务、社区协商等 20 多个专项政策，并将城市社区治理纳入省委科学发展综合考核指标体系和市、县党委书记抓基层党建工作述职评议考核体系。

不仅如此，为有效加强城市基层社会治理工作，山东省强化人才队伍保障，其中一项重要工作是加强社区专职工作人员队伍建设。社区专职工作人员是社区“两委”专职人员和由县区统一招录的全日制社区工作人员，他们是基层社会建设的中坚力量。在党的十九大精神指导下，山东省各地纷纷探索加强此项工作：淄博市出台《关于进一步加强城市社区党组织建设的若干意见》（淄办发〔2017〕49 号），济南市出台《关于推进城市社区党建标准化建设的实施意见》（济发〔2017〕27 号）等。这些不同文件中，规范了社区专职工作人员的薪酬待遇、工作经费、工作场所等内容，其中薪酬待遇的规定为社区专职工作人员打了一个“强心剂”，济南市、淄博市均强调了社区专职工作者的工资报酬比照当地事业单位同类人员工资水平确定，参加企业职工社会保

险、缴纳住房公积金，所需经费由市、区县财政按一定比例承担。

在上级政府推动下，各市区（县）党委、政府建立关于城市基层社区治理议题的沟通机制，区（县）民政局通过正式汇报反映基层社会治理中的问题，具体正式汇报频率存在差异：有的是“一季度一次”，有的是“半年一次”。正式汇报时长也存在差异，在半小时到一个半小时之间。为有效处理基层社会治理问题，有的区（县）已经建立联席会议制度①。当然，除正式汇报外，非正式汇报比如口头沟通交流的频率更高，有的甚至是“有机会即汇报”。城市基层社会治理人员高度评价正式汇报对解决相关问题的效果，他们认为“合作非常好，工作有效开展”。同时，基层政府部门之间还建立合作信息平台，针对城市基层社会治理中的相关问题，在信息平台上及时协商。

（二）城市社区综合服务设施全覆盖，工作经费评价存在较大差异

城市社区综合服务设施是提供基层社会治理和服务的重要平台，山东省从省、市两级财政为此提供支持。山东省财政从2015年开始每年从省级专项彩票公益金中安排6000万元，对财政困难地区的城市社区工作服务用房建设给予补助。各市也重视城市社区建设用房建设，比如烟台市从2010年起连续8年从市级福彩公益金中共拿出4660万元用于奖补达标的镇街级社区服务中心和城乡社区服务中心，区（县）通过新建、改建、扩建、购买、租赁、置换等方式加强社区综合服务设施建设；威海市通过建设、购买、调剂等方式，大力加强社区综合服务中心和居委会工作用房等服务设施建设等。截至目前，山东省城市社区综合服务设施覆盖率达到100%。

除服务用房外，社区综合服务场所内部办公桌椅、电话、电脑、网线、打印机等基本办公条件配备齐全。不过这些基本办公条件仍存在较大差异：部分成立时间较长的社区，人均办公桌椅相对较少，基本是平均每人一套桌

① 联席会议制度涉及多个部门：区委办公室、区政府办公室、区委组织部、区委宣传部、区委统战部、区委政法委（区委维稳办）、区编委办、区发改委、区经信委、区教育局、区公安局、区民政局（区社工办）、区财政（地税）局、区人力社保局、区卫生局、区体育局、区重大事项报告审议领导小组办公室（区审办）、区总工会、区团委、区妇联、区科协、区文联、区社科联、区工商联等，这些部门均属成员单位，根据工作需要可适时调整。各成员单位有关负责人为联席会议成员。联席会议办公室设在区民政局（区社工办），承担联席会议的日常工作。联席会议设联络员，由各成员单位有关处室负责同志担任。

椅，办公电脑的使用年限也较长，有的在8年以上；而部分新成立的社区，人均办公桌椅相对较多，有的达到平均每人两张桌椅（主要是为前来求助者提供便利），办公电脑的使用年限也相对较短，大多是在其成立时一起配备的。

社区工作人员的办公经费主要来自财政拨款。一般说来，政府对这一部分经费有专门规定，比如济南市《关于推进城市社区党建标准化建设的实施意见》（济发〔2017〕27号）规定："社区工作经费，以实际居住户数为基础，按照每千户每年不少于2万元的标准核拨，每个社区每年不低于6万元。按照每个城市社区（含村改社区）每年不低于20万元的标准，落实城市社区党组织群众工作专项经费。"社区工作人员对工作经费并没有太多的意见，没有高评价，也没有低评价，反而是在区（县）政府层面呈现出较大评价差异，在人均办公经费相似的条件下，有的认为是"比较充足的"，有的却认为"严重不足"，其中一位区县政府工作人员抱怨说：现在很多工作都需要经费，但是现在经费控制非常严格，导致很多应该做的工作由于没有工作经费而无法去做。

（三）基层党组织核心作用得以强化，社区工作人员队伍年轻化、专业化、专职化

党的十九大报告强调："党的基层组织是确保党的路线方针政策和决策部署贯彻落实的基础"。强化基层党组织建设是2017年山东省城市基层社会治理的重要内容，各地把基层党组织建设与社区工作有效地结合起来，积极推动区域化党建工作、坚持和落实"三会一课"制度。具体做法：一是建立社区大党委，即社区党委会联合驻区单位党组织、"两新"组织党组织成立社区大党委，每月定期召开社区大党委会议，商议社区问题及解决方案；二是推进协商民主机制建设，即社区党委重视和社区组织、物业管理公司、社区居民等协商解决社区居民的问题，满足社区居民的多元化需求；三是强化社区党总支工作的学习和考核机制，通过邀请专家开展培训、"微党课"等多种方式学习，并定期考核党员、党支部书记的学习状况。

与强化基层党组织核心作用相关的是，社区工作人员队伍发生深刻变化，改变了以往的"老大妈""文化程度低""知识不专业"等形象，越来越年轻

化、专业化、专职化。调查发现：在社区工作者中，男性占有一定比例，在一些新成立的社区居委会，男性所占的比例达到20%以上；就年龄讲，40岁以下的社区工作者比例达到60%左右，30岁以下的比例也达到10%以上，在一些新成立的社区居委会，30岁以下的比例达到40%，社区工作者的年龄决定了10年以下工作年限的社区工作者比例达到90%左右；从文化程度看，专科和本科文化程度的社区工作者在社区中占据绝大多数，本科文化程度的社区工作者能达到一半左右，在一些新成立的社区居委会，本科文化程度的社区工作者比例达到80%以上；从编制看，社区工作者分为机构下派、社会招聘等类型，其中社会招聘人员多为专职社区工作人员，其所占比例达到50%左右，而且一定数量的社区工作者已经拥有了社会工作职业资格证书，在一些新成立的社区居委会，此类人员比例能达到40%。

（四）社区社会组织数量多，社区居民参与集中，“四社联动”取得进展

社区社会组织是城市基层社会治理的重要主体之一。山东省重视通过政府购买服务、一次性补贴、公益创投、项目扶持等多种方式支持社区社会组织建设，并在办公场所、组织运作、人才培训等方面为社会组织提供帮助，积极探索社区社会组织的登记、备案等制度改革，目前已经建成1.88万个社区社会组织。这些社区社会组织分布在社区养老、文化、教育、卫生、体育等多个领域。

调查发现，不同社区的社区社会组织数量存在较大差异：一些比较成熟的社区中社区社会组织数量较多，能够达到100个，而一些新成立的社区中，社区社会组织的数量则相对较少，大约是40个。无疑，随着社区居委会与社区成员之间熟识度的提升、社区成员之间相互熟悉程度的提升，这些新成立社区的社区社会组织的数量还会继续增加。不同社区虽然都有政府与社会组织的合作，但基层政府与社区社会组织的合作方式存在差异：那些社区组织数量较多、社区组织发展较好的社区，政府与多个社区社会组织建立合作关系，已经形成了初步良好的合作局面；那些社区社会组织较少、社区社会组织较难成立的社区，政府与特定社区社会组织建立合作关系，而且这种合作也只是处于初步探索之中。为推动社区社会组织的发展，有的区（县）

政府部门还专门建立了社区社会组织发展规章制度，比如《社区社会组织备案管理暂行办法》《培育发展社会组织工作联席会议制度》等，并且建立社会组织培育孵化基地。在社区事务处理方面，社区社会组织的参与受到重视，而且社区社会组织和社区居委会形成一定的合作方式：社区居委会进行指导和监督，并提供场地和一定数量的活动经费；社区社会组织联系、协调社区居民并提供社区服务。

社区社会组织的发展状况在一定程度上影响社区居民参与情况，使社区居民参与呈现出集中特征：参与主体集中于老年人、儿童，而且这些主体的参与积极性都“比较高”；参与的主要领域集中于文体活动、社区服务。当然，不同社区的社区居民参与能力存在差异：有的社区居民有较强的政策解读能力、调研能力、表达能力，而有的社区居民此类能力则较为一般甚至较弱。基层政府积极动员社区居民参与，动员方式集中于“宣传”，互动渠道集中于政府网站、电视台、报纸。而社区居委会的动员方式则强调网格员、楼长等社区骨干的作用。

社区社会组织的发展为“四社联动”机制提供了助力，在专业社会工作力量介入社区越来越多的背景下，社区的平台作用、社会组织的载体作用、社会工作的支撑作用、社区志愿服务的补充作用逐渐显现，“社区组织设计项目、社会组织承接项目、社工团队执行项目、志愿队伍辅助项目、面向社区实施项目”的“四社联动”机制逐步建立起来。特别是在社区养老领域，已经形成了“孝润齐鲁”“情系桑榆”“快乐同行”“暖心港湾”等一些有着较大影响力的服务品牌。

（五）持续推进“互联网+社区”建设、完善社区服务体系

“互联网+社区”建设是2017年山东省城市基层社会治理的重要内容之一。山东省各地主动适应互联网时代潮流，积极推动“互联网+社区”实践：青岛市积极推动线上与线下相结合的“互联社区”建设，积极建设社区网站、微信社区公众号等服务平台，整合多部门信息，提升社区公共服务水平；淄博市积极建构信息上网，把涉及居民自治、党员管理等方面的信息全部搬到网上，积极打造“15分钟社区生活圈”，建成“12349淄博市养老服务平台”，为居民提供各类日常生活服务；德州市积极建设社区公共服务综合信息平台，整合民政、残联、老龄、人力资源与社会保障等部门的业务系统，完善一站式

受理业务系统、服务热线呼叫系统、移动办公 APP 系统等，运用信息对接共享、电子印章、电子证明、电子化材料流转、大数据沉淀等技术，满足社区居民公共服务需求。

无疑，当前“互联网＋”呈现为不同的类型，网站、微信、微博等均是重要载体。不同地区均同时采用这些不同载体，建立不同的“互联网＋社区”平台；不过，互联网技术发展对“互联网＋社区”建设的影响非常明显，主要表现为当前较为流行的“互联网＋社区”载体是微信，多数社区建立了微信社区公众号，通过微信社区公众号展现社区党建、社区社会组织、社区活动等信息，并通过信息评价、公众号平台提问等多种方式与社会成员互动。

“互联网＋社区”建设并非简单的框架建构，还涉及人员安排和信息更新。调查发现，城市社区都是专人负责“互联网＋”，这些“专人”的重要职责是发布信息，有的还注重与社区居民之间的互动、回答社区居民提出的问题；信息更新的时间不定，有的做到“每天更新”，有的“2～4 次/周”，还有的“不到 1 次/周”；不同信息载体的信息更新状况并非完全一致，有的是微信“时时更新”、网站“不到 1 次/周”，有的则是网站“时时更新”、微博“2～4 次/周”，微信“1 次/周”。

“互联网＋社区”建设推动了社区服务体系的完善，社会成员可获得社会保险、社会救助、劳动保障、医疗卫生、社区养老、社区教育、社区矫正、社区安全等基本公共服务信息较为容易，甚至可以在“互联网＋社区”作用下直接获得“救助申请、计生服务、矛盾调解、文化教育”等服务。更为重要的是，“互联网＋社区”与网格化治理有效地结合起来，网格员把在社区走访中了解到的问题及时通过互联网反馈给社区居委会等组织，提升了社区治理水平。

二　2017年山东省城市基层社会治理存在的问题

山东省城市基层社会治理面临着一些“发展中的问题”：行政化倾向严重、社区社会组织发育不足、社会成员参与水平不高、基层社会治理结构有待完善和治理能力不足等，这些问题已成为制约城市基层社会治理的重要问题。

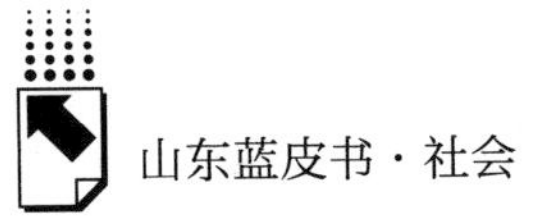

具体表现在以下五个方面。

一是行政化倾向严重。工作行政化倾向是当前城市基层社会治理的重要问题之一，主要表现在两个方面。其一，权责不对等。街道办事处、社区居委会作为城市基层社会治理的重要力量，虽然获得上级部门的多种授权，承担上级部门部署的多项任务，担负多种社会责任，但是在许多区域公共事务方面并没有获得相应的权利，更没有按照“费随事转”的原则获得相应经费，比如一些城市社区轰轰烈烈开展的“创卫”活动，本是多个政府部门参与的社会行动，但街道办事处在垃圾处理方面，无法依法行使执法权，而且缺乏相关经费保障。其二，合作关系在实践操作中被重新界定。虽然基层政府重视与社区社会组织的合作，但合作中的政府主导在实际操作中往往变成基层政府对社区社会组织的工作指导、工作领导，社区社会组织按照基层政府设定的服务内容、设置的服务流程、确定的工作方法、考核的评估标准等开展工作，与社会成员互动方面也体现命令色彩，使工作过于关注行动结果而忽视行动中的人，部分社区社会组织变成政府的“腿”而非合作伙伴。工作行政化属于传统社会管理方式的延续，具有一定效率，但无法有效满足社会成员多样化的需求，还会影响基层政府、社会组织的行动乃至其自身的合法性。

二是社区社会组织发育不足。与社会成员的需求相比，社区社会组织主要存在如下问题。其一，服务领域较窄。在政府转移职能背景下，一些社会领域的服务职能逐渐转移给社会组织，如前述社区养老服务、社区文化等。这种转移职能还在不断摸索中，但社区社会组织的服务领域主要局限于养老服务、社区文化、社区教育等，其他社会领域的服务则很少涉及。其二，经费来源有限。政府积极推动社区社会组织发展，除政策引导外，政府还提供一定资金支持。但对社会组织来说，如果政府是其唯一资金来源渠道，不仅影响活动领域，更会影响自主性。目前多数社区社会组织的资金只是来源于政府。其三，服务能力不强。社区社会组织需要具有承担社会服务的专业能力以满足社会成员的多样化需求。但当前社区社会组织架构、人员配置都亟须完善，而且人员流动率比较高、问题应对和问题解决能力相对较弱，还没有与社会成员之间建立合理的社会关系，这些方面均制约社会组织提供服务。上述社会组织发育不足的状况，会影响社会组织在基层社会治理中的功能发挥，并进而影响基层社会治理的实际成效。

三是社会成员参与水平不高。如前所述，当前城市基层社会治理中，社区参与的主体主要是老年人和儿童，青年人和中年人是相对缺场的；参与主要集中在文体活动和社区服务方面，即养老、社区娱乐、社区选举、社区卫生、社区环境等公共事务方面，参与这些领域有助于社会成员需求的满足，但目前社会成员在这些领域的参与多属表层参与，具体到基层社会问题的界定、基层社会问题的决策等方面，社会成员参与不多或者没有机会参与。同时，社会成员参与能力有待提高。当前社会成员对公共事务的参与还停留在“感性”表达阶段，缺乏实际调研、专业设计基础上的“理性”参与，从而使得社会成员的参与更加类似于“众声喧哗”，无法形成参与整合力，在社会问题解决方面更多的是意见表达而非行动建构。由此，城市基层社会治理中，社会成员的参与主体有限、参与层次不高、参与能力有待提高，均表现出社会成员参与水平不高的问题，此问题不利于社会公众与社会组织、政府之间建立平等合作关系，无助于提升基层社会治理水平、最大限度地维护社会成员的利益。当然，随着政府越来越重视互联网在社会成员参与中的重要作用，社会成员的参与水平会不断提升，但是参与主体、参与层次、参与能力等参与水平相关的问题仍然值得关注和解决。

四是基层社会治理结构特别是社区治理结构有待完善。工作行政化倾向、社区社会组织发育不足、社会成员参与水平不高，均意味着当前城市基层社会治理结构有待完善，政府承担过多的权责，而社会组织、社会成员在城市基层社会治理中的作用没有效地发挥。同时，基层政府、社区社会组织、社会公众之间还没有形成良性的社会互动机制，当前主体之间互动更多地体现为基层政府意志基础之上的互动，互动中主体之间地位还没有达到应有的平等状态。而且由于城市基层社会治理相关制度执行不足的情况，城市社区居委会的任务仍集中于行政事务，社会居委会与业主委员会、物业公司、驻区单位、社区组织、社区居民等不同主体之间还没有形成良性沟通渠道，社区组织、驻区单位等主体在社区事务方面参与水平有限。

城市基层社会治理结构的不完善常导致城市基层社会治理的走样、异化，主要表现在两个方面：一方面表现为“本末倒置”，即城市基层社会治理是为了解决社会问题、满足社会成员需求、维护社会成员利益的，而在实际工作中，却把发展社会组织数量、提升公众参与率当成了目的，甚至把基层社会治理的网格化、“数字化”当成目的，这种目的与手段的“置换”状况，不再关注城市基层社会治理中的人或者事务，而只是追求一些数字或者材料；另一方面表现为行动偏离方向，即城市基层社会治理是为社会成员提供服务的，而实际只是管理社会成员，从而偏离了最初的方向，比如当前一些地方开展的网格化管理，时时关注特定社会成员的基本情况，实际变成变相控制社会成员的方式而非解决社会问题的手段，最终使城市基层社会治理无法有效解决社会问题。城市基层社会治理的结构状况如果得不到足够重视，将影响城市基层社会治理的实际效果，不利于满足社会成员的需求和维护社会成员的根本利益，并且减弱基层政府、社会组织等不同主体主导或者参与治理的合法性，影响社会的健康发展。

五是基层社会治理能力有限。虽然“四社联动”已经取得了初步成绩，社区、社会组织、社会工作、志愿者队伍之间的合作机制逐步建立起来，但整体治理能力还是比较弱，主要表现在两个方面。其一，与数量庞大的服务对象相比，城市基层社会治理人员配备不足。在调查中，有的区（县）基层社会治理人员共有 63 人，但低保户人员数量为 9 万，社会治理人员与所有低保户的比值为 1∶1429，意即 1 个工作人员至少要服务于 1429 人。同时，城市基层社会治理人员整体专业能力也有待提升，虽然城市社区工作人员文化素质多以专科和本科学历为主，但是如果采用衡量所有工作人员专业水平的重要指标——社工职业资格证书来衡量的话，无疑拥有社工职业资格证书的人员数量太少。其二，互联网使用能力不足。城市基层社会治理越来越重视互联网的使用，这为提升基层社会治理水平提供了铺垫，但整体看，城市基层社会治理中互联网使用不足，互联网的使用主要表现在信息传播方面，比如发布信息、回答问题等，但切实体现基层社会治理的官民互动则比较少。城市基层社会治理能力有限的状况，影响公共产品供给，制约社会公共服务水平，最终不利于维护社会成员的利益。

三　2018年创新山东省城市基层社会治理的对策建议

2018 年山东省城市基层社会治理需要正视“发展中的问题”，关注城市基层社会治理已经取得的成效，用渐进思路创新基层社会治理，使基层社会治理更好地满足社会成员的需求、更大限度地维护社会成员的利益，同时通过最大限度地调动社会各方面力量的积极性、最大限度地增加社会发展活力和社会和谐水平，使整个社会既有秩序又有活力。具体来说，可选择以下路径开展城市基层社会治理创新工作。

第一，深刻理解和全面把握基层社会治理的理念，是推进城市基层社会治理的前提。基层社会治理是对传统基层社会管理的替代，其并非简单地政府放权、社会组织承担部分政府服务职能、公众参与社会事务，这个过程还涉及明晰政府、社会组织、社会公众等不同主体的权责并推动主体间相互配合；基层社会治理不是一个固定的概念，在不同的经济社会发展状态下，基层社会治理的结构、内容、形式、运转等有着差异化的表现。基层社会治理理念具有如下四个方面的特征。①开放性。基层社会治理理念是对古今中外社会治理相关内容的总结、提升，不能用西方基层社会治理理念来概括与指导中国的基层社会治理理念，也不能用中国传统基层社会治理相关概念作为基层社会治理指导理念，而应在借鉴古今中外社会治理理念基础上，建构适合中国当前基层社会治理理念。②整体性。基层社会治理理念并非仅仅适用于某一社会问题的治理理念，而是涉及多个层面、牵一发而动全身的整体性的治理理念，既注重网格化管理、精细化管理等不同的治理形式，以有效调动政府、社会组织和民众的力量解决问题，又把城市基层社会治理与互联网建设有效结合起来，以增进和延伸基层社会治理的覆盖面，提升基层社会治理水平。③多元性。基层社会治理理念是一个强调多元主体的治理理念，重视政府、社区居委会、社区社会组织、社会工作者、社会成员等多个主体的综合性功能发挥，特别是政府应转变理念，深化与其他主体之间的合作。当然，具体合作的组合形式是多元的，基层社会治理并不专门突出某种治理形式的优越性。④制度性。基层社会治理理念强调运用法律、法规和一系列非正式制度维系社会治理状态，其既强调法律法规的保障作用，“要通过强化严格执法、公正司法、全民守法的法治建设体系，引导干部群众自觉遵守法律，运用法治思维和法治方式解决问题、化解矛盾，促进社会公平正义”①，也强调非正式制度的重要作用，特别是一

① 周天勇、卢跃东：《构建“德治、法治、自治”的基层社会治理体系》，《光明日报》2014年8月31日。

些社会道德、社会习俗等在规范和引导社会成员行为方面具有的“潜移默化”功能。

在全面和深刻理解上述基层社会治理理念的基础上思考山东省城市基层社会建设，必然需要强调党委领导，这是对西方社会治理理念和中国传统社会治理理念的总结、提炼，因此推进城市基层党组织建设非常重要，不仅要完善基层党组织，还要发挥基层党组织的功能；必须强调基层社会环境问题、卫生问题、文化建设、资源建设等多元社会问题的解决，必须从整体上探讨如何有效应对这些问题；必须重视社会组织和社会公众等不同主体的价值，推动社区居委会、社区社会组织、社会工作者、社会公众等不同主体之间形成适合城市基层社会实际情况的联动机制；必须既要强调法治，又要强调德治、自治，并且要设法促进法治、德治和自治之间形成有效衔接，从整体上维护城市基层社会治理状态。

第二，完善城市基层社会治理的体制，是推进城市基层社会治理的关键。为提升基层社会治理水平，使城市基层社会治理更好地满足社会诉求，必须完善城市基层社会治理体制。完善城市基层社会治理体制的过程就是明晰基层政府、社会组织、社会公众等不同主体之间角色分工与推进不同主体之间合作的过程。具体从如下两方面开展工作。①明晰政府、社会组织、社会公众等主体之间的角色分工。首先，明晰党委组织的主体责任，即在强调党委组织的领导的基础上，进一步健全社会治理统筹机制和综合协调机制，全面实现党委组织在政府部门、社会组织、社区中的全覆盖；其次，明晰政府的主体责任，政府部门是城市基层社会治理负责机构，应改变过去的行政化思维，树立“合作、共治”的理念，重点推动基层社会治理相关法律、法规的制定与执行，逐渐扩大政府购买服务的范围，增加政府购买服务的资金投入，并积极实现政府转移职能的长期化和持续性，加强对社会组织的监管；再次，明晰社会组织的主体责任，社会组织应强化为民服务基础上依法承担社会服务职能，积极提升社会服务水平，全面拓宽服务渠道，努力推进社会组织相关法律法规建设并积极献言献策；最后，强调社会成员主体责任，作为城市基层社会治理成效实际感知者的所有社会成员均应积极参与公共服务，全面反馈基层社会治理成效与不足，整体推动公共服务水平的提升。②推进政府、社会组织、社会公众等主体之间的合作：在城市基层社会治理的体制中，不强调某个主体单独发挥作用，而强调主体之间的平等合作；应设法转变社会组织、社会公众尤其是基层政府的城市基层社会治理的观念与行动，推动和实现不同主体间平等观念和协商实践的建立，积极推动在公共事务方面任一主体与其他主体之间的合作。

当然，完善城市基层社会治理体制需要重视城市基层社会组织的建设，通过丰富社区社会组织类型、扩展社区社会组织活动内容、科学化社区社会组织服务方式、全面展现社区社会组织功能，不仅有助于解决社区社会组织的行政化问题，而且能推动社区社会组织在文体活动、社区服务、社区卫生、社区环境、社区选举、社区文化建设等多个方面发挥积极作用。除此之外，城市基层社会治理还需要注重社区居民在社会公德、公共精神、参与意识等方面的建设，使社区居民有意愿、有能力并积极参与城市基层社会治理。通过进一步明晰城市基层社会治理主体的角色和推进主体间合作，城市基层社会治理将逐渐克服工作行政化、社会组织发育不良、社会成员参与不足等治理问题，逐步形成较为完善的基层社会治理结构，形成基层社会治理主体间合力，最终提升基层社会治理水平。

第三，强化城市基层社会治理机制，是推动城市基层社会治理的保障。强化城市基层社会治理机制，主要涉及三方面内容。①建构科学的运行机制。城市基层社会治理机制既包括应对日常公共事务、社会服务问题的机制，比如多主体共享的信息收集、信息汇总、信息分析、信息传递、信息预警等信息平台，也包括应对突发事件、紧急公共事务等的机制，比如基于主体合作的突发事件整体界定、角色分工、行动配合等非常态事件合作机制。科学的合作机制要求基层政府、社会组织、社会成员等不同主体在基层社会治理的实践中，注重信息分享、信息对话并建立常态化和非常态化两种不同的合作机制。②建构有效的激励机制。城市基层社会治理机制要有针对基层政府、社区社会组织、社会成员等主体的正向激励机制，这不是简单地对某个特定主体的激励，比如政府通过购买项目、补贴的方式对社区社会组织的激励，而是不同主体之间的相互激励，即社区社会组织、社会成员也可通过意见反馈、满意度评估等方面对政府进行激励。就当前城市基层社会治理的基本情况来讲，特别需要进一步加强基层政府对社区社会组织、社会成员的正向激励，积极推动社区社会组织和社会成员参与城市基层社会治理实践。除此之外，还需要强化对基层政府、社区社会组织、社会成员的负向惩戒机制，特别是在基层政府与社区社会组织合作的过程之中，注重建构和落实对双方主体的行为规范，对任一主体所出现的“违法”行为进行相应的处罚，完善各主体的诚信机制以及退出机制等。③建构严格的约束机制。进一步强化法律制度特别是法律政策的落实制度建设，推动基层政府、社会组织落实基层社会治理工作任务，对虚假、不认真或低质量完成此项工作的主体进行惩罚，并进一步强化道德约束，建构城市基层社会治理和社会成员日常行为的道德准则，形成城市基层社会治理主体积极参与城市基层社会治理的文化氛围，消除主体不参与或者设法寻求“搭便车”的道德生存空间。

通过建构科学的运行机制、有效的激励机制和严格的约束机制，有效克服基层社会治理中的异化和走样问题，提升基层社会治理水平，为基层社会治理的可持续发展提供内部保障。

第四，提升城市基层社会治理能力，着力推进基层社会治理工作。提升城市基层社会治理能力，应具体采取以下措施。①切实推进城市社区专职工作者队伍建设。在既有城市社区专职工作者队伍建设的政策意见基础上，通过考试选拔等方式招聘专业人员，合理配置和使用专职工作人员，积极推动城市社区专职人员与社会工作者、志愿者之间形成良性配合的工作机制。②提升互联网的使用能力。首先，区（县）政府、街道办事处、社区居委会、社区组织等主体应积极使用互联网技术，做到互联网信息的“时时更新”，展现互联网“保持官民互动”功能；其次，区（县）政府、街道办事处、社区居委会、社区组织等主体应扩大互联网的使用，在继续使用 Web 1.0 基础上，紧跟互联网的发展潮流，积极探索使用 Web 2.0、Web 3.0 乃至 Web 4.0 的相关技术，注重不同信息平台的衔接和维护，比如应努力实现同一主体的不同互联网载体的信息同步；最后，注重互联网信息的“大数据开发”，针对社区成员参与互联网的基本情况，全面把握社区成员的需求变化、关注的重点问题、亟须解决的关键问题等，全面研判当前基层社会治理的成绩、问题、演变趋势等，为基层社会治理的下一步行动提供参考建议，并且设法运用互联网技术改造当前的网格化治理实践，解决网格化实践中的异化问题并增进网格化的“人性化”。

通过提升城市基层社会治理能力，基层政府、社会组织、社会成员将能在同一平台上实现良性沟通，协商处理城市基层社会公共事务、社会问题等，为社会成员提供专业服务，有效维护社会秩序并增进社会活力，从而实现城市基层社会治理状态。

第五，改革和推进城市社区治理，全面深化推动城市基层社会治理。改革和推进城市社区治理，重点开展以下三方面工作。①改革社区居委会的工作。在基层党组织领导下，社区居委会应设法强化服务职能，主动加强与社区社会组织、驻区单位、社区居民等主体之间的联系，通过引进专业力量、拓展服务资源等方式提升主体之间合作水平，各主体合作处理社区公共事务，倡导社区和谐互助的文化氛围。②推进“四社联动”工作。在既有“四社联动”机制的基础上，进一步优化社区居委会、社区组织、社会工作者和社区志愿者之间的合作，进一步探索不同主体在项目设计、承接、执行等方面的合作，协调解决社区居民问题，争取实现社区卫生、社区治安、社区环境、社区文化、社区选举等方面问题“留在社区内、靠社区力量解决”。③提升社区居民参与水平。注重通过“互联网＋社区”建设，吸纳各年龄段特别是社区中青年对社区事务的参与；建立和完善党组织领导下的社区学习组织、社区发展组织等，推进社区社会组织在社区事务中的深度参与，增加社区居民的参与渠道，提升社区居民的议事能力和决策能力，增进社区居民的参与能力和水平。

通过改革和推进社区治理，切实展现社区居民自治的价值，凸显不同主体在社区治理中的重要作用，不仅有助于全面、持续、整体解决社区问题，而且能增进社区工作的合法性和基层社会治理各主体的公信力，促进社区治理的科学化和专业化，从而全面提升城市基层社会治理水平。

参考文献

姜利标：《治理走向何处：基层社会治理的单位选择和范式转向》，《中国农业大学学报》（社会科学版）2017 年第 4 期。

刘少杰：《网络化时代的社会治理创新》，《中共中央党校学报》2015 年第 3 期。

秦上人、郁建兴：《从网格化管理到网络化治理——走向基层社会治理的新形态》，《南京社会科学》2017 年第 1 期。

向德平、申可君：《社区自治与基层社会治理模式的重构》，《甘肃社会科学》2013 年第 2 期。

徐选国、徐永祥：《基层社会治理中的“三社联动”：内涵、机制及其实践逻辑——基于深圳市 H 社区的探索》，《社会科学》2016 年第 7 期。

周天勇、卢跃东：《构建“德治、法治、自治”的基层社会治理体系》，《光明日报》2014 年 8 月 31 日。

Abstract

This book represents one of the blue book series (2018) of the Shandong Academy of Social Sciences (SDASS), written by the researchers of Institute of Shandong Provincial Situations and Social Development of SDASS, and some scholars in other universities.

Based on the main theme of the deepening supply-side reform of basic public service and meeting Shandong people's new expectations for their well-being, the general report analyzes the overall situation of social development in 2017. In the past year, progresses are continually made in implementing new and old kinetic energy conversion. More attention is given to the quality and efficiency of economic development while the economy is steadily improving. In the meanwhile, there are also significant amount of problems and challenges ahead.

In the report, it is noted that supply-side structural reform has impacted the labor force. The request to eliminate excess production capacity and the stricter policy for controlling the environmental pollution and enhancing the ecological protection have caused the tightening production and even many Small and Medium-Sized Enterprises (SMEs) shut down. In face of the increasing risk of frictional unemployment and structural unemployment, employment service should take the following actions seriously in order to maintain social stability. It's necessary to implement the "employment priority strategy", to actively support technological upgrading, to protect the interests of employees and to protect the ecological environment instead of simply restricting, penalizing and closing SMEs for the sake of environmental protection, to meet the new expectations of the public by expanding the scope and quality of employment and to increase the matching level of labor market. Although the income is steadily rising, there is a risk of widening the income gap between urban and rural residents. It is also problematic that the growth of fiscal revenue is slowing down while the livelihood demand is growing rigidly. Residents' consumption has shown new bright spots in recent years, but the level of cultural consumption is not high enough. The residential expense comprises a high percentage of the total consumption and the explosive growth of e-commerce also poses severe challenges to the retail and ecological environment. The shortage of the inclusive preprimary educational resources is salient. There is also insufficient supply of the high quality and specialized teaching in secondary education. Although residents' health indicators, medical resource allocation and medical service capacity have significantly improved, more efforts need to be put into controlling the medical expense and preventing chronic diseases. The social security and safety net has strengthened, but the some migrants and self-employed workers are still not covered. The fairness and the sustainability of social security need to be reinforced. At present, the society is at the critical period of fighting against poverty, but a long-term mechanism for poverty alleviation is yet to be established. The Urbanization of population, which focusing on "three types of people" (Migrant workers, Inhabitants in urban and suburban villages, and population leaving agriculture in rural areas), needs accurate response differentiation demand with differentiation service. Cultural services are dedicated to bring tangible benefits to public, but the basic public cultural services in urban and rural areas are still imbalanced and the ensuring mechanism of promoting public cultural services remains to be improved. It is still a remarkable problem that the society lays much more emphasis on the economic development than the environmental protection. Current industrial structure and energy structure pose serious problems on the environment. For social service institutions, its development environment needs to be optimized and its capacity building needs to be strengthened. Social governance at the grassroots level needs to be further innovated in concept, system and mechanism. The institutional arrangements and resource allocation system also affect the improvement of the basic public service supply.

The report indicates that under the favorable environment, in which the province promotes new and old kinetic energy conversion and the economic development continues to progress in a steady manner, the construction of the social sector will have more capacities for coping with the shortcomings to ensure and improve people's well-being in 2018. Some important issues on people's well-being will be more detailed and specified in the process of the government work. The statement socialism with Chinese characteristics has entered a new era, which proposed in The 19th National Congress of the Communist Party of China, scientifically pointed out the direction for Shandong's economic and social development.

In 2018, Shandong should pay attention to protecting and improving people's livelihood in step with development. While comprehensively promoting the new and old kinetic energy conversion, paying more attention to strengthening the leading role of innovation, and promoting high-quality economic development, we should also make the effort to help people with their most concerned issues, to meet the needs of the masses continuously, and to achieve higher quality, more efficient, fairer and more sustainable development.

The following actions are specifically mentioned in the report. In order to achieve higher quality and full employment, it will be indispensable to solve the employment structural contradiction. Innovations will be needed in the construction of the income distribution mechanism to allow high-skill workers and hard workers to gain more, and to provide more ways for residents to earn income from work and property. It is also essential to provide more opportunities of consumptions in different fields and to improve rural residents' consumption capacity. There should be to innovate the preprimary education system and to focus on the balanced development of elementary education from hardware to content development in order to ameliorate and standardize the secondary education. It is also necessary to advance the integrity and the synergy of the reform for the medical and health system, by cultivating a healthy culture and developing healthy-related industries. We should focus on promoting reforms in the fairness, sustainability, and mobility of the social security system in order to meet the people's new expectations, pay more attention to the areas of extreme poverty and the people in special difficulties for ensuring the quality of poverty alleviation, improve the level of basic public cultural services to benefit the people and integrate cultural programs and industries; improve the quality of new-type of urbanization in order to strongly support rural vitalization strategy and the coordinated regional development strategy. According to the feedback from the Central Environmental Protection Inspector, we must make every effort to work on ecological environmental protection. We should further optimize the institutional environment for social service organizations, renew the system and mechanisms of community governance and improve governance capability for meeting public's demands.

The sub-reports of this book are based on statistical data provided by the Statistics Bureau of Shandong Province and relevant departments of the government as well as the data from Shandong General Socio-Economic Survey in 2017 conducted by the SDASS. The 1st chapter analyzes the employment situation and future trends of Shandong Province in 2017, providing more detailed discussion on the status of labor supply and demand, the quality of labor force, the work condition and security, the rural employment and business. The 2nd chapter discusses on the main measures for deepening the reform of the income distribution system in Shandong Province in recent years as well as its impact on income distribution. Detailed data were used to discuss the overall situation and major problems in the income distribution. The 3rd chapter analyzes the overall situation of consumption in Shandong Province, by summing up the new hot spots and existing problems in the consumer sector and made a brief forecast of the consumption trends in 2018. From the perspective of the supply and demand of education resources, the 4th chapter analyzes the allocation of educational resources among urban and rural areas, different cities, different types of schools, and discussed over the topics such as the difficulties in kindergarten entering, the battles for the best schools, the vulnerable situation of private schools and the overlook for the professional education. The residents' health status, the allocation of medical resources, the medical service capabilities, and the healthy lifestyle of residents are presented in the 5th chapter, which analyzes the progress of "healthy Shandong" and indicates the remarkable issues that still need to be addressed in the development of medical and health undertakings. Moreover, the 6th chapter clarifies the new system and measures for social insurance in Shandong Province in 2017 and reveals the role of social security for stabilizing and promoting people's livelihood. The detailed survey data has been used to analyze the actual coverage and fairness of social security, as well as the actual feelings of both urban and rural residents. This chapter discusses on the existing issues of social security system, such as the lack of fairness, mobility and sustainability. The 7th chapter inquires into the poverty alleviation measures and policies in Shandong, such as poverty alleviation by constructing industries, creating the employment, enhancing the education, and intensifying the social assistance. This paper also analyzes the feelings of the people on poverty alleviation systems and policies through survey data. The 8th chapter discusses the breakthroughs of urbanization in recent years, and promotes the innovation of the institutions and mechanisms of citizenization of three kinds of migrants from rural to urban areas. The 9th chapters discuss on the measures and the role of public cultural services based on survey data, exploring its imbalanced and inadequate development in urban and rural areas, as well as the people's new expectations for public cultural services. The status of environmental protection in the province is analyzed in the 10th chapter from the aspects of major environmental quality, environmental protection regulations and policies, residents' environmental protection awareness and environmental protection actions, and environmental protection priorities. The detailed survey data was used to reveal the demand for environmental protection infrastructure and services, and to indicate the existing problems in air and water pollution, environmental supervision and environmental law enforcement. Last but not the least, the remaining two chapters analyze the amount, classification and development characteristics of social service organizations in the province. They discuss the development environment, internal governance, talents, funds and other issues faced by the social service agencies, and also analyze the status quo of grassroots social governance in the province. These two chapters point out that grassroots social governance has problems of administrative tendency, inadequate development of social organizations in the community level, low level of participation of social members, and inadequate governance structure. In response to these problems mentioned above, the authors have put forward highly-targeted countermeasures.

Content

I General Report

Abstract: In 2017, Shandong has conscientiously carried out the central decisions and the spirit of the 19th National Congress of the Communist Party of China, firmly oriented toward being at the forefront by boosting the transformation of old kinetic energy into new dynamics as a major project of economic development in the province. Shandong has focused its efforts on five major battles: safety in production, environmental protection, poverty alleviation, financial risk prevention and control, as well as social stability, so that the economic structural reform has been expected to be tightly connected with the promotion of high-quality basic public services. More investments and reform efforts were made to improve people's standard of living. The employment remained basically stable. The income of urban and rural residents increased steadily. The balanced development of elementary education has been rapidly advanced. The social security and safety net has been strengthened. 832 thousand people who used to live under the provincial poverty line have been out of the poverty. The integrated treatment of salient environmental issues has greatly improved the ecological environment condition. The community governance system has been gradually modified. In order to construct Shandong province with strong economy and rich culture, there are still a number of risks and problems that need to be solved.

Keywords: Basic Public Services; Employment; Ecological and Environmental Protection; Poverty Alleviation

Ⅱ Topical Reports

Abstract: Since the 18th CPC National Congress, Shandong government has focused on promoting employment and business, by giving high priority to the employment and pursuing a proactive employment policy, which leads to a stable employment status and some significant achievements in employment field. However, with the rapid aging progress, infinite supply of labor force has gradually disappeared, and the age structure of labor force gives rise to difficulty and challenge. Meanwhile, in the process of new and old kinetic energy conversion, we must further promote the quality of labor force and spur new mode of business in rural region. The paper, using the data from the statistical yearbooks and Shandong General Socio-Economic Survey hold by SDASS in 2017, analyzes the employment status in recent years and the trends for coming years from the aspects of supply and demand of labor force, quality of labor force, work condition and security, and employment and business in rural regions. In the last part, we shall put forward some advice for the government order to optimize the employment in Shandong.

Keywords: Supply and Demand of Labor Force; Human Capital; Working Conditions and Security; Employment in Rural Region

B. 3 Conditions in Income Distribution of Shandong in 2017 and the Trend in 2018

Abstract: In 2017, Shandong widely deepened its income distribution reform. By completing the system of the proactive employment policies, optimizing the distribution mechanism in which labor, skills, techniques and knowledge are involved, and giving full play to finance, transfer payment, social insurance and so on, Shandong standardized its distribution order and rationalized the structure of its income distribution. The entire social distribution was rather equitable: The low share of labor remuneration in initial distribution has been raised; both of the urban and rural residents' income has been steadily increasing; the urban-rural gap has been reduced and the monopoly earnings have been suppressed. Nevertheless, the income gap between urban and rural residents still faces a risk of being expanded at any time because of the downward economy's restriction against the income growth, especially against that of the rural residents. Meanwhile, the unbalanced regional development has reemerged, and the fiscal revenue has plunged for recent years, which lead to questions over the patterns of the financial adjustment under the rigid increase of livelihood needs that might haunt Shandong in coming years. In 2018, with the strategy of the employment and talents priority deeply implemented in income distribution field, Shandong would apply multiple motivation measures, establishing a long-term mechanism to steadily increase residents' income, greatly improve low-income group's earning level and constantly expand middle-income group, in order to strengthen people's sense of fulfillment.

Keywords: Income Distribution; Initial Distribution; Redistribution; Income Gap

B. 4 Consumption Status of the Urban-Rural Residents in Shandong and a Trend Forecast for 2018

Jiang Yuxin / 082

Abstract: Compared with the previous year, the level of the urban and rural residents' income and consumption has been improved in 2017, while the consumer market tends to be better. The rapid development of internet consumption, the new markets expanded by new type restaurants and hotels, the highly-worshiped experience-style consumption and the improved urban-rural consuming environment became the bright spots in the consumption field. This article is intended to analyze several problems, such as the low level of the cultural consumption, the limited consumption in rural areas, the high proportion of the residential consumption, the urban development problems caused by the expansion of automobile consumption, and the challenges for the retail market brought by the network consumption etc. Meanwhile, some following suggestions for the policy improvement are going to be put forward. Based on the analysis of the overall status of consumption in Shandong province in 2017, the final installment will be ended by a brief forecast for that in 2018 and its development trend.

Keywords: Consumption; Consumption Market; Bright Spots in Consumption Field; Consumption Trend

B. 5 Analysis of the Elementary Educational Resources Allocation and the Requirements in Shandong, 2017 -2018

Wu Zhen / 100

Abstract: In the "13th Five-Year Plan for Educational Development" and the report of the 19th National Congress of the Communist Party of China, optimizing the educational resources allocation and meeting people's increasing education requirements are established as strategic disposition and considered as the top priority. Based on the statistical data offered by the Shandong Provincial Education Department and the data collected from Shandong General Socio-Economic Survey in 2017, this

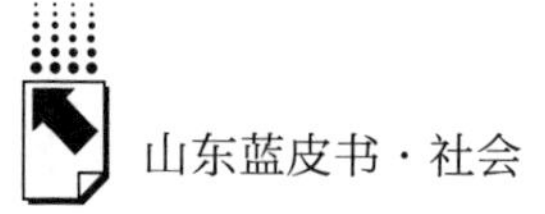

article describes the statu quo of the educational resources allocation that between urban and rural areas, that among different cities, and that among different types of schools in elementary education phases during 2016 -2017, with the focus on the balance between supply and demand. Meanwhile, by analyzing some of the main problems in education, such as the difficulties in kindergarten entering, the battles for choosing best schools, the vulnerable situation of private schools and the overlook for the professional education, several policy proposals are going to be put forward in order to coordinate the educational resources allocation with the education requirements.

Keywords: Elementary Education; Educational Resources Allocation; Education Requirements; Supply and Demand Relation

B. 6 Development Status of the Health Care Services in Shandong and the Corresponding Policy Proposals, 2017 -2018

Ji Yanan / 127

Abstract: This paper, focusing on the development of the medical and health care of Shandong in 2017, analyzes the health status of the residents, the allocation of medical resources, the capacity of medical services and people's lifestyles for the health. Meanwhile, some concerns will be also put forward, such as the incompleteness of the prevention system for self-health protection, the inefficient cooperation between various departments, the lack of the medical cost control, the challenges in the chronic diseases prevention, as well as the low level of public health literacy. In order to speed up the program of "Healthy Shandong", some proposals are going to be submitted on enhancing the Top-Level Design, expanding the health concept and facilitating the health-related industries.

Keywords: Healthy Shandong; Medical and Health care; Public Health Services; Health Industry

B. 7 Current Conditions and Policy Suggestions of Social Security in Shandong Province, 2017 –2018

Abstract: In 2017, social security in Shandong province adhered to the principle of "full covered, basic-guaranteed, multi-tiered, and sustainable" and accelerated the integration of the social security system for both urban and rural residents. The reform of the pension insurance system for government employees has made great progress. The unified pension and medical insurance system for urban and rural residents has run smoothly and orderly over the year. The policy adjustment of basic pension schemes for retirees took both the unity of systems and the need of resolving historical conflicts and preventing new imbalance of interests into considerations. The direct settlement service for cross-province medical treatment has been achieved. The long-term health care insurance program expanded to more places over the province beyond the testing stage. The comprehensive registration of social insurance participants has nearly completed. Social security has effectively stabilized the economic development and improved the standard of living of the general public. In the meanwhile, the universally applicable pension and medical insurance has not covered everyone, and the fairness and sustainability of social security system are yet to be improved. New conflict of interests in the new era has put forward new demands on social security system. The social security work in 2018 should focus on promoting the reform and development in the fairness, sustainability, and mobility of the social security system, and thus make positive contributions to the innovative, sustainable and leading development in Shandong province.

Keywords: Social Security; Basic Pension Insurance; Basic Medical Insurance; Comprehensive Registration of Social Insurance Participants

B. 8 Current Conditions, Problems and Policy Suggestions of Poverty Alleviation in Shandong, 2017 –2018

Abstract: Eliminating poverty and improving people's livelihood is the essential demand of socialism and the fundamental need of entering all-round well-off society. Through a brief analysis of the remarkable achievements in the poverty alleviation program in Shandong province, this paper discusses problems that encountered in process of poverty alleviation program, such as the toughness of poverty alleviation, the unsound system of elderly care service, and the imperfect social assistance system. The paper puts forward some suggestions on how to develop the rural economy, improve the elderly security system, construct the network of community home-based care service, and establish the insurance system for the accident injury of the rural elderly.

Keywords: Poverty Alleviation and Development; Long-Term Mechanism; Urban and Rural Public Service; Social Security System

Abstract: Since the execution of the "Implementation Opinions of Accelerating the Citizenization of Migrants from rural to urban areas" in 2016, Shandong province has focused on the solution of the main and difficult problems encountered by three kinds of migrants from rural to urban areas in the process of citizenization, and set up and carried on a series of "equalization" policies, including housing, employment, social security, children education and public service. In 2017, major breakthroughs in the policies of citizenization of migrant workers have been made, such as deepening the reform of household registration system and fully implementing residence permit system. Citizenization of inhabitants in urban and suburban villages has been put forward steadily, housing conditions, infrastructure, and community environment for these residents have been improved. Protection measures for the "three dimensions of rights and interests" of residents have been implemented. Citizenization level of population leaving agriculture in rural areas has been promoted since the carrying capacity of small towns and new-rural communities has been improved. In 2018, based on the achievements, in accordance with the requirements of the 19th National Congress of the Communist Party of China, Shandong Province should promote the innovation of the institutions and mechanisms of citizenization, implement the integrated development of migrant workers, Inhabitants in urban and suburban villages, and population leaving agriculture in rural areas and urban residents.

Keywords: Citizenization; Migrant Workers; Inhabitants in Urban and Suburban Villages; Population Leaving Agriculture in Rural Areas

Abstract: In 2017, Shandong Province has made some achievements in the urban and rural basic public cultural service: accelerating equalization of basic public cultural services in urban and rural areas through the continuous improvement for the five-leveled facilities' network; improving the standardization of public cultural services by putting more efforts into the pilot work; promoting further socialization of public cultural services by encouraging multiple participation; increasing the digital service level of public cultural service through extending the means of resources; actively innovating the service mode, inheriting and developing fine Chinese traditional culture; encouraging original works of literature and art, and expanding the supply of public cultural products. However, it still needs to be improved in promoting the integration of the basic public culture of the whole province, improving the service channels and ways, and increasing the service forms and content.

Keywords: Basic Public Services; Public Culture; Government Services; Equalization of Services

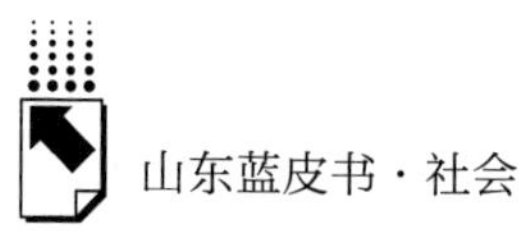

B. 11 Current Conditions, Problems of Shandong's Environment Protection in 2017 and Trend in 2018

Zhang Qian / 233

Abstract: In 2017, due to the environmental protection inspection of central authorities, comprehensive renovation of environmental protection problems, action of prevention and control of air pollution and water pollution, and strengthening of environmental supervision and security control, positive progress has been made in Shandong's environment protection. The quality of air environment and water environment are obviously improved. Residents' awareness of environmental protection has been enhanced. Based on data of *Shandong General Socio-Economic Survey* hold by SDASS in 2017 and data published by related departments, this paper points out that the situation of prevention and control of air pollution and water pollution is still severe. The environmental monitoring system is still not perfect. The degree of environmental participation of residents still needs to be improved. This paper also puts forward relevant countermeasures and suggestions and the trend forecast of environmental protection work in 2018.

Keywords: Air Pollution; Water Pollution; Environmental Supervision; Environmental Protection Participation

B. 12 Development Status, Problems and Countermeasures of Social Service Institutions in Shandong Province, 2017 -2018

Jia Dongrong, *Lu Pengcheng* / 254

Abstract: With the enactment of laws such as the "Charity Law of the People's Republic of China" and the "General Principles of Civil Law of the People's Republic of China", social service institutions have embarked on the road of legal development and legal regulation, and the institutional environment has been further improved. The development of social service institutions in Shandong Province is characteristic of incomplete and consistent development with that of the whole country, unbalanced development of types, uneven regional distribution, burgeon of new institutions, more standardized operation, improved service quality, the expanding social influence and so on. The main problems faced by social service institutions are reposition and classification of existing institutions, including imperfection of laws, regulations and policy systems, the need to optimize the equitable development mechanism, the non-standard internal governance, the optimization of the talent team, and narrow funding sources, which could be settled both from the government and the institutions.

Keywords: Social Service Institutions; the Unbalanced Development; Classification; Legal Development

B. 13 The Urban Grass-root Social Governance in Shandong Province 2017 –2018: Status, Problems and Solutions

Wang Guan / 275

Abstract: Grass-root social governance is a method and process in which multi-level social entities such as grass-root governments, communities, social organizations and the public adopt institutional or non-institutional methods to handle public affairs and maintain social order. The urban grass-root social governance in Shandong Province emphasizes top-level design, fully covers comprehensive community service facilities, strengthens the core role of party organization, expands community social organizations, continuously promotes the construction of "Internet + community", but there are still "developing issues" such as administrative tendencies, inadequate developments of community social organizations, low levels of community participation, the need to improve the gross-root social governance structure and the lack of governance capacity. Innovating the urban gross-root social governance needs to focus on different aspects including the grass-root social governance concepts, systems, mechanisms, capacity building and community governance.

Keywords: Urban Grass-root Social Governance; Top-level Design; Administrative Tendency; Governance Capacity

✤ 皮书起源 ✤

“皮书”起源于十七、十八世纪的英国，主要指官方或社会组织正式发表的重要文件或报告,多以“白皮书”命名。在中国,“皮书”这一概念被社会广泛接受，并被成功运作、发展成为一种全新的出版形态，则源于中国社会科学院社会科学文献出版社。

✤ 皮书定义 ✤

皮书是对中国与世界发展状况和热点问题进行年度监测，以专业的角度、专家的视野和实证研究方法，针对某一领域或区域现状与发展态势展开分析和预测，具备原创性、实证性、专业性、连续性、前沿性、时效性等特点的公开出版物，由一系列权威研究报告组成。

✤ 皮书作者 ✤

皮书系列的作者以中国社会科学院、著名高校、地方社会科学院的研究人员为主，多为国内一流研究机构的权威专家学者，他们的看法和观点代表了学界对中国与世界的现实和未来最高水平的解读与分析。

✤ 皮书荣誉 ✤

皮书系列已成为社会科学文献出版社的著名图书品牌和中国社会科学院的知名学术品牌。2016 年，皮书系列正式列入“十三五”国家重点出版规划项目；2013~2018 年，重点皮书列入中国社会科学院承担的国家哲学社会科学创新工程项目;2018 年,59 种院外皮书使用“中国社会科学院创新工程学术出版项目”标识。

中国皮书网

（网址：www.pishu.cn）

发布皮书研创资讯，传播皮书精彩内容
引领皮书出版潮流，打造皮书服务平台

栏目设置

关于皮书：何谓皮书、皮书分类、皮书大事记、皮书荣誉、
皮书出版第一人、皮书编辑部

最新资讯：通知公告、新闻动态、媒体聚焦、网站专题、视频直播、下载专区

皮书研创：皮书规范、皮书选题、皮书出版、皮书研究、研创团队

皮书评奖评价：指标体系、皮书评价、皮书评奖

互动专区：皮书说、社科数托邦、皮书微博、留言板

所获荣誉

2008 年、2011 年，中国皮书网均在全国新闻出版业网站荣誉评选中获得“最具商业价值网站”称号；

2012 年，获得“出版业网站百强”称号。

网库合一

2014 年，中国皮书网与皮书数据库端口合一，实现资源共享。

中国社会发展数据库（下设 12 个子库）

全面整合国内外中国社会发展研究成果，汇聚独家统计数据、深度分析报告，涉及社会、人口、政治、教育、法律等 12 个领域，为了解中国社会发展动态、跟踪社会核心热点、分析社会发展趋势提供一站式资源搜索和数据分析与挖掘服务。

中国经济发展数据库（下设 12 个子库）

基于“皮书系列”中涉及中国经济发展的研究资料构建，内容涵盖宏观经济、农业经济、工业经济、产业经济等 12 个重点经济领域，为实时掌控经济运行态势、把握经济发展规律、洞察经济形势、进行经济决策提供参考和依据。

中国行业发展数据库（下设 17 个子库）

以中国国民经济行业分类为依据，覆盖金融业、旅游、医疗卫生、交通运输、能源矿产等 100 多个行业，跟踪分析国民经济相关行业市场运行状况和政策导向，汇集行业发展前沿资讯，为投资、从业及各种经济决策提供理论基础和实践指导。

中国区域发展数据库（下设 6 个子库）

对中国特定区域内的经济、社会、文化等领域现状与发展情况进行深度分析和预测，研究层级至县及县以下行政区，涉及地区、区域经济体、城市、农村等不同维度。为地方经济社会宏观态势研究、发展经验研究、案例分析提供数据服务。

中国文化传媒数据库（下设 18 个子库）

汇聚文化传媒领域专家观点、热点资讯，梳理国内外中国文化发展相关学术研究成果、一手统计数据，涵盖文化产业、新闻传播、电影娱乐、文学艺术、群众文化等 18 个重点研究领域。为文化传媒研究提供相关数据、研究报告和综合分析服务。

世界经济与国际关系数据库（下设 6 个子库）

立足“皮书系列”世界经济、国际关系相关学术资源，整合世界经济、国际政治、世界文化与科技、全球性问题、国际组织与国际法、区域研究 6 大领域研究成果，为世界经济与国际关系研究提供全方位数据分析，为决策和形势研判提供参考。

法律声明

社长致辞

蓦然回首，皮书的专业化历程已经走过了二十年。20年来从一个出版社的学术产品名称到媒体热词再到智库成果研创及传播平台，皮书以专业化为主线，进行了系列化、市场化、品牌化、数字化、国际化、平台化的运作，实现了跨越式的发展。特别是在党的十八大以后，以习近平总书记为核心的党中央高度重视新型智库建设，皮书也迎来了长足的发展，总品种达到600余种，经过专业评审机制、淘汰机制遴选，目前，每年稳定出版近400个品种。“皮书”已经成为中国新型智库建设的抓手，成为国际国内社会各界快速、便捷地了解真实中国的最佳窗口。

20年孜孜以求，“皮书”始终将自己的研究视野与经济社会发展中的前沿热点问题紧密相连。600个研究领域，3万多位分布于800余个研究机构的专家学者参与了研创写作。皮书数据库中共收录了15万篇专业报告，50余万张数据图表，合计30亿字，每年报告下载量近80万次。皮书为中国学术与社会发展实践的结合提供了一个激荡智力、传播思想的入口，皮书作者们用学术的话语、客观翔实的数据谱写出了中国故事壮丽的篇章。

20年跬步千里，“皮书”始终将自己的发展与时代赋予的使命与责任紧紧相连。每年百余场新闻发布会，10万余次中外媒体报道，中、英、俄、日、韩等12个语种共同出版。皮书所具有的凝聚力正在形成一种无形的力量，吸引着社会各界关注中国的发展，参与中国的发展，它是我们向世界传递中国声音、总结中国经验、争取中国国际话语权最主要的平台。

皮书这一系列成就的取得，得益于中国改革开放的伟大时代，离不开来自中国社会科学院、新闻出版广电总局、全国哲学社会科学规划办公室等主管部门的大力支持和帮助，也离不开皮书研创者和出版者的共同努力。他们与皮书的故事创造了皮书的历史，他们对皮书的拳拳之心将继续谱写皮书的未来！

现在，“皮书”品牌已经进入了快速成长的青壮年时期。全方位进行规范化管理，树立中国的学术出版标准；不断提升皮书的内容质量和影响力，搭建起中国智库产品和智库建设的交流服务平台和国际传播平台；发布各类皮书指数，并使之成为中国指数，让中国智库的声音响彻世界舞台，为人类的发展做出中国的贡献——这是皮书未来发展的图景。作为“皮书”这个概念的提出者，“皮书”从一般图书到系列图书和品牌图书，最终成为智库研究和社会科学应用对策研究的知识服务和成果推广平台这整个过程的操盘者，我相信，这也是每一位皮书人执着追求的目标。

“当代中国正经历着我国历史上最为广泛而深刻的社会变革，也正在进行着人类历史上最为宏大而独特的实践创新。这种前无古人的伟大实践，必将给理论创造、学术繁荣提供强大动力和广阔空间。”

在这个需要思想而且一定能够产生思想的时代，皮书的研创出版一定能创造出新的更大的辉煌！

社会科学文献出版社社长
中国社会学会秘书长

谢寿光

2017年11月

社会科学文献出版社简介

社会科学文献出版社（以下简称“社科文献出版社”）成立于1985年，是直属于中国社会科学院的人文社会科学学术出版机构。成立至今，社科文献出版社始终依托中国社会科学院和国内外人文社会科学界丰厚的学术出版和专家学者资源，坚持“创社科经典，出传世文献”的出版理念、“权威、前沿、原创”的产品定位以及学术成果和智库成果出版的专业化、数字化、国际化、市场化的经营道路。

社科文献出版社是中国新闻出版业转型与文化体制改革的先行者。积极探索文化体制改革的先进方向和现代企业经营决策机制，社科文献出版社先后荣获“全国文化体制改革工作先进单位”、中国出版政府奖·先进出版单位奖，中国社会科学院先进集体、全国科普工作先进集体等荣誉称号。多人次荣获“第十届韬奋出版奖”“全国新闻出版行业领军人才”“数字出版先进人物”“北京市新闻出版广电行业领军人才”等称号。

社科文献出版社是中国人文社会科学学术出版的大社名社，也是以皮书为代表的智库成果出版的专业强社。年出版图书2000余种，其中皮书400余种，出版新书字数5.5亿字，承印与发行中国社科院院属期刊72种，先后创立了皮书系列、列国志、中国史话、社科文献学术译库、社科文献学术文库、甲骨文书系等一大批既有学术影响又有市场价值的品牌，确立了在社会学、近代史、苏东问题研究等专业学科及领域出版的领先地位。图书多次荣获中国出版政府奖、“三个一百”原创图书出版工程、“五个‘一’工程奖”、“大众喜爱的50种图书”等奖项，在中央国家机关“强素质·做表率”读书活动中，入选图书品种数位居各大出版社之首。

社科文献出版社是中国学术出版规范与标准的倡议者与制定者，代表全国50多家出版社发起实施学术著作出版规范的倡议，承担学术著作规范国家标准的起草工作，率先编撰完成《皮书手册》对皮书品牌进行规范化管理，并在此基础上推出中国版芝加哥手册——《社科文献出版社学术出版手册》。

社科文献出版社是中国数字出版的引领者，拥有皮书数据库、列国志数据库、“一带一路”数据库、减贫数据库、集刊数据库等4大产品线11个数据库产品，机构用户达1300余家，海外用户百余家，荣获“数字出版转型示范单位”“新闻出版标准化先进单位”“专业数字内容资源知识服务模式试点企业标准化示范单位”等称号。

社科文献出版社是中国学术出版走出去的践行者。社科文献出版社海外图书出版与学术合作业务遍及全球40余个国家和地区，并于2016年成立俄罗斯分社，累计输出图书500余种，涉及近20个语种，累计获得国家社科基金中华学术外译项目资助76种、“丝路书香工程”项目资助60种、中国图书对外推广计划项目资助71种以及经典中国国际出版工程资助28种，被五部委联合认定为“2015-2016年度国家文化出口重点企业”。

如今，社科文献出版社完全靠自身积累拥有固定资产3.6亿元，年收入3亿元，设置了七大出版分社、六大专业部门，成立了皮书研究院和博士后科研工作站，培养了一支近400人的高素质与高效率的编辑、出版、营销和国际推广队伍，为未来成为学术出版的大社、名社、强社，成为文化体制改革与文化企业转型发展的排头兵奠定了坚实的基础。

宏观经济类

经济蓝皮书

2018年中国经济形势分析与预测

李平 / 主编　2017年12月出版　定价：89.00元

◆　本书为总理基金项目，由著名经济学家李扬领衔，联合中国社会科学院等数十家科研机构、国家部委和高等院校的专家共同撰写，系统分析了2017年的中国经济形势并预测2018年中国经济运行情况。

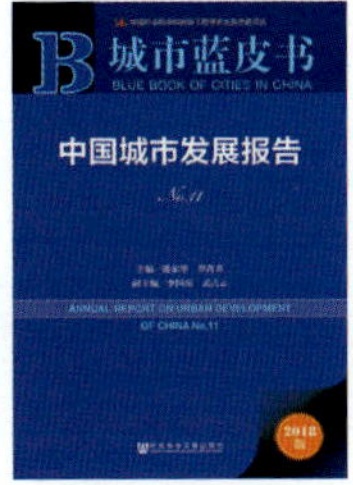

城市蓝皮书

中国城市发展报告 No.11

潘家华　单菁菁 / 主编　2018年9月出版　估价：99.00元

◆　本书是由中国社会科学院城市发展与环境研究中心编著的，多角度、全方位地立体展示了中国城市的发展状况，并对中国城市的未来发展提出了许多建议。该书有强烈的时代感，对中国城市发展实践有重要的参考价值。

人口与劳动绿皮书

中国人口与劳动问题报告 No.19

张车伟 / 主编　2018年10月出版　估价：99.00元

◆　本书为中国社会科学院人口与劳动经济研究所主编的年度报告，对当前中国人口与劳动形势做了比较全面和系统的深入讨论，为研究中国人口与劳动问题提供了一个专业性的视角。

中国省域竞争力蓝皮书

中国省域经济综合竞争力发展报告（2017 ~ 2018）

李建平　李闽榕　高燕京 / 主编　2018 年 5 月出版　估价：198.00 元

◆　本书融多学科的理论为一体，深入追踪研究了省域经济发展与中国国家竞争力的内在关系，为提升中国省域经济综合竞争力提供有价值的决策依据。

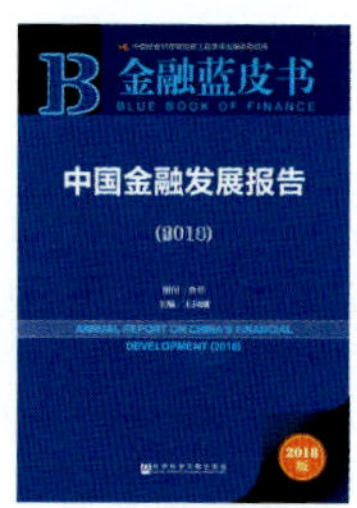

金融蓝皮书

中国金融发展报告（2018）

王国刚 / 主编　2018 年 6 月出版　估价：99.00 元

◆　本书由中国社会科学院金融研究所组织编写，概括和分析了 2017 年中国金融发展和运行中的各方面情况，研讨和评论了 2017 年发生的主要金融事件，有利于读者了解掌握 2017 年中国的金融状况，把握 2018 年中国金融的走势。

区 域 经 济 类

京津冀蓝皮书

京津冀发展报告（2018）

祝合良　叶堂林　张贵祥 / 等著　2018 年 6 月出版　估价：99.00 元

◆　本书遵循问题导向与目标导向相结合、统计数据分析与大数据分析相结合、纵向分析和长期监测与结构分析和综合监测相结合等原则，对京津冀协同发展新形势与新进展进行测度与评价。

社会政法类

社会蓝皮书

2018 年中国社会形势分析与预测

李培林　陈光金　张翼 / 主编　2017 年 12 月出版　定价：89.00 元

◆　本书由中国社会科学院社会学研究所组织研究机构专家、高校学者和政府研究人员撰写，聚焦当下社会热点，对 2017 年中国社会发展的各个方面内容进行了权威解读，同时对 2018 年社会形势发展趋势进行了预测。

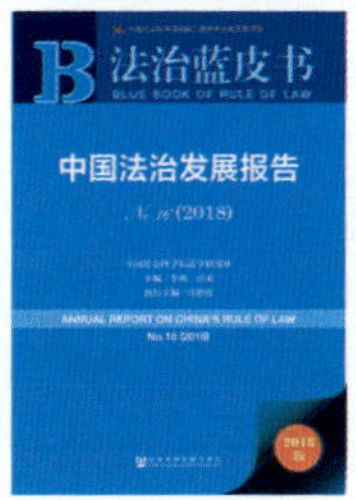

法治蓝皮书

中国法治发展报告 No.16（2018）

李林　田禾 / 主编　2018 年 3 月出版　定价：128.00 元

◆　本年度法治蓝皮书回顾总结了 2017 年度中国法治发展取得的成就和存在的不足，对中国政府、司法、检务透明度进行了跟踪调研，并对 2018 年中国法治发展形势进行了预测和展望。

教育蓝皮书

中国教育发展报告（2018）

杨东平 / 主编　2018 年 3 月出版　定价：89.00 元

◆　本书重点关注了 2017 年教育领域的热点，资料翔实，分析有据，既有专题研究，又有实践案例，从多角度对 2017 年教育改革和实践进行了分析和研究。

社会体制蓝皮书

中国社会体制改革报告 No.6（2018）

龚维斌 / 主编　2018 年 3 月出版　定价：98.00 元

◆　本书由国家行政学院社会治理研究中心和北京师范大学中国社会管理研究院共同组织编写，主要对 2017 年社会体制改革情况进行回顾和总结，对 2018 年的改革走向进行分析，提出相关政策建议。

社会心态蓝皮书

中国社会心态研究报告（2018）

王俊秀　杨宜音 / 主编　2018 年　12 月出版　估价：99.00 元

◆　本书是中国社会科学院社会学研究所社会心理研究中心"社会心态蓝皮书课题组"的年度研究成果，运用社会心理学、社会学、经济学、传播学等多种学科的方法进行了调查和研究，对于目前中国社会心态状况有较广泛和深入的揭示。

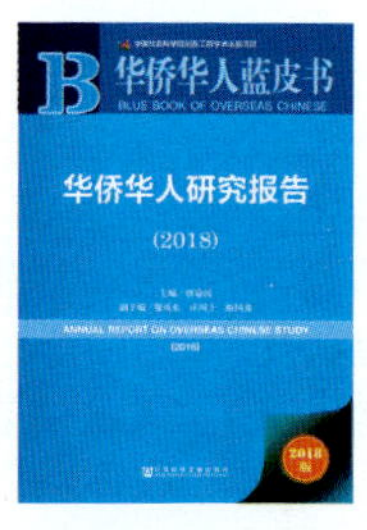

华侨华人蓝皮书

华侨华人研究报告（2018）

贾益民 / 主编　2017 年 12 月出版　估价：139.00 元

◆　本书关注华侨华人生产与生活的方方面面。华侨华人是中国建设 21 世纪海上丝绸之路的重要中介者、推动者和参与者。本书旨在全面调研华侨华人，提供最新涉侨动态、理论研究成果和政策建议。

民族发展蓝皮书

中国民族发展报告（2018）

王延中 / 主编　2018 年 10 月出版　估价：188.00 元

◆　本书从民族学人类学视角，研究近年来少数民族和民族地区的发展情况，展示民族地区经济、政治、文化、社会和生态文明"五位一体"建设取得的辉煌成就和面临的困难挑战，为深刻理解中央民族工作会议精神、加快民族地区全面建成小康社会进程提供了实证材料。

产业经济类

房地产蓝皮书

中国房地产发展报告 No.15（2018）

李春华　王业强 / 主编　2018 年 5 月出版　估价：99.00 元

◆　2018 年《房地产蓝皮书》持续追踪中国房地产市场最新动态，深度剖析市场热点，展望 2018 年发展趋势，积极谋划应对策略。对 2017 年房地产市场的发展态势进行全面、综合的分析。

新能源汽车蓝皮书

中国新能源汽车产业发展报告（2018）

中国汽车技术研究中心　日产（中国）投资有限公司

东风汽车有限公司 / 编著　2018 年 8 月出版　估价：99.00 元

◆　本书对中国 2017 年新能源汽车产业发展进行了全面系统的分析，并介绍了国外的发展经验。有助于相关机构、行业和社会公众等了解中国新能源汽车产业发展的最新动态，为政府部门出台新能源汽车产业相关政策法规、企业制定相关战略规划，提供必要的借鉴和参考。

行业及其他类

旅游绿皮书

2017 ~ 2018 年中国旅游发展分析与预测

中国社会科学院旅游研究中心 / 编　2018 年 1 月出版　定价：99.00 元

◆　本书从政策、产业、市场、社会等多个角度勾画出 2017 年中国旅游发展全貌，剖析了其中的热点和核心问题，并就未来发展作出预测。

民营医院蓝皮书

中国民营医院发展报告（2018）

薛晓林 / 主编　2018 年 11 月出版　估价：99.00 元

◆ 本书在梳理国家对社会办医的各种利好政策的前提下，对我国民营医疗发展现状、我国民营医院竞争力进行了分析，并结合我国医疗体制改革对民营医院的发展趋势、发展策略、战略规划等方面进行了预估。

会展蓝皮书

中外会展业动态评估研究报告（2018）

张敏 / 主编　2018 年 12 月出版　估价：99.00 元

◆ 本书回顾了 2017 年的会展业发展动态，结合“供给侧改革”、“互联网 +”、“绿色经济”的新形势分析了我国展会的行业现状，并介绍了国外的发展经验，有助于行业和社会了解最新的展会业动态。

中国上市公司蓝皮书

中国上市公司发展报告（2018）

张平　王宏淼 / 主编　2018 年 9 月出版　估价：99.00 元

◆ 本书由中国社会科学院上市公司研究中心组织编写的，着力于全面、真实、客观反映当前中国上市公司财务状况和价值评估的综合性年度报告。本书详尽分析了 2017 年中国上市公司情况，特别是现实中暴露出的制度性、基础性问题，并对资本市场改革进行了探讨。

工业和信息化蓝皮书

人工智能发展报告（2017 ~ 2018）

尹丽波 / 主编　2018 年 6 月出版　估价：99.00 元

◆ 本书国家工业信息安全发展研究中心在对 2017 年全球人工智能技术和产业进行全面跟踪研究基础上形成的研究报告。该报告内容翔实、视角独特，具有较强的产业发展前瞻性和预测性，可为相关主管部门、行业协会、企业等全面了解人工智能发展形势以及进行科学决策提供参考。

国际问题与全球治理类

世界经济黄皮书

2018 年世界经济形势分析与预测

张宇燕 / 主编　2018 年 1 月出版　定价：99.00 元

◆　本书由中国社会科学院世界经济与政治研究所的研究团队撰写，分总论、国别与地区、专题、热点、世界经济统计与预测等五个部分，对 2018 年世界经济形势进行了分析。

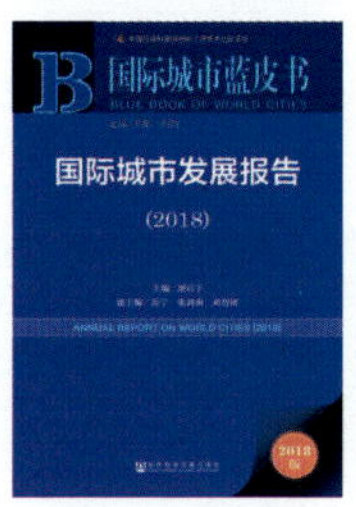

国际城市蓝皮书

国际城市发展报告（2018）

屠启宇 / 主编　2018 年 2 月出版　定价：89.00 元

◆　本书作者以上海社会科学院从事国际城市研究的学者团队为核心，汇集同济大学、华东师范大学、复旦大学、上海交通大学、南京大学、浙江大学相关城市研究专业学者。立足动态跟踪介绍国际城市发展时间中，最新出现的重大战略、重大理念、重大项目、重大报告和最佳案例。

非洲黄皮书

非洲发展报告 No.20（2017 ～ 2018）

张宏明 / 主编　2018 年 7 月出版　估价：99.00 元

◆　本书是由中国社会科学院西亚非洲研究所组织编撰的非洲形势年度报告，比较全面、系统地分析了 2017 年非洲政治形势和热点问题，探讨了非洲经济形势和市场走向，剖析了大国对非洲关系的新动向；此外，还介绍了国内非洲研究的新成果。

国别类

美国蓝皮书

美国研究报告（2018）

郑秉文　黄平 / 主编　2018 年 5 月出版　估价：99.00 元

◆　本书是由中国社会科学院美国研究所主持完成的研究成果，它回顾了美国 2017 年的经济、政治形势与外交战略，对美国内政外交发生的重大事件及重要政策进行了较为全面的回顾和梳理。

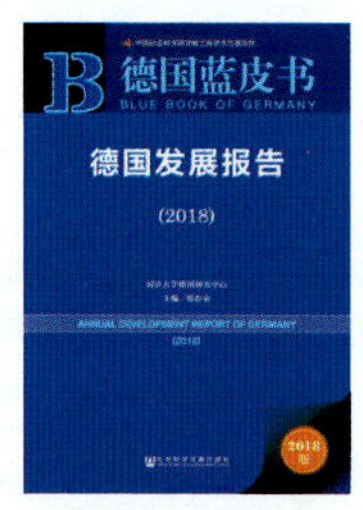

德国蓝皮书

德国发展报告（2018）

郑春荣 / 主编　2018 年 6 月出版　估价：99.00 元

◆　本报告由同济大学德国研究所组织编撰，由该领域的专家学者对德国的政治、经济、社会文化、外交等方面的形势发展情况，进行全面的阐述与分析。

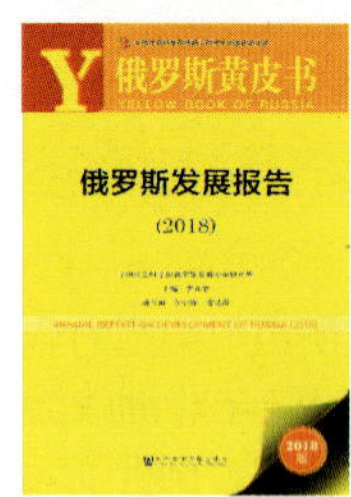

俄罗斯黄皮书

俄罗斯发展报告（2018）

李永全 / 编著　2018 年 6 月出版　估价：99.00 元

◆　本书系统介绍了 2017 年俄罗斯经济政治情况，并对 2016 年该地区发生的焦点、热点问题进行了分析与回顾；在此基础上，对该地区 2018 年的发展前景进行了预测。

文化传媒类

新媒体蓝皮书

中国新媒体发展报告 No.9（2018）

唐绪军 / 主编　2018 年 6 月出版　估价：99.00 元

◆　本书是由中国社会科学院新闻与传播研究所组织编写的关于新媒体发展的最新年度报告，旨在全面分析中国新媒体的发展现状，解读新媒体的发展趋势，探析新媒体的深刻影响。

移动互联网蓝皮书

中国移动互联网发展报告（2018）

余清楚 / 主编　　2018 年 6 月出版　估价：99.00 元

◆　本书着眼于对 2017 年度中国移动互联网的发展情况做深入解析，对未来发展趋势进行预测，力求从不同视角、不同层面全面剖析中国移动互联网发展的现状、年度突破及热点趋势等。

文化蓝皮书

中国文化消费需求景气评价报告（2018）

王亚南 / 主编　2018 年 3 月出版　定价：99.00 元

◆　本书首创全国文化发展量化检测评价体系，也是至今全国唯一的文化民生量化检测评价体系，对于检验全国及各地 " 以人民为中心 " 的文化发展具有首创意义。

地方发展类

北京蓝皮书

北京经济发展报告（2017 ~ 2018）

杨松 / 主编　2018 年 6 月出版　估价：99.00 元

◆　本书对 2017 年北京市经济发展的整体形势进行了系统性的分析与回顾，并对 2018 年经济形势走势进行了预测与研判，聚焦北京市经济社会发展中的全局性、战略性和关键领域的重点问题，运用定量和定性分析相结合的方法，对北京市经济社会发展的现状、问题、成因进行了深入分析，提出了可操作性的对策建议。

温州蓝皮书

2018 年温州经济社会形势分析与预测

蒋儒标　王春光　金浩 / 主编　2018 年 6 月出版　估价：99.00 元

◆　本书是中共温州市委党校和中国社会科学院社会学研究所合作推出的第十一本温州蓝皮书，由来自党校、政府部门、科研机构、高校的专家、学者共同撰写的 2017 年温州区域发展形势的最新研究成果。

黑龙江蓝皮书

黑龙江社会发展报告（2018）

王爱丽 / 主编　2018 年 1 月出版　定价：89.00 元

◆　本书以千份随机抽样问卷调查和专题研究为依据，运用社会学理论框架和分析方法，从专家和学者的独特视角，对 2017 年黑龙江省关系民生的问题进行广泛的调研与分析，并对 2017 年黑龙江省诸多社会热点和焦点问题进行了有益的探索。这些研究不仅可以为政府部门更加全面深入了解省情、科学制定决策提供智力支持，同时也可以为广大读者认识、了解、关注黑龙江社会发展提供理性思考。

宏观经济类

城市蓝皮书
中国城市发展报告（No.11）
著(编)者：潘家华 单菁菁
2018年9月出版 / 估价：99.00元
PSN B-2007-091-1/1

城乡一体化蓝皮书
中国城乡一体化发展报告（2018）
著(编)者：付崇兰
2018年9月出版 / 估价：99.00元
PSN B-2011-226-1/2

城镇化蓝皮书
中国新型城镇化健康发展报告（2018）
著(编)者：张占斌
2018年8月出版 / 估价：99.00元
PSN B-2014-396-1/1

创新蓝皮书
创新型国家建设报告（2018～2019）
著(编)者：詹正茂
2018年12月出版 / 估价：99.00元
PSN B-2009-140-1/1

低碳发展蓝皮书
中国低碳发展报告（2018）
著(编)者：张希良 齐晔
2018年6月出版 / 估价：99.00元
PSN B-2011-223-1/1

低碳经济蓝皮书
中国低碳经济发展报告（2018）
著(编)者：薛进军 赵忠秀
2018年11月出版 / 估价：99.00元
PSN B-2011-194-1/1

发展和改革蓝皮书
中国经济发展和体制改革报告No.9
著(编)者：邹东涛 王再文
2018年1月出版 / 估价：99.00元
PSN B-2008-122-1/1

国家创新蓝皮书
中国创新发展报告（2017）
著(编)者：陈劲　2018年5月出版 / 估价：99.00元
PSN B-2014-370-1/1

金融蓝皮书
中国金融发展报告（2018）
著(编)者：王国刚
2018年6月出版 / 估价：99.00元
PSN B-2004-031-1/7

经济蓝皮书
2018年中国经济形势分析与预测
著(编)者：李平　2017年12月出版 / 定价：89.00元
PSN B-1996-001-1/1

经济蓝皮书春季号
2018年中国经济前景分析
著(编)者：李扬　2018年5月出版 / 估价：99.00元
PSN B-1999-008-1/1

经济蓝皮书夏季号
中国经济增长报告（2017～2018）
著(编)者：李扬　2018年9月出版 / 估价：99.00元
PSN B-2010-176-1/1

农村绿皮书
中国农村经济形势分析与预测（2017～2018）
著(编)者：魏后凯 黄秉信
2018年4月出版 / 定价：99.00元
PSN G-1998-003-1/1

人口与劳动绿皮书
中国人口与劳动问题报告No.19
著(编)者：张车伟　2018年11月出版 / 估价：99.00元
PSN G-2000-012-1/1

新型城镇化蓝皮书
新型城镇化发展报告（2017）
著(编)者：李伟 宋敏
2018年3月出版 / 定价：98.00元
PSN B-2005-038-1/1

中国省域竞争力蓝皮书
中国省域经济综合竞争力发展报告（2016～2017）
著(编)者：李建平 李闽榕
2018年2月出版 / 定价：198.00元
PSN B-2007-088-1/1

中小城市绿皮书
中国中小城市发展报告（2018）
著(编)者：中国城市经济学会中小城市经济发展委员会
中国城镇化促进会中小城市发展委员会
《中国中小城市发展报告》编纂委员会
中小城市发展战略研究院
2018年11月出版 / 估价：128.00元
PSN G-2010-161-1/1

区域经济类

东北蓝皮书
中国东北地区发展报告（2018）
著(编)者：姜晓秋　2018年11月出版 / 估价：99.00元
PSN B-2006-067-1/1

金融蓝皮书
中国金融中心发展报告（2017～2018）
著(编)者：王力 黄育华　2018年11月出版 / 估价：99.00元
PSN B-2011-186-6/7

京津冀蓝皮书
京津冀发展报告（2018）
著(编)者：祝合良 叶堂林 张贵祥
2018年6月出版 / 估价：99.00元
PSN B-2012-262-1/1

西北蓝皮书
中国西北发展报告（2018）
著(编)者：王福生 马廷旭 董秋生
2018年1月出版 / 定价：99.00元
PSN B-2012-261-1/1

西部蓝皮书
中国西部发展报告（2018）
著(编)者：璋勇 任保平　2018年8月出版 / 估价：99.00元
PSN B-2005-039-1/1

长江经济带产业蓝皮书
长江经济带产业发展报告（2018）
著(编)者：吴传清　2018年11月出版 / 估价：128.00元
PSN B-2017-666-1/1

长江经济带蓝皮书
长江经济带发展报告（2017～2018）
著(编)者：王振　2018年11月出版 / 估价：99.00元
PSN B-2016-575-1/1

长江中游城市群蓝皮书
长江中游城市群新型城镇化与产业协同发展报告（2018）
著(编)者：杨刚强　2018年11月出版 / 估价：99.00元
PSN B-2016-578-1/1

长三角蓝皮书
2017年创新融合发展的长三角
著(编)者：刘飞跃　2018年5月出版 / 估价：99.00元
PSN B-2005-038-1/1

长株潭城市群蓝皮书
长株潭城市群发展报告（2017）
著(编)者：张萍 朱有志　2018年6月出版 / 估价：99.00元
PSN B-2008-109-1/1

特色小镇蓝皮书
特色小镇智慧运营报告（2018）：顶层设计与智慧架构标准
著(编)者：陈劲　2018年1月出版 / 定价：79.00元
PSN B-2018-692-1/1

中部竞争力蓝皮书
中国中部经济社会竞争力报告（2018）
著(编)者：教育部人文社会科学重点研究基地南昌大学中国中部经济社会发展研究中心
2018年12月出版 / 估价：99.00元
PSN B-2012-276-1/1

中部蓝皮书
中国中部地区发展报告（2018）
著(编)者：宋亚平　2018年12月出版 / 估价：99.00元
PSN B-2007-089-1/1

区域蓝皮书
中国区域经济发展报告（2017～2018）
著(编)者：赵弘　2018年5月出版 / 估价：99.00元
PSN B-2004-034-1/1

中三角蓝皮书
长江中游城市群发展报告（2018）
著(编)者：秦尊文　2018年9月出版 / 估价：99.00元
PSN B-2014-417-1/1

中原蓝皮书
中原经济区发展报告（2018）
著(编)者：李英杰　2018年6月出版 / 估价：99.00元
PSN B-2011-192-1/1

珠三角流通蓝皮书
珠三角商圈发展研究报告（2018）
著(编)者：王先庆 林至颖　2018年7月出版 / 估价：99.00元
PSN B-2012-292-1/1

社会政法类

北京蓝皮书
中国社区发展报告（2017～2018）
著(编)者：于燕燕　2018年9月出版 / 估价：99.00元
PSN B-2007-083-5/8

殡葬绿皮书
中国殡葬事业发展报告（2017～2018）
著(编)者：李伯森　2018年6月出版 / 估价：158.00元
PSN G-2010-180-1/1

城市管理蓝皮书
中国城市管理报告（2017-2018）
著(编)者：刘林 刘承水　2018年5月出版 / 估价：158.00元
PSN B-2013-336-1/1

城市生活质量蓝皮书
中国城市生活质量报告（2017）
著(编)者：张连城 张平 杨春学 郎丽华
2017年12月出版 / 定价：89.00元
PSN B-2013-326-1/1

城市政府能力蓝皮书
中国城市政府公共服务能力评估报告（2018）
著(编)者：何艳玲　　2018年5月出版 / 估价：99.00元
PSN B-2013-338-1/1

创业蓝皮书
中国创业发展研究报告（2017～2018）
著(编)者：黄群慧 赵卫星 钟宏武
2018年11月出版 / 估价：99.00元
PSN B-2016-577-1/1

慈善蓝皮书
中国慈善发展报告（2018）
著(编)者：杨团　　2018年6月出版 / 估价：99.00元
PSN B-2009-142-1/1

党建蓝皮书
党的建设研究报告No.2（2018）
著(编)者：崔建民 陈东平　　2018年6月出版 / 估价：99.00元
PSN B-2016-523-1/1

地方法治蓝皮书
中国地方法治发展报告No.3（2018）
著(编)者：李林 田禾　　2018年6月出版 / 估价：118.00元
PSN B-2015-442-1/1

电子政务蓝皮书
中国电子政务发展报告（2018）
著(编)者：李季　　2018年8月出版 / 估价：99.00元
PSN B-2003-022-1/1

儿童蓝皮书
中国儿童参与状况报告（2017）
著(编)者：苑立新　　2017年12月出版 / 定价：89.00元
PSN B-2017-682-1/1

法治蓝皮书
中国法治发展报告No.16（2018）
著(编)者：李林 田禾　　2018年3月出版 / 定价：128.00元
PSN B-2004-027-1/3

法治蓝皮书
中国法院信息化发展报告 No.2（2018）
著(编)者：李林 田禾　　2018年2月出版 / 定价：118.00元
PSN B-2017-604-3/3

法治政府蓝皮书
中国法治政府发展报告（2017）
著(编)者：中国政法大学法治政府研究院
2018年3月出版 / 定价：158.00元
PSN B-2015-502-1/2

法治政府蓝皮书
中国法治政府评估报告（2018）
著(编)者：中国政法大学法治政府研究院
2018年9月出版 / 估价：168.00元
PSN B-2016-576-2/2

反腐倡廉蓝皮书
中国反腐倡廉建设报告 No.8
著(编)者：张英伟　　2018年12月出版 / 估价：99.00元
PSN B-2012-259-1/1

扶贫蓝皮书
中国扶贫开发报告（2018）
著(编)者：李培林 魏后凯　　2018年12月出版 / 估价：128.00元
PSN B-2016-599-1/1

妇女发展蓝皮书
中国妇女发展报告 No.6
著(编)者：王金玲　　2018年9月出版 / 估价：158.00元
PSN B-2006-069-1/1

妇女教育蓝皮书
中国妇女教育发展报告 No.3
著(编)者：张李玺　　2018年10月出版 / 估价：99.00元
PSN B-2008-121-1/1

妇女绿皮书
2018年：中国性别平等与妇女发展报告
著(编)者：谭琳　　2018年12月出版 / 估价：99.00元
PSN G-2006-073-1/1

公共安全蓝皮书
中国城市公共安全发展报告（2017～2018）
著(编)者：黄育华 杨文明 赵建辉
2018年6月出版 / 估价：99.00元
PSN B-2017-628-1/1

公共服务蓝皮书
中国城市基本公共服务力评价（2018）
著(编)者：钟君 刘志昌 吴正杲
2018年12月出版 / 估价：99.00元
PSN B-2011-214-1/1

公民科学素质蓝皮书
中国公民科学素质报告（2017～2018）
著(编)者：李群 陈雄 马宗文
2017年12月出版 / 定价：89.00元
PSN B-2014-379-1/1

公益蓝皮书
中国公益慈善发展报告（2016）
著(编)者：朱健刚 胡小军　　2018年6月出版 / 估价：99.00元
PSN B-2012-283-1/1

国际人才蓝皮书
中国国际移民报告（2018）
著(编)者：王辉耀　　2018年6月出版 / 估价：99.00元
PSN B-2012-304-3/4

国际人才蓝皮书
中国留学发展报告（2018）No.7
著(编)者：王辉耀 苗绿　　2018年12月出版 / 估价：99.00元
PSN B-2012-244-2/4

海洋社会蓝皮书
中国海洋社会发展报告（2017）
著(编)者：崔凤 宋宁而　　2018年3月出版 / 定价：99.00元
PSN B-2015-478-1/1

行政改革蓝皮书
中国行政体制改革报告No.7（2018）
著(编)者：魏礼群　　2018年6月出版 / 估价：99.00元
PSN B-2011-231-1/1

华侨华人蓝皮书
华侨华人研究报告（2017）
著(编)者：张禹东 庄国土　　2017年12月出版 / 定价：148.00元
PSN B-2011-204-1/1

互联网与国家治理蓝皮书
互联网与国家治理发展报告（2017）
著(编)者：张志安　　2018年1月出版 / 定价：98.00元
PSN B-2017-671-1/1

环境管理蓝皮书
中国环境管理发展报告（2017）
著(编)者：李金惠　　2017年12月出版 / 定价：98.00元
PSN B-2017-678-1/1

环境竞争力绿皮书
中国省域环境竞争力发展报告（2018）
著(编)者：李建平 李闽榕 王金南
2018年11月出版 / 估价：198.00元
PSN G-2010-165-1/1

环境绿皮书
中国环境发展报告（2017~2018）
著(编)者：李波　　2018年6月出版 / 估价：99.00元
PSN G-2006-048-1/1

家庭蓝皮书
中国“创建幸福家庭活动”评估报告（2018）
著(编)者：国务院发展研究中心“创建幸福家庭活动评估”课题组
2018年12月出版 / 估价：99.00元
PSN B-2015-508-1/1

健康城市蓝皮书
中国健康城市建设研究报告（2018）
著(编)者：王鸿春 盛继洪　　2018年12月出版 / 估价：99.00元
PSN B-2016-564-2/2

健康中国蓝皮书
社区首诊与健康中国分析报告（2018）
著(编)者：高和荣 杨叔禹 姜杰
2018年6月出版 / 估价：99.00元
PSN B-2017-611-1/1

教师蓝皮书
中国中小学教师发展报告（2017）
著(编)者：曾晓东 鱼霞
2018年6月出版 / 估价：99.00元
PSN B-2012-289-1/1

教育扶贫蓝皮书
中国教育扶贫报告（2018）
著(编)者：司树杰 王文静 李兴洲
2018年12月出版 / 估价：99.00元
PSN B-2016-590-1/1

教育蓝皮书
中国教育发展报告（2018）
著(编)者：杨东平　　2018年3月出版 / 定价：89.00元
PSN B-2006-047-1/1

金融法治建设蓝皮书
中国金融法治建设年度报告（2015~2016）
著(编)者：朱小黄　　2018年6月出版 / 估价：99.00元
PSN B-2017-633-1/1

京津冀教育蓝皮书
京津冀教育发展研究报告（2017~2018）
著(编)者：方中雄　　2018年6月出版 / 估价：99.00元
PSN B-2017-608-1/1

就业蓝皮书
2018年中国本科生就业报告
著(编)者：麦可思研究院　　2018年6月出版 / 估价：99.00元
PSN B-2009-146-1/2

就业蓝皮书
2018年中国高职高专生就业报告
著(编)者：麦可思研究院　　2018年6月出版 / 估价：99.00元
PSN B-2015-472-2/2

科学教育蓝皮书
中国科学教育发展报告（2018）
著(编)者：王康友　　2018年10月出版 / 估价：99.00元
PSN B-2015-487-1/1

劳动保障蓝皮书
中国劳动保障发展报告（2018）
著(编)者：刘燕斌　　2018年9月出版 / 估价：158.00元
PSN B-2014-415-1/1

老龄蓝皮书
中国老年宜居环境发展报告（2017）
著(编)者：党俊武 周燕珉　　2018年6月出版 / 估价：99.00元
PSN B-2013-320-1/1

连片特困区蓝皮书
中国连片特困区发展报告（2017~2018）
著(编)者：游俊 冷志明 丁建军
2018年6月出版 / 估价：99.00元
PSN B-2013-321-1/1

流动儿童蓝皮书
中国流动儿童教育发展报告（2017）
著(编)者：杨东平　　2018年6月出版 / 估价：99.00元
PSN B-2017-600-1/1

民调蓝皮书
中国民生调查报告（2018）
著(编)者：谢耘耕　　2018年12月出版 / 估价：99.00元
PSN B-2014-398-1/1

民族发展蓝皮书
中国民族发展报告（2018）
著(编)者：王延中　　2018年10月出版 / 估价：188.00元
PSN B-2006-070-1/1

女性生活蓝皮书
中国女性生活状况报告No.12（2018）
著(编)者：韩湘景　　2018年7月出版 / 估价：99.00元
PSN B-2006-071-1/1

汽车社会蓝皮书
中国汽车社会发展报告（2017～2018）
著(编)者：王俊秀　　2018年6月出版 / 估价：99.00元
PSN B-2011-224-1/1

青年蓝皮书
中国青年发展报告（2018）No.3
著(编)者：廉思　　2018年6月出版 / 估价：99.00元
PSN B-2013-333-1/1

青少年蓝皮书
中国未成年人互联网运用报告（2017～2018）
著(编)者：季为民 李文革 沈杰
2018年11月出版 / 估价：99.00元
PSN B-2010-156-1/1

人权蓝皮书
中国人权事业发展报告No.8（2018）
著(编)者：李君如　　2018年9月出版 / 估价：99.00元
PSN B-2011-215-1/1

社会保障绿皮书
中国社会保障发展报告No.9（2018）
著(编)者：王延中　　2018年6月出版 / 估价：99.00元
PSN G-2001-014-1/1

社会风险评估蓝皮书
风险评估与危机预警报告（2017～2018）
著(编)者：唐钧　　2018年8月出版 / 估价：99.00元
PSN B-2012-293-1/1

社会工作蓝皮书
中国社会工作发展报告（2016~2017）
著(编)者：民政部社会工作研究中心
2018年8月出版 / 估价：99.00元
PSN B-2009-141-1/1

社会管理蓝皮书
中国社会管理创新报告No.6
著(编)者：连玉明　　2018年11月出版 / 估价：99.00元
PSN B-2012-300-1/1

社会蓝皮书
2018年中国社会形势分析与预测
著(编)者：李培林 陈光金 张翼
2017年12月出版 / 定价：89.00元
PSN B-1998-002-1/1

社会体制蓝皮书
中国社会体制改革报告No.6（2018）
著(编)者：龚维斌　　2018年3月出版 / 定价：98.00元
PSN B-2013-330-1/1

社会心态蓝皮书
中国社会心态研究报告（2018）
著(编)者：王俊秀　　2018年12月出版 / 估价：99.00元
PSN B-2011-199-1/1

社会组织蓝皮书
中国社会组织报告（2017-2018）
著(编)者：黄晓勇　　2018年6月出版 / 估价：99.00元
PSN B-2008-118-1/2

社会组织蓝皮书
中国社会组织评估发展报告（2018）
著(编)者：徐家良　　2018年12月出版 / 估价：99.00元
PSN B-2013-366-2/2

生态城市绿皮书
中国生态城市建设发展报告（2018）
著(编)者：刘举科 孙伟平 胡文臻
2018年9月出版 / 估价：158.00元
PSN G-2012-269-1/1

生态文明绿皮书
中国省域生态文明建设评价报告（ECI 2018）
著(编)者：严耕　　2018年12月出版 / 估价：99.00元
PSN G-2010-170-1/1

退休生活蓝皮书
中国城市居民退休生活质量指数报告（2017）
著(编)者：杨一帆　　2018年6月出版 / 估价：99.00元
PSN B-2017-618-1/1

危机管理蓝皮书
中国危机管理报告（2018）
著(编)者：文学国 范正青
2018年8月出版 / 估价：99.00元
PSN B-2010-171-1/1

学会蓝皮书
2018年中国学会发展报告
著(编)者：麦可思研究院　　2018年12月出版 / 估价：99.00元
PSN B-2016-597-1/1

医改蓝皮书
中国医药卫生体制改革报告（2017～2018）
著(编)者：文学国 房志武
2018年11月出版 / 估价：99.00元
PSN B-2014-432-1/1

应急管理蓝皮书
中国应急管理报告（2018）
著(编)者：宋英华　　2018年9月出版 / 估价：99.00元
PSN B-2016-562-1/1

政府绩效评估蓝皮书
中国地方政府绩效评估报告 No.2
著(编)者：贠杰　　2018年12月出版 / 估价：99.00元
PSN B-2017-672-1/1

政治参与蓝皮书
中国政治参与报告（2018）
著(编)者：房宁　　2018年8月出版 / 估价：128.00元
PSN B-2011-200-1/1

政治文化蓝皮书
中国政治文化报告（2018）
著(编)者：邢元敏 魏大鹏 龚克
2018年8月出版 / 估价：128.00元
PSN B-2017-615-1/1

中国传统村落蓝皮书
中国传统村落保护现状报告（2018）
著(编)者：胡彬彬 李向军 王晓波
2018年12月出版 / 估价：99.00元
PSN B-2017-663-1/1

中国农村妇女发展蓝皮书
农村流动女性城市生活发展报告（2018）
著(编)者：谢丽华　2018年12月出版 / 估价：99.00元
PSN B-2014-434-1/1

宗教蓝皮书
中国宗教报告（2017）
著(编)者：邱永辉　2018年8月出版 / 估价：99.00元
PSN B-2008-117-1/1

产业经济类

保健蓝皮书
中国保健服务产业发展报告 No.2
著(编)者：中国保健协会　中共中央党校
2018年7月出版 / 估价：198.00元
PSN B-2012-272-3/3

保健蓝皮书
中国保健食品产业发展报告 No.2
著(编)者：中国保健协会
中国社会科学院食品药品产业发展与监管研究中心
2018年8月出版 / 估价：198.00元
PSN B-2012-271-2/3

保健蓝皮书
中国保健用品产业发展报告 No.2
著(编)者：中国保健协会
国务院国有资产监督管理委员会研究中心
2018年6月出版 / 估价：198.00元
PSN B-2012-270-1/3

保险蓝皮书
中国保险业竞争力报告（2018）
著(编)者：保监会　2018年12月出版 / 估价：99.00元
PSN B-2013-311-1/1

冰雪蓝皮书
中国冰上运动产业发展报告（2018）
著(编)者：孙承华 杨占武 刘戈 张鸿俊
2018年9月出版 / 估价：99.00元
PSN B-2017-648-3/3

冰雪蓝皮书
中国滑雪产业发展报告（2018）
著(编)者：孙承华 伍斌 魏庆华 张鸿俊
2018年9月出版 / 估价：99.00元
PSN B-2016-559-1/3

餐饮产业蓝皮书
中国餐饮产业发展报告（2018）
著(编)者：邢颖
2018年6月出版 / 估价：99.00元
PSN B-2009-151-1/1

茶业蓝皮书
中国茶产业发展报告（2018）
著(编)者：杨江帆 李闽榕
2018年10月出版 / 估价：99.00元
PSN B-2010-164-1/1

产业安全蓝皮书
中国文化产业安全报告（2018）
著(编)者：北京印刷学院文化产业安全研究院
2018年12月出版 / 估价：99.00元
PSN B-2014-378-12/14

产业安全蓝皮书
中国新媒体产业安全报告（2016～2017）
著(编)者：肖丽　2018年6月出版 / 估价：99.00元
PSN B-2015-500-14/14

产业安全蓝皮书
中国出版传媒产业安全报告（2017～2018）
著(编)者：北京印刷学院文化产业安全研究院
2018年6月出版 / 估价：99.00元
PSN B-2014-384-13/14

产业蓝皮书
中国产业竞争力报告（2018）No.8
著(编)者：张其仔　2018年12月出版 / 估价：168.00元
PSN B-2010-175-1/1

动力电池蓝皮书
中国新能源汽车动力电池产业发展报告（2018）
著(编)者：中国汽车技术研究中心
2018年8月出版 / 估价：99.00元
PSN B-2017-639-1/1

杜仲产业绿皮书
中国杜仲橡胶资源与产业发展报告（2017～2018）
著(编)者：杜红岩 胡文臻 俞锐
2018年6月出版 / 估价：99.00元
PSN G-2013-350-1/1

房地产蓝皮书
中国房地产发展报告No.15（2018）
著(编)者：李春华 王业强
2018年5月出版 / 估价：99.00元
PSN B-2004-028-1/1

服务外包蓝皮书
中国服务外包产业发展报告（2017～2018）
著(编)者：王晓红 刘德军
2018年6月出版 / 估价：99.00元
PSN B-2013-331-2/2

服务外包蓝皮书
中国服务外包竞争力报告（2017～2018）
著(编)者：刘春生 王力 黄育华
2018年12月出版 / 估价：99.00元
PSN B-2011-216-1/2

工业和信息化蓝皮书
世界信息技术产业发展报告（2017～2018）
著(编)者：尹丽波　2018年6月出版 / 估价：99.00元
PSN B-2015-449-2/6

工业和信息化蓝皮书
战略性新兴产业发展报告（2017～2018）
著(编)者：尹丽波　2018年6月出版 / 估价：99.00元
PSN B-2015-450-3/6

海洋经济蓝皮书
中国海洋经济发展报告（2015～2018）
著(编)者：殷克东 高金田 方胜民
2018年3月出版 / 定价：128.00元
PSN B-2018-697-1/1

康养蓝皮书
中国康养产业发展报告（2017）
著(编)者：何莽　2017年12月出版 / 定价：88.00元
PSN B-2017-685-1/1

客车蓝皮书
中国客车产业发展报告（2017～2018）
著(编)者：姚蔚　2018年10月出版 / 估价：99.00元
PSN B-2013-361-1/1

流通蓝皮书
中国商业发展报告（2018～2019）
著(编)者：王雪峰 林诗慧
2018年7月出版 / 估价：99.00元
PSN B-2009-152-1/2

能源蓝皮书
中国能源发展报告（2018）
著(编)者：崔民选 王军生 陈义和
2018年12月出版 / 估价：99.00元
PSN B-2006-049-1/1

农产品流通蓝皮书
中国农产品流通产业发展报告（2017）
著(编)者：贾敬敦 张东科 张玉玺 张鹏毅 周伟
2018年6月出版 / 估价：99.00元
PSN B-2012-288-1/1

汽车工业蓝皮书
中国汽车工业发展年度报告（2018）
著(编)者：中国汽车工业协会
中国汽车技术研究中心
丰田汽车公司
2018年5月出版 / 估价：168.00元
PSN B-2015-463-1/2

汽车工业蓝皮书
中国汽车零部件产业发展报告（2017～2018）
著(编)者：中国汽车工业协会
中国汽车工程研究院深圳市沃特玛电池有限公司
2018年9月出版 / 估价：99.00元
PSN B-2016-515-2/2

汽车蓝皮书
中国汽车产业发展报告（2018）
著(编)者：中国汽车工程学会
大众汽车集团（中国）
2018年11月出版 / 估价：99.00元
PSN B-2008-124-1/1

世界茶业蓝皮书
世界茶业发展报告（2018）
著(编)者：李闽榕 冯廷佺
2018年5月出版 / 估价：168.00元
PSN B-2017-619-1/1

世界能源蓝皮书
世界能源发展报告（2018）
著(编)者：黄晓勇　2018年6月出版 / 估价：168.00元
PSN B-2013-349-1/1

石油蓝皮书
中国石油产业发展报告（2018）
著(编)者：中国石油化工集团公司经济技术研究院
中国国际石油化工联合有限责任公司
中国社会科学院数量经济与技术经济研究所
2018年2月出版 / 定价：98.00元
PSN B-2018-690-1/1

体育蓝皮书
国家体育产业基地发展报告（2016～2017）
著(编)者：李颖川　2018年6月出版 / 估价：168.00元
PSN B-2017-609-5/5

体育蓝皮书
中国体育产业发展报告（2018）
著(编)者：阮伟 钟秉枢
2018年12月出版 / 估价：99.00元
PSN B-2010-179-1/5

文化金融蓝皮书
中国文化金融发展报告（2018）
著(编)者：杨涛 金巍
2018年6月出版 / 估价：99.00元
PSN B-2017-610-1/1

新能源汽车蓝皮书
中国新能源汽车产业发展报告（2018）
著(编)者：中国汽车技术研究中心
日产（中国）投资有限公司
东风汽车有限公司
2018年8月出版 / 估价：99.00元
PSN B-2013-347-1/1

薏仁米产业蓝皮书
中国薏仁米产业发展报告No.2（2018）
著(编)者：李发耀 石明　秦礼康
2018年8月出版 / 估价：99.00元
PSN B-2017-645-1/1

邮轮绿皮书
中国邮轮产业发展报告（2018）
著(编)者：汪泓　2018年10月出版 / 估价：99.00元
PSN G-2014-419-1/1

智能养老蓝皮书
中国智能养老产业发展报告（2018）
著(编)者：朱勇　2018年10月出版 / 估价：99.00元
PSN B-2015-488-1/1

中国节能汽车蓝皮书
中国节能汽车发展报告（2017～2018）
著(编)者：中国汽车工程研究院股份有限公司
2018年9月出版 / 估价：99.00元
PSN B-2016-565-1/1

中国陶瓷产业蓝皮书
中国陶瓷产业发展报告（2018）
著(编)者：左和平 黄速建
2018年10月出版 / 估价：99.00元
PSN B-2016-573-1/1

装备制造业蓝皮书
中国装备制造业发展报告（2018）
著(编)者：徐东华
2018年12月出版 / 估价：118.00元
PSN B-2015-505-1/1

行业及其他类

“三农”互联网金融蓝皮书
中国“三农”互联网金融发展报告（2018）
著(编)者：李勇坚 王弢
2018年8月出版 / 估价：99.00元
PSN B-2016-560-1/1

SUV蓝皮书
中国SUV市场发展报告（2017～2018）
著(编)者：靳军 2018年9月出版 / 估价：99.00元
PSN B-2016-571-1/1

冰雪蓝皮书
中国冬季奥运会发展报告（2018）
著(编)者：孙承华 伍斌 魏庆华 张鸿俊
2018年9月出版 / 估价：99.00元
PSN B-2017-647-2/3

彩票蓝皮书
中国彩票发展报告（2018）
著(编)者：益彩基金 2018年6月出版 / 估价：99.00元
PSN B-2015-462-1/1

测绘地理信息蓝皮书
测绘地理信息供给侧结构性改革研究报告（2018）
著(编)者：库热西・买合苏提
2018年12月出版 / 估价：168.00元
PSN B-2009-145-1/1

产权市场蓝皮书
中国产权市场发展报告（2017）
著(编)者：曹和平
2018年5月出版 / 估价：99.00元
PSN B-2009-147-1/1

城投蓝皮书
中国城投行业发展报告（2018）
著(编)者：华景斌
2018年11月出版 / 估价：300.00元
PSN B-2016-514-1/1

城市轨道交通蓝皮书
中国城市轨道交通运营发展报告（2017～2018）
著(编)者：崔学忠 贾文峥
2018年3月出版 / 定价：89.00元
PSN B-2018-694-1/1

大数据蓝皮书
中国大数据发展报告（No.2）
著(编)者：连玉明 2018年5月出版 / 估价：99.00元
PSN B-2017-620-1/1

大数据应用蓝皮书
中国大数据应用发展报告No.2（2018）
著(编)者：陈军君 2018年8月出版 / 估价：99.00元
PSN B-2017-644-1/1

对外投资与风险蓝皮书
中国对外直接投资与国家风险报告（2018）
著(编)者：中债资信评估有限责任公司
中国社会科学院世界经济与政治研究所
2018年6月出版 / 估价：189.00元
PSN B-2017-606-1/1

工业和信息化蓝皮书
人工智能发展报告（2017～2018）
著(编)者：尹丽波 2018年6月出版 / 估价：99.00元
PSN B-2015-448-1/6

工业和信息化蓝皮书
世界智慧城市发展报告（2017～2018）
著(编)者：尹丽波 2018年6月出版 / 估价：99.00元
PSN B-2017-624-6/6

工业和信息化蓝皮书
世界网络安全发展报告（2017～2018）
著(编)者：尹丽波 2018年6月出版 / 估价：99.00元
PSN B-2015-452-5/6

工业和信息化蓝皮书
世界信息化发展报告（2017～2018）
著(编)者：尹丽波 2018年6月出版 / 估价：99.00元
PSN B-2015-451-4/6

工业设计蓝皮书
中国工业设计发展报告（2018）
著(编)者：王晓红 于炜 张立群 2018年9月出版 / 估价：168.00元
PSN B-2014-420-1/1

公共关系蓝皮书
中国公共关系发展报告（2017）
著(编)者：柳斌杰 2018年1月出版 / 定价：89.00元
PSN B-2016-579-1/1

公共关系蓝皮书
中国公共关系发展报告（2018）
著(编)者：柳斌杰　2018年11月出版 / 估价：99.00元
PSN B-2016-579-1/1

管理蓝皮书
中国管理发展报告（2018）
著(编)者：张晓东　2018年10月出版 / 估价：99.00元
PSN B-2014-416-1/1

轨道交通蓝皮书
中国轨道交通行业发展报告（2017）
著(编)者：仲建华 李闽榕
2017年12月出版 / 定价：98.00元
PSN B-2017-674-1/1

海关发展蓝皮书
中国海关发展前沿报告（2018）
著(编)者：干春晖　2018年6月出版 / 估价：99.00元
PSN B-2017-616-1/1

互联网医疗蓝皮书
中国互联网健康医疗发展报告（2018）
著(编)者：芮晓武　2018年6月出版 / 估价：99.00元
PSN B-2016-567-1/1

黄金市场蓝皮书
中国商业银行黄金业务发展报告（2017～2018）
著(编)者：平安银行　2018年6月出版 / 估价：99.00元
PSN B-2016-524-1/1

会展蓝皮书
中外会展业动态评估研究报告（2018）
著(编)者：张敏 任中峰 聂鑫焱 牛盼强
2018年12月出版 / 估价：99.00元
PSN B-2013-327-1/1

基金会蓝皮书
中国基金会发展报告（2017~2018）
著(编)者：中国基金会发展报告课题组
2018年6月出版 / 估价：99.00元
PSN B-2013-368-1/1

基金会绿皮书
中国基金会发展独立研究报告（2018）
著(编)者：基金会中心网　中央民族大学基金会研究中心
2018年6月出版 / 估价：99.00元
PSN G-2011-213-1/1

基金会透明度蓝皮书
中国基金会透明度发展研究报告（2018）
著(编)者：基金会中心网
清华大学廉政与治理研究中心
2018年9月出版 / 估价：99.00元
PSN B-2013-339-1/1

建筑装饰蓝皮书
中国建筑装饰行业发展报告（2018）
著(编)者：葛道顺 刘晓一
2018年10月出版 / 估价：198.00元
PSN B-2016-553-1/1

金融监管蓝皮书
中国金融监管报告（2018）
著(编)者：胡滨　2018年3月出版 / 定价：98.00元
PSN B-2012-281-1/1

金融蓝皮书
中国互联网金融行业分析与评估（2018～2019）
著(编)者：黄国平 伍旭川　2018年12月出版 / 估价：99.00元
PSN B-2016-585-7/7

金融科技蓝皮书
中国金融科技发展报告（2018）
著(编)者：李扬 孙国峰　2018年10月出版 / 估价：99.00元
PSN B-2014-374-1/1

金融信息服务蓝皮书
中国金融信息服务发展报告（2018）
著(编)者：李平　2018年5月出版 / 估价：99.00元
PSN B-2017-621-1/1

金蜜蜂企业社会责任蓝皮书
金蜜蜂中国企业社会责任报告研究（2017）
著(编)者：殷格非 于志宏 管竹笋
2018年1月出版 / 定价：99.00元
PSN B-2018-693-1/1

京津冀金融蓝皮书
京津冀金融发展报告（2018）
著(编)者：王爱俭 王璟怡　2018年10月出版 / 估价：99.00元
PSN B-2016-527-1/1

科普蓝皮书
国家科普能力发展报告（2018）
著(编)者：王康友　2018年5月出版 / 估价：138.00元
PSN B-2017-632-4/4

科普蓝皮书
中国基层科普发展报告（2017～2018）
著(编)者：赵立新 陈玲　2018年9月出版 / 估价：99.00元
PSN B-2016-568-3/4

科普蓝皮书
中国科普基础设施发展报告（2017～2018）
著(编)者：任福君　2018年6月出版 / 估价：99.00元
PSN B-2010-174-1/3

科普蓝皮书
中国科普人才发展报告（2017～2018）
著(编)者：郑念 任嵘嵘　2018年7月出版 / 估价：99.00元
PSN B-2016-512-2/4

科普能力蓝皮书
中国科普能力评价报告（2018～2019）
著(编)者：李富强 李群　2018年8月出版 / 估价：99.00元
PSN B-2016-555-1/1

临空经济蓝皮书
中国临空经济发展报告（2018）
著(编)者：连玉明　2018年9月出版 / 估价：99.00元
PSN B-2014-421-1/1

旅游安全蓝皮书
中国旅游安全报告（2018）
著(编)者：郑向敏 谢朝武 2018年5月出版 / 估价：158.00元
PSN B-2012-280-1/1

旅游绿皮书
2017～2018年中国旅游发展分析与预测
著(编)者：宋瑞 2018年1月出版 / 定价：99.00元
PSN G-2002-018-1/1

煤炭蓝皮书
中国煤炭工业发展报告（2018）
著(编)者：岳福斌 2018年12月出版 / 估价：99.00元
PSN B-2008-123-1/1

民营企业社会责任蓝皮书
中国民营企业社会责任报告（2018）
著(编)者：中华全国工商业联合会
2018年12月出版 / 估价：99.00元
PSN B-2015-510-1/1

民营医院蓝皮书
中国民营医院发展报告（2017）
著(编)者：薛晓林 2017年12月出版 / 定价：89.00元
PSN B-2012-299-1/1

闽商蓝皮书
闽商发展报告（2018）
著(编)者：李闽榕 王日根 林琛
2018年12月出版 / 估价：99.00元
PSN B-2012-298-1/1

农业应对气候变化蓝皮书
中国农业气象灾害及其灾损评估报告（No.3）
著(编)者：矫梅燕 2018年6月出版 / 估价：118.00元
PSN B-2014-413-1/1

品牌蓝皮书
中国品牌战略发展报告（2018）
著(编)者：汪同三 2018年10月出版 / 估价：99.00元
PSN B-2016-580-1/1

企业扶贫蓝皮书
中国企业扶贫研究报告（2018）
著(编)者：钟宏武 2018年12月出版 / 估价：99.00元
PSN B-2016-593-1/1

企业公益蓝皮书
中国企业公益研究报告（2018）
著(编)者：钟宏武 汪杰 黄晓娟
2018年12月出版 / 估价：99.00元
PSN B-2015-501-1/1

企业国际化蓝皮书
中国企业全球化报告（2018）
著(编)者：王辉耀 苗绿 2018年11月出版 / 估价：99.00元
PSN B-2014-427-1/1

企业蓝皮书
中国企业绿色发展报告No.2（2018）
著(编)者：李红玉 朱光辉
2018年8月出版 / 估价：99.00元
PSN B-2015-481-2/2

企业社会责任蓝皮书
中资企业海外社会责任研究报告（2017～2018）
著(编)者：钟宏武 叶柳红 张蒽
2018年6月出版 / 估价：99.00元
PSN B-2017-603-2/2

企业社会责任蓝皮书
中国企业社会责任研究报告（2018）
著(编)者：黄群慧 钟宏武 张蒽 汪杰
2018年11月出版 / 估价：99.00元
PSN B-2009-149-1/2

汽车安全蓝皮书
中国汽车安全发展报告（2018）
著(编)者：中国汽车技术研究中心
2018年8月出版 / 估价：99.00元
PSN B-2014-385-1/1

汽车电子商务蓝皮书
中国汽车电子商务发展报告（2018）
著(编)者：中华全国工商业联合会汽车经销商商会
北方工业大学
北京易观智库网络科技有限公司
2018年10月出版 / 估价：158.00元
PSN B-2015-485-1/1

汽车知识产权蓝皮书
中国汽车产业知识产权发展报告（2018）
著(编)者：中国汽车工程研究院股份有限公司
中国汽车工程学会
重庆长安汽车股份有限公司
2018年12月出版 / 估价：99.00元
PSN B-2016-594-1/1

青少年体育蓝皮书
中国青少年体育发展报告（2017）
著(编)者：刘扶民 杨桦 2018年6月出版 / 估价：99.00元
PSN B-2015-482-1/1

区块链蓝皮书
中国区块链发展报告（2018）
著(编)者：李伟 2018年9月出版 / 估价：99.00元
PSN B-2017-649-1/1

群众体育蓝皮书
中国群众体育发展报告（2017）
著(编)者：刘国永 戴健 2018年5月出版 / 估价：99.00元
PSN B-2014-411-1/3

群众体育蓝皮书
中国社会体育指导员发展报告（2018）
著(编)者：刘国永 王欢 2018年6月出版 / 估价：99.00元
PSN B-2016-520-3/3

人力资源蓝皮书
中国人力资源发展报告（2018）
著(编)者：余兴安 2018年11月出版 / 估价：99.00元
PSN B-2012-287-1/1

融资租赁蓝皮书
中国融资租赁业发展报告（2017～2018）
著(编)者：李光荣 王力 2018年8月出版 / 估价：99.00元
PSN B-2015-443-1/1

商会蓝皮书
中国商会发展报告No.5（2017）
著(编)者：王钦敏　2018年7月出版 / 估价：99.00元
PSN B-2008-125-1/1

商务中心区蓝皮书
中国商务中心区发展报告No.4（2017~2018）
著(编)者：李国红 单菁菁　2018年9月出版 / 估价：99.00元
PSN B-2015-444-1/1

设计产业蓝皮书
中国创新设计发展报告（2018）
著(编)者：王晓红 张立群 于炜
2018年11月出版 / 估价：99.00元
PSN B-2016-581-2/2

社会责任管理蓝皮书
中国上市公司社会责任能力成熟度报告No.4（2018）
著(编)者：肖红军 王晓光 李伟阳
2018年12月出版 / 估价：99.00元
PSN B-2015-507-2/2

社会责任管理蓝皮书
中国企业公众透明度报告No.4（2017~2018）
著(编)者：黄速建 熊梦 王晓光 肖红军
2018年6月出版 / 估价：99.00元
PSN B-2015-440-1/2

食品药品蓝皮书
食品药品安全与监管政策研究报告（2016~2017）
著(编)者：唐民皓　2018年6月出版 / 估价：99.00元
PSN B-2009-129-1/1

输血服务蓝皮书
中国输血行业发展报告（2018）
著(编)者：孙俊　2018年12月出版 / 估价：99.00元
PSN B-2016-582-1/1

水利风景区蓝皮书
中国水利风景区发展报告（2018）
著(编)者：董建文 兰思仁
2018年10月出版 / 估价：99.00元
PSN B-2015-480-1/1

数字经济蓝皮书
全球数字经济竞争力发展报告（2017）
著(编)者：王振　2017年12月出版 / 定价：79.00元
PSN B-2017-673-1/1

私募市场蓝皮书
中国私募股权市场发展报告（2017~2018）
著(编)者：曹和平　2018年12月出版 / 估价：99.00元
PSN B-2010-162-1/1

碳排放权交易蓝皮书
中国碳排放权交易报告（2018）
著(编)者：孙永平　2018年11月出版 / 估价：99.00元
PSN B-2017-652-1/1

碳市场蓝皮书
中国碳市场报告（2018）
著(编)者：定金彪　2018年11月出版 / 估价：99.00元
PSN B-2014-430-1/1

体育蓝皮书
中国公共体育服务发展报告（2018）
著(编)者：戴健　2018年12月出版 / 估价：99.00元
PSN B-2013-367-2/5

土地市场蓝皮书
中国农村土地市场发展报告（2017~2018）
著(编)者：李光荣　2018年6月出版 / 估价：99.00元
PSN B-2016-526-1/1

土地整治蓝皮书
中国土地整治发展研究报告（No.5）
著(编)者：国土资源部土地整治中心
2018年7月出版 / 估价：99.00元
PSN B-2014-401-1/1

土地政策蓝皮书
中国土地政策研究报告（2018）
著(编)者：高延利 张建平 吴次芳
2018年1月出版 / 定价：98.00元
PSN B-2015-506-1/1

网络空间安全蓝皮书
中国网络空间安全发展报告（2018）
著(编)者：惠志斌 覃庆玲
2018年11月出版 / 估价：99.00元
PSN B-2015-466-1/1

文化志愿服务蓝皮书
中国文化志愿服务发展报告（2018）
著(编)者：张永新 良警宇　2018年11月出版 / 估价：128.00元
PSN B-2016-596-1/1

西部金融蓝皮书
中国西部金融发展报告（2017~2018）
著(编)者：李忠民　2018年8月出版 / 估价：99.00元
PSN B-2010-160-1/1

协会商会蓝皮书
中国行业协会商会发展报告（2017）
著(编)者：景朝阳 李勇　2018年6月出版 / 估价：99.00元
PSN B-2015-461-1/1

新三板蓝皮书
中国新三板市场发展报告（2018）
著(编)者：王力　2018年8月出版 / 估价：99.00元
PSN B-2016-533-1/1

信托市场蓝皮书
中国信托业市场报告（2017~2018）
著(编)者：用益金融信托研究院
2018年6月出版 / 估价：198.00元
PSN B-2014-371-1/1

信息化蓝皮书
中国信息化形势分析与预测（2017~2018）
著(编)者：周宏仁　2018年8月出版 / 估价：99.00元
PSN B-2010-168-1/1

信用蓝皮书
中国信用发展报告（2017~2018）
著(编)者：章政 田侃　2018年6月出版 / 估价：99.00元
PSN B-2013-328-1/1

休闲绿皮书
2017～2018年中国休闲发展报告
著(编)者：宋瑞　2018年7月出版 / 估价：99.00元
PSN G-2010-158-1/1

休闲体育蓝皮书
中国休闲体育发展报告（2017～2018）
著(编)者：李相如 钟秉枢
2018年10月出版 / 估价：99.00元
PSN B-2016-516-1/1

养老金融蓝皮书
中国养老金融发展报告（2018）
著(编)者：董克用 姚余栋
2018年9月出版 / 估价：99.00元
PSN B-2016-583-1/1

遥感监测绿皮书
中国可持续发展遥感监测报告（2017）
著(编)者：顾行发 汪克强 潘教峰 李闽榕 徐东华 王琦安
2018年6月出版 / 估价：298.00元
PSN B-2017-629-1/1

药品流通蓝皮书
中国药品流通行业发展报告（2018）
著(编)者：佘鲁林 温再兴
2018年7月出版 / 估价：198.00元
PSN B-2014-429-1/1

医疗器械蓝皮书
中国医疗器械行业发展报告（2018）
著(编)者：王宝亭 耿鸿武
2018年10月出版 / 估价：99.00元
PSN B-2017-661-1/1

医院蓝皮书
中国医院竞争力报告（2017~2018）
著(编)者：庄一强　2018年3月出版 / 定价：108.00元
PSN B-2016-528-1/1

瑜伽蓝皮书
中国瑜伽业发展报告（2017~2018）
著(编)者：张永建 徐华锋 朱泰余
2018年6月出版 / 估价：198.00元
PSN B-2017-625-1/1

债券市场蓝皮书
中国债券市场发展报告（2017～2018）
著(编)者：杨农　2018年10月出版 / 估价：99.00元
PSN B-2016-572-1/1

志愿服务蓝皮书
中国志愿服务发展报告（2018）
著(编)者：中国志愿服务联合会
2018年11月出版 / 估价：99.00元
PSN B-2017-664-1/1

中国上市公司蓝皮书
中国上市公司发展报告（2018）
著(编)者：张鹏 张平 黄胤英
2018年9月出版 / 估价：99.00元
PSN B-2014-414-1/1

中国新三板蓝皮书
中国新三板创新与发展报告（2018）
著(编)者：刘平安 闻召林
2018年8月出版 / 估价：158.00元
PSN B-2017-638-1/1

中国汽车品牌蓝皮书
中国乘用车品牌发展报告（2017）
著(编)者：《中国汽车报》社有限公司
博世（中国）投资有限公司
中国汽车技术研究中心数据资源中心
2018年1月出版 / 定价：89.00元
PSN B-2017-679-1/1

中医文化蓝皮书
北京中医药文化传播发展报告（2018）
著(编)者：毛嘉陵　2018年6月出版 / 估价：99.00元
PSN B-2015-468-1/2

中医文化蓝皮书
中国中医药文化传播发展报告（2018）
著(编)者：毛嘉陵　2018年7月出版 / 估价：99.00元
PSN B-2016-584-2/2

中医药蓝皮书
北京中医药知识产权发展报告No.2
著(编)者：汪洪 屠志涛　2018年6月出版 / 估价：168.00元
PSN B-2017-602-1/1

资本市场蓝皮书
中国场外交易市场发展报告（2016～2017）
著(编)者：高峦　2018年6月出版 / 估价：99.00元
PSN B-2009-153-1/1

资产管理蓝皮书
中国资产管理行业发展报告（2018）
著(编)者：郑智　2018年7月出版 / 估价：99.00元
PSN B-2014-407-2/2

资产证券化蓝皮书
中国资产证券化发展报告（2018）
著(编)者：沈炳熙 曹彤 李哲平
2018年4月出版 / 定价：98.00元
PSN B-2017-660-1/1

自贸区蓝皮书
中国自贸区发展报告（2018）
著(编)者：王力 黄育华
2018年6月出版 / 估价：99.00元
PSN B-2016-558-1/1

国际问题与全球治理类

“一带一路”跨境通道蓝皮书
“一带一路”跨境通道建设研究报（2017～2018）
著(编)者：余鑫 张秋生　　2018年1月出版 / 定价：89.00元
PSN B-2016-557-1/1

“一带一路”蓝皮书
“一带一路”建设发展报告（2018）
著(编)者：李永全　　2018年3月出版 / 定价：98.00元
PSN B-2016-552-1/1

“一带一路”投资安全蓝皮书
中国“一带一路”投资与安全研究报告（2018）
著(编)者：邹统钎 梁昊光　　2018年4月出版 / 定价：98.00元
PSN B-2017-612-1/1

“一带一路”文化交流蓝皮书
中阿文化交流发展报告（2017）
著(编)者：王辉　　2017年12月出版 / 定价：89.00元
PSN B-2017-655-1/1

G20国家创新竞争力黄皮书
二十国集团（G20）国家创新竞争力发展报告（2017～2018）
著(编)者：李建平 李闽榕 赵新力 周天勇
2018年7月出版 / 估价：168.00元
PSN Y-2011-229-1/1

阿拉伯黄皮书
阿拉伯发展报告（2016～2017）
著(编)者：罗林　　2018年6月出版 / 估价：99.00元
PSN Y-2014-381-1/1

北部湾蓝皮书
泛北部湾合作发展报告（2017～2018）
著(编)者：吕余生　　2018年12月出版 / 估价：99.00元
PSN B-2008-114-1/1

北极蓝皮书
北极地区发展报告（2017）
著(编)者：刘惠荣　　2018年7月出版 / 估价：99.00元
PSN B-2017-634-1/1

大洋洲蓝皮书
大洋洲发展报告（2017～2018）
著(编)者：喻常森　　2018年10月出版 / 估价：99.00元
PSN B-2013-341-1/1

东北亚区域合作蓝皮书
2017年“一带一路”倡议与东北亚区域合作
著(编)者：刘亚政 金美花
2018年5月出版 / 估价：99.00元
PSN B-2017-631-1/1

东盟黄皮书
东盟发展报告（2017）
著(编)者：杨晓强 庄国土　　2018年6月出版 / 估价：99.00元
PSN Y-2012-303-1/1

东南亚蓝皮书
东南亚地区发展报告（2017～2018）
著(编)者：王勤　　2018年12月出版 / 估价：99.00元
PSN B-2012-240-1/1

非洲黄皮书
非洲发展报告No.20（2017～2018）
著(编)者：张宏明　　2018年7月出版 / 估价：99.00元
PSN Y-2012-239-1/1

非传统安全蓝皮书
中国非传统安全研究报告（2017～2018）
著(编)者：潇枫 罗中枢　　2018年8月出版 / 估价：99.00元
PSN B-2012-273-1/1

国际安全蓝皮书
中国国际安全研究报告（2018）
著(编)者：刘慧　　2018年7月出版 / 估价：99.00元
PSN B-2016-521-1/1

国际城市蓝皮书
国际城市发展报告（2018）
著(编)者：屠启宇　　2018年2月出版 / 定价：89.00元
PSN B-2012-260-1/1

国际形势黄皮书
全球政治与安全报告（2018）
著(编)者：张宇燕　　2018年1月出版 / 定价：99.00元
PSN Y-2001-016-1/1

公共外交蓝皮书
中国公共外交发展报告（2018）
著(编)者：赵启正 雷蔚真　　2018年6月出版 / 估价：99.00元
PSN B-2015-457-1/1

海丝蓝皮书
21世纪海上丝绸之路研究报告（2017）
著(编)者：华侨大学海上丝绸之路研究院
2017年12月出版 / 定价：89.00元
PSN B-2017-684-1/1

金砖国家黄皮书
金砖国家综合创新竞争力发展报告（2018）
著(编)者：赵新力 李闽榕 黄茂兴
2018年8月出版 / 估价：128.00元
PSN Y-2017-643-1/1

拉美黄皮书
拉丁美洲和加勒比发展报告（2017～2018）
著(编)者：袁东振　　2018年6月出版 / 估价：99.00元
PSN Y-1999-007-1/1

澜湄合作蓝皮书
澜沧江-湄公河合作发展报告（2018）
著(编)者：刘稚　　2018年9月出版 / 估价：99.00元
PSN B-2011-196-1/1

欧洲蓝皮书
欧洲发展报告（2017~2018）
著(编)者：黄平 周弘 程卫东
2018年6月出版 / 估价：99.00元
PSN B-1999-009-1/1

葡语国家蓝皮书
葡语国家发展报告（2016~2017）
著(编)者：王成安 张敏 刘金兰
2018年6月出版 / 估价：99.00元
PSN B-2015-503-1/2

葡语国家蓝皮书
中国与葡语国家关系发展报告·巴西（2016）
著(编)者：张曙光
2018年8月出版 / 估价：99.00元
PSN B-2016-563-2/2

气候变化绿皮书
应对气候变化报告（2018）
著(编)者：王伟光 郑国光
2018年11月出版 / 估价：99.00元
PSN G-2009-144-1/1

全球环境竞争力绿皮书
全球环境竞争力报告（2018）
著(编)者：李建平 李闽榕 王金南
2018年12月出版 / 估价：198.00元
PSN G-2013-363-1/1

全球信息社会蓝皮书
全球信息社会发展报告（2018）
著(编)者：丁波涛 唐涛 2018年10月出版 / 估价：99.00元
PSN B-2017-665-1/1

日本经济蓝皮书
日本经济与中日经贸关系研究报告（2018）
著(编)者：张季风 2018年6月出版 / 估价：99.00元
PSN B-2008-102-1/1

上海合作组织黄皮书
上海合作组织发展报告（2018）
著(编)者：李进峰 2018年6月出版 / 估价：99.00元
PSN Y-2009-130-1/1

世界创新竞争力黄皮书
世界创新竞争力发展报告（2017）
著(编)者：李建平 李闽榕 赵新力
2018年6月出版 / 估价：168.00元
PSN Y-2013-318-1/1

世界经济黄皮书
2018年世界经济形势分析与预测
著(编)者：张宇燕 2018年1月出版 / 定价：99.00元
PSN Y-1999-006-1/1

世界能源互联互通蓝皮书
世界能源清洁发展与互联互通评估报告（2017）：欧洲篇
著(编)者：国网能源研究院
2018年1月出版 / 定价：128.00元
PSN B-2018-695-1/1

丝绸之路蓝皮书
丝绸之路经济带发展报告（2018）
著(编)者：任宗哲 白宽犁 谷孟宾
2018年1月出版 / 定价：89.00元
PSN B-2014-410-1/1

新兴经济体蓝皮书
金砖国家发展报告（2018）
著(编)者：林跃勤 周文
2018年8月出版 / 估价：99.00元
PSN B-2011-195-1/1

亚太蓝皮书
亚太地区发展报告（2018）
著(编)者：李向阳 2018年5月出版 / 估价：99.00元
PSN B-2001-015-1/1

印度洋地区蓝皮书
印度洋地区发展报告（2018）
著(编)者：汪戎 2018年6月出版 / 估价：99.00元
PSN B-2013-334-1/1

印度尼西亚经济蓝皮书
印度尼西亚经济发展报告（2017）：增长与机会
著(编)者：左志刚 2017年11月出版 / 定价：89.00元
PSN B-2017-675-1/1

渝新欧蓝皮书
渝新欧沿线国家发展报告（2018）
著(编)者：杨柏 黄森
2018年6月出版 / 估价：99.00元
PSN B-2017-626-1/1

中阿蓝皮书
中国-阿拉伯国家经贸发展报告（2018）
著(编)者：张廉 段庆林 王林聪 杨巧红
2018年12月出版 / 估价：99.00元
PSN B-2016-598-1/1

中东黄皮书
中东发展报告No.20（2017~2018）
著(编)者：杨光 2018年10月出版 / 估价：99.00元
PSN Y-1998-004-1/1

中亚黄皮书
中亚国家发展报告（2018）
著(编)者：孙力
2018年3月出版 / 定价：98.00元
PSN Y-2012-238-1/1

国别类

澳大利亚蓝皮书
澳大利亚发展报告（2017-2018）
著(编)者：孙有中 韩锋　2018年12月出版 / 估价：99.00元
PSN B-2016-587-1/1

巴西黄皮书
巴西发展报告（2017）
著(编)者：刘国枝　2018年5月出版 / 估价：99.00元
PSN Y-2017-614-1/1

德国蓝皮书
德国发展报告（2018）
著(编)者：郑春荣　2018年6月出版 / 估价：99.00元
PSN B-2012-278-1/1

俄罗斯黄皮书
俄罗斯发展报告（2018）
著(编)者：李永全　2018年6月出版 / 估价：99.00元
PSN Y-2006-061-1/1

韩国蓝皮书
韩国发展报告（2017）
著(编)者：牛林杰 刘宝全　2018年6月出版 / 估价：99.00元
PSN B-2010-155-1/1

加拿大蓝皮书
加拿大发展报告（2018）
著(编)者：唐小松　2018年9月出版 / 估价：99.00元
PSN B-2014-389-1/1

美国蓝皮书
美国研究报告（2018）
著(编)者：郑秉文 黄平　2018年5月出版 / 估价：99.00元
PSN B-2011-210-1/1

缅甸蓝皮书
缅甸国情报告（2017）
著(编)者：祝湘辉
2017年11月出版 / 定价：98.00元
PSN B-2013-343-1/1

日本蓝皮书
日本研究报告（2018）
著(编)者：杨伯江　2018年4月出版 / 定价：99.00元
PSN B-2002-020-1/1

土耳其蓝皮书
土耳其发展报告（2018）
著(编)者：郭长刚 刘义　2018年9月出版 / 估价：99.00元
PSN B-2014-412-1/1

伊朗蓝皮书
伊朗发展报告（2017～2018）
著(编)者：冀开运　2018年10月 / 估价：99.00元
PSN B-2016-574-1/1

以色列蓝皮书
以色列发展报告（2018）
著(编)者：张倩红　2018年8月出版 / 估价：99.00元
PSN B-2015-483-1/1

印度蓝皮书
印度国情报告（2017）
著(编)者：吕昭义　2018年6月出版 / 估价：99.00元
PSN B-2012-241-1/1

英国蓝皮书
英国发展报告（2017～2018）
著(编)者：王展鹏　2018年12月出版 / 估价：99.00元
PSN B-2015-486-1/1

越南蓝皮书
越南国情报告（2018）
著(编)者：谢林城　2018年11月出版 / 估价：99.00元
PSN B-2006-056-1/1

泰国蓝皮书
泰国研究报告（2018）
著(编)者：庄国土 张禹东　刘文正
2018年10月出版 / 估价：99.00元
PSN B-2016-556-1/1

文化传媒类

“三农”舆情蓝皮书
中国“三农”网络舆情报告（2017～2018）
著(编)者：农业部信息中心
2018年6月出版 / 估价：99.00元
PSN B-2017-640-1/1

传媒竞争力蓝皮书
中国传媒国际竞争力研究报告（2018）
著(编)者：李本乾 刘强 王大可
2018年8月出版 / 估价：99.00元
PSN B-2013-356-1/1

传媒蓝皮书
中国传媒产业发展报告（2018）
著(编)者：崔保国
2018年5月出版 / 估价：99.00元
PSN B-2005-035-1/1

传媒投资蓝皮书
中国传媒投资发展报告（2018）
著(编)者：张向东 谭云明
2018年6月出版 / 估价：148.00元
PSN B-2015-474-1/1

非物质文化遗产蓝皮书
中国非物质文化遗产发展报告（2018）
著(编)者：陈平　2018年6月出版 / 估价：128.00元
PSN B-2015-469-1/2

非物质文化遗产蓝皮书
中国非物质文化遗产保护发展报告（2018）
著(编)者：宋俊华　2018年10月出版 / 估价：128.00元
PSN B-2016-586-2/2

广电蓝皮书
中国广播电影电视发展报告（2018）
著(编)者：国家新闻出版广电总局发展研究中心
2018年7月出版 / 估价：99.00元
PSN B-2006-072-1/1

广告主蓝皮书
中国广告主营销传播趋势报告No.9
著(编)者：黄升民 杜国清 邵华冬 等
2018年10月出版 / 估价：158.00元
PSN B-2005-041-1/1

国际传播蓝皮书
中国国际传播发展报告（2018）
著(编)者：胡正荣 李继东 姬德强
2018年12月出版 / 估价：99.00元
PSN B-2014-408-1/1

国家形象蓝皮书
中国国家形象传播报告（2017）
著(编)者：张昆　2018年6月出版 / 估价：128.00元
PSN B-2017-605-1/1

互联网治理蓝皮书
中国网络社会治理研究报告（2018）
著(编)者：罗昕 支庭荣
2018年9月出版 / 估价：118.00元
PSN B-2017-653-1/1

纪录片蓝皮书
中国纪录片发展报告（2018）
著(编)者：何苏六　2018年10月出版 / 估价：99.00元
PSN B-2011-222-1/1

科学传播蓝皮书
中国科学传播报告（2016~2017）
著(编)者：詹正茂　2018年6月出版 / 估价：99.00元
PSN B-2008-120-1/1

两岸创意经济蓝皮书
两岸创意经济研究报告（2018）
著(编)者：罗昌智 董泽平
2018年10月出版 / 估价：99.00元
PSN B-2014-437-1/1

媒介与女性蓝皮书
中国媒介与女性发展报告（2017~2018）
著(编)者：刘利群　2018年5月出版 / 估价：99.00元
PSN B-2013-345-1/1

媒体融合蓝皮书
中国媒体融合发展报告（2017~2018）
著(编)者：梅宁华 支庭荣
2017年12月出版 / 定价：98.00元
PSN B-2015-479-1/1

全球传媒蓝皮书
全球传媒发展报告（2017~2018）
著(编)者：胡正荣 李继东　2018年6月出版 / 估价：99.00元
PSN B-2012-237-1/1

少数民族非遗蓝皮书
中国少数民族非物质文化遗产发展报告（2018）
著(编)者：肖远平（彝） 柴立（满）
2018年10月出版 / 估价：118.00元
PSN B-2015-467-1/1

视听新媒体蓝皮书
中国视听新媒体发展报告（2018）
著(编)者：国家新闻出版广电总局发展研究中心
2018年7月出版 / 估价：118.00元
PSN B-2011-184-1/1

数字娱乐产业蓝皮书
中国动画产业发展报告（2018）
著(编)者：孙立军 孙平 牛兴侦
2018年10月出版 / 估价：99.00元
PSN B-2011-198-1/2

数字娱乐产业蓝皮书
中国游戏产业发展报告（2018）
著(编)者：孙立军 刘跃军　2018年10月出版 / 估价：99.00元
PSN B-2017-662-2/2

网络视听蓝皮书
中国互联网视听行业发展报告（2018）
著(编)者：陈鹏　2018年2月出版 / 定价：148.00元
PSN B-2018-688-1/1

文化创新蓝皮书
中国文化创新报告（2017·No.8）
著(编)者：傅才武　2018年6月出版 / 估价：99.00元
PSN B-2009-143-1/1

文化建设蓝皮书
中国文化发展报告（2018）
著(编)者：江畅 孙伟平 戴茂堂
2018年5月出版 / 估价：99.00元
PSN B-2014-392-1/1

文化科技蓝皮书
文化科技创新发展报告（2018）
著(编)者：于平 李凤亮　2018年10月出版 / 估价：99.00元
PSN B-2013-342-1/1

文化蓝皮书
中国公共文化服务发展报告（2017~2018）
著(编)者：刘新成 张永新 张旭
2018年12月出版 / 估价：99.00元
PSN B-2007-093-2/10

文化蓝皮书
中国少数民族文化发展报告（2017~2018）
著(编)者：武翠英 张晓明 任乌晶
2018年9月出版 / 估价：99.00元
PSN B-2013-369-9/10

文化蓝皮书
中国文化产业供需协调检测报告（2018）
著(编)者：王亚南　2018年3月出版 / 定价：99.00元
PSN B-2013-323-8/10

文化蓝皮书
中国文化消费需求景气评价报告（2018）
著(编)者：王亚南　2018年3月出版 / 定价：99.00元
PSN B-2011-236-4/10

文化蓝皮书
中国公共文化投入增长测评报告（2018）
著(编)者：王亚南　2018年3月出版 / 定价：99.00元
PSN B-2014-435-10/10

文化品牌蓝皮书
中国文化品牌发展报告（2018）
著(编)者：欧阳友权　2018年5月出版 / 估价：99.00元
PSN B-2012-277-1/1

文化遗产蓝皮书
中国文化遗产事业发展报告（2017～2018）
著(编)者：苏杨 张颖岚 卓杰 白海峰 陈晨 陈叙图
2018年8月出版 / 估价：99.00元
PSN B-2008-119-1/1

文学蓝皮书
中国文情报告（2017～2018）
著(编)者：白烨　2018年5月出版 / 估价：99.00元
PSN B-2011-221-1/1

新媒体蓝皮书
中国新媒体发展报告No.9（2018）
著(编)者：唐绪军　2018年7月出版 / 估价：99.00元
PSN B-2010-169-1/1

新媒体社会责任蓝皮书
中国新媒体社会责任研究报告（2018）
著(编)者：钟瑛　2018年12月出版 / 估价：99.00元
PSN B-2014-423-1/1

移动互联网蓝皮书
中国移动互联网发展报告（2018）
著(编)者：余清楚　2018年6月出版 / 估价：99.00元
PSN B-2012-282-1/1

影视蓝皮书
中国影视产业发展报告（2018）
著(编)者：司若 陈鹏 陈锐
2018年6月出版 / 估价：99.00元
PSN B-2016-529-1/1

舆情蓝皮书
中国社会舆情与危机管理报告（2018）
著(编)者：谢耘耕
2018年9月出版 / 估价：138.00元
PSN B-2011-235-1/1

中国大运河蓝皮书
中国大运河发展报告（2018）
著(编)者：吴欣　2018年2月出版 / 估价：128.00元
PSN B-2018-691-1/1

地方发展类-经济

澳门蓝皮书
澳门经济社会发展报告（2017～2018）
著(编)者：吴志良 郝雨凡
2018年7月出版 / 估价：99.00元
PSN B-2009-138-1/1

澳门绿皮书
澳门旅游休闲发展报告（2017～2018）
著(编)者：郝雨凡 林广志
2018年5月出版 / 估价：99.00元
PSN G-2017-617-1/1

北京蓝皮书
北京经济发展报告（2017～2018）
著(编)者：杨松　2018年6月出版 / 估价：99.00元
PSN B-2006-054-2/8

北京旅游绿皮书
北京旅游发展报告（2018）
著(编)者：北京旅游学会
2018年7月出版 / 估价：99.00元
PSN G-2012-301-1/1

北京体育蓝皮书
北京体育产业发展报告（2017～2018）
著(编)者：钟秉枢 陈杰 杨铁黎
2018年9月出版 / 估价：99.00元
PSN B-2015-475-1/1

滨海金融蓝皮书
滨海新区金融发展报告（2017）
著(编)者：王爱俭 李向前　2018年4月出版 / 估价：99.00元
PSN B-2014-424-1/1

城乡一体化蓝皮书
北京城乡一体化发展报告（2017～2018）
著(编)者：吴宝新 张宝秀 黄序
2018年5月出版 / 估价：99.00元
PSN B-2012-258-2/2

非公有制企业社会责任蓝皮书
北京非公有制企业社会责任报告（2018）
著(编)者：宋贵伦 冯培
2018年6月出版 / 估价：99.00元
PSN B-2017-613-1/1

福建旅游蓝皮书
福建省旅游产业发展现状研究（2017~2018）
著(编)者：陈敏华 黄远水　2018年12月出版 / 估价：128.00元
PSN B-2016-591-1/1

福建自贸区蓝皮书
中国(福建)自由贸易试验区发展报告(2017~2018)
著(编)者：黄茂兴　2018年6月出版 / 估价：118.00元
PSN B-2016-531-1/1

甘肃蓝皮书
甘肃经济发展分析与预测（2018）
著(编)者：安文华 罗哲　2018年1月出版 / 定价：99.00元
PSN B-2013-312-1/6

甘肃蓝皮书
甘肃商贸流通发展报告（2018）
著(编)者：张应华 王福生 王晓芳
2018年1月出版 / 定价：99.00元
PSN B-2016-522-6/6

甘肃蓝皮书
甘肃县域和农村发展报告（2018）
著(编)者：包东红 朱智文 王建兵
2018年1月出版 / 定价：99.00元
PSN B-2013-316-5/6

甘肃农业科技绿皮书
甘肃农业科技发展研究报告（2018）
著(编)者：魏胜文 乔德华 张东伟
2018年12月出版 / 估价：198.00元
PSN B-2016-592-1/1

甘肃气象保障蓝皮书
甘肃农业对气候变化的适应与风险评估报告（No.1）
著(编)者：鲍文中 周广胜
2017年12月出版 / 定价：108.00元
PSN B-2017-677-1/1

巩义蓝皮书
巩义经济社会发展报告（2018）
著(编)者：丁同民 朱军　2018年6月出版 / 估价：99.00元
PSN B-2016-532-1/1

广东外经贸蓝皮书
广东对外经济贸易发展研究报告（2017~2018）
著(编)者：陈万灵　2018年6月出版 / 估价：99.00元
PSN B-2012-286-1/1

广西北部湾经济区蓝皮书
广西北部湾经济区开放开发报告（2017~2018）
著(编)者：广西壮族自治区北部湾经济区和东盟开放合作办公室
广西社会科学院
广西北部湾发展研究院
2018年5月出版 / 估价：99.00元
PSN B-2010-181-1/1

广州蓝皮书
广州城市国际化发展报告（2018）
著(编)者：张跃国　2018年8月出版 / 估价：99.00元
PSN B-2012-246-11/14

广州蓝皮书
中国广州城市建设与管理发展报告（2018）
著(编)者：张其学 陈小钢 王宏伟　2018年8月出版 / 估价：99.00元
PSN B-2007-087-4/14

广州蓝皮书
广州创新型城市发展报告（2018）
著(编)者：尹涛　2018年6月出版 / 估价：99.00元
PSN B-2012-247-12/14

广州蓝皮书
广州经济发展报告（2018）
著(编)者：张跃国 尹涛　2018年7月出版 / 估价：99.00元
PSN B-2005-040-1/14

广州蓝皮书
2018年中国广州经济形势分析与预测
著(编)者：魏明海 谢博能 李华
2018年6月出版 / 估价：99.00元
PSN B-2011-185-9/14

广州蓝皮书
中国广州科技创新发展报告（2018）
著(编)者：于欣伟 陈爽 邓佑满　2018年8月出版 / 估价：99.00元
PSN B-2006-065-2/14

广州蓝皮书
广州农村发展报告（2018）
著(编)者：朱名宏　2018年7月出版 / 估价：99.00元
PSN B-2010-167-8/14

广州蓝皮书
广州汽车产业发展报告（2018）
著(编)者：杨再高 冯兴亚　2018年7月出版 / 估价：99.00元
PSN B-2006-066-3/14

广州蓝皮书
广州商贸业发展报告（2018）
著(编)者：张跃国 陈杰 荀振英
2018年7月出版 / 估价：99.00元
PSN B-2012-245-10/14

贵阳蓝皮书
贵阳城市创新发展报告No.3（白云篇）
著(编)者：连玉明　2018年5月出版 / 估价：99.00元
PSN B-2015-491-3/10

贵阳蓝皮书
贵阳城市创新发展报告No.3（观山湖篇）
著(编)者：连玉明　2018年5月出版 / 估价：99.00元
PSN B-2015-497-9/10

贵阳蓝皮书
贵阳城市创新发展报告No.3（花溪篇）
著(编)者：连玉明　2018年5月出版 / 估价：99.00元
PSN B-2015-490-2/10

贵阳蓝皮书
贵阳城市创新发展报告No.3（开阳篇）
著(编)者：连玉明　2018年5月出版 / 估价：99.00元
PSN B-2015-492-4/10

贵阳蓝皮书
贵阳城市创新发展报告No.3（南明篇）
著(编)者：连玉明　2018年5月出版 / 估价：99.00元
PSN B-2015-496-8/10

贵阳蓝皮书
贵阳城市创新发展报告No.3（清镇篇）
著(编)者：连玉明　2018年5月出版 / 估价：99.00元
PSN B-2015-489-1/10

贵阳蓝皮书
贵阳城市创新发展报告No.3（乌当篇）
著(编)者：连玉明 2018年5月出版 / 估价：99.00元
PSN B-2015-495-7/10

贵阳蓝皮书
贵阳城市创新发展报告No.3（息烽篇）
著(编)者：连玉明 2018年5月出版 / 估价：99.00元
PSN B-2015-493-5/10

贵阳蓝皮书
贵阳城市创新发展报告No.3（修文篇）
著(编)者：连玉明 2018年5月出版 / 估价：99.00元
PSN B-2015-494-6/10

贵阳蓝皮书
贵阳城市创新发展报告No.3（云岩篇）
著(编)者：连玉明 2018年5月出版 / 估价：99.00元
PSN B-2015-498-10/10

贵州房地产蓝皮书
贵州房地产发展报告No.5（2018）
著(编)者：武廷方 2018年7月出版 / 估价：99.00元
PSN B-2014-426-1/1

贵州蓝皮书
贵州册亨经济社会发展报告（2018）
著(编)者：黄德林 2018年6月出版 / 估价：99.00元
PSN B-2016-525-8/9

贵州蓝皮书
贵州地理标志产业发展报告（2018）
著(编)者：李发耀 黄其松 2018年8月出版 / 估价：99.00元
PSN B-2017-646-10/10

贵州蓝皮书
贵安新区发展报告（2017～2018）
著(编)者：马长青 吴大华 2018年6月出版 / 估价：99.00元
PSN B-2015-459-4/10

贵州蓝皮书
贵州国家级开放创新平台发展报告（2017～2018）
著(编)者：申晓庆 吴大华 季泓
2018年11月出版 / 估价：99.00元
PSN B-2016-518-7/10

贵州蓝皮书
贵州国有企业社会责任发展报告（2017～2018）
著(编)者：郭丽 2018年12月出版 / 估价：99.00元
PSN B-2015-511-6/10

贵州蓝皮书
贵州民航业发展报告（2017）
著(编)者：申振东 吴大华 2018年6月出版 / 估价：99.00元
PSN B-2015-471-5/10

贵州蓝皮书
贵州民营经济发展报告（2017）
著(编)者：杨静 吴大华 2018年6月出版 / 估价：99.00元
PSN B-2016-530-9/9

杭州都市圈蓝皮书
杭州都市圈发展报告（2018）
著(编)者：洪庆华 沈翔 2018年4月出版 / 定价：98.00元
PSN B-2012-302-1/1

河北经济蓝皮书
河北省经济发展报告（2018）
著(编)者：马树强 金浩 张贵 2018年6月出版 / 估价：99.00元
PSN B-2014-380-1/1

河北蓝皮书
河北经济社会发展报告（2018）
著(编)者：康振海 2018年1月出版 / 定价：99.00元
PSN B-2014-372-1/3

河北蓝皮书
京津冀协同发展报告（2018）
著(编)者：陈璐 2017年12月出版 / 定价：79.00元
PSN B-2017-601-2/3

河南经济蓝皮书
2018年河南经济形势分析与预测
著(编)者：王世炎 2018年3月出版 / 定价：89.00元
PSN B-2007-086-1/1

河南蓝皮书
河南城市发展报告（2018）
著(编)者：张占仓 王建国 2018年5月出版 / 估价：99.00元
PSN B-2009-131-3/9

河南蓝皮书
河南工业发展报告（2018）
著(编)者：张占仓 2018年5月出版 / 估价：99.00元
PSN B-2013-317-5/9

河南蓝皮书
河南金融发展报告（2018）
著(编)者：喻新安 谷建全
2018年6月出版 / 估价：99.00元
PSN B-2014-390-7/9

河南蓝皮书
河南经济发展报告（2018）
著(编)者：张占仓 完世伟
2018年6月出版 / 估价：99.00元
PSN B-2010-157-4/9

河南蓝皮书
河南能源发展报告（2018）
著(编)者：国网河南省电力公司经济技术研究院
河南省社会科学院
2018年6月出版 / 估价：99.00元
PSN B-2017-607-9/9

河南商务蓝皮书
河南商务发展报告（2018）
著(编)者：焦锦淼 穆荣国 2018年5月出版 / 估价：99.00元
PSN B-2014-399-1/1

河南双创蓝皮书
河南创新创业发展报告（2018）
著(编)者：喻新安 杨雪梅
2018年8月出版 / 估价：99.00元
PSN B-2017-641-1/1

黑龙江蓝皮书
黑龙江经济发展报告（2018）
著(编)者：朱宇 2018年1月出版 / 定价：89.00元
PSN B-2011-190-2/2

湖南城市蓝皮书
区域城市群整合
著(编)者：童中贤 韩未名 2018年12月出版 / 估价：99.00元
PSN B-2006-064-1/1

湖南蓝皮书
湖南城乡一体化发展报告（2018）
著(编)者：陈文胜 王文强 陆福兴
2018年8月出版 / 估价：99.00元
PSN B-2015-477-8/8

湖南蓝皮书
2018年湖南电子政务发展报告
著(编)者：梁志峰 2018年5月出版 / 估价：128.00元
PSN B-2014-394-6/8

湖南蓝皮书
2018年湖南经济发展报告
著(编)者：卞鹰 2018年5月出版 / 估价：128.00元
PSN B-2011-207-2/8

湖南蓝皮书
2016年湖南经济展望
著(编)者：梁志峰 2018年5月出版 / 估价：128.00元
PSN B-2011-206-1/8

湖南蓝皮书
2018年湖南县域经济社会发展报告
著(编)者：梁志峰 2018年5月出版 / 估价：128.00元
PSN B-2014-395-7/8

湖南县域绿皮书
湖南县域发展报告（No.5）
著(编)者：袁准 周小毛 黎仁寅
2018年6月出版 / 估价：99.00元
PSN G-2012-274-1/1

沪港蓝皮书
沪港发展报告（2018）
著(编)者：尤安山 2018年9月出版 / 估价：99.00元
PSN B-2013-362-1/1

吉林蓝皮书
2018年吉林经济社会形势分析与预测
著(编)者：邵汉明 2017年12月出版 / 定价：89.00元
PSN B-2013-319-1/1

吉林省城市竞争力蓝皮书
吉林省城市竞争力报告（2017~2018）
著(编)者：崔岳春 张磊
2018年3月出版 / 定价：89.00元
PSN B-2016-513-1/1

济源蓝皮书
济源经济社会发展报告（2018）
著(编)者：喻新安 2018年6月出版 / 估价：99.00元
PSN B-2014-387-1/1

江苏蓝皮书
2018年江苏经济发展分析与展望
著(编)者：王庆五 吴先满
2018年7月出版 / 估价：128.00元
PSN B-2017-635-1/3

江西蓝皮书
江西经济社会发展报告（2018）
著(编)者：陈石俊 龚建文 2018年10月出版 / 估价：128.00元
PSN B-2015-484-1/2

江西蓝皮书
江西设区市发展报告（2018）
著(编)者：姜玮 梁勇
2018年10月出版 / 估价：99.00元
PSN B-2016-517-2/2

经济特区蓝皮书
中国经济特区发展报告（2017）
著(编)者：陶一桃 2018年1月出版 / 估价：99.00元
PSN B-2009-139-1/1

辽宁蓝皮书
2018年辽宁经济社会形势分析与预测
著(编)者：梁启东 魏红江 2018年6月出版 / 估价：99.00元
PSN B-2006-053-1/1

民族经济蓝皮书
中国民族地区经济发展报告（2018）
著(编)者：李曦辉 2018年7月出版 / 估价：99.00元
PSN B-2017-630-1/1

南宁蓝皮书
南宁经济发展报告（2018）
著(编)者：胡建华 2018年9月出版 / 估价：99.00元
PSN B-2016-569-2/3

内蒙古蓝皮书
内蒙古精准扶贫研究报告（2018）
著(编)者：张志华 2018年1月出版 / 定价：89.00元
PSN B-2017-681-2/2

浦东新区蓝皮书
上海浦东经济发展报告（2018）
著(编)者：周小平 徐美芳
2018年1月出版 / 定价：89.00元
PSN B-2011-225-1/1

青海蓝皮书
2018年青海经济社会形势分析与预测
著(编)者：陈玮 2018年1月出版 / 定价：98.00元
PSN B-2012-275-1/2

青海科技绿皮书
青海科技发展报告（2017）
著(编)者：青海省科学技术信息研究所
2018年3月出版 / 定价：98.00元
PSN G-2018-701-1/1

山东蓝皮书
山东经济形势分析与预测（2018）
著(编)者：李广杰 2018年7月出版 / 估价：99.00元
PSN B-2014-404-1/5

山东蓝皮书
山东省普惠金融发展报告（2018）
著(编)者：齐鲁财富网
2018年9月出版 / 估价：99.00元
PSN B2017-676-5/5

山西蓝皮书
山西资源型经济转型发展报告（2018）
著(编)者：李志强　　2018年7月出版 / 估价：99.00元
PSN B-2011-197-1/1

陕西蓝皮书
陕西经济发展报告（2018）
著(编)者：任宗哲 白宽犁 裴成荣
2018年1月出版 / 定价：89.00元
PSN B-2009-135-1/6

陕西蓝皮书
陕西精准脱贫研究报告（2018）
著(编)者：任宗哲 白宽犁 王建康
2018年4月出版 / 定价：89.00元
PSN B-2017-623-6/6

上海蓝皮书
上海经济发展报告（2018）
著(编)者：沈开艳　　2018年2月出版 / 定价：89.00元
PSN B-2006-057-1/7

上海蓝皮书
上海资源环境发展报告（2018）
著(编)者：周冯琦 胡静　　2018年2月出版 / 定价：89.00元
PSN B-2006-060-4/7

上海蓝皮书
上海奉贤经济发展分析与研判（2017～2018）
著(编)者：张兆安 朱平芳　　2018年3月出版 / 定价：99.00元
PSN B-2018-698-8/8

上饶蓝皮书
上饶发展报告（2016～2017）
著(编)者：廖其志　　2018年6月出版 / 估价：128.00元
PSN B-2014-377-1/1

深圳蓝皮书
深圳经济发展报告（2018）
著(编)者：张骁儒　　2018年6月出版 / 估价：99.00元
PSN B-2008-112-3/7

四川蓝皮书
四川城镇化发展报告（2018）
著(编)者：侯水平 陈炜　2018年6月出版 / 估价：99.00元
PSN B-2015-456-7/7

四川蓝皮书
2018年四川经济形势分析与预测
著(编)者：杨钢　　2018年1月出版 / 定价：158.00元
PSN B-2007-098-2/7

四川蓝皮书
四川企业社会责任研究报告（2017～2018）
著(编)者：侯水平 盛毅　　2018年5月出版 / 估价：99.00元
PSN B-2014-386-4/7

四川蓝皮书
四川生态建设报告（2018）
著(编)者：李晟之　　2018年5月出版 / 估价：99.00元
PSN B-2015-455-6/7

四川蓝皮书
四川特色小镇发展报告（2017）
著(编)者：吴志强　　2017年11月出版 / 定价：89.00元
PSN B-2017-670-8/8

体育蓝皮书
上海体育产业发展报告（2017~2018）
著(编)者：张林 黄海燕
2018年10月出版 / 估价：99.00元
PSN B-2015-454-4/5

体育蓝皮书
长三角地区体育产业发展报（2017～2018）
著(编)者：张林　　2018年6月出版 / 估价：99.00元
PSN B-2015-453-3/5

天津金融蓝皮书
天津金融发展报告（2018）
著(编)者：王爱俭 孔德昌
2018年5月出版 / 估价：99.00元
PSN B-2014-418-1/1

图们江区域合作蓝皮书
图们江区域合作发展报告（2018）
著(编)者：李铁　　2018年6月出版 / 估价：99.00元
PSN B-2015-464-1/1

温州蓝皮书
2018年温州经济社会形势分析与预测
著(编)者：蒋儒标 王春光 金浩
2018年6月出版 / 估价：99.00元
PSN B-2008-105-1/1

西咸新区蓝皮书
西咸新区发展报告（2018）
著(编)者：李扬 王军
2018年6月出版 / 估价：99.00元
PSN B-2016-534-1/1

修武蓝皮书
修武经济社会发展报告（2018）
著(编)者：张占仓 袁凯声
2018年10月出版 / 估价：99.00元
PSN B-2017-651-1/1

偃师蓝皮书
偃师经济社会发展报告（2018）
著(编)者：张占仓 袁凯声 何武周
2018年7月出版 / 估价：99.00元
PSN B-2017-627-1/1

扬州蓝皮书
扬州经济社会发展报告（2018）
著(编)者：陈扬
2018年12月出版 / 估价：108.00元
PSN B-2011-191-1/1

长垣蓝皮书
长垣经济社会发展报告（2018）
著(编)者：张占仓 袁凯声 秦保建
2018年10月出版 / 估价：99.00元
PSN B-2017-654-1/1

遵义蓝皮书
遵义发展报告（2018）
著(编)者：邓彦 曾征 龚永育
2018年9月出版 / 估价：99.00元
PSN B-2014-433-1/1

地方发展类-社会

安徽蓝皮书
安徽社会发展报告（2018）
著(编)者：程桦　2018年6月出版 / 估价：99.00元
PSN B-2013-325-1/1

安徽社会建设蓝皮书
安徽社会建设分析报告（2017～2018）
著(编)者：黄家海 蔡宪
2018年11月出版 / 估价：99.00元
PSN B-2013-322-1/1

北京蓝皮书
北京公共服务发展报告（2017～2018）
著(编)者：施昌奎　2018年6月出版 / 估价：99.00元
PSN B-2008-103-7/8

北京蓝皮书
北京社会发展报告（2017～2018）
著(编)者：李伟东
2018年7月出版 / 估价：99.00元
PSN B-2006-055-3/8

北京蓝皮书
北京社会治理发展报告（2017～2018）
著(编)者：殷星辰　2018年7月出版 / 估价：99.00元
PSN B-2014-391-8/8

北京律师蓝皮书
北京律师发展报告 No.4（2018）
著(编)者：王隽　2018年12月出版 / 估价：99.00元
PSN B-2011-217-1/1

北京人才蓝皮书
北京人才发展报告（2018）
著(编)者：敏华　2018年12月出版 / 估价：128.00元
PSN B-2011-201-1/1

北京社会心态蓝皮书
北京社会心态分析报告（2017～2018）
北京市社会心理服务促进中心
2018年10月出版 / 估价：99.00元
PSN B-2014-422-1/1

北京社会组织管理蓝皮书
北京社会组织发展与管理（2018）
著(编)者：黄江松
2018年6月出版 / 估价：99.00元
PSN B-2015-446-1/1

北京养老产业蓝皮书
北京居家养老发展报告（2018）
著(编)者：陆杰华 周明明
2018年8月出版 / 估价：99.00元
PSN B-2015-465-1/1

法治蓝皮书
四川依法治省年度报告No.4（2018）
著(编)者：李林 杨天宗 田禾
2018年3月出版 / 定价：118.00元
PSN B-2015-447-2/3

福建妇女发展蓝皮书
福建省妇女发展报告（2018）
著(编)者：刘群英　2018年11月出版 / 估价：99.00元
PSN B-2011-220-1/1

甘肃蓝皮书
甘肃社会发展分析与预测（2018）
著(编)者：安文华 谢增虎 包晓霞
2018年1月出版 / 定价：99.00元
PSN B-2013-313-2/6

广东蓝皮书
广东全面深化改革研究报告（2018）
著(编)者：周林生 涂成林
2018年12月出版 / 估价：99.00元
PSN B-2015-504-3/3

广东蓝皮书
广东社会工作发展报告（2018）
著(编)者：罗观翠　2018年6月出版 / 估价：99.00元
PSN B-2014-402-2/3

广州蓝皮书
广州青年发展报告（2018）
著(编)者：徐柳 张强
2018年8月出版 / 估价：99.00元
PSN B-2013-352-13/14

广州蓝皮书
广州社会保障发展报告（2018）
著(编)者：张跃国　2018年8月出版 / 估价：99.00元
PSN B-2014-425-14/14

广州蓝皮书
2018年中国广州社会形势分析与预测
著(编)者：张强 郭志勇 何镜清
2018年6月出版 / 估价：99.00元
PSN B-2008-110-5/14

贵州蓝皮书
贵州法治发展报告（2018）
著(编)者：吴大华　2018年5月出版 / 估价：99.00元
PSN B-2012-254-2/10

贵州蓝皮书
贵州人才发展报告（2017）
著(编)者：于杰 吴大华
2018年9月出版 / 估价：99.00元
PSN B-2014-382-3/10

贵州蓝皮书
贵州社会发展报告（2018）
著(编)者：王兴骥　2018年6月出版 / 估价：99.00元
PSN B-2010-166-1/10

杭州蓝皮书
杭州妇女发展报告（2018）
著(编)者：魏颖
2018年10月出版 / 估价：99.00元
PSN B-2014-403-1/1

河北蓝皮书
河北法治发展报告（2018）
著(编)者：康振海　2018年6月出版 / 估价：99.00元
PSN B-2017-622-3/3

河北食品药品安全蓝皮书
河北食品药品安全研究报告（2018）
著(编)者：丁锦霞
2018年10月出版 / 估价：99.00元
PSN B-2015-473-1/1

河南蓝皮书
河南法治发展报告（2018）
著(编)者：张林海　2018年7月出版 / 估价：99.00元
PSN B-2014-376-6/9

河南蓝皮书
2018年河南社会形势分析与预测
著(编)者：牛苏林　2018年5月出版 / 估价：99.00元
PSN B-2005-043-1/9

河南民办教育蓝皮书
河南民办教育发展报告（2018）
著(编)者：胡大白　2018年9月出版 / 估价：99.00元
PSN B-2017-642-1/1

黑龙江蓝皮书
黑龙江社会发展报告（2018）
著(编)者：王爱丽　2018年1月出版 / 定价：89.00元
PSN B-2011-189-1/2

湖南蓝皮书
2018年湖南两型社会与生态文明建设报告
著(编)者：卞鹰　2018年5月出版 / 估价：128.00元
PSN B-2011-208-3/8

湖南蓝皮书
2018年湖南社会发展报告
著(编)者：卞鹰　2018年5月出版 / 估价：128.00元
PSN B-2014-393-5/8

健康城市蓝皮书
北京健康城市建设研究报告（2018）
著(编)者：王鸿春 盛继洪
2018年9月出版 / 估价：99.00元
PSN B-2015-460-1/2

江苏法治蓝皮书
江苏法治发展报告No.6（2017）
著(编)者：蔡道通 龚廷泰
2018年8月出版 / 估价：99.00元
PSN B-2012-290-1/1

江苏蓝皮书
2018年江苏社会发展分析与展望
著(编)者：王庆五 刘旺洪
2018年8月出版 / 估价：128.00元
PSN B-2017-636-2/3

民族教育蓝皮书
中国民族教育发展报告（2017·内蒙古卷）
著(编)者：陈中永
2017年12月出版 / 定价：198.00元
PSN B-2017-669-1/1

南宁蓝皮书
南宁法治发展报告（2018）
著(编)者：杨维超　2018年12月出版 / 估价：99.00元
PSN B-2015-509-1/3

南宁蓝皮书
南宁社会发展报告（2018）
著(编)者：胡建华　2018年10月出版 / 估价：99.00元
PSN B-2016-570-3/3

内蒙古蓝皮书
内蒙古反腐倡廉建设报告 No.2
著(编)者：张志华　2018年6月出版 / 估价：99.00元
PSN B-2013-365-1/1

青海蓝皮书
2018年青海人才发展报告
著(编)者：王宇燕　2018年9月出版 / 估价：99.00元
PSN B-2017-650-2/2

青海生态文明建设蓝皮书
青海生态文明建设报告（2018）
著(编)者：张西明 高华　2018年12月出版 / 估价：99.00元
PSN B-2016-595-1/1

人口与健康蓝皮书
深圳人口与健康发展报告（2018）
著(编)者：陆杰华 傅崇辉
2018年11月出版 / 估价：99.00元
PSN B-2011-228-1/1

山东蓝皮书
山东社会形势分析与预测（2018）
著(编)者：李善峰　2018年6月出版 / 估价：99.00元
PSN B-2014-405-2/5

陕西蓝皮书
陕西社会发展报告（2018）
著(编)者：任宗哲 白宽犁 牛昉
2018年1月出版 / 定价：89.00元
PSN B-2009-136-2/6

上海蓝皮书
上海法治发展报告（2018）
著(编)者：叶必丰　2018年9月出版 / 估价：99.00元
PSN B-2012-296-6/7

上海蓝皮书
上海社会发展报告（2018）
著(编)者：杨雄 周海旺
2018年2月出版 / 定价：89.00元
PSN B-2006-058-2/7

社会建设蓝皮书
2018年北京社会建设分析报告
著(编)者：宋贵伦 冯虹　2018年9月出版 / 估价：99.00元
PSN B-2010-173-1/1

深圳蓝皮书
深圳法治发展报告（2018）
著(编)者：张骁儒　2018年6月出版 / 估价：99.00元
PSN B-2015-470-6/7

深圳蓝皮书
深圳劳动关系发展报告（2018）
著(编)者：汤庭芬　2018年8月出版 / 估价：99.00元
PSN B-2007-097-2/7

深圳蓝皮书
深圳社会治理与发展报告（2018）
著(编)者：张骁儒　2018年6月出版 / 估价：99.00元
PSN B-2008-113-4/7

生态安全绿皮书
甘肃国家生态安全屏障建设发展报告（2018）
著(编)者：刘举科 喜文华
2018年10月出版 / 估价：99.00元
PSN G-2017-659-1/1

顺义社会建设蓝皮书
北京市顺义区社会建设发展报告（2018）
著(编)者：王学武　2018年9月出版 / 估价：99.00元
PSN B-2017-658-1/1

四川蓝皮书
四川法治发展报告（2018）
著(编)者：郑泰安　2018年6月出版 / 估价：99.00元
PSN B-2015-441-5/7

四川蓝皮书
四川社会发展报告（2018）
著(编)者：李羚　2018年6月出版 / 估价：99.00元
PSN B-2008-127-3/7

四川社会工作与管理蓝皮书
四川省社会工作人力资源发展报告（2017）
著(编)者：边慧敏　2017年12月出版 / 定价：89.00元
PSN B-2017-683-1/1

云南社会治理蓝皮书
云南社会治理年度报告（2017）
著(编)者：晏雄 韩全芳
2018年5月出版 / 估价：99.00元
PSN B-2017-667-1/1

地方发展类-文化

北京传媒蓝皮书
北京新闻出版广电发展报告（2017～2018）
著(编)者：王志　2018年11月出版 / 估价：99.00元
PSN B-2016-588-1/1

北京蓝皮书
北京文化发展报告（2017～2018）
著(编)者：李建盛　2018年5月出版 / 估价：99.00元
PSN B-2007-082-4/8

创意城市蓝皮书
北京文化创意产业发展报告（2018）
著(编)者：郭万超 张京成　2018年12月出版 / 估价：99.00元
PSN B-2012-263-1/7

创意城市蓝皮书
天津文化创意产业发展报告（2017～2018）
著(编)者：谢思全　2018年6月出版 / 估价：99.00元
PSN B-2016-536-7/7

创意城市蓝皮书
武汉文化创意产业发展报告（2018）
著(编)者：黄永林 陈汉桥　2018年12月出版 / 估价：99.00元
PSN B-2013-354-4/7

创意上海蓝皮书
上海文化创意产业发展报告（2017～2018）
著(编)者：王慧敏 王兴全　2018年8月出版 / 估价：99.00元
PSN B-2016-561-1/1

非物质文化遗产蓝皮书
广州市非物质文化遗产保护发展报告（2018）
著(编)者：宋俊华　2018年12月出版 / 估价：99.00元
PSN B-2016-589-1/1

甘肃蓝皮书
甘肃文化发展分析与预测（2018）
著(编)者：马廷旭 戚晓萍　2018年1月出版 / 定价：99.00元
PSN B-2013-314-3/6

甘肃蓝皮书
甘肃舆情分析与预测（2018）
著(编)者：王俊莲 张谦元　2018年1月出版 / 定价：99.00元
PSN B-2013-315-4/6

广州蓝皮书
中国广州文化发展报告（2018）
著(编)者：屈哨兵 陆志强　2018年6月出版 / 估价：99.00元
PSN B-2009-134-7/14

广州蓝皮书
广州文化创意产业发展报告（2018）
著(编)者：徐咏虹　2018年7月出版 / 估价：99.00元
PSN B-2008-111-6/14

海淀蓝皮书
海淀区文化和科技融合发展报告（2018）
著(编)者：陈名杰 孟景伟　2018年5月出版 / 估价：99.00元
PSN B-2013-329-1/1

河南蓝皮书
河南文化发展报告（2018）
著(编)者：卫绍生　2018年7月出版 / 估价：99.00元
PSN B-2008-106-2/9

湖北文化产业蓝皮书
湖北省文化产业发展报告（2018）
著(编)者：黄晓华　2018年9月出版 / 估价：99.00元
PSN B-2017-656-1/1

湖北文化蓝皮书
湖北文化发展报告（2017~2018）
著(编)者：湖北大学高等人文研究院
中华文化发展湖北省协同创新中心
2018年10月出版 / 估价：99.00元
PSN B-2016-566-1/1

江苏蓝皮书
2018年江苏文化发展分析与展望
著(编)者：王庆五 樊和平　2018年9月出版 / 估价：128.00元
PSN B-2017-637-3/3

江西文化蓝皮书
江西非物质文化遗产发展报告（2018）
著(编)者：张圣才 傅安平　2018年12月出版 / 估价：128.00元
PSN B-2015-499-1/1

洛阳蓝皮书
洛阳文化发展报告（2018）
著(编)者：刘福兴 陈启明　2018年7月出版 / 估价：99.00元
PSN B-2015-476-1/1

南京蓝皮书
南京文化发展报告（2018）
著(编)者：中共南京市委宣传部
2018年12月出版 / 估价：99.00元
PSN B-2014-439-1/1

宁波文化蓝皮书
宁波“一人一艺”全民艺术普及发展报告（2017）
著(编)者：张爱琴　2018年11月出版 / 估价：128.00元
PSN B-2017-668-1/1

山东蓝皮书
山东文化发展报告（2018）
著(编)者：涂可国　2018年5月出版 / 估价：99.00元
PSN B-2014-406-3/5

陕西蓝皮书
陕西文化发展报告（2018）
著(编)者：任宗哲 白宽犁 王长寿
2018年1月出版 / 定价：89.00元
PSN B-2009-137-3/6

上海蓝皮书
上海传媒发展报告（2018）
著(编)者：强荧 焦雨虹　2018年2月出版 / 定价：89.00元
PSN B-2012-295-5/7

上海蓝皮书
上海文学发展报告（2018）
著(编)者：陈圣来　2018年6月出版 / 估价：99.00元
PSN B-2012-297-7/7

上海蓝皮书
上海文化发展报告（2018）
著(编)者：荣跃明　2018年6月出版 / 估价：99.00元
PSN B-2006-059-3/7

深圳蓝皮书
深圳文化发展报告（2018）
著(编)者：张骁儒　2018年7月出版 / 估价：99.00元
PSN B-2016-554-7/7

四川蓝皮书
四川文化产业发展报告（2018）
著(编)者：向宝云 张立伟　2018年6月出版 / 估价：99.00元
PSN B-2006-074-1/7

郑州蓝皮书
2018年郑州文化发展报告
著(编)者：王哲　2018年9月出版 / 估价：99.00元
PSN B-2008-107-1/1

皮书起源

“皮书”起源于十七、十八世纪的英国，主要指官方或社会组织正式发表的重要文件或报告，多以“白皮书”命名。在中国，“皮书”这一概念被社会广泛接受，并被成功运作、发展成为一种全新的出版形态，则源于中国社会科学院社会科学文献出版社。

皮书定义

皮书是对中国与世界发展状况和热点问题进行年度监测，以专业的角度、专家的视野和实证研究方法，针对某一领域或区域现状与发展态势展开分析和预测，具备原创性、实证性、专业性、连续性、前沿性、时效性等特点的公开出版物，由一系列权威研究报告组成。

皮书作者

皮书系列的作者以中国社会科学院、著名高校、地方社会科学院的研究人员为主，多为国内一流研究机构的权威专家学者，他们的看法和观点代表了学界对中国与世界的现实和未来最高水平的解读与分析。

皮书荣誉

皮书系列已成为社会科学文献出版社的著名图书品牌和中国社会科学院的知名学术品牌。2016 年，皮书系列正式列入“十三五”国家重点出版规划项目；2013~2018 年，重点皮书列入中国社会科学院承担的国家哲学社会科学创新工程项目；2018 年，59 种院外皮书使用“中国社会科学院创新工程学术出版项目”标识。

中国皮书网

（网址：www.pishu.cn）

发布皮书研创资讯，传播皮书精彩内容
引领皮书出版潮流，打造皮书服务平台

栏目设置

关于皮书：何谓皮书、皮书分类、皮书大事记、皮书荣誉、
　　　　　皮书出版第一人、皮书编辑部

最新资讯：通知公告、新闻动态、媒体聚焦、网站专题、视频直播、下载专区

皮书研创：皮书规范、皮书选题、皮书出版、皮书研究、研创团队

皮书评奖评价：指标体系、皮书评价、皮书评奖

互动专区：皮书说、社科数托邦、皮书微博、留言板

所获荣誉

2008 年、2011 年，中国皮书网均在全国新闻出版业网站荣誉评选中获得“最具商业价值网站”称号；

2012 年，获得“出版业网站百强”称号。

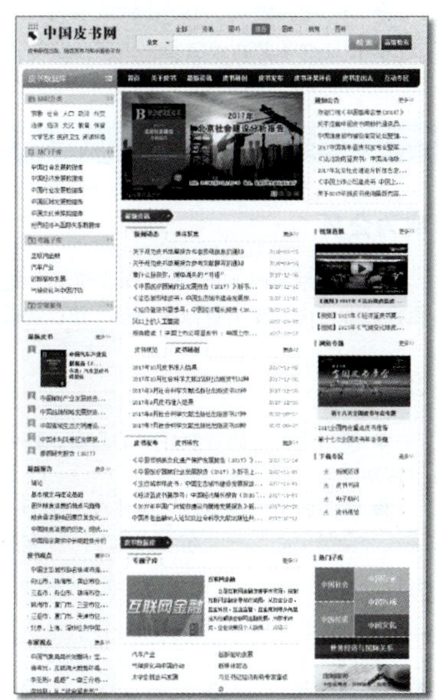

网库合一

2014 年，中国皮书网与皮书数据库端口合一，实现资源共享。

权威报告·一手数据·特色资源

皮书数据库

ANNUAL REPORT(YEARBOOK) DATABASE

当代中国经济与社会发展高端智库平台

所获荣誉

- 2016年，入选“‘十三五’国家重点电子出版物出版规划骨干工程”
- 2015年，荣获“搜索中国正能量 点赞2015”“创新中国科技创新奖”
- 2013年，荣获“中国出版政府奖·网络出版物奖”提名奖
- 连续多年荣获中国数字出版博览会“数字出版·优秀品牌”奖

WWW.PISHU.COM.CN

成为会员

通过网址www.pishu.com.cn或使用手机扫描二维码进入皮书数据库网站，进行手机号码验证或邮箱验证即可成为皮书数据库会员（建议通过手机号码快速验证注册）。

会员福利

● 使用手机号码首次注册的会员，账号自动充值100元体验金，可直接购买和查看数据库内容（仅限使用手机号码快速注册）。

● 已注册用户购书后可免费获赠100元皮书数据库充值卡。刮开充值卡涂层获取充值密码，登录并进入“会员中心”—“在线充值”—“充值卡充值”，充值成功后即可购买和查看数据库内容。

数据库服务热线：400-008-6695
数据库服务QQ：2475522410
数据库服务邮箱：database@ssap.cn

图书销售热线：010-59367070/7028
图书服务QQ：1265056568
图书服务邮箱：duzhe@ssap.cn